이슬람 세계에 부는 바람

A Wind in the House of Islam
Copyright©2014 by WIGTake Resources
All rights reserved. No part of this publication may be reproduced in any form
without the prior written permission of the author, except in the case of brief
quotations for review or critical articles.

Copyright©도서출판 앗쌀람2022

이 책의 한국어 판권은 무슬림선교회 앗쌀람에 있습니다.
신저작권법에 의하여 한국 내에서 보호를 받는 저작물이므로
무단전재 및 무단복제를 금합니다.

무슬림선교회 앗쌀람(Alsalam Muslim Missions)은 예수그리스도의 복음을 품고
교회와 그리스도인들이 무슬림 선교에 대한 비전을 품도록 돕는 것을 사명으로 알고
이 일에 헌신하는 선교 단체입니다.
이를 위해 무슬림선교회 앗쌀람은 아랍과 이슬람 문화를 탐구하고 타문화 간 교류를 도모하여
이슬람에 대한 이해를 돕고, 무슬림을 향한 하나님의 사랑을 실천하도록 이바지하고자 합니다.

이 책에 나오는 성경 본문은 대한성서공회의 개역개정판을 따랐으며,
그렇지 않은 경우에는 출처를 밝혔다.

이슬람 세계에 부는 바람

A wind in the house of Islam

이 책은 무슬림 개종 운동을 분석한 연구서 중 가장 포괄적인 개리슨 박사의 오랜 연구의 기록물들입니다. 이 귀한 책을 무슬림선교회 앗쌀람에서 한국어 판권을 가져와 번역자 이천 선생님을 통해 번역하였고 선교회 많은 분들이 문장과 적절한 단어 선택을 위해 고군분투하며 교정하여 도움을 주셨으며 특별히 감수를 맡아주신 김정은 선생님의 노고에 감사를 드립니다.

이 책을 읽는 중에 부정확한 표현이나 오역이 있는 경우 독자 여러분께 양해를 바라며 잘못된 번역이 있는 경우 다음 발행때 교정하여 드릴 것을 약속드립니다.

CONTENTS

추천사 _ 006
한국 독자들께 드리는 저자의 서문 _ 024
헌정의 말 _ 025
감사의 말 _ 026

1부
역사의 주요 사건들

1장　새로운 현상 _ 033
2장　역사의 주요 사건들 _ 053
3장　열 가지 주요 사안 _ 065

2부
이슬람의 세계 (다르 알이슬람)

4장　인도-말레이시아 권역 _ 087
5장　동아프리카 권역 _ 111
6장　북아프리카 권역 _ 133
7장　동남아시아 권역 _ 157

8장 페르시아 권역 _ 183
9장 투르키스탄(Turkestan) 권역 _ 209
10장 서아프리카 권역 _ 229
11장 서남아시아 권역 _ 253
12장 아랍 권역 _ 285

3부
전쟁의 세계 (다르 알하르브)

13장 회상 _ 315
14장 어떻게 그리고 왜 _ 327
15장 우리의 반응 _ 351

부록

용어 _ 361
참고문헌 _ 365
사진 출처 _ 378
색인 _ 384

해외 추천사

아주 다양한 무슬림 세계 전역에 걸친 개리슨 박사의 이 엄청난 연구서는 우리에게 복음의 진전에 대해 하나님께 감사를 드리게 한다.

돈 맥커리(Don McCurry) | Ministries to Muslims 선교회 대표

"전대미문"이라는 말은 역사에서 잘 쓰이지 않지만 현재 전대미문의 사건이 무슬림 세계에서 일어나고 있다. 개리슨 박사의 이 훌륭한 책은 다음 세대의 선교사들에게 그들의 사역이 헛되지 않을 것이라는 희망을 준다.

로버트 브린코(Robert A. Blincoe) | 미국 프론티어 선교회 대표

개리슨 박사의 이 연구서는 하나님께서 선교를 인도하신다는 것을 보여 주는 기록물이며, 세상 끝까지 나가도록 기독교인들을 격려하는 글이다.

제리 랜킨(Jerry Rankin) | 미국 남침례교 선교부 전(前) 대표

본 책은 무슬림 선교를 하는 이들에게 필독서이다. 무슬림 개종 운동에 대한 최근의 놀라운 이야기들로 가득 찬 본 책의 장점 중 하나는 이슬람 세계의 각 권역에 대한 역사적 지식을 제공해 준다는 것이다.

마빈 느웰(Marvin Newell) | Missio Nexus 선교회 수석부 대표

본 책은 지금까지 무슬림 개종 운동을 분석한 연구서 중 가장 포괄적인 내용을 담고 있다. 무슬림 개종 운동의 다양한 상황과 발전 과정을 보여 줌으로써 개리슨 박사는 다양한 환경에서 어떻게 하나님이 역사하고 계시는가를 기록하는 데 중점을 두었다. 이슬람 세계에서의 이 개종 운동의 바람이 무슬림들 가운데서 사역하고 있는 이들에게 좋은 지침을 제공해 주기를 바란다.

더들리 우드베리(Dudley Woodberry) | 풀러신학교 선교대학원

추천사 (가나다순)

오늘날 땅끝까지 가고자 하는 선교의 열정에 선교사가 못 가는 곳이 없는 시대에 살고 있습니다. 그러나 복음의 불모지, 선교적 오지는 있습니다. 바로 이슬람 문화권의 선교입니다. 기독교 선교사들이 복음 전파에 열매 없는 현실에 낙담하고 무력감을 느끼는 경우가 많습니다. 이는 무슬림의 움마 공동체와 샤리아로 결속된 이슬람 세계관이 견고하기 때문입니다. 국가와 민족, 성별과 같이 태어나면서부터 종교가 정해지는 곳이 이슬람 세계입니다. 그러므로 오늘날 주님의 지상 명령에 따르는 교회는 사도행전 1장 8절의 땅끝은 바로 '이슬람 세계'입니다.

그런데 철옹성과 같은 선교의 난공불락 이슬람 세계에 변화가 있습니다. 무슬림들의 대규모 개종 현상이 있음을 밝힌 연구가 나왔습니다. 데이비드 개리슨 박사는 지난 30년 동안 역사상 가장 많은 무슬림들이 예수 그리스도의 신앙으로 나아왔다는 점을 특별히 주목했습니다. 이슬람 세계에 무슨 일이 있었길래 이 전례 없는 잃어버린 영혼의 추수가 나타날 수 있었는가 하는 관심이었습니다. 저자의 이러한 관심은 20세기 후반부터 전 세계 곳곳에서 일어나고 있는 무슬림 개종 현상에 대한 광범위한 리서치로 이어졌습니다. 그 결과 데이비드 개리슨 박사의 노고에 의해 탄생한 탁월한 연구 결과가 "A Wind in the House of Islam"(『이슬람 세계에 부는 바람』한국어 번역본)입니다.

『이슬람 세계에 부는 바람』은 이슬람 세계 전역에서 울려 퍼지는 하나님의 강력한 구원의 사역 이야기를 들려주고 있습니다. 이 책은 이슬람의 9개 권역에서 하나님이 무엇을 어떻게 행하셨는지를 살펴볼 수 있도록 안내합니다. 이 책은 무슬림들이 복음을 어떻게 접하게 되는지, 그들이 복음을 어떻게 이해하는지의 과정을 안내합니다. 필자가 흥미를 갖고 주목한 점은 무슬림들이 복음을 접하는 과정에 있어서 하나님의 일하심과 가능한 모든 상황을 통해 전해지는 다양한 방법입니다. 그 모든 방법이 담고 있는 컨텐츠는 성경을 통한 예수 그리스도라는 점입니다. 성경을 통해서 예수를 만난 이들은 무슬림 공동체에 있으면서도 예수를 따르는 삶을 사는 회심이 이루어진다는 사실입니다. 특히 후반부에 저자의 제언은 크게 공감합니다. 무슬림들을 복음으로 초대하는 일에 가장 걸림돌은 우리 안에 있다는 것, 나아가 무슬림과 그들의 삶에 대해 무관심하지 않고, 두려워하지 말고, 다가가며, 더욱 기도하고, 때를 따라 복음을 전하는 그리스도인의 삶에 대해서 말입니다.

이 책이 한국어로 번역 출판되어 참 기쁘고 감사합니다. 번역에 수고를 아끼지 않은 이천 목사님께도 감사드립니다. 무슬림선교회 앗쌀람에서 이 책의 한국어판 번역 출판을 감당하게 된 것 또한 큰 감사요 기쁨입니다. 『이슬람 세계에 부는 바람』이 한국 교회와 그리스도인들에게, 특별히 이슬람 세계관의 견고한 성을 뚫고 지상 명령 성취에 도전하는 이슬람권 선교사들에게 격려가 되고 깊은 영감을 주기를 소망합니다.

김경래 | 무슬림선교회 앗쌀람 대표

다르 알이슬람은 무슬림 국가들을 가리킨다. 이 책은 '*이슬람 세계에 부는 바람*'이란 제목으로 기독교인들이 역사적으로 어떻게 복음을 전했는지 그리고 그 복음이 일부 무슬림들에게 어떻게 회심을 일으켰는지 그 사례들을 소개하고 있다. 저자는 이 바람이 인도 말레이시아 권역에서 시작하여 동아프리카와 북아프리카를 지나 최근에는 아랍 지역에 이르렀다고 했다.

저자는 Conversion이 종교를 바꾸는데 그 목적이 있지 않다고 하면서 예수 그리스도를 통해 하나님과 관계를 맺어 그의 삶이 변화하는데 있다고 했다. 그래서 그는 진정한 회심의 상징을 세례라고 했다. 사실, 신약에서 세례는 회심의 경험과 통합되어 있고 회개와도 긴밀하게 연관되고 있어서 세례가 회심의 경험에서 오는 중추적인 부분이라고 할 수 있다.

저자는 3년간 아랍어를 공부하고 이슬람을 오랫동안 연구했지만 이슬람 전문가라고 주장하지 않는 겸손함을 보인다. 그는 하나님이 무슬림들을 찾고 계신다는 것을 무슬림들이 알도록 돕고자 했다. 기독교인들에게는 무슬림을 두려워하지 말고 복음을 가지고 그들에게 다가가기를 바랐다.

그래서 저자는 성경에 나타난 그리스도와 꾸란에 나오는 알마시흐를 구별하지 않았는지도 모른다. 이슬람의 용어 '알마시흐'를 '그리스도'라고 번역하여 서로에게 접근하는 길을 열어주고 있다. 그러나 꾸란의 알마시흐는 성경의 메시아와 다르므로 단어 대 단어 번역은 유의할 필요가 있다. 예를 들면, 그는 '이싸 알마시흐'가 하나님의 영이라고 번역했는데 이것은 무슬림에게 접근하는 접촉점으로써 적절할지 몰라도 해당 꾸란 구절에 대한 올바른 해석은 아니다.

물론 동남아시아 무슬림들이 아랍어 꾸란을 정확하게 해석하지 못하는 경우가 있으므로 이런 접근법이 활용된다는 것도 우리가 익히 아는 바다. 또 저자는 동남아시아 무슬림이 회심한 후 꾸란의 구절들을 사용하여 복음을 전한다고 썼다. 일반적으로 무슬림들이 꾸란을 인도네시아어나 다른 외국어로 번역할 때 예민한 부분은 비무슬림과 혼동을 일으키지 않게 번역하므로 실제 아랍어 꾸란의 의미와 다른 경우가 가끔 있다는 것도 간과해서는 안 된다.

더군다나 꾸란과 성경의 종교적 어휘는 단어가 서로 같을지라도 그 의미가 달라지므로 이런 점에 유의하여 하나님 말씀을 전하는 것이 중요하다.

저자는 9개 권역에서 복음을 받아들인 사람들의 사례들을 싣고 있는데 나라마다 독특한 회심의 경험을 우리가 배울 수 있어서 좋았다. 또한 하나님이 이들 지역에서 무엇을 어떻게 행하셨는지를 찾아볼 수 있었기 때문에 이들 지역에 대한 선교에 관심 있는 분들에게 이 책의 일독을 권하는 바이다.

공요셉 | 중동 A국 선교사

2017년 동남아시아의 한 지역에서는 무슬림 사역자들의 세계적인 네트워크의 전체 모임이 있었습니다.

무슬림 사역의 동향을 파악하고 MBB(무슬림 배경 기독교인)를 포함한 동역자들을 한 자리에서 만나는 모임에 covenant committee로 참여한다는 본래의 목적과 더불어 저에게는 두 가지 참석 목적이 더 있었습니다.

첫 번째는 대략 10여 년에 한 번쯤 모이는 대회의 특성상 어쩌면 다음 모임에서는 뵙지 못할 수도 있을 스승이신 더들리 우드베리 박사를 포함한 선배 선교사들인 그렉 리빙스턴, 데이비드 솅크를 만나는 것이었고 두 번째는 바로 본서를 내용으로 small group session을 진행할 데이비드 개리슨의 강의를 듣고 책의 내용을 자세하게 확인하기 위함이었습니다.

저와 같은 생각을 했던 분들이 많았든지 소그룹 모임이라고 하기에는 너무 많은 사람이 모여 급하게 장소를 변경할 만큼 본서가 무슬림 사역자들에게 갖는 의미는 큰 것이었고 여전히 지금도 많이 인용되고 회자되고 있습니다.

21세기의 처음 13년 동안 이루어진 무슬림 회심 운동이 그 전 14세기 동안 이루어진 숫자를 능가하고 역동적으로 진행됐다는 보고는 무슬림 사역자들에게는 크게 격려가 되는 일이고 그러한 상황은 지금도 세계 곳곳에서 확인되고 있는 사실입니다. 무슬림 공동체 자체의 분열과 여러 가지 문제들, 일부 그리스도인들의 편협한 이해와 태도, 이에 더해 COVID-19 라는 팬데믹의 상황 속에서도 이러한 경향성은 지속되고 있는 것입니다.

앞서 말씀드린 모임 몇 개월 후에 한국을 방문했던 더들리 우드베리 박사도 본서의 내용을 언급하며 숫자의 정확성은 논의의 여지가 있으나 그 경향성만큼은 확실한 사실이라고 평가하였습니다.

제가 개리슨의 강의를 들으며 숫자보다 더 주목했던 것은 그가 분석한 무슬림 선교에 방해가 되는 요소들이었는데 그 대부분은 무슬림을 향한 선교가 금지되어 있거나 비자문제, 혹은 이슬람주의자들의 글로벌 지하디스트 운동 같은 이슬람이 제공하는 것이 아니라 기독교 내의 문제들이었습니다. 그리스도인(사역자)들 내의 분열, 무슬림들에 대한 두려움과 증오, 무지, 제자된 삶을 살지 못하는 그리스도인들의 모습 등 우리 안에 있는 문제들이 더 많은 무슬림 형제자매들을 복음으로 이끄는 데 방해가 되는 요소들이라는 사실에 전적으로 공감합니다.

이러한 교훈과 격려, 증언을 담고 있는 본서가 한국어로 번역된 것은 참으로 기쁘고 감사한 일입니다. 오랫동안 섬겨왔던 한국선교연구원(KRIM)을 사임한 이후 선교학자로의 길을 걷기 위해 공부하고 있는 이천 목사님의 번역은 원서의 내용을 쉽고 정확하게 전달하고 있어 그간의 노고를 가늠케 합니다.

팬데믹으로 인한 단절과 패러다임의 변화를 대비하는 많은 대안이 제시되고 있습니다. 하지만 그 대부분은 지역 교회의 maintenance에 초점을 맞추고 있고, 선교지에서 고군분투하고 있는 선교사들의 사역을 지원하는 대안을 찾아보기 어렵거나 현실을 반영하지 못하고 있는 것을 안타깝게 바라보며 본서가 무슬림 선교 현장의 그 뜨거운 도전과 극복의 스토리를 다시금 한국교회에 상기시키고 지속적으로 기도하고, 참여하며, 후원하게 하는 계기가 되기를 바랍니다.

뿐만 아니라 그리스도인들로 하여금 지리적 경계선을 넘어 우리에게로 오는 무슬림들을 향한 선교적 삶을 살도록 격려하는 그 귀중한 선교적 역할을 감당하기를 간절히 바랍니다.

김아영 | 횃불트리니티신학대학원 대학교 선교학 교수

기독교에 대한 무슬림들의 편견과 오해는 실제로 이슬람권 선교 현장에서 복음을 전하는 데 있어서 커다란 장애 요소가 되어왔다. 그러나 무슬림들에 관해 이러한 편견과 오해를 갖게 된 여러 이유 중에는 우리 기독교인들의 실수도 적지 않다. 그들 앞에서 우리가 더 많이 알고 있다든지, 혹은 기독교라는 종교가 이슬람교보다 우월하다는 것을 내세우면서 무

슬림들이 그리스도께로 돌아오게 하려는 억지스러운 우리의 노력에는 문제가 많았다. 이런 시도는 무슬림들을 자극하는 결과를 가져왔고, 그들은 복음을 들으려고 하지도 않았으며, 되려 우리를 공격할 구실을 제공하기도 했다. 사실 성경 어디에도 기독교라는 이름이 나오지 않는다. 성경에는 오직 하나님 아버지와 그 아들 예수 그리스도 그리고 성령님이 계실 뿐이며, 하나님의 진리가 있을 뿐이다. 그러므로 이제 무슬림들을 향해 복음을 전파하는 과정에서 우리의 문화 체계가 아닌 오직 진리 그 자체인 그리스도의 복음을 전하는 것이 되어야 한다.

일반적으로 무슬림들은 우상 숭배자들이 아니다. 그들과 대화하다 보면 그들도 창조주 하나님을 믿고 아브라함과 모세의 하나님을 믿는다고 말한다. 그래서, 그들은 "너희나 우리나 다 같은 하나님을 믿는데 구태여 성경을 읽고 믿을 필요가 있단 말인가?"라고 반문하곤 한다. 그러므로 형식적이고 교리적인 접근보다는 오히려 성령의 능력으로 사역하게 될 때 승리할 수 있고 그렇지 못할 때 우리도 무슬림들과 별 차이가 없는 사람처럼 보일 수 있을 것이다.

지금도 전 세계의 많은 무슬림이 수 세기 동안 조상 대대로 믿어 왔던 이슬람을 아무런 생각 없이 그대로 받아들이고 믿으며 살아가고 있다. 이런 상황에서 어떤 선교사 하나가 "예수는 하나님"이라고 외쳤다고 해서 그들이 수 세기 동안 가지고 있던 신앙을 쉽게 버릴 수는 없을 것이다. 왜냐하면, "나도 창조주 하나님을 믿고 있다." 라고 얘기할 수 있기 때문이다. 나와 네가 무슨 차이가 있냐는 말이고, 별 차이도 없는 것 같은데 괜히 예수를 믿어서 주변 사람의 반감과 오해를 살 필요가 있냐는 말이다. "내가 왜 십자가를 져야 한단 말인가?", "별 문제 없이 잘 살아가고 있는데 굳이 예수를 믿어 문제를 일으켜서 삶을 복잡하게 할 필요가 있겠는가?"라고 말한다.

그러나, 우리가 부활하신 하나님, 능력의 하나님, 살아 계신 하나님을 올바로 증거 할 수 있다면 상황은 달라질 것이다. 그러므로, 무슬림들은 살아 계신 성령 하나님의 능력을 체험해야 한다. 그리고, 그 능력의 첫 번째 단계는 변화 받은 우리 그리스도인의 삶을 통해 보여주는 것이다.

이 책을 통해 모든 독자는 두 가지 사실을 발견하게 될 것이다. 그 하나는, 선교 현장에서 우리 모든 선교사의 눈물 나는 수고와 섬김, 인내의 기도와 그리스도께서 가르쳐 주시고 손수 본을 보이신 섬김과 사랑의 삶에 성령 하나님께서 함께하신 이야기라는 사실이다. 다른 하나는, 이슬람권에서 부흥을 주도하시는 주체는 그 땅의 사역자들이나 현지 그리스도인들이 아니라, 바로 성령 하나님이라는 것이다. 그러므로, 이 책에서 발견하는 이슬람권에서의 모든 부흥은 사람들이 만들어 나가는 것이 아니라 하나님께서 직접 이루어 나가시는 역사이다.

이번 출간을 맞이하여 이 책을 읽는 모든 독자는 사도행전의 후속편을 읽는 것과 같은 마음이 들 것이다. 전에 이 책을 접하게 될 때부터 국내 독자들도 꼭 읽었으면 하는 마음만 가지고 있었는데, 이번에 앗쌀람 선교회를 통해서 국문판으로 출간하게 되어 기쁜 마음을 감출 수가 없다.

아무쪼록, 이 책을 통해서 지금까지 난공불락이라고 여겨졌던 이슬람권에서 선교의 문이 꽉 닫혀서 어떻게 그 문을 열어야 좋을지 노심초사해 왔던 모든 한국교회와 그리스도인들이 지난 2천 년 동안 전혀 변함없이 신실하게 일해 오신 성령 하나님을 발견할 수 있기를 바란다.

우리나라도 이제 더는 선교에 있어서 후방일 수 없다. 계속되는 유입으로 지금 국내에는 외국인들의 수가 250여만 명을 넘어서고 있으며, 그중 약 30만 명이 넘는 무슬림들이 교수, 연구원, 사업가, 유학생, 이주가정, 근로자, 난민 등의 다양한 모습으로 우리의 이웃으로 살아가고 있다. 주님은 지금 모든 교회와 그리스도인들에게 저들을 불쌍히 여기며, 성령 하나님께 온전히 의지하고 다가가서 복음을 전할 것을 명령하신다. 주님은 우리가 모두 이미 승리하신 그리스도를 기억하며, 성령님의 인도하심에 순종하기를 원하신다. 지금 국내에서 이런 일들이 이미 시작됐으며, 조만간 이 책의 후속편에는 우리 한국교회와 그리스도인들이 이루어 낸 멋진 성령 행전이 함께 자리 잡게 될 것이다.

김종일 | 국내 이슬람권 선교사 네트워크(M NET KOREA) 회장

전 세계 9개 이슬람 권역에서 일어나고 있는 회심과 성령의 역사에 대한 데이비드 개리슨 박사의 『이슬람 세계에 부는 바람』은 이슬람권에서 일하시는 하나님의 주권적인 역사에 대해 경외감과 놀라움을 느끼게 합니다. 제가 인도네시아에서 선교사로 사역할 때 이슬람 출신 회심자가 자주 언급하던 말이 "이슬람은 들어가는 문은 있지만 나오는 문은 없는 종교입니다"라는 말이었습니다. 그만큼 이슬람에서 무슬림이 기독교로 개종하는 일은 어렵다는 말입니다. 따라서 지금 이슬람 세계에서 일어나고 있는 회심 운동의 바람은 우리에게 새로운 신학적 반추와 해석을 요구합니다. 과연 우리는 그들의 회심을 진정한 회심이라고 부를 수 있는가? 이것은 성령의 역사인가? 저자인 데이비드 개리슨도 이러한 현상이 신학적 논쟁으로 비화될 수 있는 요소가 있기 때문에 자신의 조사는 묘사적이고 현상학적 접근 방법을 취했다고 미리 선을 긋습니다. 이는 지혜로운 방법입니다. 하나님은 베드로를 고넬료의 집에 보내서 말씀을 전하게 하실 때 우선 이방인에게도 성령이 임하실 수 있음을 현상적으로 경험하게 하셨습니다(행10:44-47). 그리고 그의 이런 현상학적 경험은 첫번째 예루살렘회의에서 "모두가 오직 은혜, 오직 믿음으로 구원받는다"(행15:7-11)는 신학적 결정을 해내는데 결정적인 역할을 하게 합니다.

우리는 본서를 읽고 '지금 이슬람세계에서 일어나고 있는 이러한 회심운동들이 부인할 수 없는 성령의 역사라고 할 수 있는가'라는 질문에 답을 해야 합니다. 그리고 그것이 하나님의 역사가 맞다면 우리는 신학적인 반추의 과정을 시작해야 할 것입니다. 이러한 작업은 쉽지 않지만 많은 신앙 공동체에게 매우 유익한 작업이 될 것입니다. 저도 본서에서 묘사하는 인도-말레이시아 지역에서 사역할 때 이러한 운동을 직접 보고 경험하며 이러한 현상을 어떻게 받아들여야 할지 신학적으로 씨름했던 기억이

있습니다. 그때 저에게 큰 도움이 됐던 글이 앤드류 웰스의 글들이었습니다. 앤드류 웰스는 사도행전 15장의 회의의 의미를 기독교가 개종자 모델을 포기하고, 회심자 모델을 선택한 사건으로 해석합니다. "개종은 하나의 신앙체계와 생활관습을 포기하고 다른 민족의 신앙체계와 관습으로 귀화하는 것을 의미하지만, 회심은 방향의 전환, 즉 예수 그리스도께로 삶의 방향을 돌이키는 것을 의미한다"는 것입니다. 즉 회심은 자신의 과거와의 일관성 및 연속성이 부정되지 않습니다(앤드류 웰스, 2007. 116-118). 이는 지금 이슬람권에서 일어나는 운동을 이해하는 중요한 열쇠를 제공해 줍니다. 데이비드 개리슨이 조사한 많은 운동들에서 일어나는 개종이야기는 우리가 이해하는 개종과는 그 의미가 다소 다를 수 있습니다. 그들은 거듭나서 예수님께 헌신한 사람들이지만 대부분 자신들의 공동체에 남아있기를 선택한 사람들입니다. 그래서 혹자는 그들을 "메시아닉 무슬림"이라고 부르기도 합니다. 과연 그들이 건강한 교회, 성경에 대한 "건강한 해석학적 공동체"로 나아갈 수 있을까요? 그 일은 우선적으로 그들에게 달려있습니다. 외부자인 우리는 그들이 건강한 교회로 나아갈 수 있도록 지지하고 응원하고 신학적 대화상대가 되어줄 수 있을 것입니다.

저는 이 책의 번역이 한국교회가 우리의 신학과 전통을 뛰어넘어 일하시는 하나님의 주권적인 역사를 보며 우리 자신을 돌아보고 이슬람 선교에 새로운 장을 여는 계기가 되기를 기대해 봅니다.

김홍주 | 온누리교회 선교본부장

데이비드 개리슨의 책 『이슬람 세계에 부는 바람』은 이슬람권 선교 역사 연구와 20세기 후반부터 전세계 곳곳에서 일어나고 있는 무슬림 개종 현상에 대한 광범위한 리서치를 통해 탄생한 탁월한 연구 결과이다. 이러한 무슬림들의 대규모 개종 현상은 지난 1400년 이슬람 역사에서 처음 일어나는 사건이며, 이는 성령님께서 일으키시는 놀라운 종말론적인 사건이라 말할 수 있고, 이 책은 이에 대한 생생한 증언들을 담고 있다. 무슬림들을 위한 전세계적인 중보기도 운동, 이슬람권에서 일어난 정치적 격변 속에 발생하는 난민들을 향한 선교사들과 지역 교회들의 섬김을 통해, 생명의 복음이 무슬림 형제들에게 전해지고 있다. 그리고 이들 가운에 수많은 무슬림 형제, 자매들이 예수 그리스도 앞에 나아오고 있음에 하나님께 영광을 올려드린다.

　본인도 중동에서의 10년의 사역과 국내 이주민 선교에 7년간 참여하면서 예수님께 돌아오는 수많은 무슬림 형제들을 만나면서 이 무슬림 개종 운동을 체험하고 있다. 무슬림들을 사랑하고 이들이 예수님께 돌아오기를 위해 기도하는 한국교회의 많은 성도님들과 목회자들, 그리고 이슬람권 선교를 담당하고 있는 선교사님들이 꼭 이 책을 읽고, 하나님께서 일으키시는 이 놀라운 성령운동에 함께 동참하는 은혜를 누리실 수 있길 축복한다.

노규석 목사 | 온누리M센터

　이슬람 지역의 선교사님들을 위해 기도하고 후원하는 성도들이 갖는 솔직한 생각은 '복음이 절실히 필요하기에 누군가는 그곳을 찾아가야 하겠지만, 별 열매도 없이 평생을 사역하는 선교사님들을 볼 때 안타깝고 불쌍하다'는 것 같다. 그러나 난공불락과 같던 이슬람 세계에서 하나님의 새로운 일들이 일어나고 있다는 이 책의 보고들은 다시금 무슬림들을 위한 중보 기도에 기름을 부어 주고 그 지역을 위해 더 많은 선교적인 집중력을 발휘할 수 있게 만들어 줄 수 있을 것이다.

　이슬람 세계를 9개의 권역으로 묶어 이해할 수 있게 한 저자의 접근은 매우 뛰어난 것이라 생각한다. 각각의 9개 권역 속에서 일어나고 있는 희망의 소식들은 모든 그리스도인들로 하여금 함께 찬양하게 하며, 16억 전체 무슬림들 안에서 이러한 변화가 가속화 되도록 분명한 기도의 제목들을 찾게 할 것이다.

백승준 | 사랑의교회 글로벌선교부 팀장

학교에서 학생들을 지도하고 있는 입장에서, 그리고 이슬람권을 향한 선교사를 발굴하고 선교 동원하는데 있어서 첫 번째 단계는, '이슬람권 선교는 어렵다.' '이슬람권 선교는 안 된다.' '무슬림들은 테러리스트이다' 라는 부정적인 생각으로 가득찬 기독교인들의 생각을 새롭게 하는 것입니다. 사실 선교사들이 열매 없는 이슬람권 선교지에서 낙담하는 경우도 있습니다. 그러나 이슬람권 선교지를 탐방하면서 하나님의 강한 복음의 바람이 불고 있는 현장을 목도할 때의 기쁨은 처음 예수님을 영접했던 감동의 순간을 다시금 회상케 합니다. 그리고 대부분 이러한 지역의 사역자들은 한결같이 고백합니다. "하나님이 선교하십니다. 저는 단지 하나님이 하시는 선교에 반응하고 하나님의 일하심에 따라갈 뿐입니다." 그렇습니다. 이슬람권 선교는 결코 선교사의 노력으로 되어지는 것이 아니라 하나님의 역사하심에 민감하게 반응하여 나아가는 것입니다. 그러므로 이러한 역사에는 정한 규칙이나 순서가 있는 것이 아니라 매우 다양한 경우가 존재하는 것 같습니다. 어떠한 경우는 신학적으로 설명하기 어려운 상황도 존재합니다. 왜냐하면 하나님의 역사를 신학적으로 규명하기에는 이슬람권의 복잡 다양한 상황들이 모든 답을 담을 수 없기 때문이라고 생각합니다.

이번에 앗쌀람 선교회에서 출판된 책, 『이슬람 세계에 부는 바람』은 데이비드 개리슨 박사님의 책, "A Wind in the House of Islam"의 한국어 번역본입니다. 데이비드 개리슨 박사님은 역사의 흐름과 함께 지속적인 복음의 바람을 일으키고 계시는 신실하신 하나님을 서술하고 있습니다. 무엇보다도 지난 30년간 복음에 화답한 무슬림들의 숫자는 매우 놀라운 많은 수라는 것입니다. 이에 저자는 이 책을 통하여 9개 권역을 나누어 인도-말레이시아 권역, 동아프리카 권역, 북아프리카 권역, 동남아시아 권역, 페르시아 권역, 투르키스탄 권역, 서아프리카 권역, 서남아시아 권역, 아랍 권역에서 역사하고 계시는 하나님과 복음의 바람에 대하여 상세히 기술하고 있습니다. 이는 메스 미디어를 통하여 부정적인 이슬람 뉴스를 대하고 선교의 열정을 잃어가고 있는 그리스도인들에게 참으로 도전이 되는 감동 스토리라고 생각됩니다. 또한 이는 허구가 아닌 사실임을 추천인인 저 또한 강조하고 싶습니다.

몇 해 전 중동의 난민선교지역에 동행했던 학생의 이야기가 떠오릅니다. "교수님 이슬람권 선교가 되네요! 하나님이 살아계셔서 역사하시네요! 무슬림들이 마치 옆집 아저씨처럼 느껴집니다. 한국에서 느꼈던 두려움이 사라졌어요!" 실제로 이슬람권에서 불고 있는 성령의 바람은 우리의 상상을 초월하는 역사입니다.

이 책은 1부에서 역사적인 조명 가운데 무슬림들의 개종사건들을 살펴볼 수 있고 2부에서는 권역별로 하나님의 살아계신 역사를 성령의 바람을 통하여 살펴볼 수 있으며 3부에서는 선교전략적 측면에서 그리스도인들의 나아갈 방향을 선교적으로 조명해주고 있습니다. 이에 마지막 때 선교사명과 하나님의 심장으로 살아가기 원하는 예수님의 보혈로 구원받은 이들에게 이 책을 적극 추천하는 바입니다. 아울러 이 시대 한국사회에 꼭 필요한 도서를 출판하여 준 앗쌀람 선교회와 번역으로 수고하신 이천 목사님께 깊은 감사를 드립니다.

소윤정 | 아신대학교(ACTS) 아랍지역학 교수

아주 흥미로운 이 책의 키워드는 대략 이렇다. 변화, 이슬람 세계, 다르 알 이슬람, 기독교와 이슬람 밀당의 역사, 성령의 바람, 서아프리카에서 인도네시아까지, 회심과 배반, 핍박과 살해, 레이몬드 룰, 프란치스코, 도미니크, 예수 운동, 미전도 무슬림, 19세기에서 20세기까지, 그리고 21세기! 이 흔한 키워드들이 성령의 바람으로 살아 움직이고 있는 것을 기록한 책이다.

창시자 모하메드 사후 1400여 년 간 이슬람의 지경은 지리적, 인종적으로 큰 확장을 이뤘다. 이 기간에 정치적, 사회적 요인으로 상당수의 기독교인들이 무슬림으로 개종했다. 같은 시간, 긍정적, 부정적 복음 전도의 접촉이 상당히 이어져 왔지만 무슬림들이 기독교로 개종한 경우는 찾아보기 어렵다. 1800년대에 이르러 자그마한 불씨들이 일어나기 시작했고, 20세기에 들어서서 다양한 형태로 타오르고 있다. 인도네시아, 이란, 알제리, 중앙아시아, 알바니아, 불가리아, 서아프리카, 방글라데시에 바람이 불고 있다. 성령의 바람! 이 책은 이슬람 세계에서 개종과 회심, 핍박과 고난의 소식이 뒤섞여 역동하는 것을 기록하고 있다. 무슬림들을 예수의 신앙으로 인도하시는 하나님 역사의 거대한 흐름을 목도하게 한다. 아프리카에서 아시아까지 촘촘하고 강력했던 이슬람 공동체 그물망이 성령의 바람으로 흔들리며, 공동체에 복음의 숨을 불어넣고 있다.

이 책은 무슬림들이 복음을 접하게 되는 경로와 문화적 독특성 안에서 복음을 이해하고 전하는 과정을 객관적으로 기술하고 있다. 종교적 변증, 식민시대의 영향력, 사회의 다양한 이데올로기, 꿈, 기도 응답, 이슬람에 대한 불만족, 회심한 이들의 변화된 삶, 난민 캠프에서 듣는 복음, 선교사와의 만남, 위성방송, 영화, 기적 등 어디에나 있을 법한 모든 상황들이 전개된다. 흥미로운 부분은 외부로부터 온 선교사들을 통해서가 아니라, 성경을 통해서 예수를 만난 이들의 이야기다. 한 가지 방법이 아니라 모든 방법을 다 사용하시는 하나님을 발견하게 된다.

역사의 주인이신 하나님께서 허락하시는 주요한 세계사의 흐름 속에 이슬람 세계가 급변하고 있고, 그 가운데 복음을 향한 반응을 관찰하고 파악되는 사실을 발견하는 것은 흥미롭다. 페이지가 넘어 갈수록 전개되는 다양한 상황은 풍부한 기독교적 자산을 가진 한국의 그리스도인들이 무심히 넘기는 질문, 공동체, 자료들이 어떤 결정적인 역할을 하는지, 예수의 제자로 당연시 여기는 내 고백이 얼마나 치열하게 살아있는 고백으로 규명되어야 하는지를 도전한다. 예수를 주로 고백하는 생명을 건 삶의 역동으로 치열하게 살아내는 사람들의 이야기는 20세기와 21세기 무슬림 지역에서 초대교회의 상황으로 재현되고 있다. 성령의 바람은 엄중한 현실 속에서 피어나는 생명의 이야기들을 일으키고 있다.

이 책은 우리에게 다양한 현장의 무슬림들을 인정하고, 그들 가운데 복음이 어떻게 이해되고 있는지, 그것을 어떻게 이해해야 하는지 친절하게 안내한다. 우리의 상황에서 이해한 복음을 그들의 상황 속에서 이해될 수 있도록 전할 책임을 깨닫게 한다. 그들의 문화 가운데, 복음의 돌파가 일어나 그리스도의 몸인 교회 공동체가 세워지고 그 공동체를 통해 성령의 바람이 그들을 휘감아 안으실 것이라는 미래를 상상하게 한다. 킬리만자로 정상에 덮여 있는 눈을 본 아프리카 여행자의 증언에 '아프리카에 눈이 있을 리 없다'고 비웃은 19세기의 유럽인의 전철을 밟지 말자. 사도 바울의 회심의 역사를 일으키신 주님은 이슬람 세계에서 역사하고 계신다. 철옹성이 흔들리고 있다. 이 가슴 벅찬 현장에 '나를 보내소서' 고백하며 나아가는 하나님의 사람들을 움직일 것이다.

이 책은 우리가 해야 할 일을 선명하게 안내한다. 무슬림 세계에서 일어나는 역동적인 변화를 위해 기도하고, 하나님의 역사를 찬양하는 것이다. 그리고 무슬림들 가운데 복음 전파와 사역이 활발히 일어나는 일에 가능한 방법으로 참여하는 것이다. 그들에게 나의 시간과 재정을 나누는 일, 내 삶의 일상을 접고 직접 그들에게 다가가기 위해 삶의 형태를 변경하는 전임 사역을 시도하는 것이다. 이를 위해 각 장 마다 소그룹에서 나누고 돌아볼 질문을 통해 평범한 나의 삶, 공동체의 삶에 숨을 불어넣고 있다. 성령의 바람이 우리에게서 시작된다. 무슬림, 이슬람에 관심 없던 이들에게는 신선한 세계가, 관심이 있던 이들에게는 부르심을 더 분명하게 확인하게 할 것이다. 그래서 모두에게 강력하게 일독을 권한다. 부록에 기록된 이슬람 관련 용어 해설을 잘 살펴보면 한국사회에서도 자주 만나게 될 무슬림 이웃들을 이해하고 소통하는 좋은 도구를 갖게 될 것이다.

이대행 | 선교한국 사무총장

"전례가 없는"이라고 밖에 표현할 수 없는 성령의 바람이 이슬람 세계에 불고 있습니다. 그것도 21세기 첫 절반도 지나지 않은 지금 무슬림 가운데 성령의 역사가 일어나고 있는 것은 하나님의 신비라고 밖에 표현할 길이 없습니다. 21세기 시작과 함께 무슬림 세계는 이전에 겪지 못했던 수많은 전쟁, 기근, 그리고 천재지변으로 인한 고통과 혼돈을 겪고 있습니다. 끝도 없이 쏟아져 나오고 있는 무슬림 난민에 대한 소식은 연일 뉴스를 장식하고 있습니다. 전쟁과 고난으로 이슬람 세계에서 무슬림들의 '출애굽'이 시작됐습니다. 이런 가운데 서부 아프리카에서 동남아시아에 이르는 아홉 개의 무슬림 주요지역에서 영적인 부흥이 일어나 무슬림들이 주님을 따르고 있습니다.

아직 이슬람 세계의 영적 부흥은 시작 단계에 있다고 봅니다. 그 시작의 시점에 데이비드 개리슨은 이슬람 세계 곳곳에서 발품을 들여 만난 무슬림 배경 그리스도인들의 이야기를 통해서 하나님의 역사를 생생하게 전달하고 있습니다. 하나님께서 어떻게 이슬람 세계 가운데 역사하셨고, 그리고 지금 어떻게 역사하시는 지를 통해서 우리는 앞으로 닥쳐올 엄청난 영적 부흥의 단초를 경험할 수 있을 것입니다.

지금의 무슬림 세계의 영적 부흥과 앞으로 불어올 이슬람 세계의 영적 바람을 기도하는 모든 신실한 그리스도인들에게 이 책을 강력하게 추천하는 바입니다. 이 책이 한국 교회와 그리스도인들에게 하나님 나라를 꿈꿀 수 있도록 할 계기를 만드는 촉매제로서의 역할을 하기를 간절히 바랍니다.

이현수 | 프론티어스 선교회 대표

최근 세계 선교를 보면, 한편에서는 놀라운 진보가 일어나고 있지만 다른 한편에서는 비극적인 현실이 공존한다. 놀라운 진보는 19세기 이후 지난 200년 동안 전 세계적인 선교가 일어났다는 것이다. 그러나 비극적 현실은 여전히 복음의 돌파가 일어나고 있지 않는 영역들이 있다는 것이다. 그중 하나는 무슬림 선교이다. 그런데 변화가 일어나고 있다.

7세기 이슬람 확장기 이후 얼마 전까지 역사 속에서 몇몇 무슬림에 대한 전도 기록이 있지만, 그 효과나 진정성에 대해서는 확실하지 않아 왔다. 게다가 11세기 초 십자군 원정은 무슬림에게 다가가기는커녕 왜곡된 동기로 인해서 오히려 무슬림 선교를 방해하는 꼴이 되어 버렸다. 20세기 후반에 들어서면서 소련 붕괴 이후 중앙아시아와 동유럽 지역으로 간 선교사들의 사역 외에 인도네시아와 이란 그리고 중앙아시아 등에서 자발적 복음화가 일어났지만 전체 이슬람 세계의 복음화라는 측면에서 보면 극히 일부 지역에서 산발적으로 일어난 일이다. 그러다가 21세기에 들어서면서 첫 짧은 기간 동안 이슬람 세계 전역에서 무슬림 배경을 가진 이들이 회심하여 세례를 받은 인원이 최소 1천 명 이상 혹은 무슬림 배경 기독교 공동체가 100개 이상 생겨나는 자발적인 무슬림 개종 운동이 69개나 시작됐다는 것이다. 이 운동을 통해 그리스도를 따르게 된 무슬림의 수가 200만-700만 명에 이르는 것으로 추정된다. 이 책은 이러한 이슬람 세계에서 불고 있는 '그리스도를 향한 무슬림 개종 운동'의 놀라운 사건을 조사하여 기록한 책이다.

무슬림 세계를 9개 권역으로 나누어 다양한 각도의 질문을 하고 네 가지 해석의 틀을 사용하여 무슬림 배경에서 그리스도를 따르는 자로 개종한 이들을 인터뷰하여 그들 가운데 일어난 하나님의 역사를 기록했다. 수행했던 질문은 "하나님은 무엇을 사용하여 무슬림을 그리스도의 신앙으로 이끄셨는가?"였고, 실로 하나님은 우리가 상상도 할 수 없는 다양한 방법으로 예수 그리스도를 그들의 메시아로 받아들이도록 역사 하시고 계시다. 이 책은 전도자, 성경 공부, 위성방송, 라디오방송, 인터넷, 성경, 발견 성경 공부, 《예수 영화》(Jesus Film), 기도와 금식, 간증, 병 고침, 꿈, 기도 걷기 등 실로 다양한 방법으로 무슬림이 예수께로 돌아오고 있는 것을 기록하고 있다. 무슬림 가운데 예수를 따르는 자들에게서 발견한 것은 그들이 복음을 이해한 후 지체하지 않고 주변 사람들에게 그리스도를 전하기 시작했다는 것이다. 때로는 그것이 자신의 안전을 크게 해치는 것일이라 할지라도, 이를 두려워하지 않고 전하기 시작했다. 무슬림 배경 회심자들은 예수를 따르기 때문에 더는 가족과 공동체로부터 보호되는 위치에 있지 않다. 이슬람 배교자들에 대한 보복이 그들의 경전에 기록되어 있기 때문이다. 그럼에도 그들은 주저하지 않았다. 이 책을 읽는 이들은 그들의 담대한 믿음의 이야기를 듣게 될 것이다.

과연 지난 1400년 동안 무슬림 가운데 그리스도를 따른 회심이 거의 일어나지 않았는데, 최근 이런 변화가 일어나는 이유가 무엇일까? 여기서 기록된 일들이 사실일까? 그렇다면 그 이유나 원인 혹은 동기는 무엇일까? 이런 궁금증이 있을 것이다. 이 책을 읽어보면 그 해답을 얻을 수 있을 것이다. 이 자료의 신빙성에 대한 의문을 제기할 수도 있다. 저자가 밝혔듯이 조사의 한계가 있다. 폐쇄한 사회 속에 있는 그리스도를 따르는 무슬림에 대한 정성적 그리고 정량적 조사가 어려움이 있을 수 있다. 그러나 저자의 접근 방법은 단지 책상 위에서 통계가 아니라 직접 그들을 찾아가 만나고 대화를 통해 발견한 것으로 상당히 신빙성 있는 자료라고 볼 수 있다. 그리고 우리는 실제 이런 변화의 소식을 현장으로부터 계속 듣고 있다.

이 책은 무슬림 가운데 일어나는 그리스도를 따르는 운동 뿐만 아니라 무슬림과 세계와의 역사를 한눈에 읽어낼 수 있다는 점에서 탁월한 저서이다. 특히 본 저서에서 언급된 자료와 이야기는 그 어떤 책보다 가장 최근의 상황을 기록하고 있기 때문에 이슬람에 대한 전반적인 이해 뿐만 아니라 오늘날 전 세계 무슬림들의 역학관계, 정치, 경제, 문화 및 일상을 잘 이해 할 수 있다. 이 책에서 소개된 최근의 무슬림 회심 운동의 변화가 참으로 놀랍고 반가운 일이지만, 여전히 16억의 무슬림 추종자 전체에 비하면 여전히 극소수이고 작은 변화이다. 그러나 무슬림 선교 역사상 처음 일어나고 있는 이러한 변화가 앞으로 일어날 더 큰 변화의 시작이 될 것을 소망하며 이 책을 모든 이들에게 추천한다.

한철호 | 미션파트너스 상임대표

한국 독자들께 드리는 저자의 서문

이슬람은 한반도에 들어온지 오래 됐으며, 지금도 여전히 들어오고 있습니다. 1,400년전 시작된 이슬람은 천천히 퍼져 나갔는데, 특히 동쪽으로 진행해 왔습니다. 그리고 이미 한국에 들어와 있는 이슬람은 앞으로도 증가 추세에 있을 것입니다.

더 중요한 사실은 한국의 기독교인들이 빠른 속도로 세계를 향해 나아가고 있다는 것입니다. 우리 주님의 지상 명령에 힘입은 한국 선교사들이 예루살렘과 유대와 사마리아와 세상 끝까지 나아가며 어둠의 세력을 물리치는 데 뛰어난 본을 보여주었습니다.

한국 선교사들의 사역 못지않게 하나님께 드리는 한국 기독교인들의 선교를 위한 끊임없고 신실한 기도는 잃어버린 자들을 옭아매는 강력한 진을 파하고 모든 나라와 민족과 언어들에게 구원의 은혜의 문을 열게 했습니다. 실로 하나님께서는 한국 기독교인들의 기도를 들어주셨습니다.

지난 30년 동안 역사상 가장 많은 무슬림들이 예수 그리스도의 신앙으로 나아왔습니다. 이 전례 없는 잃어버린 영혼을 향한 추수가 하나님의 백성들의 기도와 함께 성경 속 "세상의 끝"으로 여겨지는 광활한 이슬람 세계로 들어가는 일들과 동시에 일어났다는 것은 우연의 일치가 아닙니다.

본 책 『이슬람 세계에 부는 바람』은 이슬람 세계 전역에서 울려 퍼지는 하나님의 강력한 구원의 사역의 이야기들을 들려줄 것입니다. 하나님께서 이번 한국어 번역서를 사용하셔서 한국의 기도의 용사들 그리고 교회의 지상 명령 성취라는 위대한 도전에 뛰어든 선교사들을 격려하고 그들에게 영감을 주시기를, 필자는 진심으로 소망합니다.

데이비드 개리슨 박사 | 『이슬람 세계에 부는 바람』의 저자

헌정의 말

주님과 무슬림들을
자신의 목숨보다 더 사랑했던 씨드(Cyd)에게
이 책을 바칩니다.

"사는 것이 그리스도니 죽는 것도 유익함이라".

감사의 말

"빨리 가려면 혼자 가고, 멀리 가려면 함께 가라"는 말이 있다. 필자는 이 책이 멀리 퍼지기를 기도한다. 이 책을 위해 도움을 주신 이들의 말에 의하면 이 책이 그럴 가능성이 있을 듯하다. 세계 도처에 계시는 너그러우신 여러 조력자들의 도움이 없었다면 이 책은 출간되지 못했을 것이다. 보안상의 이유로 여러 조력자들의 이름을 밝히지 못했으며, 많은 분들의 이름을 약자로 처리했다. 필자에게 바른 방향을 제시해 주신 분들과 하나님이 하시는 사역을 볼 수 있도록 도움을 주신 분들 그리고 필자의 잘못을 바로잡아 주신 분들에게 무한 감사를 드린다. 언제나 그렇듯이 이 책에 오류가 있다면 그것은 저의 책임임을 밝힌다. 필자의 감사의 말이 오류에 대한 책임을 도움을 주시는 분들에게 전가하는 것은 아니다. 이 책에 유익한 것이 있다면 하나님의 은혜 때문이며, 그 유익은 세계 곳곳에 있는 하나님의 나라를 위함이 되어야 할 것이다. 아래의 분들에게 깊은 감사를 드린다.

미국 남침례교 선교부 (International Mission Board, SBC)

 Judith Bernicchi, John Brady, Jim Courson, Tom Elliff, Gordon Fort, Wilson and Natalie Geisler, Jim Haney, Scott, Holste, Chuck Lawless, Steve McCord, Clyde Meador, Mike Mirabella, Minh Ha Nguyen, Scott Peterson, Joy Shoop, Jim Slack

현장 사역 책임자

 서아프리카: Tim and Charlotte C., Duane F., Jim Haney, Shodankeh Johnson, Kris R., Jerry Trousdale, David Watson

 북아프리카: Matt B., Trevor B., George and Sheryl G., M.K., Dr. F.S., Dennis C., Hamid and Za. R.

아랍 지역: John B., Trey G., Chris M., Donald C., Tom and JoAnn D., Paul C.

동아프리카: Steve S., Bruce W., Aychi, Shimeles, Jeff P., Steve S., John B., Tim and Charlotte C., John Becker, Joe D., James L., Chuck C., Alan F., B. J., Grant L., Jerry T., David W., Ben W.

투르키스탄(Turkestan, 중앙아시아 지역을 말함, 역주): Ali, Wes F., Steven G., Kolya, Bill S., Jim T.

페르시아 지역: Andy B., Mark B., Gasem, Jon G., Kambez, Sarah K., Sepideh, David P., Scott P., Hormoz S., Jim S., Sasan T., David Y., Sam Y.

서남아시아: J. and D. Br., Jon D., Hank, Herbert H., Kevin H., Todd L., Don McCurry, Jim T., Eric W.

동남아시아: Dave C., Kevin G., Gary and Barbara H., Kevin H., Michael J., Todd L., Dwight M., Timothy M., Andrew N., Shannon, Stacy, Phil P., George T.

인도-말레이시아: Don D., Todd E., Mike S., Steve S., R. W., Von W.

조언자, 상담자

John Becker, John Brady, Curtis Sergeant, Don Dent, B. G., Todd Johnson, Bill Smith, Dudley Woodberry

격려, 평가, 반응 및 도움을 주신 분들

Don Aaker, Bruce Ashford, Mike and Cindy Barnett, John Becker, Megan Chadwick, Bill and Karma Duggin, Carla Evans, Paul Filidis, Bob Garrett, Steve and Nelly Greisen, Max Hatfield, Nora Hutchins, Chuck Lawless, Martin E. Marty, Jon Matas, Jay Muller, Rick and Kim Peters, Melody Raines, Herschel York

희생과 격려와 지지를 해 주신 가족과 친지

Sonia, Amanda, Marcus, Seneca, Jeremiah와 Liz, Etheleen, Vernon과 Patsy, Vickie와 Garth, Linda와 Tom, 그리고 2013년 3월 숨질 때까지 항상 저를 위해 기도해 주신 기도의 용사이자 제가 매일 그리워하는 Jeff.

바람이 임의로 불매 네가 그 소리는 들어도
어디서 와서 어디로 가는지 알지 못하나니
성령으로 난 사람도 다 그러하니라.

요한복음 3장 8절

1부 — 역사의 주요 사건들

1장
새로운 현상

이슬람 세계에 바람이 불고 있다. 아랍어로 이슬람 세계를 *다르 알이슬람(Dar al-Islam)*이라고 한다. 이 용어는 서아프리카에서 인도네시아 열도에 이르는 49개 나라의 16억 무슬림들[1]을 아우르는 가시적인 이슬람 제국을 부르는 말이다. 이슬람은 지구상에 존재했던 어떤 제국보다 더 큰 영토에서 세계 인구의 1/4에 이르는 사람들의 영적인 부분을 지도하고 있다. 그런데 오늘날 무슬림들의 삶을 지배하는 이슬람의 영향력이 도전받는 새로운 일이 벌어지고 있다. 이전에는 볼 수 없었던 수많은 무리의 무슬림들이 예수 그리스도를 향하여 나아오고 있는 것이다.

우리는 이 현상을 연구할 때 명확성과 일관성을 확보하기 위해 그리스도께 나아오는 무슬림 개종 운동의 범주를 20년이라는 기간 동안 최소한 100개의 교회가 설립되거나 1,000명 이상의 세례자가 발생한 현상으로 설정하였다. 지금 29개 나라의 70개 이상의 지역에서 무슬림이었던 사람들이 그리스도를 따르는 새로운 운동들이 일어나고 있다. 이런 운동 하나하나가 지난 20년 동안 최소 100개의 교회가 시작되거나 1,000명 이상의

---

1 "Muslim-Majority Countries," in *The Future of the Global Muslim Population*, Pew Research Center, January 27, 2011. 2013년 8월 23일 다음의 사이트에서 열람했다: http://www.pewforum.org/2011/01/27futureof-the-global-muslim-population-muslim-majority/.

세례를 받는 신자들이 그리스도를 따르는 결과를 보여주었다. 어떤 나라에서는 이러한 운동을 통해 기독교 신자들의 수가 수십만 명 이상으로 성장했다.

이러한 새 신자들의 총 합계는 200만~700만 명 정도이다. 광활한 이슬람 세계에서 이들은 소수의 이탈자들에 불과하지만 이들의 존재는 무시할 수 없다. 이 새로운 신앙의 공동체는 이슬람 세계의 변두리에 국한되지 않고 서아프리카의 사헬 지역(Sahel, 아프리카 사하라 사막의 바로 아래의 지역, 역주)에서 비옥한 인도네시아 열도에 이르기까지 사방에 퍼져 있다.

무슬림들이 개종을 위해 치르는 대가는 현대에 이르러서도 줄어들지 않았다. 개종자에 대한 꾸란(Qur'an, 이슬람 경전, 역주)의 규정은 변함이 없다. "그들이 (이슬람을) 받아들이지 않으면 그들을 붙잡으라 그리고 자신의 나라든, 다른 나라든, 그들이 발견되는 대로 죽이라"(꾸란 4:89b)* 종교적 배교자들은 그리스도를 향한 영적 이동의 대가로 엄청난 대가를 치렀다. 그럼에도 불구하고 저항자들의 작은 산발적 행동으로 시작됐던 배교의 물결이 이제는 상당한 규모로 커졌다. 역사적으로 전례가 없는 많은 수의 무슬림 남녀들이 그들이 속한 사회의 물결을 거슬러 예수 그리스도를 따르기로 결단하고 있으며 이러한 움직임은 이제 시작일 뿐이다.

이 현상의 중요성을 파악하려면 우리는 이슬람의 팽창과 이에 대한 기독교와의 상호 작용의 역사를 1400년에 걸쳐 살펴 봐야 한다. 무함마드(Muhammad, 이슬람 창시자, 역주)[2]가 사망한 서기 632년 이후 100년 동안 무함마드의 아랍 전사들과 그의 후손들은 당시 세계를 주름잡고 있었던 강력한 비잔틴 제국과 페르시아 제국을 멸망시켰다. 이러한 과정에서 무슬

---

* 이 꾸란 구절의 한국어 번역은 공요셉 박사가 제공해 준 것임을 밝힌다, 역주.
2 저자는 무함마드 앞에 영어 단어 "prophet"을 사용했다. "prophet"은 일반적으로 "선지자"로 번역되지만 "선지자"로 번역했을 경우 기독교인 독자들이 무함마드를 기독교의 선지자로 오해할 여지가 있어 번역자는 이 책에서 무슬림들이 무함마드를 prophet(선지자)라고 지칭하거나 주장하는 맥락의 경우를 제외한 다른 모든 경우에서 "prophet"을 번역하지 않았음을 밝힌다, 역주.

림 정복자들은 수백만 명의 기독교인들을 이슬람 통치 아래 굴복시켰다.

이슬람의 지리적 확장은 13세기 태평양에 이르기 전까지 멈추지 않았으며 1453년에는 콘스탄티노플(Constantinople, 지금의 이스탄불이며 당시 동로마 제국의 수도, 역주)의 성벽을 무너뜨렸다. 이슬람의 전진은 다소 위축되기는 했지만 여러 측면에서 지금도 진행되고 있다. 하지만 그리스도의 본을 따르는 기독교인들의 신앙은 쉽게 사라지지 않았다. 비록 이슬람 군대에 의해 정복됐지만 기독교인들은 지속적인 억압 속에서도 살아 남았다. 또 한편으로는 이슬람으로의 개종을 위한 회유는 수백만 명의 기독교인들이 점차 신앙을 잃게 만들었다.

이러한 역사적 회고의 목적은 이슬람의 전진을 소개하려는 것이 아니라 이슬람 세계에서 기독교의 재부상을 언급하기 위함이다. 기독교의 부활은 오랜 시간이 지난 후에 찾아왔다.

역사 속 그리스도를 향한 무슬림 개종 운동

무슬림들 사이에서 개인적인 개종[3]은 여러 지역에서 항상 발생했지만 무슬림과 기독교인 사이의 첫 350년 동안 복음으로의 무슬림 집단적 개종은 일어나지 않았다. 무함마드가 사망하고 350년이 지난 10세기에 이르러서야 기독교로의 무슬림 집단 개종의 첫 역사적 사례를 발견할 수 있다.

현재의 이라크를 중심으로 발달했던 압바스(압바시야) 왕조(Abbasid Caliphate)가 소멸하던 시기에 여러 아랍 부족민들과 셀주크(Seljuk) 통치자(emir)들이 압바스 왕조의 통제권에서 벗어나기 위한 과정에서 작은 왕국들을 건설했다. 972년과 975년 비잔틴 제국의 치미스케스(John Tzimisces)

---

[3] "개종"에 해당하는 원문 영어 단어는 "conversion"이다. conversion의 사전적 의미에는 "회심"과 "개종"이 함께 포함되어 있지만, 무슬림이 기독교로 "회심"했다는 것보다 "개종"했다는 것이 단어 용례적 측면에서 더 적절하다고 판단되어 번역자는 이 책에서 "conversion"을 "개종"으로 번역했음을 밝힌다, 역주.

황제는 남쪽 접경 지역에 있는 시리아와 팔레스타인의 여러 성읍을 장악했다. 이슬람 왕조와 기독교 왕조가 공존했던 당시 12,000명의 아랍인 무슬림들은 그들의 처자식과 함께 비잔틴 정교회(동로마 제국의 기독교, 역주)의 사제들에게 세례를 받기 원했다. 그들이 이슬람을 포기한 이유는 "무슬림 통치자들의 경제적 강탈" 때문이었다. 세금에서 벗어나기 위한 동기에서 발생한 개종 현상은 현재의 터키와 시리아 사이의 국경에 위치한 고대 니시비스(Nisibis) 성읍에서 일어났다. 그 후 격동의 세기 동안 이러한 수상한 개종보다 더 많은 수의 기독교인들이 아나톨리아(Anatolia) 반도(지금의 터키 영토, 역주)에서 진행된 무슬림 투르크(Turkish) 부족의 팽창 속에서 신앙을 잃었다.4

치미스케스

21세기의 연구자들은 10세기에 발생한 세금에 의한 개종자들이 진정한 신자인가에 대해 이의를 제기할 수 있다. 다만 연구자들은 일정 규모의 무슬림 개종이 얼마나 드문가 보여주는 사례로 이 개종 사건을 언급할 수는 있다. 이슬람이 확장되던 첫 500년 동안 이 사례 외에 기독교로의 개종 운동은 일절 나타나지 않았다.

십자군, 종교 재판 그리고 다른 실패들

십자군 운동(1096-1272)을 수 세기 동안의 이슬람 *지하드(jihad)*에 대한 기독교 유럽의 모방적 반응으로 볼 수 있겠지만 이러한 군사 공격은 복음의 전파에 역효과를 낳은 것으로 증명되었다. 십자군 운동 기간 동안 무슬림

---

4 K.S. Latourette, *History of the Expansion of Christianity*, Vol. 2, (London: Eyre & Spottiswoode, 1947), pp. 310-311, 다음의 저작물 내용을 언급했다: Alfred Von Kremer, *Culturgeschichte des Orients*, Vol. II, pp. 495-6.

통치 지역에 있던 기독교 소수 민족들은 십자가 깃발 아래 자행되는 유럽 군대의 침략과 그들의 기독교에 대한 충성심에 회의를 품었고 많은 수가 이슬람으로 개종을 하였다.5

루제르 2세

당시 십자군 운동의 정신과 다른 한 가지 예외적 사례가 시칠리아(Sicily) 왕국의 루제르(Roger) 2세(사진) 치하에서 발생했다. 루제르 왕은 1130년에 시칠리아와 이탈리아 남부에서의 통치권을 통합한 프랑스계 노르만인 정복자이다. 비잔틴 지역과 아랍 지역 그리고 그리스를 아우르는 지중해 전체 지역에서 노르만 문화가 풍미하던 시대에 루제르 왕은 노르만과 아랍 문화가 결합된 문화를 만들어 냈다. 당시의 반(反)이슬람 풍습을 거스르는 루제르 왕의 이러한 포용적인 사회적 시도로 인해 거의 한 세기 동안 무슬림과 기독교인 사이에 사상과 언어와 교역이 활발히 이루어지게 되었다. 이 기간에 몇 명의 무슬림이 기독교로 개종했는지에 대한 기록은 없다. 그러나 이 기간을 거대한 두 종교 사이에서 무력 충돌이 오고 갔던 오랜 시기에 발생한 얼마 되지 않은 휴전 기간으로써 언급할 가치가 있다. 루제르 왕의 이러한 시도는 1224년 그의 손자인 프리드리히(Frederic) 2세가 그의 영토에 있는 모든 무슬림을 추방하면서 막을 내렸다.

무슬림을 향해 나아가려는 기독교 진영의 새로운 욕구가 13세기에 일어났는데 특히 500년 동안의 이슬람 통치가 후퇴하고 있는 스페인에서

---

5 이슬람으로의 개종에 대한 동기에 대해서는 다음의 저작물을 참조하라: R. Stephen Humphreys, "The Problem of Conversion," in *Islamic History: A Framework for Inquiry* (London: Princeton University Press, 1991), pp. 273-283 와 Philip Jenkins, *The Lost History of Christianity, The Thousand-Year Golden Age of the Church in the Middle East, Africa and Asia—and How It Died* (New York: Harper One, 2008).

그러했다. 가톨릭6 세력의 이베리아 반도 재정복(Reconquista)이 완료된 1492년보다 훨씬 이전부터 유럽의 기독교인들은 무슬림들에게 기독교 신앙을 강권했다.

비범한 인물이었던 아시시의 프란치스코 (Francis of Assisi, 프란치스코 수도회의 창설자이다, 역주)(1181-1226)는 1219년 이집트의 다미에타(Damietta) 인근에 있는 십자군과 무슬림 군대 진영 사이의 굳어져 버린 경계선을 넘어갔다. 프란치스코는 이슬람의 파티마 왕조(Fatimid)의 통치자이자 살라딘(Saladin) 장군의 조카였던 술탄 알말릭 알카밀(al-Malik al-Kamil)에게 복음을 전하든지 아니면 그에

아시시의 프란치스코

의해 순교를 당할 생각을 품고 있었다. 프란치스코는 개종을 이끌어내지 못했고 순교도 당하지도 않았지만 무슬림 영혼을 향한 그의 관심은 그의 이름을 딴 수도회로 이어졌다.

프란치스코를 본받았던 초기 인물 중 잉글랜드인 로저 베이컨(Roger Bacon, 1214-1294)은 동시대 사람들의 정치적 성향에 강력히 반대하며 무슬림들을 굴복시키기보다는 무슬림을 복음화하자는 주장을 펼쳤다. 그러기 위해 그는 단순하게 "무슬림들에게 그들의 언어로 가톨릭 신앙을 가르치자."7고 목소리를 높였다. 프란치스코 수도회의 플랑드르인(Flemish) 루브루크의 윌리암(William of Rubruck, 1220-1293)은 1254년 로저 베이컨의 주장을 실행했다. 콘스탄티노플에 거주하는 타타르족(Tatars) 무슬림들에게 파송된 선교사 윌리암은 그가 사역하고자 했던 부족을 넘어 8,000킬로미터나 더 대륙으로 들어가 몽골의 카라코룸(Karakorum)에 있는 몽골 제

---

6   번역의 일관성을 위해 본 책에서 '가톨릭'으로 번역했음을 밝힌다, 역주.

7   K.S. Latourette, *Expansion*, Vol. 2, pp. 319-320.

국의 황제 몽케 칸(Mongke Khan)의 황궁까지 이르렀다. 하지만 프란치스코 수도회의 설립자 성 프란치스코처럼 로저 베이컨과 윌리암도 그들의 성스러운 의도에도 불구하고 무슬림들 사이에서는 별다른 반응을 얻지 못했다.

일반적으로 무슬림들 사이에서 사역했던 프란치스코 수도사들은 열매를 맺지 못했지만 아스콜리의 콘라드(Conrad of Ascoli, 1234-1289)의 선교 사역이었다.[8] 이탈리아의 귀족 가문에서 태어난 콘라드는 어린 시절부터 신앙이 돈독했으며 성장해서는 프란치스코 수도회에 들어갔다. 로마에서 잠시 설교자로 봉직한 이후 그는 지금의 리비아에 가도 된다는 허락을 받았다. 리비아에서 그는 겸손한 삶과 복음 전파 그리고 기적을 일으키는 사역을 했다고 알려졌다. 이러한 사역을 통해 그는 6,400명의 리비아인에게 세례를 베풀었다.[9] 콘라드의 어릴 적 친구이자 교황이 된 니콜라스(Nicholas) 4세는 스페인과 프랑스의 카톨릭 군주 사이에 벌어진 전쟁을 중재하기 위해 콘라드를 유럽으로 불러들였다. 그 후 콘라드는 북아프리카로 돌아가지 못했고 파리에서 신학을 가르치는 교수가 됐다.

무슬림을 향한 열정은 프란치스코와 동시대 인물인 스페인의 성 도미니코(Dominic de Guzman, 도미니크 수도회 창설자, 역주)도 공유하고 있었다. 성 도미니코의 도미니크 수도

성 도미니코

---

8   Andrew Alphonsus MacErlean, "Conrad of Ascoli," in *The Catholic Encyclopedia: An International Work of Reference*, Vol. 4 (Ann Arbor, MI: University of Michigan Library, 1907), p. 258.

9   Latourette, *Expansion*, Vol. 2, p. 365. 아스콜리의 콘라드의 삶과 사역에 대해 알려진 바가 거의 없다. 라투렛의 7권짜리 역사서에서 단 한 문장 만이 콘라드에 대한 것이다. 콘라드는 아프리카에 있는 흑인들에게 복음을 전파하는 열정이 있었다고 알려져 있다. 리비아인 개종자 중 몇 명이 흑인 노예였는지 그리고 그 흑인 노예 중 몇 명이 무슬림이었는지에 대해서는 알려진 바가 없다.

회는 사라센인들(Saracens, 무슬림을 지칭하는 구시대적 명칭)에게 복음을 전파하는 사역에 헌신되어 있었지만 무슬림들 사이에서 열매는 거의 없었다. 성도미니크회 수도사들이 이슬람을 향해 더 영적이고 덜 폭력적인 접근 방식을 촉진했지만, 수도회의 창립자도 최소 천 명 규모의 자발적 무슬림 개종 운동을 단 한 개도 만들어 내지 못했다.

1240년 도미니크 수도회의 페나포르트의 레이몬드(Raymond of Peñafort)는 그의 마지막 30년 동안 스페인 교회를 무슬림 선교에 동원하는 사역을 하기 위해 도미니크 수도회의 서열 3위의 직책을 내려 놓았다. 레이몬드는 바르셀로나와 튀니지의 튀니스에 아랍어를 가르치는 학교를 설립했고 그의 동료 도미니크회 수도사인 토마스 아퀴나스를 설득하여 무슬림과 유대인을 향한 변증법적 내용이 담긴 *Summa Contra Gentiles*(대이교도대전)를 저술하게 했다.[10] 가톨릭 신앙을 전달하는 이 저술은 스페인에서 이슬람 지배의 종식과 함께 수백 년 동안 진행된 이베리아 반도의 재(再)기독교화에 기여했다. 불행하게도 레이몬드는 개종을 강요하고 유대인들과 무슬림이 된 스페인 사람들 사이에서 이단을 찾아 내기 위한 방편으로 잔혹한 종교 재판을 사용했다. 이 때문에 개종의 깊이와 진실성이 의심받았다.[11]

페나포르트의 레이몬드

지중해의 동쪽에서는 현재의 레바논에 위치했던 마지막 십자군 진영에서 태어나서 자란 도미니크 수도사 트리폴리의 윌리암(William of Tripoli, 대략 1220-1275)이 "수천 명의 무슬림에게 세례를 주었다"고[12] 여겨지거나

---

10   "St. Raymond of Peñafort," in *Catholic Encyclopedia*. 2012년 11월 28일 다음의 사이트에서 열람했다: http://www.newadvent.org/cathen/12671c.htm.

11   "Raymond of Peñafort," in *New Catholic Encyclopedia*, 2nd ed., Vol. 11, (Detroit: Gale, 2003), pp. 936-937.

12   Latourette, *Expansion*, Vol. 2, p. 326.

최소한 "신앙을 갖게 된 많은 무슬림들"¹³을 얻었다고 알려져 있다.

호기심이 많은 수도사였던 윌리암은 1271년 교황 그레고리 10세에 의해 파송돼 마르코 폴로(Marco Polo)와 마페오 폴로(Maffeo Polo) 형제와 함께 험난한 여행을 거쳐 몽골 제국의 쿠빌라이 칸(Kublai)을 알현한 두 명의 선교사 중 한 명으로 더 알려져 있다. 윌리암은 터키 동쪽에 있는 아르메니아까지 간 이후 병세 때문에 그의 여정을 더 이어가지 못했다.

윌리암이 "권력의 도움이나 철학적 논쟁 없이"¹⁴ 레반트(Levant, 이스라엘, 팔레스타인, 시리아, 레바논, 요르단 일대를 일컫는 용어, 역주)의 무슬림들에게 효과적으로 다가갔기 때문에 그는 더 중요한 인물로 평가받아야 할 것이다. 윌리암은 자신이 이슬람 문화와 언어를 연구했기 때문에 사역을 잘 해냈다고 여겼다. 그가 레반트 지역에 갈 수 있었던 것이 100년 동안의 십자군 원정 결과라는 점을 고려한다면 역사는 "권력의 도움 없이" 사역했다는 그의 주장을 온당하지 않은 것으로 평가할 것이다. 윌리암의 노력에 얼마나 많은 무슬림들이 실제로 반응했는지에 대해서는 분명치 않다. 1291년 중동에 있는 십자군의 마지막 기지가 함락되자, 윌리암의 사망 후 채 20년이 지나기 전에 그의 사역의 열매는 모두 사라져 버렸다.

이슬람 세계에 진출한 가장 영웅적인 선교사 중 한 명은 카탈루냐 출신(Catalonian) 신비주의자 레이몬 룰(Ramon Llull)이다. 아랍어를 완벽하게 익히고 이슬람을 공부한 룰은 십자군 방식을 거부하고 1315년경 알제리에 있는 해안 마을 부기야(Bougeia)에서 그가 원

레이몬 룰

13　J.F. Hinnebesch, "William of Tripoli," in *New Catholic Encyclopedia*, 2nd edition, Vol. 14 (Detroit: Gale, 2003), p. 754.
14　Thomas F. O'Meara, "The Theology and Times of William of Tripoli, O.P.: A Different View of Islam," in *Theological Studies*, Vol. 69, No. 1.

했던 순교에 이르기까지 알제리와 튀니지로 3번의 선교 여행을 갔다. 동시대의 프란치스코 수도사들과 도미니크 수도사들처럼 룰도 폭력을 거부하고 무슬림들에게 이성적인 아랍어 전도 방식을 추구했다. 그러나 동시대의 프란치스코 수도회와 도미니크 수도회의 수도사들처럼 룰은 아주 적은 기독교 개종자를 얻었다고 보고했다.[15]

무슬림을 향한 이러한 새로운 열망이 즉각적인 열매들을 만들어 내지는 못했지만 그렇다고 아무런 결과도 만들어 내지 못한 것은 아니었다. 스페인의 마지막 무슬림 장악 지역이었던 그라나다(Grenada)가 1492년 회복된 이후 에르난도 데 탈라베라(Hernando de Talavera) 가톨릭 대주교는 자신이 관할하고 있는 성직자들에게 그들의 교구에 있는 무슬림들에게 나아가도록 권면했다. 탈라베라 대주교는 성직자들에게 아랍어를 배우고, 무슬림들을 대할 때 자신의 종교와 재산과 법을 지키려는 무슬림들의 권리를 존중하면서 지혜롭게 개종을 권면하라고 촉구했다. 이러한 결과로 1490년에서 1500년 사이 "수천 명의 무슬림들이 세례를 받았다."[16] 당시 종교 재판에 대한 불안감 때문에 많은 무슬림들이 기독교로 개종했다는 것을 고려한다면 이들이 세례를 받았던 동기가 자발적이라고 확증하기 힘든 것이 사실이다. 1610년까지 스페인에서 *모리스코*(Morisoco)[17]를 포함한 모든 무슬림들이 이베리아 반도에서 쫓겨났다.

16세기와 17세기까지 종교 개혁과 가톨릭의 반(反)종교 개혁이 서부 유럽을 휩쓰는 와중에 터키의 오스만(Ottoman) 제국의 팽창 아래에서 그리스와 중동의 기독교가 와해된 것은 주목 받지 못했다. 서방의 기독교인들은 아메리카, 아프리카, 아시아 대륙을 향한 식민지 개척에 눈을 돌려

---

15 Latourette, *Expansion*, Vol. 2, pp. 321-323.
16 Latourette, *Expansion*, Vol. 2, pp. 314-315, Lea의 *The Moriscos in Spain*, pp. 12-31를 인용함.
17 모리스코(Morisoco)는 자신의 국가에서 쫓겨나지 않기 위해 기독교를 받아들인 무슬림들을 지칭하는 용어이며, 후에는 기독교(가톨릭)를 받아들였지만 비밀리에 이슬람 신앙 행위를 유지하는 것으로 의심되는 이들을 비하하는 용어가 됐다.

무슬림과 충돌하기보다는 비(非)무슬림들 사이에서 유익을 챙기는 쪽을 택했다.

천년 동안의 기독교인과 무슬림 사이의 상호작용은 막을 내렸는데 그 기간 동안 수백만 명의 기독교인들이 이슬람 세계에 동화됐으나 예수께로 나아오는 기독교로의 개종 운동은 거의 일어나지 않았다.

식민 시대

16세기와 17세기 스페인과 포르투갈의 아프리카, 아시아, 아메리카 대륙에서의 무역과 정복은 서구 식민 팽창 시대의 서막을 열었다. 네덜란드, 프랑스, 영국의 무역상들은 18세기와 19세기에 식민 경쟁에 뛰어들었다. 대부분의 비(非)서구 세계에서 유럽의 식민화와 선교사의 사역이 함께 일어났지만 이슬람 지역에서는 그렇지 못했다.

전형적으로 유럽의 무역상들은 그들이 상대했던 무슬림들에게 두 가지 방법 중 하나를 택했다. 무슬림 통치자가 다스리는 지역에서 유럽 무역상들은 비(非)무슬림 공동체를 부추겨 분쟁을 일으키며 그 지역을 정복하고 이익을 챙겼다. 그러나 무슬림 공동체가 아주 강한 지역에서는 지역 (무슬림) 주민들을 자극하지 않기 위해 기독교 선교사들의 사역을 억제하는 융통성을 발휘했다.

식민지 시대가 끝날 무렵, 가톨릭 선교역사학자 조셉 슈미들린(Joseph Schmidlin)은 다음과 같이 말했다. "종합적으로 보면, 여러 선교사의 다양한 사역에도 불구하고 알라를 경배하는 2억 명의 무슬림이 있는 이슬람 세계는 지금까지도 가톨릭과 개신교로부터 동떨어져 있었다."[18]

슈미들린은 다음과 같이 한탄했다.

…아시아와 아프리카에 있는 무슬림 지역은 기독교 선교의 가장 강력

---

18 Joseph Schmidlin, *Catholic Mission History* (Techny, IL: Mission Press, SVD, 1933), p. 584.

한 대항 세력이 될 정도까지 성장했다. 하지만 무슬림들은 절대로 개종할 수 없는 이들이거나 복음을 받아들일 수 없는 이들이라고 단정해서는 안 된다. 실제로 무슬림 사이에서 기독교 공동체가 발생했다. 이러한 일이 심지어 19세기에도 있었다. 인도네시아 네덜란드 식민지(Dutch East Indies)에서의 개신교 기독교인들의 사역과 알제리(Algeria) 카빌리아(Kabylia)의 가톨릭 선교 사역과 같은 몇몇 사례들이 그러한 예들이며 지금도 계속 일어나고 있다.

슈미들린이 언급한 두 개의 사례인 인도네시아 네덜란드 식민령과 카빌리아(알제리의 베르베르(Berber)족 지역)는 서구 식민 시대와 선교 팽창 시대에 보기 드문 무슬림들의 기독교 개종 운동이 일어난 곳이기 때문에 자세히 살펴보아야 한다.[19]

1605년 네덜란드 세력은 인도네시아에 도착한 이후 수 세기 동안 지금의 인도네시아를 형성한 독립 이슬람 왕국들(sultanate) 대부분을 점령했다. 다른 유럽 국가들의 정복 방식과는 달리 네덜란드는 식민화 과정에서 무슬림과의 충돌을 피했다. 인도네시아에 도착한 245명의 네덜란드 선교사들의 대부분은 이슬람이 자리잡지 않는 외곽의 섬들에서 복음을 전파했고 단지 2명의 선교사만이 자바(Java) 섬에 파송됐다. 이 2명의 선교사도 무슬림이 아닌 이들에게 사역했다.[20]

인도네시아 사람들은 엄격한 네덜란드식 칼뱅주의에 매력을 느끼지 못한 반면 무슬림 민족주의자들은 이슬람을 받아들이며 서구에 저항해야 하는 이유로 칼뱅주의의 이질성을 지적했다. 1914년 네덜란드에서 가장 영향력 있는 개혁주의 기독교 지도자인 아브라함 카이퍼(Abraham Kuyper)는 사람들의 선교에 대한 반응이 낮기 때문에 어린이와 부녀자를

---

19 위의 책.
20 Don Dent, "Sadrach: The Apostle of Java," pp. 2-3. 2012년 11월 28일 인용된 미출판 논문.

포함 1,614명의 개종자와 함께 자바섬에서 철수해야 한다고 제안했다.[21]

유럽 선교사들의 선교 사역은 침체돼 있었지만, 중앙아시아와 인도네시아의 현지인 평신도 복음전도자들은 많은 현지인 복음 증거자들과 함께 사역의 열매를 맺고 있었다. 자바섬 현지 출신인 복음전도자 라딘 아바스 사드락 수라프라나타(Radin Abas Sadrach Surapranata)(1835경-1924)는 초기 유럽 선교사들이 인도네시아에서 행했던 접근 방식을 사용하여 복음에 대한 반응을 크게 확장해 놓았다. 이러한 이유로 인도네시아 기독교인들은 그를 "자바섬의 사도(The Apostle of Java) 사드락"으로 기억하고 있다. 사드락은 당시 새롭게 출간된 자바어 성경 번역을 사용했으며, 무슬림 지도자들과의 토론에서 공격적으로 기독교를 변증했다. 사드락은 개종자들을 현지 네덜란드식 교회로 보내기보다는 그들을 모아 *크리스텐 자와(Kristen Jawa)*라고 불리는 상황화되고 토착적인 자바 기독교인 공동체*(mesjid)*를 만들었다.

1924년 사드락이 사망할 때에는 그의 사역으로 인해 1만~2만 명의 자바섬 기독교인들이 존재해 있었다.[22] 자바섬의 기독교 공동체는 세계 최대 무슬림 국가인 인도네시아의 전체 인구에 비하면 아주 작은 규모이지만, 크리스텐 자와(자바 기독교인 공동체)는 거의 1,300년에 이르는 기독교의 이슬람 선교 역사에서 첫 번째 자발적 무슬림 개종 운동이라는 획기적인 사건으로 기록됐다.

*이슬람 세계(Dar al-Islam)*의 다른 지역에서 또 다른 형태의 무슬림 선교 사역이 열매를 맺고 있었다. 1830년 알제리는 프랑스의 통치 아래에 들어

---

21 Dent, "Sadrach," p. 27. Th. Sumartana, Th., *Missions at the Crossroads: Indigenous Churches, European Missionaries, Islamic Associations and the Socio-Religious Change in Java 1812-1936* (Jakarta: Gunung Mulia, 1993), pp. 89-92를 인용함.

22 Dent, "Sadrach," p. 26, Sutarman S. Partonadi, *Sadrach's Community and Its Contextual Roots: A Nineteenth Century Javanese Expression of Christianity* (Amsterdam: University of Amsterdam, 1988), p. 129를 인용함.

갔고 1962년 독립할 때까지 프랑스 영토의 한 부분으로써 프랑스의 지배를 받았다. 1868년 가혹한 기근으로 많은 아랍족과 베르베르족 아이들이 고아가 되기 전까지 가톨릭 교회는 알제리의 무슬림 주민들에게 적극적으로 복음을 전파하지 않았다.

샤를르 마르샬 라비제리

샤를르 마르샬 라비제리(Charles Martial Lavigerie)(1825-1892) 신부는 1868년 알제리 교구의 대주교로 알제리에 부임하자마자 기근으로 고아가 된 지역 어린이들을 모아 사역을 시작했다. 주민들의 동요를 걱정한 알제리 총독 마샬 맥마혼(Marshal McMahon)은 무슬림 개종 행위를 금지했다. 라비제리 신부는 총독의 명령에 따라 신부들에게 그들이 사역하는 주민들 가운데 기독교인이 아닌 이들에게 세례를 주지 않도록 하였다.

1874년 라비제리 신부는 *아프리카 선교회(Société des missionnaires d'Afrique, Society of missionaries of Africa)*를 창립하며 무슬림을 향한 복음 전파의 장애물을 제거하는 중요한 조치를 단행했다. 아프리카 선교회는 선교회 신부들이 아랍식 흰색 의복(cassock)과 양털로 만든 목도리를 착용하면서 *백의의 신부들(Péres Blancs, White Fathers)*로 더 알려졌다. 이 백의의 신부들은 아랍어를 배우고 복음 전파의 길이 쉽게 열리기를 바라며 그들이 사역하는 여러 무슬림 주민들의 관습들을 받아들였다.

첫 세례식은 1887년 교황 레오 13세의 취임 50년을 기념하여 로마를 방문한 3명의 카바일(Kabyle)의 베르베르족 소년들이 교황에게 "눈물을 흘리며 세례를 간청하여 거행됐다."[23] 그 해에 라비제르 신부는 교령을 내려 처음으로 세례를 허용했지만 지역 주민들의 동의를 전제로 시행했다.

카바일의 베르베르족 주민들은 북아프리카의 무슬림들 중 가장 복음

---

[23] 슈미들린, *Catholic Mission History*, p. 591.

에 적극적으로 반응하는 부족이었지만 그리스도를 향한 개종 운동이라 불릴 정도의 움직임은 나타나지 않았다. 이슬람과 가톨릭 같은 종교적 요소와 프랑스 식민 통치로 인한 요소들이 복음 전파에 장애물이 되었다. 그 중 식민 지배국인 프랑스가 기독교 국가라는 점이 복음 전파에 큰 부담이 되었다. 그 결과 1930년경 카바일 부족 가운데 세례를 받은 신도의 수는 700명을 넘지 못했다.[24]

19세기 후반 북아프리카에 많은 개신교 선교사들이 파송됐다. 개신교 선교사들의 영웅적인 사역에도 불구하고 역사는 정확하고도 간결하게 "개종자들이 많이 나오지는 않았다."라고 기록했다.[25]

그리스도를 향한 무슬림들의 세 번째 개종 운동은 가톨릭과 개신교 선교 역사학자의 주목을 받지 못했다. 1892년 에티오피아 북서부에 위치한 타나(Tana) 호수 지역 출신 무슬림인 셰이크 자카르야스(Shaikh Zakaryas) (1845-1920)는 현재의 에리트리아에 위치한 아스마라(Asmara)에 있는 스웨덴 선교사들에게 성경을 받아야 한다는 꿈을 꾸었다. 자카르야스는 원래 성경에서 얻은 통찰력을 이용하여 이슬람 개혁을 설파하려고 했으나 이슬람 지도자들의 강력한 반대를 받고 무슬림 공동체에서 쫓겨났다. 1896년 그는 기독교인으로서의 사역을 시작했다.

자카르야스는 1910년 세례를 받기 전 이미 75명의 저명한 무슬림 성직자들을 그리스도께 인도했다. 1920년 자카르야스가 사망할 때까지 그에게 세례를 받은 무슬림들의 수가 7천 명에 달했다. 그가 죽은 후 수십 년 동안 *아다디스 크레스티얀(Adadis Krestiyan*, 새 기독교인이라는 의미)이라고 불리는 무슬림 출신 기독교인들은 여러 에티오피아 정교와 제칠일안식

---

24 K.S. Latourette, *Expansion*, Vol. VI (London: Eyre & Spottiswoode, 1947), p. 17, Antony Philippe, *Missions des Peres Blancs en Tunisie, Algerie, Kabylie, Sahara* (Paris: Dillen & Cie, 1931), pp. 143, 145, 146를 인용함.

25 Latourette, *Expansion*, Vol. VI, p. 19.

일예수재림교 교회들에 동화됐다.²⁶

선교역사학자들은 19세기를 세계적 기독교 팽창의 "위대한 세기"²⁷로 받겼지만, 이 때 발생한 무슬림 개종 운동은 2건에 불과했으며 최소 1천 명이 세례를 받은 무슬림 개종 운동은 무함마드 사망 이후 거의 1,300년이 지난 20세기에 이르러 나타났다. 다음의 무슬림 개종 운동은 20세기가 시작되고 65년이 지난 후 큰 핍박 속에서 발생했다.

20세기의 약진

1965년 인도네시아에는 세계 최대의 공산주의 정당이 존재했다. 그해 9월 공산당의 쿠데타가 실패하자 유혈 사태가 발생했고 50만 명 이상의 인도네시아 주민들이 희생됐다. 당시 공산주의 또는 무신론 성향을 의심받은 자들은 모두 감옥에 갇히거나 처형되고 학살당했다.²⁸ 폭력 사태 속에서 정권을 잡은 인도네시아의 신(新) 질서(New Order) 정부는 공산주의와 무신론을 단번에 철폐하고 모든 인도네시아 국민에게 국가가 인정한 5개의 역사적 종교 중 하나에 속할 것을 명령했다. 이 5개의 종교는 이슬람, 개신교, 가톨릭, 힌두교 그리고 불교였다. 그러자 종교 쟁탈전이 불거졌고 이 와중에 200만 명의 인도네시아 주민들이 개신교와 가톨릭을 선택했다. 이들 중에는 문화적으로 무슬림 배경을 가진 이들이 있었다.²⁹

무슬림들이 그리스도에게 나아간 이러한 변화를 순전히 자발적인 것

---

26 Paul Balisky, "Dictionary of African Christian Biography, Shaikh Zakaryas 1845 to 1920 Independent Prophet Ethiopia," 2013년 8월 8일 인터넷 사이트 www.dacb.org/stories/ethiopia/zakaryas2.html에서 검색함.
27 예일대학교 선교 역사학자 케네스 스콧 라투렛(Kenneth Scott Latourette)이 그의 책 *History of the Expansion of Christianity*의 7권에서 "위대한 세기(The Great Century)"라는 용어를 만들었다.
28 1965-1966년 인도네시아 학살 사태는 상세하게 기록됐다. 이 사태에 대한 추가적인 15개의 출처는 "Indonesian Killings of 1965-1966"를 참조하라. 2012년 11월 28일 인용됐으며, 다음의 인터넷 사이트에서 열람할 수 있다. http://en.wikipedia.org/wiki/Indonesian_killings_of_1965-1966.
29 Avery T. Willis, *Indonesian Revival: Why Two Million Came to Christ* (Pasadena: William Carey Library, 1977).

으로 보기는 어렵겠지만, 이러한 변화를 통해서 기독교의 가르침과 신앙을 받아들일 기회가 인도네시아의 많은 주민들에게 주어진 것은 사실이다.

이슬람 지역에서 발생한 다른 무슬림 개종 운동은 1980년대에 일어났다. 1970년대에 발생한 예수 운동(Jesus Movement)에 힘입은 서구의 젊은 기독교인들이 세계에 남아 있는 미전도 종족을 향한 1980년대의 개척 선교의 소명을 품었다. 미전도 종족 목록에서 상위에 올라와 있는 종족들은 바로 10억 명에 이르는 미전도 무슬림들이었다.

그 다음의 무슬림 개종 운동은 가장 일어날 것 같지 않은 지역에서 발생했다. 1979년 이란의 이슬람 혁명 이후 많은 이란 국민들은 이슬람주의 국가가 그들이 기대했던 해결책이 아니라는 것을 알게 됐다. 1980년대 중반 이란의 아르메니안계 오순절주의 기독교 공동체는 복음을 듣기 위해 자신들의 교회에 오는 시아파 무슬림들의 수가 늘어나는 것을 목격했다. 1980년대 말까지 정부의 강력한 핍박 속에서도 수천 명의 무슬림들이 기독교 신앙을 받아들였다.[30]

1990년대 알제리 카바일의 베르베르족 사이에서도 기독교의 재부흥이 일어났다. 알제리에서 군사 정권과 이슬람주의자 사이의 유혈 사태가 격화되면서 10만 명 이상의 희생자가 발생하는 와중에 카바일의 베르베르족 주민들 사이에서는 대안을 찾으려는 움직임이 일어났다. 그들은 심야 기독교 라디오 방송을 듣게 됐고 불법으로 규정된 《예수 영화》(JESUS Film)가 그들 사이에서 배포됐다. 결과적으로 온 나라가 내전에 휩싸여 있는 와중에도 수천 명의 베르베르족 주민들은 은밀하게 복음을 받아들였다.[31]

---

30 이란의 무슬림 개종 운동에 대한 상세한 내용은 8장에서 서술됐다. Mark Bradley의 *Iran: Open Hearts in a Closed Land* (Colorado Springs: Authentic, 2007)와 *Iran and Christianity, Historical Identity and Present Relevance* (London: Continuum Religious Studies, 2008)도 함께 참조하라.

31 Ahmed Bouzid, "Algerian Crisis, No End in Sight." 2012년 12월 2일 인터넷 사이트 http://www.

1990년대가 시작되자 전 세계는 철의 장막이 무너지고 소비에트 연방의 경제가 붕괴하는 것을 목격했다. 소비에트의 무신론 통치 아래에서 성장한 중앙아시아에 있는 수백만 명의 투르크계 무슬림들을 향한 새로운 가능성이 돌연 발생했다. 미국과 유럽과 한국의 복음주의자들이 중앙아시아의 투르크계 종족에게 복음을 전파하기 위해 글라스노스트(glasnost, 개방)의 기회를 붙잡았다. 20세기가 끝날 즈음 복음주의 기독교는 아제르바이잔, 키르기즈스탄, 카자흐스탄에서 자생적 기독교 운동을 발생시키면서 중앙아시아에 있는 대부분의 투르크계 종족들에게서 기독교의 교두보를 만들어냈다.[32]

냉전이 수그러들자 외국 기독교에 닫혀 있었던 동유럽에 있는 여러 나라들이 갑자기 열리게 됐다. 침체된 공산주의자들 가운데 외국 기독교 선교 사역의 진보가 있었으며 선교사들이 무슬림들에게도 복음을 전파했는데, 알바니아와 불가리아에 있는 무슬림들 사이에서 1천 명 이상의 새 기독교 신자들이 나타났다. 또한 오랜 가뭄으로 전통적 민속 이슬람의 강한 세력이 와해된 서아프리카의 사헬 지역에 있는 무슬림들 가운데 복음에 대한 반응이 일어났다.

1990년대 남아시아의 방글라데시에서도 복음의 비옥한 옥토가 될 가능성이 나타났다. 태풍에 시달리는 부실한 국가로 평가받던 방글라데시는 당시 새로운 국가적 정체성을 찾아가고 있는 상황이었다. 열심히 일하고 지적으로도 활력이 있는 남성과 여성들이 넘치었던 방글라데시 사회는 고대 힌두교의 강한 영향력을 벗어나 이슬람 정체성으로 전환되고 있었다. 하지만 1971년 독립과 함께 찾아온 파키스탄 이슬람주의자들의 잔인한 폭력에 의한 상처와 이슬람에 대한 반감도 방글라데시 사회에 공존

---

library.cornell.edu/colldev/mideast/algbouz.htm에서 인용됨.

[32] 이 책의 9장에서 상세한 내용을 다룰 것이다. 출처 중 하나는 The Annual Statistical Report of the Southern Baptist International Mission Board이다.

하고 있었다.[33] 끊임없는 혼란 속에서도 복음은 은밀하게 전파되어 수만 명의 방글라데시의 무슬림들이 예수 그리스도(이사 알마시흐; Isa al-Masih)에 대한 믿음의 증거로 세례를 받았다.

개종 운동의 증가

무슬림 개종 운동의 역사에 대한 개요를 요약하면 이슬람 발생 후 1,200년 동안 기독교로의 자발적 개종 운동은 없었으며 다만 몇몇 강요된 움직임만이 있었다. 무함마드 사망 후 1,250년이 지난 19세기 말이 되어서야 1,000명 이상의 세례자가 나온 첫 자발적 무슬림 개종 운동이 발생했다. 인도네시아의 사드락에 의한 개종 운동과 셰이크 자카르야스에 의한 에티오피아 개종 운동은 지난 천 년이 넘는 기간 동안 발생했던 어떠한 개종 운동 보다 더 큰 것을 성취한 운동이었다.

이러한 약진은 1965년 유혈 사태로 촉발되어 2백만 명의 인도네시아 주민들이 기독교 교회로 몰려 들어온 개종 운동으로 이어졌다. 20세기의 마지막 20년 동안 11개의 무슬림 개종 운동이 몰아쳤다. 이 개종 운동은 이란(2건), 알제리, 불가리아, 알바니아, 서아프리카, 방글라데시(2건), 중앙아시아(3건)에서 일어났다. 무함마드 사망 후 1,368년이 지난 20세기 말까지 총 13개의 예수 그리스도의 신앙을 향한 무슬림 개종 운동이 발생했다.

수천 만 명의 기독교인들이 무슬림 세계로 흡수되는 좌절의 역사가 있었으며, 이러한 역사를 감안한다면 현재 일어나고 있는 무슬림 개종 운동은 한층 더 놀랍게 보일 것이다. 21세기의 첫 12년 동안 최소 1천 명의 무슬림 배경의 기독교인이 세례를 받았거나 100개의 예배 공동체가 발생

---

33 방글라데시의 지적 유산은, 파키스탄 군대가 침략하여 전쟁 말미에 수천명의 학자와 정치 지도자들이 처형됨으로써 큰 타격을 입었다. 그럼에도 방글라데시는 자랑스러운 3명의 노벨상 수상자를 배출시켰는데, 라빈드라나쓰 타고르(Rabindranath Tagore) (1913), 아마르티야 센(Amartya Sen) (1998), 무함마드 유니스(Muhammand Younis) (2006)가 그들이다.

한 무슬림 개종 운동이 69개 발생했다. 이러한 21세기의 개종 운동은 세계의 일부 지역에서만 나타나는 것이 아니라 이슬람 세계 전역에서 발생하고 있다. 사하라 사막 이남의 아프리카 대륙에서도, 페르시아 지역에서도, 아랍 지역에서도, 투르키스탄(Turkestan, 중앙아시아 지역을 말함, 역주)에서도, 남아시아와 동남아시아에서도 일어나고 있다. 이렇게 새로운 일들이 일어나고 있으며 역사적으로 전대미문의 일들이 벌어지고 있다.

이슬람 세계에 바람이 불고 있다.

> **소규모 모임에서의 깨달음을 위한 질문**
>
> 1. 그리스도를 향한 무슬림 개종 운동의 역사에서 어떤 일들이 일어나고 있는가?
> 2. 왜 지금 이러한 일들이 일어나고 있다고 생각하는가?
> 3. 이러한 운동이 지난 1,300년 동안에는 발생하지 않은 이유는 무엇이라고 생각하는가?

2장
역사의 주요 사건들

1979년 2월 1일 아야톨라 루홀라 호메이니(Ayatollah Ruhollah Khomeini)는 15년 동안의 망명 생활을 끝내고 이란의 테헤란으로 향하는 에어 프랑스 항공편을 통해 귀국함으로써 300년에 걸친 서구 지배에 도전하는 혁명적 투쟁을 완성하며 이란의 역사를 다시 썼다.

이란의 혁명은 현재도 일어나고 있는 일련의 사건을 촉발하면서 서구와 관련된 이슬람 역사의 주요 사건으로 기록됐다. 역사의 주요 사건들은 그 사건 자체뿐만 아니라 이후에 일어나는 일들에 영향을 주는 중요한 변화의 전조가 되는 전환점이 된다. 호메이니가 테헤란으로 돌아온 지 9개월 만에 이란의 과격파 학생들은 52명의 미국인들을 인질로 붙잡는 국제적 위기 상황을 만들었는데 이 사건으로 당시 미국 대통령 지미 카터(Jimmy Carter)는 재선에 실패했고, 인질 사건은 444일 동안 지속됐다.

인질 발생 16일 후인 1979년 11월 20일 메시아에 대한 열망에 사로잡힌 주헤이만 알오타이비(Juhayman al-Otaybi)는 자신을 *마흐디*(*Mahdi*, 이슬람의 메시야)로 선포하고 500명의 무장 세력을 이끌고 사우디아라비아의 메카에 있는 대성전(the Grand Mosque)을 점령했다. 이 폭력 사건은 2주 만에 끝났지만 북아프리카에서 필리핀에 이르는 지역에서 여러 폭력 사태들을 촉발시켰다. 1979년이 저물기 전 리비아의 트리폴리와 파키스탄의 이슬라마바드에 있는 미국 대사관 건물들이 전소되는 사건이 발생했다.

호메이니의 귀국에 의한 파급력은 멈추지 않았다. 약 2년 후인 1981년 10월 6일 이집트 육군의 칼리드 이슬람부리(Khalid Islambouli) 중위는 아랍 세계에서 미국과 가장 가까웠던 이집트의 안와르 사다트(Anwar Sadat) 대통령을 암살하며, '내가 파라오를 죽였다'고 소리쳤다. 1983년 4월 18일 레바논 베이루트에 있는 미국 대사관에서는 63명의 희생자가 발생한 자살 테러 사건이 일어났다. 6개월 후 다시 베이루트에서 미국 해병대 부대가 공격당하고 241명의 군인들이 죽는 더 큰 규모의 테러 사건이 일어났고 그 다음 해 미국인들이 베이루트에서 철수했다.

역사의 두 번째 주요 사건이 1989년 세계를 흔들었다. 철의 장막이 무너지며 서구와 동구 사이의 갈등으로 지속됐던 80년 냉전이 종식됐다. 아시아, 아프리카, 아메리카 대륙에서 수십 년 동안 자행된 소모적인 대리전에 별안간 변화가 찾아왔다. 그리고 전 세계를 소비에트와 미국 진영으로 갈라 놓았던 동맹 관계가 재고의 대상이 됐다.

소비에트의 몰락은 거의 1세기 동안 외부 기독교인과의 접촉이 차단되었던 지역과 사람들에게 기독교인이 다가갈 수 있는 전대미문의 기회들을 제공했다. 접촉은 늘어났지만 그리스도의 복음에 대한 무슬림들의 저항은 유지됐다. 1989년 이후 인도네시아, 인도, 방글라데시, 사우디아라비아, 예멘, 이라크, 이란, 중앙아시아의 투르키스탄, 알제리, 서아프리카 사헬 지역의 도시와 유목 지역의 무슬림 그리고 동아프리카의 홍해 인근 산악 지역에 있는 쿠시족(Cushitic) 무슬림을 향한 새로운 복음 전파 사역들이 헤아릴 수 없을 만큼 많이 늘어났지만 복음에 대한 반응은 미미했고 무슬림들은 완강했다.

911 사건

2001년 9월 11일 뉴욕의 세계 무역 센터(World Trade Towers) 건물이 무너지고 미국 국방부 건물의 일부가 화염에 휩싸이는 사건이 발생하면서 세계 역사는 다시 한번 큰 역사의 전환점을 맞이했다. 이 엄청난 혼동에도 불구하고 어쩌면 이 혼동 때문에 2001년 이후 복음을 향한 전대미문의 반응이 나타났다.

21세기의 첫 10년 동안 그리스도를 향한 무슬림 개종 운동의 소문과 증언들이 터져 나왔다. 2007년 한 동료 사역자가 필자에게 무슬림 개종에 관한 연구를 격려해 주었는데, 당시 그 동료 사역자와 필자는 개인적으로 알고 있거나 풍문으로 들었던 최소 25개의 무슬림 개종 운동을 헤아릴 수 있었다. 실제로는 개종 운동의 수가 더 많았지만 당시 우리는 그것들을 알지 못했다. 6년 후 연구가 끝났을 때 우리는 무슬림 세계의 전역에서 발생한 82개의 개종 운동을 확인할 수 있었다.

911사건 10년 후인 2011년 한 기독교 재단이 무슬림 가운데 무슨 일이 일어나고 있으며 하나님이 그들 가운데 어떻게 역사하고 있는지를 이해하기 위해 그리스도를 향한 무슬림 개종 운동의 수를 조사하는 연구 프로젝트에 재정을 지원하겠다고 제안했다. 우리는 또 하나의 역사적인 중요한 사건이 조용이 일어나고 있으며, 무슬림이 그리스도의 신앙으로 나아오는 이 역사적 움직임을 알리는 우리의 연구가 새로운 이정표가 되리라 생각했다.

연구 프로젝트 개요

이 연구 프로젝트는 "그리스도를 향한 무슬림 개종 운동"이라는 제목으로 모습을 갖추어 갔다. 연구 계획서의 첫 번째 초안에서 우리는 이슬람 세계에서 일어나는 12개의 대표적 운동과 관련된 12명(남성 6명, 여성 6명)과의 인터뷰를 구상했다. 연구의 규모가 걷잡을 수 없이 커지게 되리라 생각한 필자는 연구의 범위를 일정 규모로 제한하려 했다. 그러나 이 주제에 대해 우리가 밀도 있는 조사를 하면 할수록 12개 지역에서의 12번의 인터뷰는 새롭게 일어나고 있는 개종 운동과 무슬림 세계 전체를 감안할 때 적합하지 않고 인위적이며 불충분한 구성이라는 사실이 명확해졌다. 우리는 더 많고 더 깊은 조사가 필요했다.

9개 권역

무슬림 세계에 대한 더 면밀한 조사를 통해 우리는 연구 대상을 9개의 지리·문화적 집단 또는 무슬림 종족 연합으로 나누었다. 우선 지리적 위치에 근거하여 규정된 이 집단들은 함께 공유하고 있는 역사, 언어, 교역, 갈등 그리고 운명에 의해 더욱 확실하게 구성됐다. 아랍 무슬림들이 자신들의 세상을 "이슬람 세계(House of Islam 다르 알이슬람)"로 묘사하는 것을 따라 우리는 9개의 지리·문화적 집단(geo-cultural clusters)을 "권역"[34]으로 규정했다. 이 이슬람 세계의 9개의 권역은 (1) 서아프리카, (2) 북아프리카, (3) 동아프리카, (4) 아랍 지역, (5) 페르시아 지역, (6) 투르키스탄, (7) 서남아시아, (8) 동남아시아, (9) 인도-말레이시아이다.

다행히 우리의 목적에 부합하게 각각의 9개의 권역에 최소한 하나의 그리스도를 향한 무슬림 개종 운동이 존재했으며, 7개의 권역에서는 여러 개의 운동이 있었다. 각 권역에서 한 개 또는 그 이상의 운동을 표본으로 선택하며 우리는 이슬람 세계에서 역사하시는 하나님의 사역에 대한 세계적 통찰력을 얻게 되기를 기대했다.

연구 조사 질문

이슬람 세계의 9개 권역에서의 그리스도를 향한 무슬림의 개종 운동에 관한 연구로 연구 범위를 확정한 이후 우리는 연구 조사 질문들도 간추렸다. 우리는 우리가 알고 싶어하는 가장 중요한 것이 무엇인지를 질문하면서 연구 조사를 시작했다. 한 개의 질문이 다른 모든 질문을 압도했다. 그 질문은 *"하나님은 무엇을 사용하여 무슬림을 그리스도의 신앙으로 이끄셨는가?"*이다. 이 기본 질문을 바탕으로 우리는 중요한 질문을 중앙에 배

---

[34] "이슬람 세계"에 해당하는 아랍어 용어 *"다르 알이슬람(Dar al-Islam)"*의 문자적 의미가 "이슬람의 집(The House of Islam)"이므로 이 책의 저자는 이슬람의 집(이슬람 세계) 안에 있는 지리문화적 집단을 지칭하는 비유적 용어로 "방(room)"을 사용했으나 역자는 한글로 번역하는 과정에서 "방"을 대신하는 단어로 "권역"을 선택했음을 밝힌다, 역주.

치하고 덜 중요한 질문들을 그 주변에 배치하는 방식으로 관련된 질문들을 정리했다.[35]

---

[35] 여러 조언자들이 주요 질문을 선택하는데 도움을 해 주었다. 연구 조사 질문을 구성하는데 도움을 준 이들 중에는 이 책에 자신의 이름을 비공개로 요구한 전문 연구원도 있었다. 신학생, 현지 선교사, 인구 전문가, 그리고 신뢰할 만한 동료 사역자들은 필자가 질문들을 명료하게 하고 세밀하게 만드는데 도움을 주었다.

이슬람 세계

9개의 지리·문화적(Nine Geo-Cultural) 권역

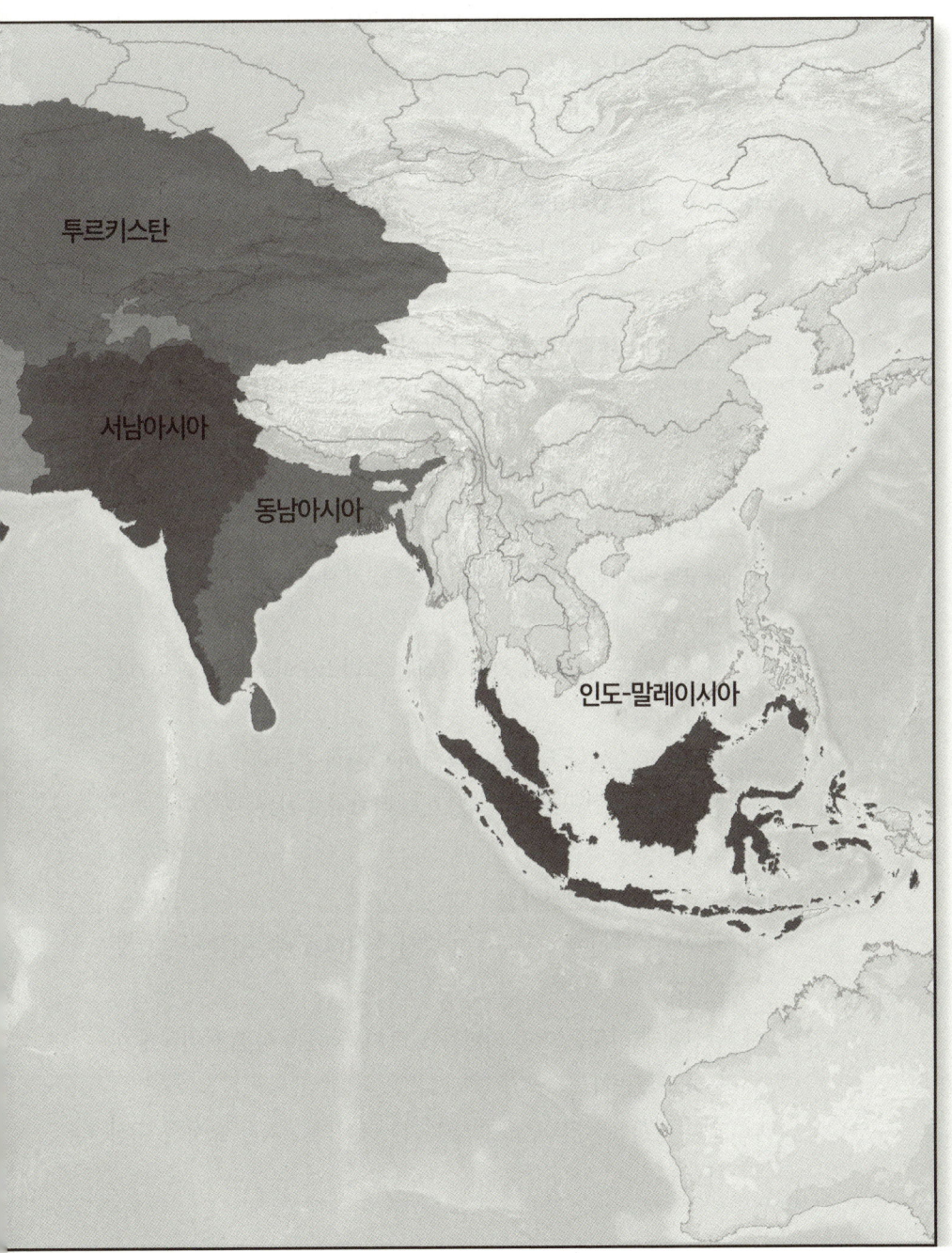

인터뷰에서 우리는 이름, 언어·인종학적(ethno-linguistic) 종족, 위치, 성, 나이, 교육 정도, 신앙 연수와 같은 인터뷰 대상자의 기본 인구학적 정보를 획득한 이후 조사의 핵심이 되는 질문으로 이동했는데, 인터뷰 질문들은 다음과 같다.

1. 그리스도의 신앙을 갖기 이전
    가. 당신의 이슬람 신앙은 어느 정도였는가?
    나. 당신의 이슬람 신앙을 묘사해 주십시오.
    다. 기독교와 그리스도인에 대한 당신의 견해는 무엇이었는가?
    라. 그리스도를 믿는 신자가 되는데 가장 큰 장애물은 무엇이었는가?

2. 그리스도에게 나아갈 때
    가. 예수님에 대한 당신의 견해에 변화를 가져온 것은 무엇인가?
    나. 예수님의 제자가 된 지 얼마나 됐는가?
    다. 하나님은 무엇을 사용하여 당신을 그리스도의 신앙으로 이끄셨는가?
    라. 하나님은 오늘날 무엇을 사용하여 당신의 공동체에서 다른 무슬림들을 예수 그리스도의 신앙으로 이끄시고 있는가?

3. 그리스도와 함께 하는 당신의 삶
    가. 예수님은 당신에게 누구이고 당신은 어떻게 예수님을 따르고 있는가?
    나. 당신에게 성경은 어떤 의미가 있으며, 당신은 성경을 어떻게 사용하고 있는가?
    다. 교회 생활은 어떻게 하고 있는가? 당신의 교회를 묘사해 주십시오.

4. 공동체
   가. 당신의 신앙을 다른 이들에게 어떻게 나누는가?
   나. 당신의 신앙에서 외국인의 역할은 무엇인가 (외국 자본이 외국인의 역할에 영향을 미치고 있는가 그렇다면 어떻게 영향을 미치고 있는가)?
   다. 어떤 개인들이 그리스도를 향한 그리고 그리스도와 함께 하는 당신의 영적 여정에 영향을 미치었는가?
   라. 미디어(TV, 인터넷, 라디오, 《예수 영화》, 녹음된 오디오, 기타)의 역할은 무엇인가?
   마. 그리스도를 따르는 제자로서 당신은 비기독교 공동체와 어떻게 관련을 맺고 있는가?
   바. 당신의 삶에서 핍박은 어떤 역할을 하고 있는가?

5. 과거와 현재
   가. 꾸란과 무함마드에 대한 당신의 견해는 무엇인가?
   나. 인터뷰를 진행하는 이들에게 주는 지침: 인터뷰 대상자들과의 대화 그리고 이슬람 신앙에서 멀어지거나 그리스도의 신앙을 향해 이동하는 등과 같은 변화에 상응하는 그들의 움직임을 통해 어떻게 그들의 신앙이 변화했는지 추론해 보십시오.

   최종적으로

6. 어떻게 당신을 위해 기도할까요?

조사 방식의 변화
서아프리카에서부터 인도네시아에 이르는 지역 출신인 인터뷰 대상자들에게 우리는 같은 질문을 던졌지만 반응을 이끌어 내는 방식에는 변화를 주었다. 초기 인터뷰에서 우리는 질문에 대한 대답을 답변지에 받아 적고 그것들을 분류하면서 단순하게 인터뷰를 진행했다. 우리가 취합한 정보는 훌륭하고 가치가 있었지만 그럼에도 불구하고 이 정보들은 차갑고 감정이 없었으며 전반적으로 적절치 않은 것으로 보였다.

그후 우리는 인터뷰 대상자들이 그들의 이야기를 그들 방식대로 말하도록 허용하는 대화식 인터뷰 방식으로 전환했다. 간증을 들은 후 우리는 조사 질문들을 바탕으로 인터뷰 대상자들에게 그들이 말하지 않은 정보들이 있는지 물어보았다. 그 결과 인터뷰가 더 풍성하고 통찰력이 있는 대화로 발전됐으며, 우리가 믿기로는 더 정확하게 그들의 모습을 볼 수 있고, 그들 종족 사이에서 하나님이 사역하시는 방식을 볼 수 있게 됐다.[36]

희미한 거울을 통해서

2년 6개월 동안 40만 킬로미터를 여행하고 1천 번이 넘는 인터뷰를 진행하며 무슬림 세계에서 하나님이 어떻게 일하고 계신지에 대한 깊은 이해에 초점이 맞추어졌다. 이 연구 조사의 범위는 처음에 가능하다고 생각했던 범위를 뛰어넘었다. 우리는 수많은 현지 조력자들의 도움을 통해 14개 국가의 33개 무슬림 종족에게서 발생한 45개의 무슬림 개종 운동에 대한 인터뷰를 수행했다. 현재 진행되고 있는 모든 개종 운동을 포함하지는 못했지만, 수행된 인터뷰들은 무슬림 세계 전역에서 복음이 전파되면서 발생한 역사적으로 중요한 운동들로 보이는 움직임들을 조명할 수 있었던 꽤 큰 규모의 것이었다.

이슬람 세계의 9개 권역으로 들어가 그리스도를 향한 무슬림 개종 운동들에서 발생한 이야기들을 듣기 전에 이 이야기들과 관련된 중요한 사안들을 살펴보아야 할 필요가 있다.

---

[36] 연구를 진행하면서 우리가 개발한 "조사 지침과 방식"에 대해 알고 싶으면 다음이 인터넷 사이트를 방문하라. http://www.WindInTheHouse.org.

> **소규모 모임에서의 깨달음을 위한 질문**
>
> 1. 저자가 알고 싶어한 주요 질문들은 무엇인가?
> 2. 조사 질문들은 균형이 잡힌 질문들인가? 왜 그런가 아니면 왜 그렇지 않는가?
> 3. 첫 인터뷰 이후 저자는 접근 방식에 변화를 주었다. 변화된 인터뷰 방식의 장점과 단점은 무엇인가?

3장
열 가지 주요 사안

중요한 경기나 경쟁이 시작되기 전 주요한 사안들을 확인하는 작업은 그 경기나 경쟁의 제반 사항의 일관성을 담보해 주고 당사자들이 그것을 확실하게 이해했다는 것을 명확히 확인해 주는 일이다. 이것은 결코 경기에서 가장 흥분되는 부분이 아니지만 이것이 없다면 경기에서 진행되는 모든 일이 혼란스러워지고 의미가 없어지게 된다. 경계를 정하고, 벌칙을 명확히 하며, 승리를 쟁취하는 과정을 평가하는 것들은 모두 경기의 진가와 경기에 대한 이해를 위해 필수적인 것들이다.

많은 학자와 현장 사역자, 연구자 그리고 무슬림 배경 기독교인들이 10가지 주요한 사안을 확인하는데 도움을 주었다. 다음의 10가지 주요한 사안들은 우리가 그리스도를 향한 무슬림 개종 운동을 고찰하기 전 고려할 필요가 있는 것들이다.

1. 보안 사항
2. 연구 프로젝트의 범위
3. 현상학적 접근
4. 이슬람에 대한 견해
5. 개종의 정의
6. 운동의 정의

7. 개종의 동기
8. 연구의 한계
9. 저자의 편견
10. 기대되는 결과

보안 사항

미국에서의 안전함을 기준으로 보면, 무슬림이 다수를 차지하고 있는 국가들에서 개종자들이 직면하는 위험은 아주 먼나라 이야기처럼 들린다. 그러나 개인 간증문과 필자의 연구 여행에서 수집한 수백 명의 사진들을 살펴 보다 보면 필자는 몹시 어려운 상황에 처한 그들이 생생하게 생각난다. 이러한 상황들이 아주 먼 과거의 일이라면 보안은 염려되는 것이 아닐 것이다. 하지만 이러한 상황은 지금 벌어지고 있기 때문에 보안과 안전은 아주 중요한 문제이다.

모함메드(Mohammed)의 약칭인 모(Mo)라는 이름을 가진 이집트인 친구는 필자에게, "이슬람에서 개종한 저는 더 이상 보호 받는 존재가 아닙니다."라고 털어 놓았다. 모는 "이슬람에 의하면 무슬림은 다른 무슬림의 피를 흘리게 해서는 안 되지만, 이슬람을 떠났기 때문에 저는 더 이상 보호 받지 못하는 존재입니다."라고 설명해 주었다. 그는 "*샤리아*(sharia) 법을 지키려는 독실한 무슬림 상점 주인이나 카페 웨이터가 저의 찻잔이나 음식이 든 그릇에 독약을 살짝 넣어서(저를 죽이는 자는) 이슬람법에 따라 죽인 후 큰 보상을 기대합니다."라고 말했다. 모는 평생 뒤를 살피고 조심스럽게 차를 마시게 될 것인데, 이 모든 것은 예수님을 따르기 때문이다.

사히흐 알부카리(Sahih al-Bukhari)의 하디스(Hadith, 무함마드의 언행을 기록한 책, 역주) 9:83:17은 모의 그러한 두려움을 확증해 준다.

알라 외에 다른 어떤 것도 경배를 받을 권리가 없으며, 나(무함마드)는 알라의 사도라고 고백하는 무슬림의 피는 다음의 세가지 경우를 제외하고는 어떤 상황에서도 흘리게 해서는 안 된다: 살인에 대한 보복, 불법적인 성관계를 가진 기혼자에 대한 보복 그리고 이슬람을 저버리고(배교) 무슬림을 떠난 자에 대한 보복.

우리의 연구에 참여한 개종자들은 매우 실제적인 위험에 처하게 될 것이며 그들을 보호하는 것은 이번 연구에서 최고의 우선순위이다. 그러한 이유로 필자가 인터뷰한 이들의 사진은 단 한 장도 이 책에 포함하지 않았다. 자신의 이야기를 공개하여 무슬림들이 신앙을 갖게 됐다는 사실을 알리고 싶어하는 이들이 많았지만 공개함으로 야기되는 여러 결과를 검토한 결과 필자는 사진을 공개하지 않기로 결정했다.

이 책에 있는 모든 이야기와 모든 대화가 사실이지만 장소와 사람들의 이름은 당사자를 보호하기 위해 변경했다. 또한 모든 인터뷰는 각각의 다른 언어로 수행됐으며 현지인에 의해 통역된 이후 이해하기 쉬운 영어로 수정됐다. 이 책에 포함된 인용 문장들은 가능한 인터뷰 대상자들의 실제 증언을 충실하게 반영한 것들이다.

어떤 이들은 자신의 이름을 사용해도 좋다고 했음에도 불구하고 우리는 그 인터뷰와 연관된 다른 이들이 피해를 받을 수 있기 때문에 그 이름을 변경했다. 익명을 사용하는 것은 문제를 야기할 수 있다. 이름과 장소를 노출하지 않고 어떻게 이야기를 전개할 수 있을지에 대한 의문이 생긴다. 그래서 안전에 위협이 되지 않는 범위 안에서 날짜와 이야기 전개는 가능한 정확하게 서술하려 노력했다. 대부분의 사건과 이야기들은 현재의 일들이지만 발생한 지 20년 이상 된 일들은 모두 그 시점을 표기했고 현재의 일들이 발생하는 배경으로 묘사했다.

개종 운동의 지리적 상황은 그 운동이 왜 그곳에서 발생했는지를 이해하기 위해서 아주 중요한 정보이다. 하지만 그 도시나 종족, 나라 이름을 공개하는 것은 위험을 초래할 수 있다. 연구가 진행되면서 이 문제에 대한 해결책 도출의 필요성이 명확해졌다. 무슬림 세계는 단일한 통합체와는 거리가 멀다. 중국의 위구르 종족이 예멘의 시아파 무슬림과 다르듯이 인도네시아 무슬림은 나이지리아 무슬림과 다르다.

우리의 연구를 통해 세계의 2,517개의 각기 다른 무슬림 문화와 종족들이 유사성을 가진 9개의 집단으로 분류됐는데, 이 9개의 유사 집단(affinity group)은 지리, 언어, 역사와 관련하여 함께 공유하고 경험한 종족들로 구성되어 있다. 이 집단들은 서로 교역을 하기도 하고, 서로 전쟁을 하기도 했고, 지리와 기후에 관련된 문제에 함께 직면하기도 했고, 함께 외부 세력에 대처하기도 했다.

각각의 개종 운동을 9개의 유사 집단 안에 배치하며 우리는 두 가지 목적을 달성했다. 첫째 우리는 개종 운동의 상황과 영향을 정확하게 묘사할 수 있었다. 둘째 우리는 인터뷰 대상자들과 각 개종 운동들을 해당 유사 집단 안에 존재하고 있는 수백만 명의 주민들 속에 안전하게 "숨길" 수 있었다.

연구 프로젝트의 범위

이슬람 세계의 광활함과 개종 운동의 증가는 연구 조사를 완료하는데 도전으로 다가왔다. 무슬림 세계 전역에서의 그리스도를 향한 운동에 관한 이 연구의 실제적 규모는 이 연구 프로젝트를 압도하고 또 방해하는 도전이었다. 우리가 하나의 운동을 깊게 연구하고, 개종 운동과 연관되지 않은 무슬림 개종자들을 상대로 광범위한 설문 조사로 이 연구를 마칠 수도 있었지만, 이러한 조사들은 다른 연구자들에 의해 이미 수행됐다.[37]

이 책을 저술할 시점에 우리는 역사상 발생한 82개의 그리스도를 향한

---

[37] 예를 들면 *Christianity Today*, 10/24/2007에 있는 Dudley Woodberry의 2007년 글 "Why Muslims Follow Jesus"을 참조하라. 이글은 개종 운동과는 무관한 기독교로 개종한 무슬림 750명을 설문 조사한 내용이며, 2013년 7월 26일 인터넷 사이트 http://www.christianitytoday.com/ct/2007/october/42.80.html에서 검색됐다. 또한 Ant Greenham의 책 *Muslim Conversions to Christ, An Investigation of Palestinian Converts Living in the Holy Land*, Pasadena, CA: WCIU Press, 2004에 수록된 Ant Greenham의 2004년 논문 "Muslim Conversions to Christ"를 참조하라. 이 논문은 팔레스타인에 있는 팔레스타인 무슬림을 연구한 글이다.

무슬림 개종 운동을 확인했다. 첫 2개의 운동은 19세기에 시작됐고, 그 후 11개는 20세기에 발생했다. 이 책은 시작됐거나 21세기에도 지속되고 있는 69개의 그리스도를 향한 무슬림 개종 운동에 초점을 맞추었다. 69개의 현재 진행되고 있는 운동으로 범위를 제한하더라도 시간과 재정적으로 이 연구 프로젝트 역량을 압도하는 것이었다. 다행히 보안에 대한 문제는 연구 프로젝트의 범위의 큰 규모로 인해 해결책이 제시됐다. 동시대에 일어나고 있는 운동 69개 모두가 공평하게 분산되어 있지는 않았지만 이슬람 세계의 9개 권역 전역에 배치되어 있었다.

9개 권역 각각의 상황을 묘사하고 각 권역에서 하나 또는 두 개의 운동에 관련된 인터뷰를 추출하는 것이 최선의 해결책이 됐다. 이러한 방식으로 우리는 각 권역의 독특성과 각 개인의 증언의 정확한 목소리를 바르게 다룰 수 있었고 서아프리카, 북아프리카, 동아프리카, 아랍 지역, 페르시아 지역, 투르키스탄, 서남아시아, 동남아시아, 인도-말레이시아의 9개 권역에서 지역적 또는 세계적으로 역사하시는 하나님의 방법을 비교하고 대조하여 세계적 현황을 알 수 있었다.

각 권역에서 표본이 되는 운동들이 해당 지역의 모든 운동들을 대표하지 못할 가능성이 있지만, 이 표본 운동들은 그 권역의 다른 운동들과 동일한 지리, 기후, 언어, 종족, 역사적 역동성을 공유하고 있는 것이 사실이다.

무슬림 개종 운동들의 역사적 흐름을 인식하기 위해 우리는 인도-말레이시아 권역부터 시작할 것이다. 첫 권역인 인도-말레이시아 권역에서 무슬림 개종 운동이 발현하여 순차적으로 동아프리카, 북아프리카를 지나 계속 전진하여 가장 최근에 발생했던 아랍 지역까지 이어졌다. 무슬림 개종 운동과 그 상황 그리고 역사적 전개의 개관을 통해 우리는 이슬람 세계에서 하나님이 어떻게 사역하시는지에 대한 정확한 그림을 그릴 수 있어야 했다.

현상학적 접근

이 연구는 그리스도를 향한 무슬림 개종 운동을 살피기 위해 현상학적 또는 묘사적 접근 방법을 사용했다. 현상학은 한 현상이 정확히 묘사되기 전까지는 그 평가적 판단을 일시적으로 유보한다. 그러나 묘사된 이후에는 현상은 관찰자의 기준과 가치를 바탕으로 해석되고, 평가된다.

선교학자 스콧 모로우(Scott Moreau)가 언급했듯이, "우리가 이전에 보지 못했고 그래서 오해를 할 가능성이 있는 새로운 대륙에 있는 지역을 평가하기 원할 때" 묘사적 현상학적 접근 방법은 특히 중요하다. 모로우는 다음과 같이 설명했다.

> 19세기 유럽인들은 아프리카에 여름의 햇살 밑에서도 눈이 덮여 있는 산에 대해 말하는 여행자를 조롱했다. 여행자의 이야기가 명백한 거짓이라고 판단한 이들은 킬리만자로에 있을 법한 가능성을 깨닫지 못했다. 그들은 가능성을 염두에 둘 여유가 없었다. 역사가 우리를 이 유럽인들과 유사한 성급한 바보로 정죄하는 것을 원하지 않는다면 우리는 *말하기 전에 이해*를 할 시간과 용기를 가질 필요가 있다.[38]

현상학을 채택하는 데에는 인내심이 필요하지만 그렇다고 가치 판단을 배제하는 것은 아니다. 우리는 현상을 먼저 기술한 이후 가치 판단을 했다.

이슬람에 대한 견해

이슬람은 분열을 일으키는 주제이다. 사람들에게 절대적 요구를 하고, 사람들 인생의 전 영역을 다루며, 약 1,400년 동안 지속해서 성장을 해온 한

---

[38] A. Scott Moreau, *Contextualization in World Missions: Mapping and Assessing Evangelical Models* (Grand Rapids: Kregel Publications, 2012), p. 17.

종교 제도에 대해 중립적 태도를 유지하는 것은 힘든 일이다. 이 책을 읽는 어떤 독자는 추호의 망설임도 없이 이슬람을 거짓된 악마의 종교라고 볼 것이다. 다른 독자들은 이슬람을 단지 기독교와 유대교의 사촌 관계의 유일신을 믿는 종교로 여기는 동정론적 견해가 있을 것이다. 또 다른 독자들은 더 세속적인 입장을 취하여 이슬람을 종교적 미신 정도로 간주할 것이다.

이 책은 무슬림 세계에서 기독교의 승리를 말하는 승리주의적 입장 위에 저술되지 않았다. 오히려 이 책은 지난 14세기 동안 이슬람의 성장에 대해 기독교가 얼마나 서투르게 대처했는지를 엄중히 알리는 역할을 해야 할 것이다. 우리가 소개한 역사 속에서 일어난 82개의 그리스도를 향한 무슬림 개종 운동 중 첫 번째 운동은 1,300년 동안 나타나지 않았다. 82개 무슬림 개종 운동 모두에서 발생한 세례자의 수의 총합은 200~700만 명을 넘지 않는데, 이는 무슬림 전체 인구의 0.5%도 되지 않는 규모이자 결코 만족스럽지 못한 수치이다.

이 책은 이슬람의 주장을 입증하거나 반증하는 책도 아니다. 여러 책들이 이 주제에 주목했다.[39] 대신 우리의 목표는, 이슬람에서 멀어진 이들에게 그들의 이야기를 할 기회를 주는 것이다. 이들은 예수 그리스도가 유일하신 구세주이자 주님이며, 예수 그리스도의 삶과 죽음과 부활로 개인뿐만 아니라 길을 잃고 죄를 지은 인류가 구속됐다는 것을 받아들인 이들이다.

무슬림 배경을 가진 예수 그리스도를 따르는 신자들이 그리스도(기독교)의 주장과 이슬람의 가르침이 충돌하는 그 경계 위에서 그들의 자리를 분명하게 자리매김해 왔다. 신앙의 정절을 바탕으로 양립할 수 없는 두

---

[39] 이 주제에 더 철저하게 탐구하기를 원하는 독자들을 위해 상반된 입장을 대변하는 다음의 2권의 책을 소개한다. Timothy George의 *Is the Father of Jesus the God of Muhammad?* (Grand Rapids: Zondervan, 2002)과 Miroslav Volf의 *Allah, A Christian Response* (New York: HarperCollins, 2011).

개의 입장이 충돌하는 그 상황에서 무슬림 배경 신자들이 반응해 온 방식이 이 연구의 중심이 됐고 그들의 반응은 결코 획일적이지 않았다.

무슬림 개종 운동에 관한 이야기들을 들으며 4가지 해석적 틀을 염두에 둔 것은 우리가 들은 것을 조명하고 우리가 그 이야기들을 이해하는 데 도움을 주었다.

첫 번째 해석학적 틀은 종교 그리고 구원을 받는 신앙과의 관계에 대한 것이다. 특히 기독교의 경우 신앙을 가진 기독교인들은, 예수 그리스도와 개인적이고 구원적 관계를 맺는 것이 종교 그리고 종교적 정체성과 같지 않다는 사실을 인식해야 한다. 기독교 역사는 기독교식 종교적 표현이 압도했던 시대에 살았던 신실한 예수 그리스도의 제자들로 가득 찬 역사이다. 반면 많은 신실한 무슬림 배경 그리스도의 제자들은 오늘날의 우세한 기독교적 표현에 적합하지 않은 사람들일 것이다. 이것은 무슬림 배경을 가진 그리스도의 제자들이 종교적으로 두 개의 신앙 생활을 할 수 있다는 말이 아니라 무슬림 개종 운동들이 여타의 다양한 기독교 분파와는 상이한 기독교 신앙의 새로운 표현 방식을 만들고 있다는 말이다.

두 번째는 앞에서 언급했듯이, 무슬림 세계는 결코 획일적이지 않다는 것이다. 수니(순니)파, 시아파, 수피파와 같은 주요 분파와 이바디파(Ibadites), 이스마일파(Ismailis), 알라위파(Alawites)와 같은 전통적 소수파들 외에도 이슬람 세계에는 다양한 개인적 이슬람 표현들이 있다. 일부 무슬림들은 정통 이슬람 신앙을 이해하고 고수하는 반면 어떤 이들에게는 이슬람은 단지 태어나서 죽을 때까지 속해 있는 문화적 틀이고 그들에게 이슬람을 향한 영적이나 신학적 헌신은 전혀 없다. 이러한 이들을 "문화적 무슬림"[40]이라고 부르기도 한다. 또한 어떤 무슬림들은 강렬한 영성을 갖고 있지만 이슬람 신조나 교리에는 거의 의미를 두지 않는다. 이러한 무슬림

---

40 이들도 또한 획일적이지는 않은데, 공산주의자에서부터 실질적 무신론자 그리고 세속적 민족주의자까지 다양하다.

중에는 수피 무슬림들이 있는데, 이들에게 신과의 신비적 만남이 교리적 정통성보다 더 중요하다. 일부 무슬림들은 종교적 믿음과 다양한 원천에서 나온 관습들이 섞인 혼합주의적 민속 이슬람 신앙을 갖고 있다.[41]

서양 사람들은 개인의 정체성이 삶의 영역에 따라 달라지는 불일치를 거짓되거나 위선적이거나 이중적인 것으로 본다. 특별히 무슬림 배경 신자들은 심한 핍박이라는 실제적 상황에 놓여 있다는 것을 명심해야 한다. 정체성의 충돌에 대해 도덕적 비난이나 정죄를 하기보다는 무슬림 세계에서 일어나고 있는 그들의 이야기를 들으며 그러한 충돌이 일어날 수 있다는 점에 주목하는 것이 바람직하다.

세 번째로 무슬림 배경의 신자들이 그리스도의 신앙을 표현하는 것을 분류하는데 가장 일반적으로 사용되는 해석적 분류는 1994년 아시아에서 사역하고 있던 한 선교사에 의해 개발됐다. 이 사역자는 존 트라비스(John Travis)라는 필명으로 글을 남겼는데, 트라비스 선교사는 동료 선교사들과 교제하고, 다양한 형태의 무슬림들과의 교제에 참여하거나 자신이 직접 교제의 모임을 만들어 관찰한 것을 바탕으로 여섯 개의 기본적인 교제 유형을 묘사하는 스펙트럼(C1-C6 스펙트럼)을 개발했다. 이 스펙트럼에 있는 각각의 교제권 또는 "그리스도 중심의 공동체"("C")는 무슬림 배경의 신자들이 그들의 신앙을 현지 문화와 연관시키는 방식들을 대표한다.[42]

트라비스의 C 스펙트럼은 무슬림 배경의 신자들이 개종자나 배교자에 대한 관용이 거의 없거나 전혀 없는 공동체 안에서 그리스도를 따를 때 겪는 어려움을 극복해 나가는 여러 방법을 이해하도록 이끌어 준다. 스펙

---

[41] 이들은 영적이지만 교리를 싫어하는 무슬림들로 서양의 뉴 에이지(New Age) 신봉자들과 현상학적 유사점을 갖고 있다.

[42] 트라비스 선교사의 C 척도는 *Evangelical Missions Quarterly* 1998년 10월호에 수록된 Phil Parshall의 글 "Danger! New Directions in Contextualization"에서 처음으로 소개됐다. 2013년 7월 1일 인터넷 사이트 http://www.emisdirect.com/emq/issue-230/1243 에서 인용했다.

트럼에서 단축된 문자로 처리된 된 분류는 각각 다른 유형의 무슬림 배경 신자들에 대한 것으로 그 내용은 아래와 같다.

- C1: 전통적(대체로 서구식) 교회에 있는 그리스도의 제자들로 현지 무슬림들의 모국어를 사용하지 않는다.
- C2: C1과 같지만 현지 무슬림들의 언어를 사용한다.
- C3: 과거의 이슬람 문화를 기피하지만 자신이 살고 있는 현지 문화를 따르는 그리스도의 제자들.
- C4: 현지화된 문화뿐만 아니라 성경적으로 허용될 수 있는 이슬람 문화(예를 들면 무릎 꿇고 기도하기, 금식 등)를 재해석하여 지키는 그리스도의 제자들. 이들은 자신들을 기독교인이 아닌 다른 이름(예를 들면 예수의 제자)으로 부를 수 있지만 이슬람 신앙을 계속 이어가고 있다고 생각하지 않는다.
- C5: 무슬림 공동체 안에서 그리스도의 증인으로 머물고 있으며, 자신과 같은 생각을 갖고 있는 이들과 공동 협력하고 있는 그리스도의 제자들. 이들은 자신들을 문화적, 사회적, 공식적으로 무슬림으로 여기고 있다.
- C6: 소수이며, 비밀스럽고/숨어 있으며/익명의 그리스도의 제자들로 종종 고립되어 있다.

C 스펙트럼이 다양한 무슬림 배경의 신앙과 예배 표현을 한 눈에 보는데 유용하지만 약점은 스냅 사진처럼 정적이란 점인데 그 이유는 사람들은 정적이지 않기 때문이다. 이는 결과적으로 오해를 불러올 수 있다.

선교사가 그들이 온 기독교 세계의 언어와 문화를 왔다갔다하며 그들이 도달하고자 하는 이슬람 세계의 언어와 문화로 들어갔듯이 무슬림 배경의 신자들도 이와 비슷한 움직임을 보인다. 무슬림 배경의 신자들이 그들의 가족과 친구들이 크게 핍박하는 상황에서 살아가고 있고, 예수 그리스도 신앙을 가족과 친구들에게 전하려 할 때 특히 그렇다. 이번 연구 조사를 통해 독자들은 여러 다양한 이유로 시간이 흐르면서 C 스펙트럼 사이를 여지없이 이동하는 무슬림 배경을 가진 그리스도의 제자들을 만날 것이다. 이러한 이동에 대한 정당성을 판단하기 전 독자들에게 먼저 그들의 이야기를 경청한 후에 평가하기를 청한다. 이것은 그들의 이야기를 우리에게 공유해 온 무슬림 배경 신자들과 이슬람을 이해하기 위한 4번째 해석 렌즈로 이어진다.

이슬람을 바라보는 네 번째 해석 렌즈는 데이비드 그린리(David Greenlee)의 통찰력 있는 논문 수록집 *Longing for Community: Church, Ummah, or Somewhere in Between*[43]에 수록되어 있다. 이 책에 글을 기고한 젠스 바넷(Jens Barnett)과 팀 그린(Tim Green)은 그리스도의 신앙으로 이동한 무슬림과 같이 문화와 종교 사이를 이동한 이들은 "제3 문화 아이들(third-culture kids)"처럼 이질적인 정체성과 세계관 사이를 오가며 균형을 잡으려 애쓰며 산다는 사실을 관찰했다. "제3 문화 아이들"이란 부모의 문화나 그들이 성장한 국제 문화에도 완전히 들어맞지 않는 해외에서 성장한 선교사 자녀들에게 처음으로 붙여진 용어이다.[44]

이처럼 무슬림 배경을 가진 그리스도의 제자들도 예수 그리스도의 사역과 인격을 믿는 신앙에 근거한 *수직적 정체성*(vertical identity, 세대에 이어서 전해지는 정체성, 역주)과 그들이 성장한 문화적 가치관과 관련을 맺고 공유하는 있는 *수평적 정체성*(horizontal identity, 출생 이후 학습과 경험으로 형성된 정체성, 역주)의 의 균형에 대해 말한다.[45] 위의 네 가지 해석적 틀 중 하

---

[43] David Greenlee, ed., *Longing for Community: Church, Ummah, or Somewhere in Between* (Pasadena: William Carey Library, 2013), pp. 1-66.

[44] 외국의 문화에서 성장한 모든 어린이들이 "제3 문화 아이들"이지만, 이 용어는 외국의 문화에서 성장했기 때문에 어떤 하나의 문화적 세계관에 전적으로 속해 있지 않은 선교사 자녀들에게 직접적으로 적용된 용어이다.

[45] Greenlee, p. 22.

나의 틀에 국한시키지 않고 네 가지 틀을 마음에 두고 우리는 무슬림 개종 운동 가운데 발생한 이야기들을 들었다.

개종의 정의

기독교 동료 사역자들이 무슬림 개종 운동에 대해 알게 됐을 때 종종 묻는 말은 "그들이 진정한 신자일까요?"이다. 이 질문이 이 연구 프로젝트의 중심과 연결되어 있다. 무슬림들이 그리스도의 신앙으로 개종한다는 말은 무슨 의미가 있는 것인가?

궁극적으로 하나님만이 각 사람의 중심을 아신다. 우리는 이 하나님의 특권을 침범하려는 유혹을 물리쳐야 한다. 우리는 인터뷰 대상자들이 자신들에 관해 주장하는 것과 그들의 삶에서 보이는 증거들로 시선을 좁혀야 한다.

종교를 바꾸는 행위가 종종 진정한 개종[46]으로 이어졌고 역사적으로도 진정한 개종과 연관되어 있지만 적어도 기독교 신앙에서는 종교를 바꾸는 것이 진정한 개종의 포인트가 된 적이 없다. 이 책 1장에서 그리스도를 향한 무슬림 운동의 역사를 살펴보았듯이, 사실 종교를 바꾸는 행위는 종종 내적 동기의 결과가 될 수 있다. 우리가 무슬림 개종을 검토할 때 핵심 논점은 신약 성경에 계시된 예수 그리스도를 통한 하나님과의 새로운 관계로 인해 삶이 변화됐냐는 것이다.

구약 성경의 히브리어 단어 *슈브(shub)*와 신약 성경의 헬라어 단어 *메타노이아(metanoia)*는 모두 방향을 바꾸거나 마음을 바꾸는 것(회개)을 말한다. 이는 "개인(또는 집단)이 하나님의 능력에 의해 하나님을 만나 그리스도께 겸손히 순복하는 전환의 과정"[47]으로 이끈다.

그러므로 진정한 개종은, 한 개인이 이슬람이나 다른 삶의 방향에서 그

---

46 1장(새로운 현상)의 3번 각주를 참조하라, 역주.

47 Ant Greenham, *Muslim Conversions to Christ* (Pasadena: WCIU Press, 2004), p. 27.

리스도를 향할 하나님의 능력을 통해 일어나는 삶의 변화를 불러온다. 이 새로운 삶은 "그러므로 우리가 그의 죽으심과 합하여 세례를 받음으로 그와 함께 장사되었나니 이는 아버지의 영광으로 말미암아 그리스도를 죽은 자 가운데서 살리심과 같이 우리로 또한 새 생명 가운데서 행하게 하려 함이라"(로마서 6:4)에서 나온 세례의 경험에 묘사된 바로 그 모습이다.

기독교인과 무슬림 개종자의 세례는 모두 진정한 개종(회심)을 나타내는 강력한 상징이다. 무슬림 개종자는 세례의 성수 앞에 가볍게 임하지 않는다. 그들은 세례가 옛 사람에 대한 사망과 새 삶으로의 부활을 의미한다는 것을 안다. 그러므로 우리는 세례를 받은 이들로 한정하여 인터뷰를 진행했는데, 세례는 신앙의 가시적 표현이며, 무슬림 중 예수를 좋아하는 이들과 예수를 따르는 이들을 분리하는 행위이다.

그리스도를 구세주와 주로 믿고 받아들이는 개종에 대해 말할 때, 그 그리스도가 신약 성경에 계시된 그리스도이며, 꾸란과 하디스에 개략적으로 암시된 그리스도를 말하는 것이 아님을 명확히 하는 것이 중요하다. 대부분의 무슬림 배경의 신자들이 꾸란에 나온 예수에 대한 숭고한 견해를 갖고 있었고, 심지어 몇몇 무슬림 배경 신자들은 꾸란에 나온 그리스도에 대한 묘사가 너무 매력적이라서 굳이 이슬람을 버리고 기독교로 개종을 하지 않아도 된다고 느끼기도 했지만, 꾸란의 진술은 예수 그리스도의 제자를 규정하기 위한 규범을 제시하지도 않으며 또 그렇게 하기에 충분하지도 않다.

운동의 정의

이 책은 개종 운동에 관한 연구이지 단지 개인들의 개종 이야기를 담은 모음집은 아니다. 각 인터뷰는 왜 그리고 어떻게 개개인의 무슬림들이 그리스도의 신앙으로 나오게 됐는지 더욱 중요한 것은 성장하고 있는 신자들의 공동체가 왜 이슬람에서 그리스도의 신앙으로 전환했는지 대한 통찰을 얻기 위해 선택됐다. 그러므로 한 무슬림 개종의 이야기가 절절하다고 할지라도 이 이야기가 큰 흐름의 개종 운동에 속한 것이 아니라면 이 연구에 통합되지 않았다.

운동(movement)라는 용어에 대한 여러 개념과 차원이 있지만 우리 연구 목적에서 가장 중요한 것은 우리가 용어를 일관성 있게 사용하는 것이다.

운동은 본질적으로 집합적인 것이며 고유한 내적 계기가 있다. 이 연구를 위해 운동이라는 집합적 표현은 과거 10년 또는 20년 동안 최소 1,000명의 세례 받은 신자들이 발생했거나 한 종족 또는 한 무슬림 종족의 공동체 안에서 동일 기간 동안 100개의 교회가 새롭게 시작된 것으로 규정했다.[48] 이 양적 수치를 고수하며 우리는 항상 동일한 잣대를 들이댈 것이다.

내적 계기에 대해 말하면, 전형적으로 운동들은 어느 정도의 외부의 자극과 함께 시작되지만 어떤 시점에서는 자생적으로 추진되고, 그리하여 최초의 외적 요인으로부터 독립하게 된다.

마지막으로, 운동들은 본질적으로 과도적인 성향을 갖고 있다. 즉 운동들은 무엇을 향해 움직이고 있다는 말이다. 우리의 목적은 신약 성경에서 계시된 것처럼 개종 운동들이 예수 그리스도를 향해 나아가고 있는 것을 지켜보는 것이다.

개종의 동기

그리스도를 향한 새 운동의 물결의 기초가 되는 중대한 논점은 *그리스도의 신앙으로 나아가기로 고백하는 이들의 동기가 무엇인가*라는 점이다.

---

[48] 이번 연구는 각 "예배 공동체"의 교회론이나 교회에 대한 교리에 대해 충분히 고찰하지 못했으며 그렇게 하려고 시도하지도 않았다. 이것은 차후의 연구 과제로 놓아 두는 것이 좋겠다. 이번 연구에서의 주요 쟁점은 개인들이 아니라 매우 다양한 방식으로 신앙 생활을 하는 신자들의 공동체에 대한 것이며, 우리는 대체로 그리스도를 따르는 제자들에 대한 신약 성경의 공통된 규정들을 고수하려고 노력했다. 그리스도를 따르는 제자들로써 이 예배 공동체들은 교회이거나 교회가 되어가는 공동체들이다.

이 질문에 대한 답은 매우 간단하다. 이들은 복음의 부름에 신실하게 반응한 것이다. 만약 그러한 경우라면 "왜 지금인가?"라는 질문이 생긴다. 거의 1,400년이라는 기간에는 반응이 없었는데 왜 지난 수십 년 동안 이처럼 큰 유입이 발생했는가?

수 세기 동안의 무슬림 개종 운동에 대한 개관에서 이미 보았듯이, 공동체들은 강요를 받거나 종교적 소속감을 바꾸라는 유혹을 받았다. 종교재판, 폭력에 대한 두려움 그리고 다른 동기들 모두가 무슬림과 기독교인과의 상호 작용의 복잡한 역사에서 역할을 했다.

이 연구를 통해 우리는 개인이나 집단의 개종에 영향을 준 것으로 보이는 부차적 동기를 알아내고자 했다. 그리스도를 향해 나아가는 대부분의 결정은 다수의 요인으로부터 영향을 받기 때문에 부차적 동기가 개종의 무효를 의미하지는 않는다. 부차적 동기를 살펴보는 일은 개종 운동을 발생시키는 복잡한 변수들을 조명해 줄 수 있다. 그러한 과정에서 우리는 우리가 보고 들은 것을 더 잘 이해하고 해석하도록 도와줄 지역 전문가들의 통찰력의 도움을 받았다.

개종의 동기들을 자세히 조사할 때 우리는 판단하고자 하는 우리의 마음을 진정시켜야 한다. 혼재된 동기들은 기독교 역사 속에서 결코 새로운 일이 아니다. 또한 그리스도를 향한 무슬림 개종 운동에만 나타난 것도 아니었다. 예수님의 제자였던 요한과 야고보도 예수님께 "선생님이여 무엇이든지 우리가 구하는 바를 우리에게 하여 주시기를 원하옵나이다"(막 10:35)라고 말할 때 그들이 예수님을 따르는 데에 여러 동기를 갖고 있었던 것을 보여 주었다. 그들은 예수님의 왕국이 나타나게 될 때 예수님의 오른편과 왼편의 유력한 자리를 요구했다.

연구의 한계

이 연구가 모습을 갖추기 시작하자, 이슬람의 성장을 연구하는 한 저명한 인구학자가, 당신이 알 수 있는 것을 지나치게 주장하지 말라고 조언해 주었다. 그래서 필자는 몇 가지에 대한 것을 주장하지 않겠다.

비록 우리가 가능한 한 넓고 많은 것을 대변하는 조사를 하려고 시도했지만, 우리의 조사는 고르게 분포되지 않았다. 사하라 사막 이남 아프리카 지역의 몇몇 개종 운동들에 대해 수백 명의 무슬림 배경 신자들과 인터뷰를 할 수 있었던 반면 서남아시아와 아랍 세계의 일부 지역에서는 10개 정도의 인터뷰를 하기도 힘들었다.

이와 동일하게 우리는 가능한 편향성이 없는 많은 것을 대변하는 표본을 얻으려고 했으나 그 표본들이 자신들이 속한 운동을 100% 정확하게 묘사했다고 하는 것은 심한 과장일 것이다.

이슬람 세계의 9개의 권역의 대부분은 상당히 폐쇄적이며, 현재 일어나고 있는 일에 대한 의심을 확실하게 잠재울 수 있는 결과를 보장해 줄 연구 조사를 허용하지 않았다. 가능한한 선명한 모습을 얻기 위해 우리는 다양한 견해로부터 여러 관점을 얻으려고 노력했다.

예를 들어, 우리가 각각의 9개의 권역을 조사하는 과정에서 무슬림 개종자들이 작성한 보고서들이 하나의 유익한 의견을 만들어 냈고, 현장에 있는 지역 그리스도인들과 선교사의 평가는 다른 관점을, 출간된 논문들은 추가적인 통찰력을, 경제, 인구, 지리, 역사에 대한 세상의 보고서는 더 큰 그림을 제공해 주었다. 이러한 방식으로, 이 연구의 핵심을 이루는 무슬림 배경 신자들의 인터뷰의 틀을 짜고 더 넓은 맥락으로 설명하며 최적의 이해를 이끌어냈다.

이 모든 것을 고려하면, 각각의 권역에 대한 다양한 견해는 현재 일어나고 있는 것에 대한 정확한 묘사와 신뢰할 수 있는 설명을 제시해야 한다. 그러나 이러한 접근 방법은 또한 현재 발생하고 있는 복합적 상황에 맞지 않는 것처럼 보이는 예외적 사건들과 주변인들은 분리하도록 요구한다. 그러면 이 예외적 사건들은 배제되거나 추후의 조사로 남겨질 수 있다.

우리가 더 많은 유익한 의견들과 다양한 관점들을 얻을수록, 우리는 여전히 베일에 가려져 있는 권역 안에 숨겨진 실체를 더 정확하게 구성할 수 있다. 결과에 많은 것들이 섞여 있겠지만, 더 깊고 더 선명한 것을 얻을 수 있는 후속 연구를 위한 출발점과 전진할 수 있는 단서를 제공해 줄 것으로 기대할 수 있다.

이 운동들에 대해 가장 많이 물어보는 질문은 *이 운동들이 얼마나 큰가*이다. 이 질문의 가장 쉽고 가장 정확한 대답은 모른다는 것이다.

비록 우리가 각 운동에 대한 정의로 1,000명의 세례 신자 또는 100개의 교회라는 분명한 기준을 제시했지만, 운동의 부재로 가려진 수치들도 고려될 것이다. 우리는 이 운동들의 상한선을 추정하기 어렵다. 운동들 속에서 발생한 그리스도를 향한 개종자 수의 총 합은 200만에서 700만 명 사이로 보이지만, 이 관대한 범위마저도 적절한 설명이 요구된다.

많은 무슬림 개종 운동이 세계에서 가장 호전적인 지역에서 일어나고 있는데 이 지역은 소말리아, 아프가니스탄 그리고 나이지리아와 에티오피아처럼 무슬림 인구와 기독교 인구가 대립하고 있는 선상에 있는 곳이다. 이 각각의 지역들에서 접근은 제한적이며 조사는 위험하다. 당분간 규모에 대한 추정은 가능한한 많은 견해들을 근거로 산정되겠지만, 정확성에 대한 확신은 없다.

저자의 편견

복음주의 기독교인으로서 필자는 편견을 갖고 이 연구에 임했음을 밝힌다. 필자는 필자의 신앙과 경험을 성경의 권위와 성경에 계시된 예수 그리스도의 유일하고 독점적인 구원적 권위에 순복한다. 하지만 현상학자로서 필자는 연구 대상의 현상을 정확히 묘사할 수 있게 되기 전까지는 필자의 개인적 확신을 유보하려고 노력했다.

필자는 또한 이슬람을 오랫동안 공부한 연구자이지만 이슬람의 전문가라고 주장하지는 않는다. 더 많이 공부할수록 필자가 얼마나 많은 것을 모르고 있다는 것을 알 수 있을 뿐이다. 필자는 이집트와 튀니지뿐만 아니라 인도의 무슬림들 사이에서 살았으며 3년 동안 아랍어를 공부했다.

필자는 이슬람의 친구이면서 반대자이다. 필자는 이슬람의 파괴적인 요소들을 인지하고 있으나 이것들은 모든 인간의 일에서도 발견되는 것임을 알고 있다. 필자는 또한 이슬람의 좋은 것들도 인식하고 있으며 이슬람 문명이 세계에 기여한 많은 것에 존경을 표한다. 무엇보다도 필자는 무슬림에 대한 깊은 애정을 품고 있다. 수년 동안 교제를 나눈 필자의 무슬림 친구들은 필자가 지금까지 알고 지낸 사람들 중 가장 대접을 잘하며, 관대하며, 친절한 사람들에 속한다. 필자는 진심으로 하나님의 최고의 은혜가 그들에게 임하기를 바란다. 이것이 이번 연구가 필자에게 매우 중요한 이유이다. 필자가 믿는 것이 무슬림들을 향한 하나님의 최고의 은혜라는 것을 이번 연구가 말해주기 때문이다.

필자의 개인적 편견을 밝히며 독자들이 이 책은 필자가 보고 들은 것에 대한 정확한 증거라고 판단하기를 희망한다. 필자는 소수의 사람들만이 경험할 수 있는 이야기들과 삶에 접근할 수 있는 기회를 얻었다는 것을 잘 알고 있으며, 그것으로 인해 필자는 겸손한 마음을 크게 갖고 있다. 필자는 이러한 기회를 가볍게 여기지 않으며 무슬림 세계에서의 하나님의 역사를 정확하고 솔직하게 알리기 위해 필자와 다른 이들의 편견을 내세우지 않으려고 노력했다.

기대되는 결과

현상학적 접근 방식을 채택하는 것은 이 연구에 목적이 없다는 것을 의미하지는 않는다. 어느 누구도 결과를 염두해 두지 않은 채 이렇게 긴 연구 프로젝트를 감당하지 않는다. 다음은 이번 연구 프로젝트와 이 책에 대한 필자의 목표이다.

1. 이 운동에 대해 정확히 묘사하기.
2. 이 운동에 잘 관여할 수 있기 위해 무슬림 세계 전역에서 일어나고

있는 하나님의 사역의 방법을 잘 이해하기.
3. 무슬림 세계 전역에서 하나님이 무슬림들을 이끌어 내시는 방법을 무슬림들이 알도록 도우며 그리스도의 신앙으로 나오는 무슬림들을 격려하기.
4. 세계 도처에 있는 기독교인들이 무슬림들을 두려워하거나 증오하지 않고 예수 그리스도의 복음을 갖고 무슬림들에게 다가가도록 도전하기.

이제 이 중대한 논점들을 마음에 품고 이슬람 세계로 들어가 보자.

소규모 모임에서의 깨달음을 위한 질문

1. 주요한 사안들을 선정하여 전면에 내세우는 것이 왜 중요한가?
2. 저자의 편견은 무엇인가? 이것이 어떻게 저자의 "현상학적 접근방식"과 관련되는가?
3. 저자는 운동을 어떻게 규정했는가?
4. 주시해야 할 운동의 내적 동기들은 무엇인가?
5. 저자는 개종을 어떻게 규정했는가? 당신은 이 규정에 동의하는가 아니면 동의하지 않는가?

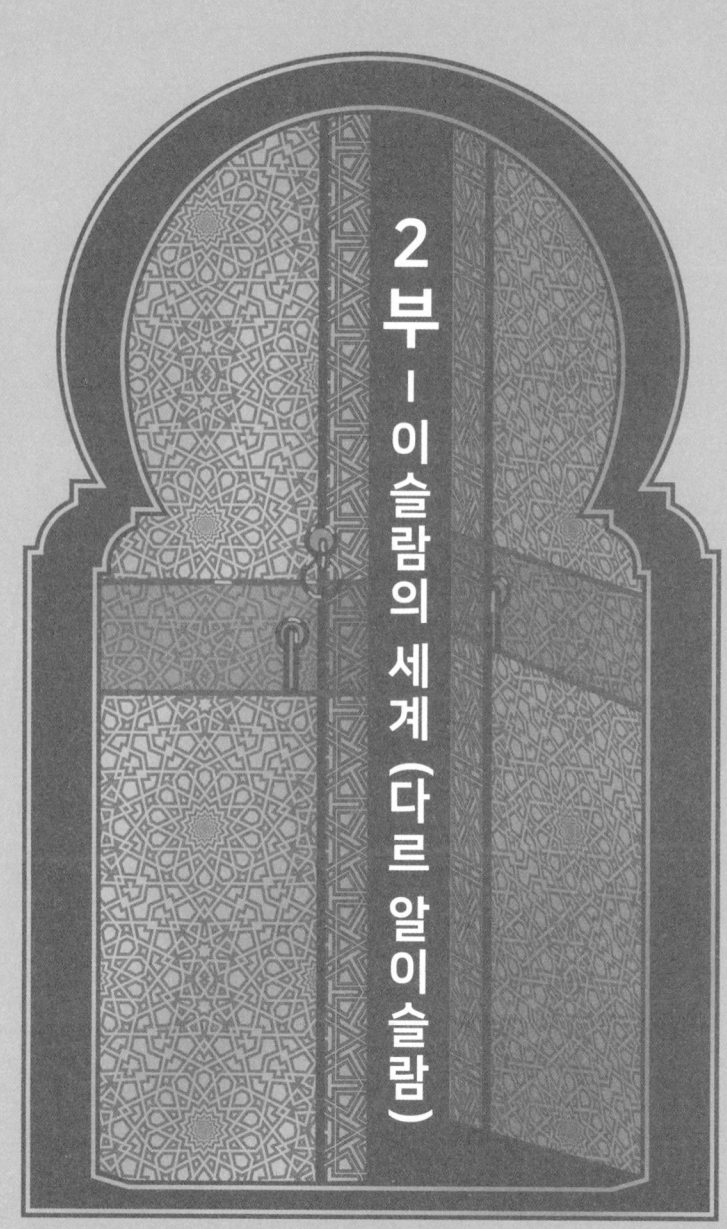

2부 — 이슬람의 세계 (다르 알이슬람)

4장
인도-말레이시아 권역

섬들과 거기에 사는 사람들아…
여호와께 영광을 돌리며 섬들 중에서 그의 찬송을 전할지어다.
이사야 42:10, 12.

1870년 하나님의 은혜로 인도네시아의 복음전도자 사드락 수라프라나타 (Sadrach Surapranata)(1835경-1924)는 무함마드의 사망 이후 1,238년 동안 기독교인들이 보지 못했던 것을 증명해주었다. 사드락의 사역을 통해 수천 명의 독실한 자바섬 무슬림들이 이슬람을 떠나 예수 그리스도의 제자로 세례를 받았다. 1873년 사드락은 이미 2,500명이 넘는 자바섬의 무슬림들을 기독교 신앙으로 인도했는데, 이는 역사를 통틀어서 268년 동안 *인디세 게르크(Indische Kerk,* 인도네시아 교회)와 인도네시아에서 사역했던 수백 명의 네덜란드 선교사들이 복음을 전파했던 사람들보다 더 많은 수였다.[49]

---

[49] Sutarman Partonadi, *Sadrach's Community and Its Contextual Roots, A Nineteenth Century Javanese Expression of Christianity* (Amsterdam: Rodopi, 1990), p. 70. *인디세 게르크(Indische Kerk)*는 네덜란드 칼뱅주의자들의 선교 사역에 의해 설립된 인도네시아 전국 교회의 이름이다.

사드락 수라프라나타

사드락의 운동은 인도-말레이시아 권역에서 발생한 첫 그리스도를 향한 무슬림 개종 운동이었을 뿐만 아니라 역사상 첫 자발적 그리스도를 향한 무슬림 개종 운동이었다. 632년 무함마드 사망 이후 기독교와 이슬람 사이의 수 세기 동안의 경쟁에서 수천만 명의 기독교인들이 이슬람으로 개종했음에도 불구하고 단 한 개의 그리스도를 향한 자발적 개종 운동이 없었다.

사드락의 다른 점은 무엇이었는가? 이슬람을 떠나 개종을 한 이 첫 세대는 1,200년 동안의 무슬림을 향한 기독교 사역의 황폐한 역사에서 어떻게 흐름을 바꾸어 놓았는가?

사드락의 사역은 약 100년 전 끝이 났지만, 무시해 버리기에는 너무 많은 교훈을 남겼다. 그 이후 나타난 많은 그리스도를 향한 무슬림 개종 운동을 특징 짓는 주요 주제들이 그의 사역에 많이 담겨 있다.

그의 사역은 독특했으며 무(無)에서 발생하지 않았다. 네덜란드령 동인도(East Indies) 식민 당국의 신중한 통치 시절 무슬림 농부의 아들로 성장한 사드락은 인구가 과밀한 자바섬의 다른 많은 소년들과 다름이 없었다. 꾸란을 가르치는 초등학교와 중고등학교를 졸업한 이후 사드락은 그의 영적 스승(guru) 팩 구르멘(Pak Kurmen)이 인도네시아 기독교 복음전도자 퉁굴 우룽(Tunggul Wulung)과의 논쟁에서 진 이후 기독교로 개종한 것을 목격했다. 그 후 7년간 사드락은 팩 구르멘을 따라 퉁굴 우룽의 사사를 받으며 새로운 신앙에 대해 배웠다. 1867년 32세의 사드락은 네덜란드 칼뱅주의 인도네시아 교회(Indische Kerk)에서 세례를 받았다. 인도네시아 교회에 대한 애정에도 불구하고 사드락은 그의 고향 자바섬의 문화를 저버리지 않아도 된다는 우룽과 구르멘의 가르침을 받아들였다. 이 과정에서 사드락은 네덜란드 식민 교회 문화와 아랍식 무슬림 문화 모두와 갈등

을 겪었다.[50]

사드락이 현지 문화에 적응하는 데는 한계가 있었다. 그의 은사 우룽이 두 번째 아내를 취하고 그의 스승 구르멘이 아편을 피우자 그들과 절연하고 다른 스승을 찾았다. 그는 가정에서 인도네시아인들에게 성경 공부를 인도하던 크리스티나 페트로넬라(Christina Petronella)라는 이름의 유럽계 인도네시아 여인을 얼마 동안 스승으로 모시게 됐다.[51] 3년 후 사드락은 툰굴 우룽으로부터 배운 공개적 논쟁식 복음전도 방식을 사용하여 그의 복음전도 사역을 시작했다. 그의 방식은 위험을 내포하고 있었다. 어떤 때에는 논쟁이 며칠 동안 진행됐고 패자는 제자들과 함께 상대방의 편으로 온전히 전환해야 할(convert) 의무가 있었다. 사드락은 그리스도를 위한 논쟁에서 상대를 무너뜨리는 특별한 재능을 보여주었고 이내 많은 스승들과 그들의 제자들과의 그리스도에 대한 논쟁에서 승리했다.

사드락의 운동은 네덜란드 인도네시아 교회와는 별개로 성장했지만, 그는 여전히 그의 개종자에게 세례를 주기 위해 인도네시아 교회에서 안수를 받은 성직자들을 의지했는데, 최소한 처음 10년 동안 이어졌다. 사드락의 복음 전파 방식과 교회 형성으로 인해 그는 네덜란드 선교사 공동체로부터 점점 더 멀어져갔고 이는 사드락과 선교사 사이의 불화를 초래하게 되었다.

사드락의 사역이 네덜란드 교회와 다른 주요한 차이점들은 사드락이 가능한 많은 자바섬의 관습을 유지하면서도 기독교적 목적을 위해 그 관습을 변화시키려 한 것이다. 사드락은 그의 제자들을 크리스텐 자와(Kristen Jawa, 자바인 기독교인)라고 부르고 그들의 교회는 무슬림들이 그들의 이슬람 사원(mosque)을 지칭하는 단어인 메스지드(medjid, '모임'이라는 의미)를 따서 동일하게 불렀다.

---

50 Partonadi, *Sadrach's Community*, p. 58
51 위의 책, pp. 60-62.

외국의 도움없이 건설된 공동체인 사드락의 크리스텐 자와의 교회들은 성 삼위일체를 상징하는 3단의 지붕을 채택했는데 네덜란드식 교회(kerk)라기보다는 마을의 이슬람 사원에 가까워 보였다. 인도네시

사드락의 크리스텐 자와의 교회

아 교회(Indische Kerk) 건물과는 다른 크리스텐 자와 건물은 건물 위에 십자가가 없었다. 그 대신에 사드락의 공동체가 인간의 가장 완고한 마음도 꿰뚫을 수 있는 하나님의 복음의 능력을[52] 전하기 위한 이슬람 이전의 자바어 상징을 선택했다.

크리스텐 자와 교회의 지도자들은 네덜란드 개혁교회의 성직자들이 입는 검은색 복장 대신 자바 전통 의상을 입었고, 그들의 신도들로부터 이맘(imam, 문자적으로 "앞에 선 사람"이라 뜻의 무슬림 용어로 통상적으로 이슬람 성직자를 의미함)으로 불렸다. 여자와 남자는 분리되어 앉았고 여자들은 종종 머리를 가렸다.

사드락은 또한 무슬림 신조, *샤하다*(shahada, 알라 외에 다른 신은 없으며, 무함마드는 알라의 선지자이다.)를 기독교 신앙에 맞게 사용했는데, '무함마드는 알라의 선지자이다.'라는 표현을 '*예수 크리스투스*(Jesus Kristus, 예수 그리스도)는 *루흐 알라*(Roh Allah, 하나님의 영)이다.'[53]로 대치했다. 새 신조의 단어 선택에 사드락의 뜻이 드러나 있었다. 사드락은 신을 의미하는 일반 자바어 단어이자 아랍어 단어인 *알라*(Allah)를 사용했으나 예수 그리스도에 대해서는 꾸란의 용어인 *이사 알마시흐*(Isa al-Masih)는 피했는데, 예수 크리스투스는 새롭게 출간된 자바어 성경에 있는 용어로 사드락이

---

[52] 위의 책, p. 210.
[53] 개정된 *샤하다*(shahada) 전문은 다음과 같다. "나는 하나님이 한분이라는 것을 믿는다. 하나님 외에는 다른 신은 없으며, 예수 그리스도는 모든 것 위에 계시는 능력을 갖고 계신 하나님의 영이다." Partonadi, p. 135.

이 용어를 선택한 것이었다. 그는 그의 신조에서 예수님을 하나님의 영으로 규정했는데 이는 아랍어 단어(*Roh Allah*)에서 파생된 용어로 그는 이 표현이 기독교인들과 그가 복음을 전하려는 무슬림들 모두에게 적합한 것으로 믿었다.[54]

간단히 말하면 사드락식 교회와 복음에 대한 표현은 그가 전도하려는 사람들인 자바섬의 민속 무슬림들이 받아들이기에 충분히 조화로운 것이었으나 네덜란드 칼뱅주의 공동체의 분노를 일으킬 만큼 충분히 이질적이었다. 실제로 이로 인해 충돌이 발생했다.

거의 초기 시절부터 사드락과 그의 사역은 선교사들과 전통 인도네시아 교회 (Indische Kerk) 모두로부터 공격받았다. 그를 향한 많은 고발은 자바의 언어와 문화에 대한 네덜란드의 오해로부터 기인했다. 다른 비판은 그의 사역을 질투하는 인도네시아인들이 사드락의 사역을 훼방하기 위해 네덜란드 선교사들에게 전한 모함에서 나왔다. 사드락 이전에 만들어진 개혁교회와 선교사들의 전통과 다른 방식을 채택한 사드락의 의도적인 결정에서 이러한 갈등이 초래됐다.

1883년까지 사드락의 사역으로 수천 명의 인도네시아 무슬림들이 그의 크리스텐 자와 공동체로 들어갔는데, 이는 전통 교회 지도자들에게 큰 경종을 울렸다. 사드락의 사역에 타격을 주기 위해 인도네시아 교회의 성직자 페트루스 헤이팅(Petrus Heyting)은 식민 당국에 사드락을 고발했다. 헤이팅은 사드락을 시기하는 경쟁자들에게 들은 무모한 비난으로 사드락이 "성흔(손과 발의 십자가의 흔적)을 사람들에게 보여주었고, 자신을 보이지 않게 만들었다 나흘 후에 다시 나타났으며, 자신을 영적 주님이라 부르도록 했고, 신적 지혜를 소유한 척했으며, 제자들에게 자신의 손과 발에 입맞춤 하도록 했으며, 집에 무기를 소지하고 제자들에게도 그렇게 하

---

[54] 위의 책, pp. 134-136.

도록 격려했다."라고[55] 고발했다. 위의 고발 중 마지막 사항은 사드락과 그의 공동체가 식민 질서에 위협적 존재라는 것을 부각하려는 목적이 담겨 있는 것이었다. 사드락은 체포를 당했으나 식민 정부는 조사를 통해 그를 고발한 내용에 근거가 없음을 발견하고 그를 풀어주었다.

여러 층으로 된 케이크

세계를 항해할 야망을 갖고 있던 페르디난드 마젤란(Ferdinand Magellan)이 1521년 태평양을 가로지르며 항해하다 거대한 아시아 대륙을 감싸고 있는 열대우림으로 덮힌 24,000개의 화산섬 무리를 만났다. 마젤란의 뒤를 이은 정복자들과 수도사들은 북쪽 섬들을 스페인의 왕 필립(Philip) 2세를 따라 필리핀이라 명명했고 기독교화를 진행하여 후에 이 섬나라는 세계에서 3번째로 큰 가톨릭 국가가 됐다. 곧 포르투갈의 전진 기지인 티모르를 능가하게 된 필리핀은 300년 동안 태평양에서 스페인의 무역 거점의 역할을 했다.

이슬람은 이보다 250년 전인 1267년 말라카(Malacca) 해협의 수마트라 쪽에서 교역을 위한 무슬림 자치 지구가 세워지며 시작됐다. 스페인과 포르투갈 세력이 도착했을 때는, 인도네시아와 싱가포르와 말레이시아의 여러 개의 주요 도시에서 이슬람 기도 시간을 알리는 무에진의 아잔 소리가 이미 울려 퍼지고 있었다. 그 후 수백 년 동안 20세기의 냉전에 버금가는 이데올로기 경쟁이 두 종교 사이에서 벌어졌는데, 가톨릭은 필리핀에서 남쪽으로 전파되어 나아갔고 이슬람은 말레이 반도와 인도네시아 열도에 빠른 속도로 퍼져 나갔다.

오늘날 필리핀의 9,700만 인구의 90% 이상이 기독교 신앙을 고백하고 있다. 필리핀 남부의 무슬림 교두보는 인도네시아와 말레이시아를 둘러싼 지역에서 우세한 이슬람의 흔적이다. 말레이시아의 2,800만 인구는 인

---

[55] 위의 책, pp.174-175.

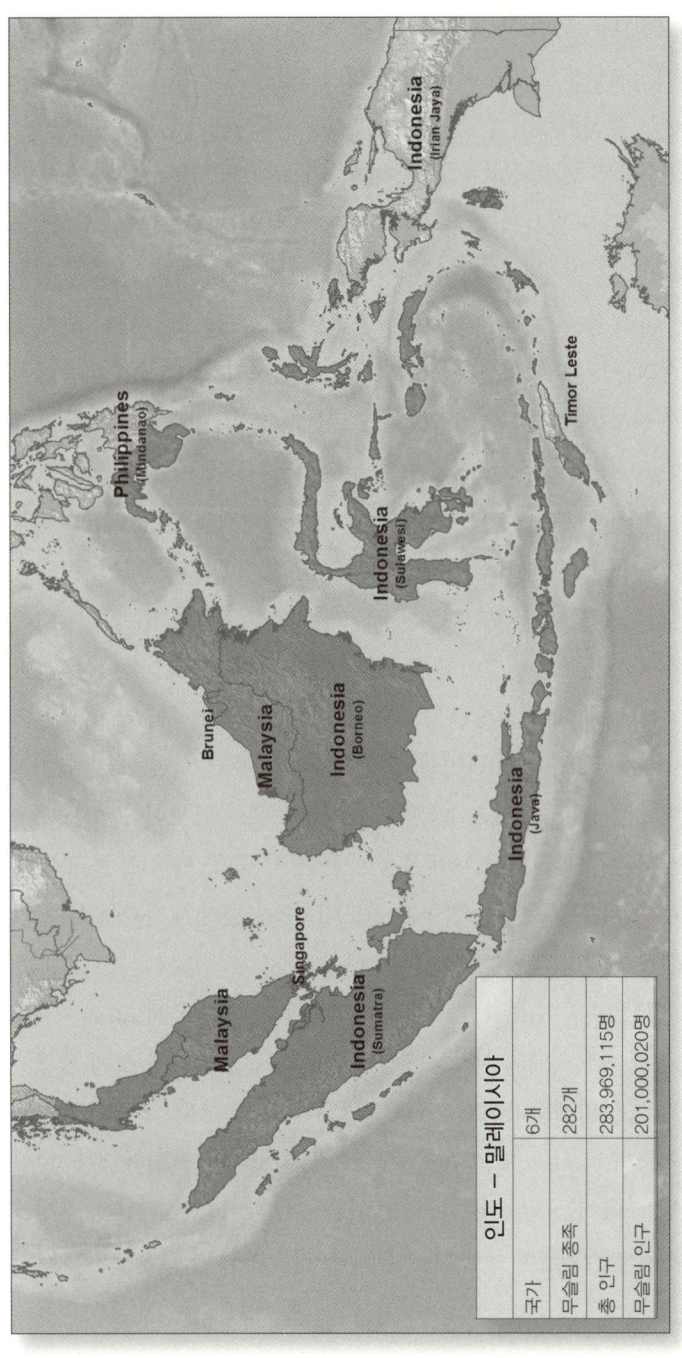

인도-말레이시아

인도 – 말레이시아	
국가	6개
무슬림 종족	282개
총 인구	283,969,115명
무슬림 인구	201,000,020명

4장. 인도-말레이시아 권역

종과 종교적으로 보면 무슬림 말레이족, 힌두교 타밀족, 중국계 민속 신앙인과 기독교인들로 나누어지고, 지역적으로는 농촌에는 토착 부족들이 도시에는 중국인들이 주로 거주하고 있다.

인도네시아는 세계에서 가장 큰 이슬람 국가이지만, 종족과 종교적 정체성은 국가 인구 조사의 수치가 나타내는 것보다 훨씬 더 복잡하다. 인도네시아인들은 자신들의 나라를 여러 층으로 구성된 케이크로 묘사한다. 이는 여러 종교, 문화, 인종이 성공적으로 정착한 것을 나타내는 표현이다. 케이크의 가장 오래된 층은 정령 숭배이며 그 다음엔 이슬람이 들어오기 전부터 있었던 힌두교와 불교이고, 그 후 이슬람과 기독교가 있다.

이슬람을 보호해 주었던 최전선의 방패는 신비적인 민속 이슬람이었는데, 이는 이슬람 이전에 들어왔던 정령 숭배적 힌두교와 불교가 이슬람과 쉽게 섞여 만들어진 것이다. 신도들의 신앙을 견고하게 만들기 위해 마드라사(madrasa, 이슬람 학교)를 설립한 꾸란 교사들과 이맘들이 이 신비한 민속 이슬람과 함께 이슬람을 진전시켰다. 21세기에 이르자 이슬람은 인도네시아에서 1억 9,200만명의 신자가 따르는 종교가 됐는데, 이는 인도네시아 전체 인구 2억 4,800만 명의 78%에 이르는 규모이다. 인도네시아의 독실한 무슬림들도 초기의 층을 이룬 정령 숭배, 힌두교, 불교가 우세를 이루는 이슬람 층에 스며들어 인도네시아인들의 세계관에 섞여 있다는 사실을 인정하고 있다.

1522년 포르투갈이 도착한 이후부터 기독교는 동인도 제도(East Indies)에서 그 존재를 드러내기 시작했다. 1546년 약 1년 동안 동인도에 체류했던 프란시스 사비에르(Francis Xavier)를 포함하여 프란체스코 수도회, 도미니크 수도회, 그리고 예수회 수도사들이 동인도 제도에 합류했다. 16세기가 끝날 즈음에는 인도네시아에는 가톨릭 선교사들이 건설한 18개의 선교 기지와 25,000명의 세례 받는 신도들이 있었다. 이 개종자들의 거의

대부분은 정령 숭배를 하던 비(非)무슬림 출신들이었다.[56]

네덜란드 통치

네덜란드의 동인도 회사는 1602년 동인도에서 이익이 많이 남는 향료 무역을 개척하기 위해 설립됐다. 3년 후 네덜란드의 마테리에프(Matelieff) 제독은 인도네시아에서 포르투갈 세력을 물리쳤고 네덜란드는 동인도 교역에서 독점적인 위치를 확보하게 됐다. 같은 해 마테리에프 제독은 인도네시아의 가톨릭 신자들에게 네덜란드 개혁주의 개신교로의 개종을 명령했다.

동인도회사 로고

동인도 회사는 종교적 책임에 헌신적이었다. 회사는 기도와 성경 읽기 모임을 만들었고 "성스러운 사역을 보호하고… 모든 우상 숭배와 거짓 예배를 척결하는데"[57] 책임을 다했다. 그러나 네덜란드 선교사들의 복음 전파 사역은 지역 무슬림 공동체의 반대에 직면하여 식민 당국은 선교사들을 주로 멀리 떨어진 동쪽의 덜 과격한 종족들과 섬들로 보냈고, 선교사들의 무슬림 개종 행위를 금지하는 조약을 지역 무슬림 통치자들과 맺었다.

1771년까지 네덜란드 동인도 회사는 254명의 네덜란드 남성과 800명의 여성을 동인도에서 비무슬림에게 직접적으로 사역하는 선교사로 고용했다. 이들의 사역으로 8만 명이 넘는 개종자들이 나왔지만 개종자들의 대부분은 비무슬림 정령 숭배자들과 중국 전통 종교 신도들이었다.[58]

이슬람은 대중 사이에서 반(反)식민과 반(反)외세 정서에 불을 붙이기

---

56 David Barrett, *World Christian Encyclopedia Second Edition Volume 1* (New York: Oxford Press, 2002), p. 374.
57 Partonadi, *Sadrach's Community*, pp. 25-26.
58 위의 책, p. 28.

위해 인도네시아에서의 네덜란드 침공과 말레이시아에서의 영국의 침공을 언급하며 이슬람으로의 개종자들을 끌어 모을 수 있었다.

그 사이 서구에서는 종교와 국가의 분리 사상이 인기를 얻고 있었으며 이로 인해 인도네시아에서 사역하는 네덜란드 선교사들은 식민 통치자들로부터 더 많은 자유를 누렸다. 18세기 말 독립적인 네덜란드의 새 선교 단체들은 전에는 기피했던 인도네시아에서 다수를 차지하는 무슬림들을 주목하기 시작했다. 엄격한 칼뱅주의 선교사들은 지역 무슬림들과 친교를 맺기보다는 지역 문화에 강경한 접근 방식을 택하며 개종자들에게 이슬람과 자바섬의 문화를 따르던 과거와 완전히 단절할 것을 요구했다.

대(大) 전환의 시대

수카르노 대통령

사드락의 개척적인 운동(1870-1924) 이후, 인도-말레이시아 권역에서는 2개의 그리스도 신앙을 향한 무슬림 개종 운동의 물결이 추가로 발생했다. 하나는 1965년 인도네시아에서 공산주의자들의 쿠데타가 실패한 후에 일어났고 다른 하나는 현재 진행중에 있다.

인도네시아 독립을 위해 투쟁한 독립투사 쿠스노 소스로디하르드조 수카르노(Kusno Sosrodihardjo Sukarno)(1901-1970)는 세계 2차 대전 동안 네덜란드의 통치에서 벗어나기 위해 일본 점령 세력에 협력했다. 수카르노는 전쟁 후 새 나라인 인도네시아의 대통령이 됐다. 그 후 10년 동안 수카르노는 "교도 민주주의(guided democracy)"를 만들어 내기 위해 노력했다. 교도 민주주의는 군부가 지원하는 민족주의와 종교 그리고 공산주의라는 세 가지 모순된 기둥 위에서 신생 국가의 균형을 맞춰가기 위한 완곡한 방법이었다. 1965년 공산주의자들의 쿠데타가 실패하며 수카르노의 체제가 붕괴하자 인도네시아의 두 기둥이었던 군부와 이슬람 정치 세력은 세 번째 기둥이었던 공산주의를 척결했다.

수하르토 대통령

1965년 공산주의자들이 베트남 전쟁에서 승리를 쟁취하려 할 뿐만 아니라 동남아시아 전역을 삼키려 하자, 80만 명 이상이 속해 있는 세계에서 가장 큰 공산당이 있던 인도네시아에서는 수카르노 대통령에 대한 지지가 높았다. 그러나 1965년 9월 30일 공산주의 무장세력이 6명의 장군을 사살하며 쿠데타를 일으키자 이 모든 상황이 변했다. 죽음을 면한 수하르토(Suharto) 장군(소장)은 군부를 지휘하여 공산주의 반군에 대한 반격을 개시했다. 수하르토 장군은 수카르노 대통령을 체포하고 계엄령을 선포하며 정권을 잡았다.

그 후 2년 동안 군부는 무슬림 청년 자경대와 공모하여 인도네시아 전역에서 집집을 돌아다니며 공산주의자로 알려진 사람들과 공산주의자로 의심되는 이들을 찾아내어 처형하는 운동을 벌였다. 이 숙청 기간 동안 최소 50만 명 또는 100만 명의 인도네시아 주민들이 살해당했다. 목이 베이고 머리에 총상이 있는 수만 명의 참수된 시체가 자바섬의 중부와 동부의 강과 물가에 버려졌다. 발리 섬에서는 공산주의자라기보다는 힌두교 신자로 알려진 8만 명이 죽임을 당했는데, 이는 발리 섬 전체 인구의 5%에 해당했다. 이 와중에 오래된 인종적 원한을 풀겠다는 목적 아래 공산주의와 연관이 거의 없거나 전혀 무관했던 중국인들이 희생됐던 인종 숙청도 발생했다.[59]

1967년 대통령 서리가 된 수하르토 장군은 남아 있는 공산주의를 확실

---

59 2013년 7월 26일 다음의 위키디피아 사이트에서 "1965-1966년 인도네시아 학살"의 검색 결과를 찾았다. www.en.wikipedia.org/wiki/Indonesian_killings_of_1965-66.

히 제거하기 위해 모든 인도네시아 주민들에게 나라가 인정한 5개의 종교인 이슬람, 가톨릭, 개신교, 힌두교, 불교 중에 하나를 선택하라고 명령했다. 그러자 예상하지 못한 일이 발생했다. 그후 5년 동안 200만 명이 넘는 인도네시아 주민들이 공인된 개신교와 가톨릭 교회에 모여 들었다. 혼란 때문으로 이 수치의 정확성을 주장하기 힘들지만 인도네시아 기독교 역사의 권위자인 프랑크 쿨리(Frank Cooley)는 1965-1971년의 대전환 기간 동안 개신교는 1,870,512명의 새 신자들에게 세례를 주었고, 가톨릭은 938,786명에게 세례를 베풀었다고 추산했다.[60] 이는 역사에서 가장 큰 규모의 무슬림의 기독교로의 이동일 것이지만 인도네시아의 모든 것이 그러하듯 겉으로 보이는 것과 실제는 같지 않다. 누가 기독교로 이동을 했고 왜 그랬는가? 되돌아보면 교회에 들어온 이들은 다음의 3개의 무리들이다.

1. 공산주의자들과 공산주의에 공감하는 이들

공산주의자 숙청에서 살아남은 자들 중 다수는 종교적 정체성이 희박한 이들이었다. 종교적 배경을 갖고 있던 이들도 토지 개혁과 농부의 권리와 같은 좌파적 견해를 지지했기 때문에 종종 공산주의자들로 낙인 찍혔다. 선택할 수 있는 종교들을 살펴본 후 그들은 기독교가 그들이 선택할 수 있는 신앙 중 자신들의 사상과 가장 가까운 것으로 생각했을 것이다.

2. 중국계 주민

중국에서 수백 년 동안 존재했던 도교, 유교, 정령 숭배가 혼합된 중

---

[60] Avery Willis, *Indonesian Revival, Why Two Million Came to Christ* (Pasadena: William Carey Library, 1977), 미주 5, pp. 9-10. 윌리스(Willis)와의 서신에서 쿨리(Cooley)는 쿠데타 1년 전인 1964년 당시의 수치를 제시하며 1965년 9월 쿠데타 이후의 200만 명의 개종자라는 보수적인 추산을 남겼다.

국 전통 종교가 인도네시아의 5개의 합법적인 종교에 들어가지 못했다. 동남아시아의 다른 많은 종족들처럼 인도네시아 주민들도, 번성한 국제적 상업과 교역 네트워크를 통해 부유해진 조밀하게 연결된 중국인 상인들과 관계가 돈독하지 못했다. 그래서 공산주의자로 의심받는 자들에 대한 공격이 일어나자 많은 중국인들은 학살에 휩싸였다. 학살에 휘말린 중국인들 중 많은 이들이 기독교로 개종하며 보호를 받게 되기를 희망했다.

1967년 인도네시아의 서(西) 칼리만탄(Kalimantan) 섬에 있는 다약(Dayak) 종족이 수하르토의 공산주의자 숙청 작업을 이용하여 그 섬에서 경제를 주도하던 중국인들을 학살했다. 이 과정에서 2,000-2,500명의 중국인들이 살해됐고 1,500명의 중국인 어린이들이 난민수용소에서 매장됐다.[61]

3. 무슬림 개종자

교회로 이동한 세번째 무리이자 규모로는 가장 큰 무리는 무슬림들이지만 이들 중 많은 이들은 정통 무슬림 공동체에서 온 이들이 아니다. 1960년 연구서 자바의 종교(The Religion of Java)에서 인류학자 클리포드 기어츠(Clifford Geertz)는 인도네시아의 이슬람을 두 개의 유형으로 분류했는데, 하나는 아방안(abangan)으로 신비적 민속 이슬람이며, 다른 하나는 산뜨리(santri)로 더 정통적인 꾸란의 이슬람이다. 이 두 부류를 묘사하는 다른 방식은 문화적 무슬림과 교리적 무슬림일 것이다.[62]

---

[61] Braithwaite (2010), *Anomie and violence: non-truth and reconciliation in Indonesian peacebuilding*, p. 294. 2013년 7월 21일 다음의 위키디피아 사이트에서 "1965-1966년 인도네시아 학살"의 검색 결과를 찾았다. www.en.wikipedia.org/wiki/Indonesian_killings_of_1965-66.

[62] Clifford Geertz, *The Religion of Java* (Chicago: University of Chicago Press, 1976).

1965년 인도네시아 정부의 무슬림 주도 종교부는 인도네시아 인구의 89%가 무슬림이라고 추산한 후 공식 무슬림 인구를 증가시키려 노력하여 1970년 91%로 끌어 올렸다. 이를 위해 종교부는 신비주의 성향의 정령 숭배의 한 종류인 *아가마 자와(Agama Jawa)*로 불리는 자바섬 전통 종교를 믿는 자바 인구의 47%의 주민들을 무슬림으로 재분류했다. 아가마 자와가 정말 무슬림이었을까? 아마도 다음과 같이 질문하는 것이 더 정확하겠다, *이렇게 새롭게 무슬림으로 분류된 이들은 얼마나 무슬림다웠을까?* 샤리아 법을 도입하며 인도네시아를 이슬람 국가로 만든 1955년 국민투표에서 단서를 얻을 수 있다. 인도네시아의 5개의 이슬람 정당은 이 조치를 지지하기 위해 찬성표를 모았지만 43% 이상 넘지는 못했다. 그 결과 독립적인 인구학자들이 인도네시아의 진정한 무슬림에 대한 연구를 하게 됐다.[63]

가장 이슬람적인 산뜨리 또는 정통 무슬림들은 군부와 공모하여 수천명의 실제 공산주의자들과 공산주의자로 의심받는 이들을 학살한 자들이었다. 이들에게 학살은 종교적 행위인 성전(jihad)이었다. 남아있는 아방안 또는 신비적 민속 무슬림들은 조화와 관용의 자바섬의 전통에 젖어 있는 사람들이었으며 학살에 치를 떨었던 이들이었다. 아방안 민속 무슬림들은 개종을 통해 기독교로의 행렬에 동참하며 이 학살에 반응했다. 이들은 마치 "그들이 이슬람이라면 나는 기독교인이어야 한다"라고 말하는 듯했다.

1976년 애버리 윌리스(Avery Willis)가 500명의 기독교로 개종한 자바인 무슬림들을 조사했을 때, 이들은 영적 필요(52%), 정부의 양대 정책(25.2%), 보호(23.2%)가 그들로 하여금 기독교로 개종하게 만든 가장 큰 영향력이었다고 답변했다.

---

63 Barrett, *World Christian Encyclopedia*는 이들을 "통계상의 무슬림(statistical Muslims)"이라고 지칭했다. p. 373

이슬람 세계의 다른 권역에서 보겠지만, 무슬림이 그리스도에게 나아오는 가장 큰 동기 중 하나는 이슬람의 호전적 성향에 대한 거부감이다.

오늘날의 운동들

인도-말레이시아 권역에서 가장 인구가 많은 3개의 나라 중 하나인 말레이시아는 다수 종족인 말레이족이 이슬람에서 다른 종교로 이동하는 것을 가장 가혹하게 금지하고 있는 국가로 남아있다. 이슬람 반군이 오랫동안 민다나오(Mindanao)와 주변 섬들의 안전을 위협하고 있는 필리핀에서 지난 20년 동안 상당수의 무슬림들이 기독교로 신앙을 옮겼다.

평범한 기독교

1924년 사드락의 죽음 이후 수십 년 동안 인도네시아의 많은 교회들은 사드락의 상황화된 모델로부터 유익을 얻었다. 지역 문화를 성경의 복음주의 명령과 함께 가장 잘 종합할 수 있었던 교회들은 반(反)공산주의적 숙청 후에 일어난 거대한 전환의 물결을 가장 잘 받아들이고 동화시켰던 교회들이었다.[64]

수년 동안 선교사 로저 딕슨(Roger Dixon)이 "무슬림 사역의 주요 모델"로 명명한 그 사역 유형을 통해 인도네시아 교회에 무슬림 개종자들이 지속적으로 유입됐다. 수십 년 동안 화려하지 않은 노방 전도를 통한 개종이 평범한 인도네시아 교회를 통해 이루어졌다고 딕슨 선교사는 주장했다.[65]

이 주요 모델의 인상적인 특징은 딕슨 선교사가 말한 "의도적이지 않은 전도(unintentional evangelism)"이다. 이것은 인도네시아 무슬림들이 일

---

64 Willis, *Indonesian Revival*, pp. 8 and 13.
65 Roger L. Dixon, "The Major Model of Muslim Ministry," in *Missiology: An International Review*, Vol. XXX, No. 4, October 2002.

상에서 인도네시아 기독교인들과 접촉하며 경험한 것으로, 무슬림을 개종하기 위해 세밀하게 고안된 전략의 반대 개념이다. 인도네시아의 무슬림들이 율법주의나 폭력, 아랍화와 같은 이슬람 종교의 불쾌한 측면에 의해 압박을 당할 때, "평범한 이들(기독교인들)의 자연스럽고 개방적인 접근"이 무슬림들에게 대안적 피난처를 제공해 주었다.[66]

2002년 딕슨 선교사는 이 주요 모델에 의해 1,200만 명이 넘는 자바섬 무슬림들이 개신교로 개종했다는 비공식적 추정을 내놓았다. 이 대부분의 개종은 복음을 전파하겠다는 계획된 의도가 없는 평범한 기독교인들에 의한 비공식적 전도에 의한 것이었다.[67] 그러나 단 한 번도 기독교인의 수를 축소했다는 평을 받은 적이 없는 세계 기독교 백과사전(World Christian Encyclopedia)의 2번째 개정판은 자바섬의 기독교인의 수가 282만 명이 넘지 않는다고 추산했다. 이는 자바섬 전체 인구의 불과 2%에 해당하며 이들 중 많은 이들은 비무슬림 배경 출신이고 이들의 절반 정도는 가톨릭 신도들이었다.[68]

자바섬 인구의 98%의 주민들에게 다가가는데 실패한 비의도적인 접근에 인내심을 갖지 못한 교회와 선교사들은 더 공격적이고 의도적인 방식을 시험하기 시작했다. 2011년 중부 자바의 세마랑(Semarang)에 있는 12,000명 신도의 하나님 나라의 복음 교회(인니어, Gereja JKI Injil Kerajaan Allah)의 페트루스 아궁(Petrus Agung) 목사는 그의 인터넷 사이트에 다음과 같이 제안했다. "당신의 도시에서 무슬림 부흥(Muslim revival, 무슬림들 사이의 기독교 부흥, 역주)이 일어날 수 있도록 우리가 가르쳐 드리겠습니다!" 이 인터넷 사이트는 또한 다음과 같이 선포했다. "하나님은 우리에게 인도네시아의 무슬림들을 향한 큰 사랑을 주셨습니다. 지난 10월 28일 주

---

66 애버리 윌리스(Avery Willis)가 *Indonesian Revival*, p. 17에서 그리고 로저 딕슨(Roger Dixon)이 "*The Major Model*"에서 "의도적이지 않은(unintentional)" 전도의 실재와 효과를 보여주었다.

67 Dixon, *Major Model*, p. 8 of 14.

68 Barrett, *World Christian Encyclopedia*, pp. 374-375.

일에 우리는 약 3천 명에게 세례를 주었고, 10월 한 달 동안 3,800명이 넘는 이들에게 세례를 주었습니다." 아궁 목사는 세례를 받는 이들이 모두 무슬림이라고 언급하지 않았지만 이는 지역 무슬림의 감정을 자극하기에 충분했다. 교회는 즉시 인터넷에 올린 글을 삭제했다.[69]

의도적 접근

아궁 목사보다 더 신중한 접근 방식을 취하는 다른 이들은 아주 높게 상황화된 "내부자(Insider)" 모델에서부터 "Any-3"와 같은 방법에 이르기까지 다양한 방법으로 무슬림들을 향해 매우 의도적으로 접근했는데, 한 무슬림 복음전도 방식은 지난 5년 동안 수만 명 이상의 무슬림들이 신앙으로 나오도록 했다.

내부자들은 무슬림들이 불쾌하게 여기지 않을 태도로 복음에 장애가 되는 문화적 장벽들을 가능한 많이 제거하려는 사드락의 전례를 따랐다. 사드락처럼 내부자들은 기독교 공동체의 분노를 샀다. 이 책의 목적은 이 주제에 대한 모든 찬성과 반대 의견을 평가하는 것이 아니라 인도-말레이시아 권역에서 현존하고 있는 여러 상황의 한 부분인 내부자의 존재를 인정하는 것이다.

마이크 쉽맨(Mike Shipman)의 전도 방식 Any-3

Anyone(누구나), Anywhere(어디서나), Any Time(언제나)을 나타내는 마이크 쉽맨(Mike Shipman)의 전도 방식 Any-3는 덜 상황화 됐고 기독교 공동체에서 덜 논쟁적이지만 무슬림 전도에서는 여전히 매우 의도적이고

---

69 2011년 11월 이 교회의 인터넷 사이트와 이 내용은 다음의 인터넷 사이트에서 찾을 수 있다. http://www.jkiinjilkerajaan.org/lama/index.php. 이 사이트는 그 후 삭제됐다.

효과적이다.[70] Any-3는 의도적 복음 전도 관계를 통해 무슬림 친구를 인도하도록 기독교인을 준비시킨다. Any-3 복음전도자는 일련의 서로 주고받는 방식(interactive)의 성경 공부를 이용하여 관심을 보인 무슬림 배경의 관심자를 지속적으로 돕는다. 이 성경 공부는 무슬림 배경의 신자들이 그리스도의 구속적 구원의 필요성을 깊이 이해하는 데 효과적인 구약의 선지자 이야기를 사용한다.

Any-3의 명료한 5단계 복음 전도와 지속적인 주별 만남은 새 신자를 양육하고 단련시킬 뿐만 아니라 가족과 친구들에게 그들의 신앙을 즉시 전하도록 훈련하고 도전한다. 이 방식은 800개가 넘는 재생산적 교회 발생과 인도-말레이시아 권역의 7개의 다른 무슬림 종족에서 교회가 시작되는 결과를 이끌어 냈다.

Any-3는 인도-말레이시아 권역에서 기독교인들이 무슬림들에게 신앙을 나누는 여러 방법 중 하나일 뿐이다. 이 지역에서 20년 이상을 보낸 서양 사역자는 "2011년 봄, 20년을 회고하는 중 무슬림들을 사역한 우리의 팀에게 353개의 소규모 신자들 무리가 있다는 사실에 조금 놀랐습니다."라고 말했다. 이 진행 상황을 유지하기 위해 이 서양 사역자와 그의 무슬림 전문 전도 네트워크는, '가차없는 평가(ruthless evaluation)'를 실행하여 하나님이 역사하시는 방법을 서로에게서 배울 수 있도록 하는 '지도자들의 배움 공동체(Leaders' Learning Community)'를 설립했다. 그는 "2005년 3세대의 재생산에 도달한 무슬림 집단은 한 개 뿐이었습니다. 2010년까지 12-14개 팀이 각기 다른 무슬림 그룹에서 3세대 재생산(교회가 3번 재생산해서 만든 교회)을 보았습니다. 한 무슬림 전도팀은 25개의 새 신자들 집단에 도달했고 다른 팀은 137개의 집단에 도달했습니다."라고 말했다.

---

[70] 투명하게 밝히면, 2010년 필자는 이 접근 방식을 그리스도를 향한 무슬림 개종 운동을 위한 '최고의 방안'으로 선정했고, 이후 필자는 마이크 쉽맨(Mike Shipman)에게 *Any-3: Anyone, Anywhere, Anytime* (Richmond, VA: WIGTake Resources, 2012)을 쓰도록 격려했고, 그 책을 교정했다. 이 책은 www.ChurchPlantingMovements.com/bookstore에서 구입할 수 있다.

인도-말레이시아 권역의 다른 지역에서 하나님을 섬기는 한 기독교 복음전파 단체는 "우리는 지난 수 주간 동안 새로운 평가를 했습니다. 특히 여러 무리들의 상황과 매주 모임으로 연결되어 있는 세례 신자들에 대한 평가를 했습니다."라고 보고했다. 2011년 9월 말 이 네트워크는 80개의 새교회와 87개의 2세대 교회(예를 들면, 한 교회가 개척한 다른 교회), 84개의 3세대 교회, 45개의 4세대 교회 그리고 9개의 5세대 교회, 총 305개의 교회와 그 외의 255개의 무슬림 배경의 초신자 모임이 있음을 알렸다. 세례를 받은 무슬림 배경 신자들의 전체 숫자의 흐름은 3,000명을 넘어섰다.

전통적 교회를 넘어

인터뷰에 응한 모든 무슬림 배경의 신자들은 그들을 그리스도의 신앙으로 인도하기 위해 의도적으로 접근한 증인이 있었다고 고백했다. 강한 무슬림 배경을 가진 40세의 한 남성은, 자신이 설득되어 신앙을 갖게 될 때까지 무슬림 배경을 가진 한 복음전도자가 한 달에 8번 자신을 방문하여 *이사 알마시흐*(Isa al-Masih, 예수 그리스도)의 유일성을 지지하는 꾸란의 97개의 구절을 보여주었다고 말했다. 무엇이 그리스도를 따르도록 그에게 확신을 주었는지 그에게 묻자 그는 꾸란 3:47(3:45-47, 역주), 19:7-19(19:17-19, 역주) 그리고 21:91을 언급했다. 이 구절은 모두 *이사 알마시흐*가 하나님의 영이며 출생 후 완전하고 거룩하게 살았던 유일한 분이라는 확신을 주는 구절이었다. 그는 "이사가 유일하게 거룩한 분이기 때문에 저는 결국 그를 믿게 됐습니다."라고 말을 맺었다. 그리스도의 정체성에 대해 확신이 서자 그는 성경에 있는 그리스도의 완전하고 온전한 계시에 자신을 맡겼다.

53세의 가정 교회 네트워크 조직의 지도자는 아방안(abangan) 문화적 무슬림 배경에서 그리스도에게 나아왔다. 신자가 되기 전 그는 항상 기독교인은 *카피르*(kafir, 이교도)이며 이슬람은 유일한 참 종교라고 믿었다. 무엇이 그에게 그러한 견해를 바꾸고 이사를 구세주이자 주님으로 받아들이도록 만들었는지 묻자 그는 "처음으로 한 사람이 저에게 이사에 대해 이야기를 해주었고, 저는 제가 전에 믿고 있었던 것과 이사를 비교해야만 했습니다."라고 대답했다.

많은 이들에게 그리스도가 유일한 하나님의 구원의 길이라는 사실은 실제적인 문제였다. 강한 이슬람 배경을 가진 39세의 한 여성은 "저는 저의 행실과 노력으로 천국에 갈 수 없다는 사실을 깨달았습니다. 단 하나의 방법만이 있는데, 그것은 이사가 천국으로 가는 유일한 방법이라고 믿는 것이었습니다."라고 말했다.

제자 훈련 중의 한 부분으로 무슬림 배경 신자들은 그들의 공동체에서 새 신앙을 다른 사람들에게 나누도록 도전과 훈련을 받는다. 그들의 공동체에서 무슬림들에게 어떻게 신앙을 나누었는지 묻는 말에 50세의 한 가정 교회 지도자는 전형적인 답변을 했다: "먼저 그들을 알아가고 그들이 광신도인지 아닌지 파악합니다. 무슬림들에게 그들의 종교적 신앙을 어떻게 실천하는지 물은 후 저는 '당신은 왜 그것을 합니까?'라고 묻습니다. 일반적으로 그들은 모른다고 합니다." 이 가정 교회 지도자는 말을 이어 갔다. "대화 초반에는 이사의 신성에 대해 말을 하지 않습니다… 저는 메시아가 어떻게 우리를 구원해 주려 오는지에 대해 선지자들이 어떻게 이야기했는지를 말합니다. 저는 우리가 모두 죄인이라고 설명을 합니다. 저는 또한 이사가 우리에게 새로운 삶을 주실 수 있다고 그들에게 말합니다." Any-3의 5개 단계의 길을 따른 이 방법은 구원을 위해 기도해 주겠다는 제안에 많은 무슬림들이 확신과 감사로 반응하는 결과를 불러왔다.

몇몇 무슬림 배경 개종자들은 그리스도의 신성에 대한 온전한 이해 없이 그들의 그리스도를 향한 신앙 여정을 시작하지만 곧 그들은 온전한 이해에 도달한다. 11년 동안 이슬람을 공부한 42세의 한 무슬림은 그리스도의 제자가 되기 전인 4년 전 "기독교인들은 세 분의 신에게 예배를 드리고" 기독교인들은 "카피르(kafir)"라고 믿었다. 그러나 지금 그는 분명하게 말한다. "이사는 세상과 다음 세상에서 가장 높으신 분이십니다. 이사만이 심판의 날을 알고 계십니다. 이사는 죽은 자들 가운데서 살아나셨고 그래서 우리가 죽으면 우리를 들어 올려 주실 수 있습니다. 그는 살아계신 하나님이며 저의 죄를 용서해 주시는 분이십니다." 무엇이 이사에 대한 그의 견해를 바꾸었는지 묻자, 그는 자기 삶에서 체험한 예수님의 직접적인 개입에 대해 말했다: "의사가 저에게 죽을 것이라고 말했지만 이사는 저를 위해 기적을 베푸셨습니다. 그래서 제가 다른 사람들을 신앙으로 인도하는 능력을 갖게 됐습니다."

인터뷰를 한 모든 이들이 그들의 새 신앙 때문에 따돌림부터 위협과 신체적 폭력에 이르는 범위의 핍박을 경험했다. 전에 이슬람을 가르쳤던 교사는 말했다. "그리스도를 따르는 제자로서 저는 따돌림을 당했습니다. 저의 자녀들도 저를 멀리했습니다. 저는 감정적 학대로 고통을 받았지만 신체적 학대는 없었습니다." 신실한 무슬림 공동체에 속해 있는 한 42세의 여인은 그녀의 가족과 공동체로부터 협박받았다. "우리 집 전기가 끊기고, 우리 가족으로부터 경제적 도움을 받지 못했습니다."

많은 신자가 강한 이슬람 배경 출신이라는 것을 알게 되자, 우리는 그들의 신학적 이해가 얼마나 이슬람식 이해에서 기독교식 이해로 변화 되었는지를 알고 싶었다. 이 무슬림 배경의 제자들의 답변에서 교리를 벗어나 거룩과 삶의 변화로 향했던 예상하지 못한 이야기들이 계속 나왔다.

"당신의 신앙이 어떻게 바뀌어 가고 있습니까? 이슬람 신앙과 실천에서 멀어진 적이 있습니까? 그리스도를 향한 충성이 성장했습니까?"라는 질문을 하자, 명목상의 무슬림 배경을 가졌던 61세의 남성은 말했다. "이전에 저는 쉽게 화를 냈고 종종 거짓말을 하고 술도 마셨습니다. 지금은 인내심이 있고 정직하고 술은 더 이상 마시지 않습니다." 강한 무슬림 배경을 가진 한 여성은 대답했다. "저는 이제 더 참을성이 있고 겸손합니다. 저는 화를 잘 내는 사람이었지만 지금은 그렇지 않습니다." 강한 무슬림 배경을 가진 다른 여성도 답변했다. "저의 신앙은 계속 깊어지고 있고 저는 이사를 더 닮아가며 성숙해지고 있습니다… 저는 항상 말씀에 순종하려 노력합니다." 세 번째 여성은 말했다. "어려움을 겪을 때 저는 더 참을성이 있게 됐고 화를 내기보다는 갈등을 해결하는 데 더 능숙합니다. 전에는 기도를 전혀 하지 않았지만 지금은 자주 이사에게 기도를 합니다."

이슬람 교리를 향한 미련에 대한 염려는 다음의 질문 답변으로 해소됐다. "지금 꾸란과 무함마드에 대한 당신의 견해는 무엇입니까?" 50세의 가정 교회 지도자는 말했다. "무함마드는 많은 사람들이 길을 잃게 했습니다." 53세의 남성은 대답했다. "꾸란은 혼란스러우며 꾸란에는 성경에 대한 여러 참조 구절이 있습니다. 무함마드는 평범한 인간에 불과합니다. 하지만 저는 때때로 다른 사람들에게 복음을 전파하거나 그들을 가르치기 위해 꾸란의 구절들을 정확하게 사용합니다."

인도-말레이시아 권역에서 무슬림 공동체의 깊숙한 곳은 물론 전통적 교회들에서도 하나님은 역사하고 계신다. 수천 명의 무슬림들이 기독교 신앙으로 나아오고 있지만 자신들은 무슬림 마을과 공동체에 머물러 있다. 그곳에서 그들은 지속해서 가족과 친구들에게 예수님만이 구원의 확신을 줄 수 있다는 복음을 의도적으로 전파하고 있다.

한 알의 밀이

기대 수명이 60세가 넘지 않는 시대와 장소에서 사드락 라딘수라프라나타는 90세에 이르는 장수를 누렸다. 전기작가들은 그에 의한 개종자의 총 규모는 그가 직접 인도했던 교구를 넘어 1만 명에서 2만 명에 이를 것으로 추정했다.[71] 86개의 크리스텐 자와 교회의 7,752명의 세례 받은 무슬림 배경의 신자들은 사드락을 그들을 이끄는 지도자일 뿐만 아니라 하나님이 선택한 "자바섬의 사도"로 여겼다.

1924년 사망 이전 사드락은 교회 조직의 지도자 권위를 계승할 사람으

---

[71] Jacqueline C. Rutgers, *Islam en Christendom* (The Hague, 1912), p. 239 Partonadi의 *Sadrach's Community*, p. 129에서 인용됐다.

로 그의 양자 요담 마르타레자(Yotham Martareja)를 지명했다. 8년 후 요담은 사드락이 하지 않을 일을 행했다; 그는 그의 추종자들을 네덜란드 칼뱅주의 인도네시아 교회(Indische Kerk) 교단에 합병시키는 협상을 성사시켰다.[72] 그리하여 역사상 처음으로 그리스도를 향한 무슬림의 자발적인 운동을 이끌었던 토착 선교의 강렬하고 유일했던 실험의 한 장이 끝났다. 하지만 세계 전역의 그리스도를 향한 새로운 무슬림 개종 운동의 발생은 이제 시작됐다.

> **소규모 모임에서의 깨달음을 위한 질문**
>
> 1. 이 장에서 당신이 받은 인상은 무엇인가?
> 2. 인도-말레이시아 권역에서 하나님은 어떻게 역사하고 계시는가?
> 3. 사드락 이전 200년 이상 가톨릭과 개신교 선교사들이 하지 못했던 것을 그는 어떻게 성취할 수 있었다고 생각하는가?
> 4. 오늘날 인도-말레이시아 권역에서 무슬림 배경 신자들을 증가시키기 위해 하나님은 무엇을 사용하고 있는가?

---

[72] Partonadi, *Sadrach's Community*, pp. 96ff.

5장
동아프리카 권역

구스인은 하나님을 향하여 그 손을 신속히 들리로다.
시편 68:31 후반

하킴 촌장(Sheikh Hakim)은 단정하게 깎은 턱수염과 강렬한 눈 그리고 흔한 중고 정장 안에 밝은 보라색 셔츠를 입은 30대 중반의 날씬한 남성이다. 하킴은 사거리에 있는 카페에서 필자와 만나 아침을 먹으며 자신의 이야기를 들려주기 위해 아프리카의 뿔(The Horn of Africa, 에티오피아, 소말리아, 지부티가 있는 아프리카 북동부 지역, 역주) 지역에 있는 마을에서 수 킬로미터를 걸어온 9명의 촌장(sheikh) 중의 한 명이다.

"어떻게 예수님의 제자가 되셨습니까?"라고 필자는 질문했다.

하킴은 답변했다. 저의 아버지는 이슬람에 대한 열정적인 신앙이 있는 것으로 알려진 보로(Boro) 산(山) 무슬림 출신입니다. (이 나라에서) 이슬람은 보로 산에서 시작됐습니다. 제가 태어났을 때 저의 아버지는 '아들은 저를 위해 일하지 않고 꾸란만 공부하게 하겠습니다.'라고 서약했습니다. 그래서 2살부터 18살이 될 때까지 저는 꾸란만 공부했습니다. 하킴은 꾸란을 암송한다는 *하페즈(hafez)*이다.

하킴과 그의 동료 무슬림들은 예수님을 이스라엘만을 위한 선지자로 여겼다. "만약 누군가 저희에게 예수님이 하나님의 아들이라고 말한다면 아주 듣기 불편할 것입니다."라고 하킴은 말했다. "꾸란은 '만약 당신이 예수가 하나님이라고 말한다면 당신은 *카피르(kafir,* 이교도)가 된다.'고 말했습니다. 그래서 만약 누군가 예수님이 하나님이라고 말했다면 우리는 그를 죽였을 것입니다. 제가 무슬림이었을 때 저는 이슬람을 위해 교회를 불태웠습니다."

"저는 복음이 저의 방식대로 이해가 됐기 때문에 복음을 받아들였습니다. 그때 저는 4개의 이슬람 사원을 감독하고 300명의 이슬람 교사를 훈련하고 있었습니다. 어느 날 한 아프리카인 복음전도자가 저에게 아랍어로 된 인질(Injil, 신약 성경)을 주었습니다. 그 일이 있기 전만 해도 저는 모든 인질은 타락했고 길을 잃었다고 생각했는데, 제가 받은 것은 아랍어로 되어 있었습니다. 아랍어는 신의 언어이기 때문에 이 신약 성경은 타락할 수 없다고 믿었습니다."

"먼저 이 복음 전도자는 저에게 무슬림과 기독교인이 함께 공유하고 있는 가르침을 알려 주었습니다. 예수님은 다시 오시며, 예수님은 자신을 믿지 않는 사람들을 그의 숨결로 멸망시킬 것이다. 이것은 꾸란도 가르치는 내용입니다. 그래서 저는 혼란스러웠습니다. 저는 알라에게 기도했습니다. *당신은 저의 마음을 아십니다. 제가 해야 할 것이 있다면 그것을 보여 주십시오.*"

"그날 밤 꿈에 이사가 저에게 오셨습니다. 꿈에서 저는 이슬람 사원의 첨탑 위에 있는 스피커를 누군가 고치려 하는 것을 보았습니다. 그리고 저는 첨탑의 아랫부분을 보았는데 한 남자가 첨탑 아랫부분을 도끼로 찍고 있었습니다. 그래서 제가 자세히 보았더니 그 남자는 바로 저였습니다!"

"저는 4번이나 그 꿈을 꾸었습니다."

"다음 날 아침 저는 저에게 인질을 준 복음 전도자에게 찾아가서 제가 꾼 꿈이 무엇을 의미하는지 물어보았습니다. 그는 웃으며 저에게 설명해 주었습니다. '당신은 많은 촌장(sheikh)들을 주님께 인도하실 것입니다.'

그래서 저는 즉각 예수님의 제자가 됐습니다. 그러자 즉시 저에게 큰 핍박이 왔습니다."

비록 하킴이 밝히지 않았지만 다른 촌장들이 필자에게 하킴 촌장이 그리스도를 향해 개종한 결과 일자리와 밭을 잃고 목숨도 잃을 뻔했다고 말해 주었다. 하킴의 부친은 배교한 아들을 향해 창을 던졌고 그 창이 하킴의 등을 뚫고 지나가 그는 거의 죽을 뻔했다. 지금 하킴은 여러 동네를 전전하고 있는데 그 이유는 어느 곳에서나 하킴을 죽이려는 사람이 있기 때문이다.

하킴은 웃으며 아침 식탁에 둘러앉은 3명의 다른 촌장을 가리키며, "이들은 저의 첫 개종자들입니다. 아부 살람(Abu Salam) 촌장, 하페즈(Hafez) 촌장 그리고 메흐메드(Mehmed) 촌장."

하킴은 말을 이어 나갔다. "복음이 아랍어로 저에게 주어졌기 때문에 복음을 받아들일 수 있었습니다. 아랍어는 저의 마음의 언어(모국어)는 아니지만 촌장으로서 저는 아랍어를 잘 알고 있으며 아랍어를 거룩하다고 여겨왔습니다. 복음을 받아들인 후 7개월 동안 저는 우리 종족들 가운데 74명의 촌장이 예수님의 신앙으로 나오는 것을 목격했습니다. 현재 주님에게 나온 촌장의 수가 400명이 넘습니다."

믿을 수 없어서 필자는 물었다. "몇 명의 촌장이 세례를 받았다고요?"

하킴은 즉시 대답했다. "현재까지 300명이 넘습니다." 후에 필자는 흰 옷을 입은 75명의 촌장들이 그 지역에 있는 아름다운 호수 앞에서 세례를 받기 위해 줄을 서서 기다리며 서있는 사진을 보았다.

분열된 지역

이슬람 세계의 동아프리카 권역에 전부 또는 부분적으로 속해 있는 국가는 19개로, 북쪽의 수단에서 남쪽의 남아프리카까지 이른다. 이 권역에는 298개의 무슬림 종족에 속해 있는 3억 5,700만 명 이상의 무슬림들이 있다. 동아프리카 지역에서 대열곡(The Great Rift Valley)은 선사시대부터 부족과 종족들을 깊이 갈라놓는 분리의 상징 역할을 했다. 19세기와 20세기의 엄청난 아프리카 쟁탈전(Scramble for Africa)에서 유럽의 식민 지배자들은 북쪽에서 남쪽으로 향하며 이 지역을 지배하기 위해 종족 분리를 이용했다.[73] 이 지역에 먼저 도착한 포르투갈인들은 모잠비크를 차지했다. 영국인들은 가장 많은 곳을 차지했다. 수단, 우간다, 케냐, 영국령 소말릴란드 그리고 1814년 네덜란드에게 강탈한 남아프리카가 영국인에게 넘어갔다. 독일인들은 탄자니아와 부룬디와 르완다를 소유했고 프랑스는 지부티를 보호령으로 삼았다. 이탈리아는 에티오피아를 점령하려 노력하여 결국 북쪽에 이탈리아령 에리트레아와 해안에 이탈리아령 소말릴랜드를 만들어 냈다. 식민 시대가 막을 내렸을 때 아프리카의 뿔 지역의 전략적 해안 지역은 이탈리아와 영국과 프랑스의 영향권으로 분열됐다. 그 후 20세기 말에 혼란스러운 내전이 발생했으며 이 내전은 아직도 진행 중이다.

유럽인들이 아프리카 대륙에 식민 흔적을 남기기 오래전, 아프리카 원주민들도 그들의 식민 작업에 몰두했다. 수단의 나일강 계곡에 있는 닐로틱(Nilotic) 종족은 건장한 이주민 반투(Bantu) 종족과 경쟁 관계였다. 반투 종족은 원래 서아프리카의 카메룬에 거주하다 아프리카 전역으로 흩어진 이들로 여겨진다. 닐로틱 종족과 반투 종족은 종종 충돌해 왔다. 1994년 반투계 후투(Hutu) 부족은 르완다에 있는 닐로틱 종족에 대한 두려움으로 100일 동안 80만 명의 닐로틱계 투치(Tutsi) 부족민을 학살했다.

반투 종족과 닐로틱 종족은 상업적 공생 관계를 맺으며 서로에서 유익을 얻어 왔다. 아프리카 토착민들의 식민 쟁탈의 진정한 피해자는 피그미(Pygmie) 원주민 종족과 코이산(Khoisan) 원주민 종족 그리고 닐로틱 종족과 반투 종족보다 더 오래전부터 있었던 부시맨(Bushmen) 종족으로 불리

73　Thomas Pakenham, *The Scramble for Africa* (New York: Avon Books), pp. 470-486.

산 원주민 종족

는 산(San) 원주민 종족(사진)이다. 이 원주민 종족들은 아프리카 전역에 흩어져 살고 있었다. 반투 종족과 닐로틱 종족의 식민 작업으로 산(San) 원주민 종족은 소수 부족으로 전락했고 생존에 위협을 받아 다른 종족이 살기 힘든 사막과 정글에 정착했다.

다른 아프리카 토착민 식민 분쟁의 피해자는 암하라어(Amharic)를 쓰는 고대 아비시니아(Abyssinia)의 셈족(Semitic)이다. 정교 기독교인들인 이 셈족은 해안에 있는 본거지에서 내륙으로 진출하려는 쿠시족(Cushitic) 무슬림들의 침략을 피하고자 이동했다. 에티오피아의 고원 지대에 정착한 이 셈족은 수세기 동안 인근의 쿠시족 무슬림들과 전쟁을 벌였다. 셈족의 상대는 아파르(Afar) 부족, 오로모(Oromo) 부족 그리고 아프리카의 뿔 지역 저지대 평원을 장악했던 소말리(Somali) 부족이었다.

아파르 부족, 오로모 부족, 소말리 부족은 동아프리카 지역의 종족언어족(ethno-linguistic family) 중 4번째로 큰 어족이다. 성경 인물 노아의 손자 구스(Cush, 창세기 10:6)에서 이름이 기인된 쿠시(Cush) 부족은 아프리카 뿔 지역의 대부분을 장악했는데 그 지역은 소말리아, 에티오피아 동부 그리고 수단의 홍해 산악 지역이다.

스와힐리어(Swahili)는 동아프리카의 남쪽 절반 지역에서 사용되는 교역 언어인데, 케냐, 탄자니아, 우간다, 부룬디, 르완다, 모잠비크에서 널리 쓰인다. 스와힐리어는 반투어에 교역 상대인 아랍 무슬림들이 사용하는 아랍어 단어가 혼합된 언어이다. 이 언어의 이름인 스와힐리는 아랍어 단어로 해안을 의미하는 사헬리(Saheli)에서 나왔다.

상아

아랍인들이 동아프리카의 풍부한 향신료, 상

아, 금, 노예 무역에서 800년간 독점을 누리며 거래한 이들이 스와힐리어를 사용하는 해안지역의 반투 종족과 아프리카의 뿔 지역에 있는 쿠시계 소말리아 부족이다. 15세기 말 포르투갈인들이 동아프리카에 도착하면서 노예무역은 포르투갈인들에게 넘어갔다. 아랍인과의 교역은 일련의 도시들을 거치며 오고 갔는데 이 도시들은 북쪽에 있는 도시 수아킨(Suakin, 수단), 마싸와(Massawa, 에리트레아), 몸바사(Mombasa, 케냐)에서 남쪽의 도시 킬와(Kilwa, 탄자니아)와 소팔라(Sofala, 모잠비크)이다. 10세기에서 16세기까지 아프리카 뿔 지역에서 무역의 제국을 유지했던 가장 중요한 장소는 술탄이 다스리는 모가디슈(Mogadishu)였다.

서구의 진출

1497년 무슬림의 독점적 동인도 향신료 무역을 무너뜨릴 목적으로 포르투갈의 바스코 다 가마(Vasco da Gama)는 희망봉(Cape of Good Hope)을 돌아 1498년 동아프리카에 도착했다. 그로부터 유럽인의 모험주의적인 오랜 역사가 시작되어 결국 아프리카 대륙의 식민지화로 이어졌다. 바스코 다 가마의 뒤를 이은 유럽인들은 800년 동안 인도양을 장악했던 무슬림들을 몰아내려는 목적을 달성했다.

1593년 포르투갈인들이 지금의 케냐에 있는 무슬림 도시 몸바사에 "포트 지저스(Fort Jesus)"를 건설하면서 포르투갈인들은 다음과 같은 상징적인 선언을 했다. "유럽이 도착했다. 무역을 하기 위해 도착했다. 군사적 지원과 함께 도착했다. 예수의 이름으로 왔다." 그 후 수백 년 동안 포르투갈, 네덜란드, 프랑스, 독일, 이탈리아, 영국이 연이어 동아프리카를 모두 식민화하면서 인도양 무역의 항로를 나누어 가졌다.

포트 지저스

큰 경쟁

무슬림들은 공식적으로 무함마드가 622년 메디나(Medina)로 이주한 *히즈라(hijra)*를 이슬람의 원년으로 삼는다. 무함마드가 속했던 쿠라이쉬(Quraysh) 부족이 무함마드를 메카에서 내몰자 그는 메디나로 이동했다. 그러나 사실 첫 히즈라는 그로부터 8년 전에 일어났고, 당시 무함마드와 일행은 메디나가 아닌 아프리카로 피신을 갔다. 614년 무함마드는 그를 따르는 무리를 에티오피아로 피신시켰는데, 에티오피아는 기독교 부족 악숨(Aksumite)의 왕 엘라 사하마(Ella-Sahama, 아랍어로는 *아샤마(Ashama)*)가 다스리고 있었고 사하마 왕은 이 무슬림 무리에게 피난처를 제공해 주었다. 만일 샤하마 왕이 피난 온 무슬림 무리가 1,400년 동안 기독교와의 긴 투쟁을 벌인 상대방이라는 것을 알았다면 그 무리들을 돌려보내라고 요구한 쿠라이쉬 사절단에게 이 무슬림 무리들을 넘겨주었을 것이다.

오늘날 남아라비아, 서예멘, 소말리아, 지부티, 동에티오피아 그리고 에리트리아 해안 지역을 포함한 고대 악숨 제국 대부분은 무슬림 지역이 됐다. 또한 이슬람은 수단과 섬나라 마요트(Mayotte)와 코로모(Comoros)의 다수 종교이다.

800년 동안 아랍의 상인들은 포르투갈인들이 도착하기 전까지 동아프리카에서 활발히 상아와 노예 무역을 벌였다. 그후 400년 동안 포르투갈인, 프랑스인, 독일인, 이탈리아인, 영국인이 인도양을 장악했고 동아프리카 지역을 통치했다.

유럽인이 주도권을 쥐고 있을 때 기독교는 번성했다. 20세기가 시작될 때 기독교인의 수는 600만 명에 이르렀다. 그리고 100년 후 1억 7,700만 명에 달하는 기독교인들이 이 지역 전역에 정착했다.[74] 기독교가 성장한 지역 대부분은 비(非)무슬림 부족 지역이었다. 기독교인들은 무슬림들을

---

74 나라별 통계는 다음의 책에서 가져왔다. David B. Barrett, ed. *World Christian Encyclopedia*, Second Edition, Vol. 1, (New York: Oxford University Press, 2001.

교역 상대자나 적으로 간주했고 개종의 전망이 있는 이들로는 여기지 않았다.

20세기 이 지역에서 이슬람도 성장했는데 1900년 680만 명에서 2000년 780만 명으로 늘었다.[75] 이슬람 성장의 상당 부분은 낮은 유아사망률에서 기인했지만 무슬림 *다와(dawa*, 이슬람의 선교)도 이 지역에서 활발히 전개됐다.

현재의 경쟁

아프리카 뿔 지역의 교회들과 함께 무슬림들에게 복음을 전파하는 사역을 하는 한 무슬림 출신 개종자는 이전에 기독교인들에게 이슬람을 전하는 무슬림 선교사 *다이(da'i)*였다.

"저의 무슬림 이름은 셰이크 마흐무드(Mahmud)였습니다. 저는 이슬람 해방 전선 단체(the Islamic Front and Liberation Organization)에서 일했습니다. 저는 3년간 *무자히드(mujahid,* 이슬람 용사)였습니다. 저는 국경 건너의 마을에 있는 훈련 캠프에서 9개월 동안 훈련받았습니다."[76]

"무자헤딘(Mujahedeen)이 세계 곳곳에서 이 마을로 모였는데 특히 파키스탄에서 많이 왔습니다. 알카에다(Al-Qaeda)도 이 마을에 기지를 갖고 있었습니다. 저는 청년들을 *다이(da'i*, 무슬림 선교사, *다와(dawa)*를 행하는 자)가 되도록 동원하는 방법과 기독교인의 이슬람 선교 방법을 배웠습니다. 우리는 이 나라에서 가장 큰 종족을 목표로 삼았는데, 이 종족은 이 나라 전체 인구의 75%를 차지하기 때문입니다. 무자히드 훈련을 받은 후 우리는 더욱 *살라피(Salafi*, 근본주의 무슬림)가 됐습니다."

---

75 위의 책.
76 필자는 이 무슬림 다와와 함께 이 마을과 알카에다(al-Qaeda) 훈련 캠프를 방문했던 사실을 의도적으로 밝히는 바이다.

동아프리카

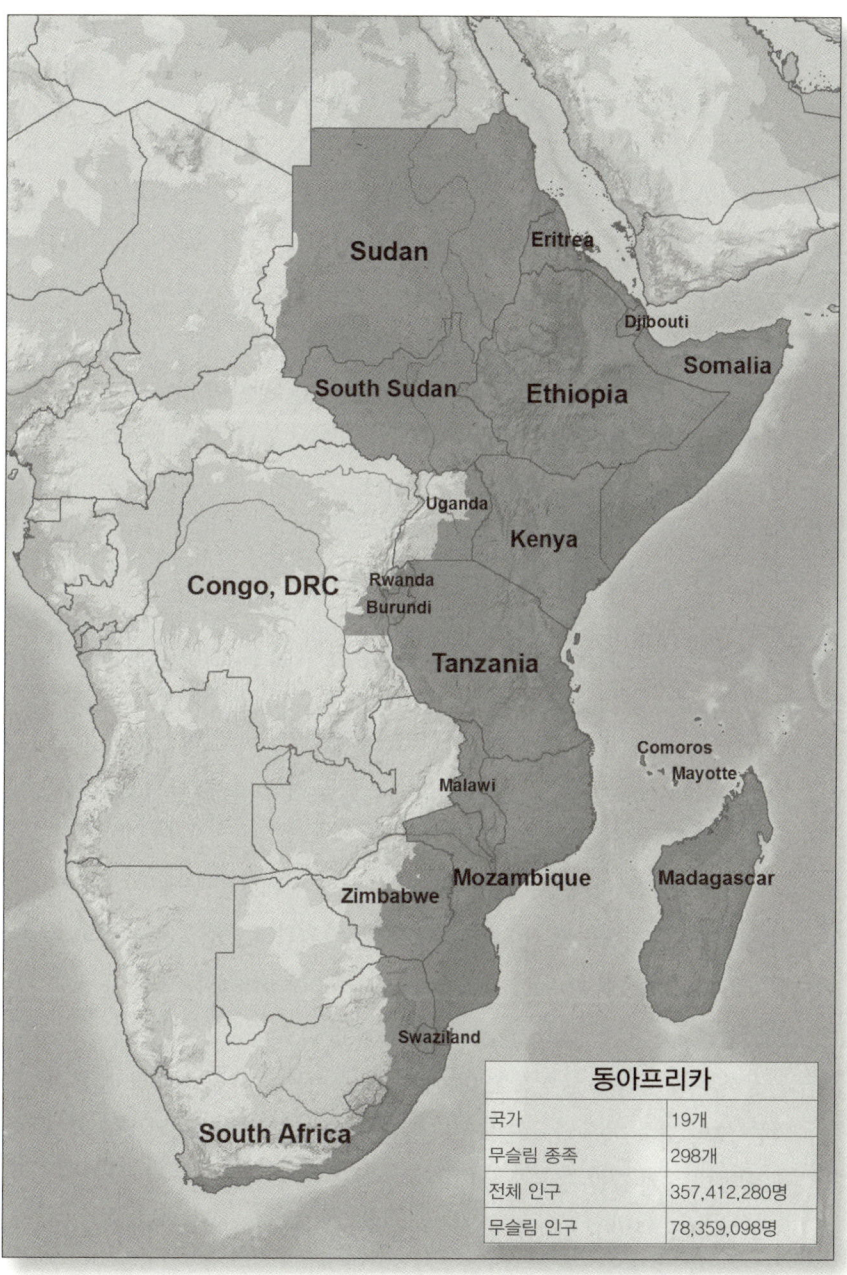

동아프리카	
국가	19개
무슬림 종족	298개
전체 인구	357,412,280명
무슬림 인구	78,359,098명

"제가 무자히드 캠프에서 받은 훈련은 기독교인들에게 다가가는 다음의 3가지 다와 전략이었습니다."

1. 돈과 물질로 유혹하여 그들(기독교인들)의 마음을 얻는다.
2. 무슬림 소녀에게 기독교인과 결혼하도록 격려한다. 무슬림 소녀는 '저와 결혼하면 기독교인이 되겠습니다'라고 말한다. 그러나 결혼 후 무슬림으로 남아 있겠다고 남편에게 알린다. 이틀 후 소녀는 남편 재산의 절반을 가질 권리를 가진다. 만약 이것이 잘 안된다면 남편을 저주한다(일반적으로 남편을 독살하는 것을 수반한다).
3. 또는 기독교인에게 '당신이 이슬람으로 개종하면 우리는 사우디아라비아나 아랍에미리트에서 직장을 갖게 해 줄 것이지만 먼저 이슬람으로 개종해야 합니다.'라고 말한다.

"우리는 전략 훈련도 받았습니다. 우리는 가가호호 방문을 연습했습니다. 우리는 우리의 공동체에서 기독교인의 습관, 생활 방식, 강점과 약점 등의 기독교인들의 행동을 조사하고 분석하는 방법을 배웠습니다. 만약 우리가 기독교인을 개종시키지 못하면, 우리는 기독교인의 집을 사서 그를 이사 가도록 할 것입니다. 이런 방식으로 우리는 이 나라와 우리의 모든 이웃과 모든 마을을 지킬 것입니다."

동아프리카를 여기저기 돌아다니며 수행한 인터뷰를 통해 이 지역의 이슬람이 과격하다는 것을 알게 됐다. 농촌 마을의 무슬림들은 그들의 혼합주의적인 이슬람을 오염시키는 마술, 저주, 주술에 대해 불만을 품고 있었다.

강한 무슬림 종족 출신으로 이싸(Issa)라는 이름을 가진 무슬림 배경 신자는 그의 고향 마을에서 근본주의 살라피 무슬림 개혁주의자들이 자신들보다 더 수가 많은 명목상의 민속 이슬람 신앙을 가진 이들에게 대항하려는 계획을 꾸미고 있다고 말해 주었다. 이 나라에서 민속 이슬람은 다수가 따르는 이슬람 신앙 방식이다. 살라피 개혁주의자들은 무함마드의 생일을 축하하는 것에 대해 공동체를 비난했다. "이것은 꾸란이 허용하는 것이 아니다."라고 살라피들은 항의했다. 이씨는 말했다. "그 후 살라피들이 저를 놀라게 하는 말을 했습니다. 꾸란은 이사 알마시흐(예수)를 무함마드 위에 놓았다고 살라피들은 주장했습니다. 살라피들이 예수님에 대한 신앙을 고백하거나 예수님의 신성을 증명하려고 한 것은 아니지만 꾸란을 엄격히 따르는 그들이 예수의 지위를 올려야 한다는 이해를 하고 있다는 것이 흥미로웠습니다."

우리는 후에 다른 무슬림 마을에서 이(예수와 무함마드) 논쟁이 이슬람의 내부적 토론을 넘어서는 단계로 발전했다는 사실을 알게 됐다. 꾸란에서의 예수와 무함마드 비교는 무슬림들로 하여금 신약 성경에서 예수님이 자신에 대해 무엇이라 말했는지를 조사하도록 이끌었다.

개종 운동들에 대한 통찰

동아프리카에서 수만 명에 이르는 그리스도를 향한 무슬림 개종 운동들이 여러 번 발생했다. 각 운동은 각각의 독특한 이야기를 하고 있지만 몇 가지 유형들이 존재한다.

농촌의 무슬림들 사이에서의 이슬람은 아프리카 부족 종교로부터 상당한 영향을 받았다. 주술 행위, 악한 영에 대한 두려움, 저주, 질병들 때문에 주민들은 지역 *이맘*(imam, 이슬람 사원의 지도자)의 통제 안에 놓이게 됐다. 공동체에서 이맘의 역할은 그들 이전에 활동하던 주술사와 별반 다르지 않다. 이 혼합주의 무슬림들이 예수 그리스도 안에서 그들을 과거의 속박과 이맘에 의지하게 하는 것으로부터 자유롭게 해 주는 능력을 찾고 있다.

살라(Salah)라는 한 이맘은 수 세대 동안 그의 가문에서 행해왔던 "검은 마술(black magic, 나쁜 목적으로 하는 주술, 역주)"을 더는 하지 않겠다고 선언하기 전까지 무슬림 공동체에서 사랑받던 인물이었다. 그의 무슬림 공동체가 그에게 무슬림으로 남아 달라고 간청했지만 그는 자기 과거를 부인하고 기독교 신자들의 작은 모임을 인도하기 시작했다.

복음이 정통적인 무슬림 공동체에서 더 강력한 돌파를 이루고 있다. 규모가 아주 크고 유력한 무슬림 종족들 중 한 종족에서 수 만 명의 무슬림들이 그리스도의 신앙으로 나왔다. 이 개종자들의 지도자들은 이 장 초반에서 만났던 하킴과 같은 이맘(이슬람 사원 지도자)들과 셰이크(촌장)들이다. 그리스도를 따르는 이맘과 셰이크들은 이제 세례를 통해 공동체 전체를 이사 알마시흐(예수)로 인도하고 있다.

2011년 성탄절 아침 필자는 한 동아프리카의 도시에 있는 호텔에서 2시간 거리에 있는 산악지대로 가기 위해 일찍 호텔을 나섰다. 높은 산에 있는 한 아름다운 호수 변에 있는 소박한 산장에서 20명의 무슬림 개종자들이 필자를 기다리고 있었다. 이 무슬림 개종자들은 한 영향력 있는 무슬림 종족 출신으로 새로운 기독교 신앙에 대한 수준 높은 훈련을 받기 위해 온 지도자들이었다. 정통 복음주의 배경을 가진 아프리카인 자영업자 유수프(Yusuf)는 이 지역의 무슬림들을 자신의 선교 대상으로 삼아 많은 지도자를 기독교 신앙으로 인도했다. 그의 사역의 열매의 주요 원인은 "무슬림들에게 문화적으로 불쾌하지 않게 대화를 하는 방법을 배우는 것"이라고 그는 말했다.

"이전에 저는 사람들을 기독교인으로 만들려고 했습니다."라고 유수프는 말했다. "이제 저는 종교적 색채(blanket) 없이 사람들이 주님에게 나오도록 돕고 있습니다."

무슬림 배경 그리스도의 제자들과 만난 필자는 그들이 서양 기독교인과 한 번도 말을 해본 적이 없다는 사실을 알게 됐다. 한 명씩 그들에게 이사 알마시흐가 알라와 바른 관계를 맺는 유일한 길이고 그것을 알게 된 이야기를 나누어 주었다.

"이 중에 몇 분이 세례를 받으셨습니까?" 필자는 질문했다. 20명 중 19명이 손을 들었다.

"핍박이 없이 세례를 받을 수 있었습니까?" 필자는 물었다.

"핍박이 있었습니다." 그들이 답하며 아랍어 신약 성경을 갖고 있던 30대의 남성 촌장(Sheikh) 아부 살람(Abu Salam)을 가리켰다. 아부 살람은 말했다. "제가 이사에 대해 가르치기 시작한 이후 모스크(이슬람 사원)의 추적을 받게 됐습니다. 저는 지금 법정에서 다투고 있습니다. 저는 제 자신을 이사 알마시흐를 따르는 무슬림 제자라고 변호하고 있습니다. 저는 법정에서 이 모스크는 저의 모스크이며 저는 모스크를 떠나지 않을 것이고 저에게는 모스크에서 예배를 드릴 권리가 있다고 말해 왔습니다."

필자는 아부 살람의 용기를 분명히 느낄 수 있었다. 이 나라의 법원은 최근 무슬림이 그들의 공동체에서 자유롭게 *샤리아*(sharia, 이슬람법)를 이행할 수 있다고 판결했다. 촌장 아부 살람은 모스크에 남아 있기로 선택함으로써 배교 범죄에 대한 교수형의 위험을 무릅쓰고 있다.

40대의 머리가 벗어진 후세인(Hussein)이라는 이름의 촌장은 "우리는 모스크에 가는 것을 멈추지 않고 있습니다. 하지만 우리 공동체는 우리가 기독교 훈련을 받으려 여기에 왔다는 사실을 모르고 있습니다. 만약 그들이 알게 된다면 문제가 생길 것입니다."

"왜 모스크를 떠나는 기독교인이 되지 않으십니까?" 필자는 질문했다. "모스크에 있는 유익은 무엇입니까?"

여러 명이 빠르게 대답했다. "다른 사람들에게 다가가려고요! 우리가 만약 모스크 밖에서 다른 신앙의 공동체를 만들면 우리와 잃어버린 자들 사이에 간격이 생깁니다. 떠나는 대신 우리가 우리의 모든 무슬림 행위에 예수님을 모셔오면 됩니다."

이 모임에 있는 3명의 여성 중 한 명인 중년의 무슬림 여성이 말했다. "예수님은 하나님이시지만 인간을 구원하기 위해 인간으로 오셨습니다. 만약 하나님이 하이에나를 구원하기를 원하신다면 하이에나처럼 되셨을 것입니다. 우리는 무슬림을 구원하기를 원하기 때문에 모스크에 가지 않을 수 없습니다. 우리의 형제나 자매가 다른 사람을 구원하기 위해 모스크로 가는 위험을 감수하고 있습니다."

후세인 촌장이 말했다. "무함마드는 자신을 선지자라고 말하지 않았습니다. 무함마드는 '나에게 어떤 일이 일어나지 않았다면 나는 아무런 말도 하지 못할 것이다.'라고 말했습니다. 꾸란이 아니라 사람들이 무함마드를 선지자로 불렀습니다. 오늘날 우리는 꾸란을 읽을 수 있고 무함마드가 누구인지 그리고 그가 어떤 인물이 아닌지를 더 잘 알게 됐습니다."

비랄 촌장(Sheikh Bilal)이 덧붙였다. "꾸란의 번역은 모든 것을 바꾸어 놓았습니다. 전에는 꾸란이 아랍어로만 되어 있어서 아무도 이해하지 못했습니다. 제가 만약 아랍어로 저의 사람들을 축복하거나 저주했어도 별문제가 되지 않았을 겁니다. 사람들은 그저 '아멘'이라고 말하겠지요!" 몇 사람이 여기서 웃었다.

비랄이 말을 이어나갔다. "오늘날 지식은 증가하고 있습니다. 저는 저의 마드라사(madrasa, 이슬람 학교)에서 200명이 넘는 학생들을 졸업시켰습니다. 우리가 무함마드와 이사를 비교하면 큰 간격을 발견합니다. 비교가 되지 않습니다. 다른 무슬림 촌장들이 우리의 사람들을 어둠 속에 붙잡아 두고 있는 것이 우리를 힘들게 합니다. 이제 우리는 진리를 알고 있습니다. 우리는 진리를 우리의 종족에게 가져가기를 원합니다. 솔직하게 말씀드립니다. 저는 과거 저의 행동에 부끄러움을 느낍니다. 그리고 저는 더 이상 촌장이라고 불리고 싶지도 않습니다."

다른 남성이 말했다. "꾸란은 '만약 당신이 혼란스럽다면 이전 책의 사람들에게 물어보라.'라고 말했습니다. 또한 꾸란은 '만약 당신이 이전 책들(예를 들면 신약과 구약 성경)을 받아들이지 않는다면, 지옥의 불이 당신을 기다리고 있을 것이다.' 무함마드는 '나는 구별없이 모든 책을 받아들였다'고 말했습니다."

후에 필자는 기독교인 기업인인 유수프에게 어떻게 이 무슬림 지도자들이 그리스도를 알도록 인도했는지 알려 달라고 부탁했다.

유수프는 말했다. "우리는 깨달음의 방식(discovery approach)을 사용했습니다. 이 방식으로 그들은 꾸란이 분명하게 무함마드를 따르면 천국에 결코 이르지 못한다고 밝힌 것을 볼 수 있었습니다."

유수프는 그의 깨달음의 방식을 설명해 주었다. "첫날 우리는 무슬림 촌장과 이맘들을 초청하여 네 명이 한 조가 되는 소규모 모임을 만들어 줍니다. 그리고 우리는 다음의 질문을 그들에게 합니다. '무함마드는 누구입니까?' 촌장과 이맘들은 자신들이 원하는 시간에 꾸란(사진)을 사용하여 무함마드가 누구인지 토론하고 논쟁을 벌입니다. 그날이 끝날 때 각 조는 돌아와 무함마드는 신의 선지자로 적합하지 않다고 보고합니다."

꾸란

필자는 놀라며 물었다. "어떻게 그것이 가능합니까?"

유수프는 즉시 촌장과 이맘들이 무함마드의 죄와 불완전성에 대해 지적하기 위해 이용한 꾸란과 하디스(Hadith)의 참조 구절들이 가득 담겨 있는 그의 노트북을 열었다:

> 꾸란 46:9 "(알라가 무함마드에게) 말하라. 나는 메신저들 중 첫 번째 메신저가 아니었다. 내게 행해질 것과 너희들에게 행해질 것을 나는 모른다...... 나는 단지 경고자일 뿐이다."*
>
> 꾸란 41:43 "그들(다신 숭배자들)이 너에게 말한 것은 너보다 먼저 온 메신저들에게 말한 것이다."*
>
> 꾸란 47:19 "(무함마드야!) 알라 이외에는 신이 없다는 것을 알아라. 너의 잘못(dhanb)과 너의 신자들(남녀)의 잘못을 위하여 용서를 구하라."*
>
> 꾸란 6:50 "(무함마드야! 너의 예언을 부인하는 자들에게) 말하라. 알라의 보물들을 소유하고 있다고 말하지 않는다. 내가 보이지 않는 미래의 사건을 안다고 말하지 않는다. 내가 천사라고 말하지 않는

다. 나에게 내려준 것만 내가 따를 뿐이다. 말하라, 눈을 못 보는 자(알라를 믿지 않는 자)와 보는 자(알라를 믿는 자)가 같은가? 너희들은 생각하지 않는가?"*

촌장 중 한 명이 나와 유수프 사이의 대화를 듣고 끼어 들었다. "무함마드는 최고의 장님입니다."

꾸란 34:24 "우리 또는 너희들이 인도함을 받거나 또는 분명히 길을 잃은 것이다."*

꾸란 57:27 "우리(알라)가 이싸 븐 마르얌을 보냈고 그에게 인질을 주었다."* 77

유수프는 말을 이어 나갔다. "촌장들은 또한 무함마드 개인의 삶의 결점도 지적했습니다. 이슬람이 남성에게 4명의 아내를 허락했지만, 무함마드는 자기 양자 자이드(Zayd)의 아내 자이납(Zaynab)의 아름다움에 마음을 빼앗겨 새로운 계시를 받았습니다. 그 계시는 무함마드가 다섯 번째 아내는 물론 그의 양자의 아내도 자기 아내로 삼을 수 있다는 것이었습니다. 이것은 꾸란에서 금기로 되어 있습니다."(꾸란 4:23)

유수프는 계속해서 말을 했다. "꾸란에서 무함마드는 자신을 단지 경고자라고 주장했습니다. 꾸란은 꾸란을 읽는 이들이 자만에 차 있지만 인질(신약 성경)을 읽은 자는 겸손하다고 말했습니다."

필자는 유수프의 말을 잘 이해하기 위해 그의 말을 끊었다. 그렇지 않았다면 그는 꾸란 인용 구절들이 있는 추가 화면으로 넘어 갔을 것이다.

---

* 이 꾸란 구절의 한국어 번역은 공요셉 박사가 제공해 준 것임을 밝힌다, 역주.
77 이 꾸란 구절들은 표시된 바와 같이 꾸란에 있는 것들이며, 이 복음전도자(유수프)는 촌장들이 무함마드는 신의 선지자에 적합하지 않음을 지지한 것과 관련됐다고 강조한 부분만을 필자에게 공개했다는 사실을 명심해야 한다.

"당신이 가르친 다른 것들은 무엇입니까?"라고 필자는 질문했다.

그는 대답했다. "그들에게 준 두번째 질문은 '예수는 누구입니까?'입니다." 유수프는 같은 방식으로 촌장들을 4명의 모임으로 나누고 예수가 누구인지 찾도록(discover) 했다. 유수프는 말했다. "그들은 꾸란으로 시작했으나 신약 성경으로 눈을 돌렸습니다."

그리고 필자는 물었다. "그들의 결론은?"

"예수는 하나님의 아들이며 구원에 이르는 유일한 길입니다."

하나님께서 무슬림들을 신앙으로 인도하는 방법

위의 이야기가 말해주듯이 하나님은 무슬림들을 그리스도의 신앙으로 이끌어 내기 위해 무슬림 공동체의 불만족을 사용하신다. 많은 개종의 이야기들이 인질(신약 성경)로 이동하기 전 꾸란에서 시작하지만, 이것이 무슬림들이 신앙으로 나아오는 유일한 방식은 아니다.

가장 큰 개종 운동 중 하나로 3만 명이 넘는 세례 신자들이 발생한 운동은 한 나라의 수도에 있는 Gospel for All Nations Church라는 현지 교회의 의도적인 무슬림 전도에 의해 시작됐다.

하나님은 이 교회의 부부 목사에게 무슬림에게 전도를 해야 한다는 마음을 주시기 시작하셨다. 이 부부는 어떻게 시작해야 할지 몰랐기 때문에 한 무슬림 마을의 촌장에게 어떻게 그 마을의 주민들에게 축복을 줄 수 있는지 물어보았다. 촌장의 대답은 실제적이었다. 촌장은 부부에게 깨끗한 물 프로젝트와 학교와 병원을 시작해 달라고 요청했다. 교회는 촌장이 요구한 것을 실행했으며 공개적인 복음 전도 모임 사역도 병행했다.

루미 촌장(Sheikh Rumi)은 7년 전 첫 공개 복음 모임 중 몇 모임에 참석했다. 그는 회상했다.

"저는 어린 시절부터 학교에서 꾸란을 공부했습니다. 그러나 학교에서 교사들은 우리를 가르치지 않고 때리기만 했습니다. 가르침은 사랑이 아닌 폭력과 함께 이루어졌습니다. 저는 종교 학교가 아닌 일반 학교를 원했지만 촌장(sheikh)이었던 저의 아버지는 반대했습니다."

"저의 큰 누나가 큰 병에 걸렸을 때 저는 누나와 함께 3개의 병원에 갔습니다. 주님은 이 어려운 시간을 이용하여 저에게 알려 주셨습니다. 저는 병원에서 병든 자를 위해 기도해 주는 기독교인을 보게 됐습니다. 저는 연구하듯 그 기독교인들을 주의 깊게 관찰했습니다."

"기독교인들은 서로를 위해 기도해 주었지만, 무슬림들을 위해 기도해 주는 촌장은 없었습니다. 악한 영이 저의 누나를 억누르고 있다는 것을 알았지만 제가 기도를 드릴 수 있는 친근한 신은 없었습니다."

"저의 누나가 죽었을 때 꾸란을 잘 공부하겠다고 결심했습니다. 저는 지역 언어로 된 꾸란을 읽었는데 이해를 할 수 없었습니다."

"그때 한 기독교인이 저에게 와서 복음을 증거했습니다. 그는 저에게 성경을 주겠다고 했지만 저는 그 기독교인에게 말을 걸지 말라고 했습니다."

"저는 꾸란에 모순이 있다는 것을 발견했고 많은 질문이 생겼습니다. 그래서 저는 마을에서 열린 무슬림 선교 집회 다와(Dawa)에 갔습니다. 다이(da'i, 무슬림 선교사) 중 한 명이 성경의 모순에 대해 설교를 했습니다. 저는 그에게 꾸란에 대한 질문 21개가 있는 목록을 주었지만 그는 대답해 주기를 거절했습니다. 대신 그는 저에게 버릇이 없다고 말하며 저를 집회에서 내쫓았습니다. 저는 절망했습니다."

"집회에서 그들이 준 '성경의 모순'에 대한 노트를 아직 갖고 있습니다. 저는 성경에 대한 저의 노트를 만들었고 산에 올라가 그것들을 곰곰이 생각했습니다."

"산에서 내려왔을 때 저는 기쁨으로 가득 차 있었습니다. 저는 Gospel for All Nations Church가 인도하고 있는 모임에 참석하기를 원했습니다. 그날 오후 설교자가 설교를 하고 있을 때 큰 바람이 불어 텐트를 무너지게 했습니다. 그리고 비가 내리기 시작하여 청중들이 모두 비에 젖게 됐습니다."

"그 여성 설교자는 교회를 함께 설립한 남편과 함께 서서 크게 기도했습니다. '주님 우리는 예배 드리고 싶습니다. 비가 저녁에 오게 해 주십시오.'"

"마음 속으로 저는 '하나님, 당신이 그녀의 기도를 들어주신다면 저는 예수님을 모르지만 당신을 믿겠습니다. 그러나 기도를 들어주시지 않는다면 저는 저 여자가 가르치는 것이 거짓이라는 것을 알게 될 것입니다.'라고 말했습니다."

"바람이 갑자기 그치고 텐트를 중심으로 100미터 안에서는 비도 멈추었습니다."

무슬림 개종 운동의 특징

동아프리카에서 무슬림이 그리스도의 신앙으로 나아오는 길은 여러 가지가 있다. 꿈, 기도 응답, 이슬람에 대한 불만족, 변화된 삶. 이 지역의 많은 교회는 활동적이고, 무슬림에게 나아가는 것에 대한 두려움을 떨쳐내고 있다. 특히 전쟁과 기근이 무슬림 공동체에 타격을 주고 있는데 그곳에서 기독교인들이 이슬람의 대안을 제시했다. 지속해서 존재해 왔던 영들과 악령의 위협을 처리하려는 방편으로 수 세대 전에 이슬람을 받아들인 농촌의 무슬림들은 그들을 괴롭히던 두려움보다 큰 능력을 그리스도 안에서 발견하고 있다.

동아프리카인들은 부족의 추장이든지, 마을의 주술사이든지 또는 무슬림 이맘이든지 그들의 지도자를 따르는 오랜 역사를 갖고 있다. 중요한 결정은 개인이 내리는 경우는 거의 없고 공동체가 결정한다. 그러므로 이 지역에서 발생한 운동들이 종종 촌장(셰이크)과 이맘에서부터 시작되는 것은 놀라운 일이 아니다. 촌장과 이맘은 주민들을 인도하는 이들이며 그리스도의 제자로 인도하는 이들이다.

이슬람은 동아프리카인들에게 서구의 식민 세력에 대항하도록 하는 강력한 수단을 제공했다. 서구 식민주의자들이 물러가자 복음이 새롭게 다가왔는데 특히 현지 주민들이 복음을 전할 때 그러했다. 복음을 전파하는 자가 촌장(sheikh)이 된 21세기는 무슬림 지하드리스들이 반(反)기독교 군중을 선동하기가 아주 힘든 시대이다.

신앙인으로 살아가는 방법

1년 반 전 그리스도의 신앙을 갖게 된 28세의 한 무슬림 개종자는 하나의 큰 생각에 잠겨있었다. "나는 기도하는 것을 좋아한다. 나는 그리스도의 제자로서 나의 기도가 무슬림의 기도같지 않고 하나님과 진정한 대화를 나누며 표현하는 것이 좋다. 나는 내 마음에 있는 것을 기도할 수 있다."

그리스도의 신앙으로 나온 동아프리카 무슬림들의 이야기는 그들이 신앙의 여정을 걸어가고 있다는 것을 보여준다. 1만 명 이상의 세례를 받은 그리스도의 제자들이 있는 큰 무슬림 종족을 연구한 최근의 박사 학위 논문은 이러한 그들의 여정을 상세히 보여준다.[78] 무슬림 개종자들은 처음에 무슬림으로서 시작하지만 그리스도를 발견한 후 그들의 삶에서 무함마드와 꾸란의 역할은 천천히 그리고 가차 없이 부차적인 것이 된다. 시간이 흐르면서 그들은 점점 더 깊이 신약 성경에 몰입하게 되고 꾸란은 책장에 방치되는 신세가 된다.

우리는 복음이 필요합니다

엘리아스(Elias)는 아프리카의 뿔 지역의 한 큰 도시에 있는 혼잡한 소말리아 난민 캠프 구역에서 사역하고 있는 동아프리카인 선교사이다. 엘리아스가 하루의 난민 사역을 마치고 혼자 저녁을 준비하고 있었을 때 압둘아하드(Abdul-Ahad)라는 65세의 소말리인 촌장(sheikh)이 자신의 집의 문을 두드리자 놀랐다. 이 촌장은 전쟁으로 폐허가 된 소말리아의 모가디슈에

---

78 이 책이 저술되고 있을 때 이 논문도 Fuller Theological Seminary에서 작성 중이었다. 보안상 논문의 저자의 이름은 여기서 밝히지 않으며, 논문의 저자도 논문을 출간할 때 가명을 선택할 것이다.

서 왔다. 엘리아스는 알샤바압(Al-Shabaab, 소말리아 테러단체)이 보복 테러의 상대로 기독교인인 자신을 선택한 것은 아닌가하는 생각을 하며 긴장했다.

엘리아스가 문을 열어 주자 그 촌장은 느닷없이 질문했다. "세상 모든 사람의 죄를 위해 예수가 피를 흘리셨나요? 맞습니까, 아니면 아닙니까?"

엘리아스는 대답했다. "맞습니다."

촌장은 강경하게 반응했다. "당신은 거짓말을 하고 있습니다!" 그리고 그는 망설이며 말했다. "예수의 피가 저의 죄는 용서하지 못할 것입니다."

그는 엘리아스에게 자신이 모가디슈에서 자행한 폭력 행위를 털어놓았다. 이 노령의 촌장은 몸을 떨며 울기 시작했다. 그는 말했다. "저는 그 죄악에서 벗어나고 싶습니다."

엘리아스는 그에게 말했다. "당신과 제가 오늘밤 동의한다면 하나님은 당신을 용서해 주실 것입니다."

촌장은 엘리아스와 함께 기도했고 그날 밤 압둘아하드는 구원을 받았다.

촌장이 자리를 떠나기 전 엘리아스에게 와서 그의 팔을 잡고 말했다, "거리에서 저를 보면 제가 무슬림 모자와 무슬림식 수염을 하는 것을 보고 당신은 저를 무서워할 것입니다. 진실을 말씀드리면 우리가 그런 행세를 하는 것은 당신을 두려워하게 하기 위해서입니다. 하지만 이것을 명심하십시오. 우리의 마음은 비어 있습니다. 우리를 두려워하지 마세요. 우리는 복음이 필요합니다."

소규모 모임에서의 깨달음을 위한 질문

1. 이 장에서 당신이 받은 인상은 무엇인가?
2. 동아프리카 권역에서 하나님은 어떻게 역사하고 계시는가?
3. 하나님은 "깨달음의 방식(discovery approach)"을 어떻게 사용하고 계시는가?
4. 엘리아스와 압둘아하드의 이야기에서 당신은 어떤 인상을 받았는가?

# 6장
북아프리카 권역

*그는 목자 같이 양 떼를 먹이시며
어린 양을 그 팔로 모아 품에 안으시며*

이사야 40:11

이십 년 전 *이슬람 세계(Dar al-Islam)*에서 가장 난폭하고 억압적인 지역이었던 북아프리카의 변방 산악 지대에서 그리스도를 향한 무슬림 개종 운동이 모습을 드러내기 시작했다. 오늘날 이 운동은 수만 명에 이를 정도로 성장했고 북아프리카의 1,400년 이슬람 역사에서 그리스도를 향한 첫 자생적 무슬림 개종 운동으로 기록되고 있다.

그가 이미 나를 소유하다

필자는 라피크의 작업실에 앉아있었는데, 그곳은 음향장치로 가득한 어느 상업적인 고층건물의 비좁은 장소였다. 라피크는 35세의 생기 넘치는 베르베르(Berber)족 남성으로 검은 눈동자를 활발히 움직이며 그의 삶이 어떻게 변했는지를 필자에게 이야기했다.

"2001년이었습니다. 당시 저는 파리에서 한 국제적 영화 음반 기획사[79]

---

[79] 이 회사는 미국에 본부를 둔 잘 알려진 회사이며, 이러한 이유로 이름을 밝히지 않았다.

에서 작곡자로 일하고 있었습니다."

라피크는 1960년대 그의 조국이 독립한 이후 프랑스로 이주한 수백만 명의 북아프리카 이주민 중의 한 명이다.[80] "저는 북아프리카에서 태어났지만 유럽인으로 성장했습니다. 우리 가족은 인종적으로 베르베르족이지만 저는 모든 면에서 프랑스인이었습니다. 대부분 프랑스인처럼 저는 종교적이었던 적이 한 번도 없었습니다. 이름은 무슬림식 이름이지만 저는 무신론자로 살았습니다."

"북아프리카에 노라(Nora)라는 아내가 있었습니다. 저는 가능한 그녀에게 돈을 송금해 주었고 거의 매년 방문했습니다. 그러나 저는 프랑스에서의 삶이 마음에 들었습니다. 음악은 저의 삶이었고 저는 음악에 재능이 있었습니다. 공식적인 교육을 받지는 않았지만 저는 여러 악기를 연주할 수 있었고 이것을 이용하여 노래를 작곡했습니다."

"저의 몇몇 곡이 발표된 이후 연예기획사의 임원들은 저에게 다른 음악도 작곡해 보라고 격려해 주었습니다. 그들은 저에게 '당신은 뮤지컬을 써야 됩니다.'라고 제안했습니다. 어느 날 제가 그 제안에 대해 고민하며 길을 걸어가고 있을 때 비가 쏟아져 내렸습니다. 저는 잠시 생각을 접고 한 건물의 출입구로 이동한 후 담배에 불을 붙였습니다. 그때 주위를 둘러보니 가톨릭 교회로 들어가는 입구가 보였습니다."

"저는 그 교회로 들어갔는데 난생 처음 교회에 들어가는 것이었습니다. 입구에서 기도에 사용되는 초를 팔고 있었습니다. 저는 길이가 긴 초가 짧은 초보다 가격이 더 비싸다는 사실을 발견했고 그 사실이 재미있다고 생각했습니다. 저는 신부님에게 농담을 했습니다. '기도하게 저에게 돈을 빌려주실 수 있으세요?' 신부님은 웃으면서 초 하나를 저에게 건네

---

80 2004년 프랑스에는 600만 명의 북아프리카 출신 이주민들이 있었다. Yazid Sabeg et Laurence Méhaignerie, "Les oubliés de l'égalité des chances," *Institut Montaigne*, January 2004. 2013년 7월 15일 다음의 인터넷 사이트에서 인용했다. http://www.institutmontaigne.org/fr/publications/les-oublies-de-legalite-des-chances.

주며 말했습니다. '무료입니다'".

예수님

"저는 천장에 매달려 있는 큰 십자가의 예수 상을 올려 다보았습니다. 옆의 벽에 있는 다른 예수님의 그림을 보았습니다. 그림에서 예수님은 양을 안고 있었습니다. 그 그림 밑에 문구가 있었습니다. *선한 목자는 양을 위해 목숨을 내어놓는다.*"

"저는 생각했습니다. '어떤 사람이 다른 사람을 위해 목숨을 내놓을 수 있단 말인가?'"

"그리고 저는 혼자 말했습니다. '아하! 아주 훌륭한 뮤지컬 주제가 될 수 있겠어!'"

"그래서 저는 신부님에게 예수님의 이야기가 있는 성경책 하나를 부탁드렸습니다. 신부님은 저에게 큰 가톨릭 성경을 보여주었습니다. 저는 말했습니다. '아닙니다. 예수님의 이야기가 있는 부분이 있으면 됩니다.' 그러자 신부님은 사복음서를 저에게 주셨습니다."

"저는 사복음서를 집에 가져와 읽고 또 읽었습니다. 저는 예수님과 음악으로 가득한 꿈을 꾸기 시작했습니다. 음악과 장면들이 저의 머리에서 쏟아져 나왔습니다. 한 달만에 예수님의 전 생애에 대한 음악이 나왔는데, 천사 가브리엘이 동정녀 마리아와 만나는 것에서부터 그리스도의 부활과 승천까지 2시간 30분짜리 뮤지컬이 됐습니다."

"저는 신디사이저를 이용하여 바이올린 악보를 그리기 시작했고 각각의 오케스트라 악기의 악보를 더해 나갔습니다. 저는 장면 하나하나를 상상하며 가사를 썼습니다. 저는 그 뮤지컬의 이름을 '나사렛'이라 정했습니다." 라피크는 말했다. "제가 예수님의 생애에 몰입하면 할수록, 예수님은 저의 삶을 많이 바꾸셨습니다. 음악 산업에 종사하는 저의 친구들이 저에게 경고했습니다. "조심해! 예수라는 사람에게 빠져서 너를 잃어버리면 안 돼." 저는 그들에게 말했습니다 "이미 늦었어. 예수님은 이미 나를 소유해 버렸어."

"저는 그 뮤지컬을 연예기획사 임원들에게 들려주었습니다. 아주 드문 일이지만, 그들은 앉아서 2시간 30분 동안 저의 모든 연주를 들었습니다. 제가 연주를 마치자, 그들은 말했습니다. '좋아, 예수님이 아주 시장성이 있군, 이것을 해 봅시다.' 우리는 누가 예수, 마리아, 유다, 사탄 등을 연기할 것인지에 대해 토의를 했습니다."

"그해 그 이후, 멜 깁슨(Mel Gibson)의 영화 "패션 오브 크라이스트(The Passion of the Christ)"는 세계적 주목을 받았습니다. 하지만 유대인 연예계는 이 영화를 반(反)유대적으로 여겼습니다. 그러자 예수를 주제로 한 음악과 노래들이 냉대받게 됐습니다. 우리 회사 임원들은 사무실로 저를 불러 뮤지컬을 만들지 않겠다고 말했습니다. 그로부터 얼마 후 저는 해고됐습니다."

"저의 뮤지컬에는 유대인에 대한 언급이 전혀 없는데 말입니다." 라피크는 고개를 흔들며 말했다.

그리고 그는 필자를 보고 웃으며 말했다. "하지만 더 이상 문제되지 않습니다. 예수님은 저의 삶이 되셨습니다. 저는 담배와 술을 끊었습니다. 저는 더 이상 술집이나 파티에 가서 시간을 보내고 싶지 않았습니다. 대신 북아프리카로 가서 제 아내와 가족에게 저의 삶에 오신 그분에 대해 이야기하고 싶었습니다."

"제가 집에 갔을 때 저는 무신론자인 아내에게 뮤지컬을 위해 예수님의 생애가 담긴 스토리보드(storyboard)를 만들도록 했습니다. 스토리보드를 만들며 아내는 예수님의 아름다운 삶에 감동을 받았습니다."

그때 아내 노라가 끼어들며 말했습니다. "그것은 예수님이 이미 저의 기도를 들어주신 후의 일입니다. 저는 라피크의 누나를 위해 기도했고, 누나의 병이 나았습니다. 그리고 저는 그것이 실제로 일어난 일이라는 것을 깨달았습니다." 노라는 흐느껴 울며 말을 이어 나갔다. "저는 하나님께 기도했습니다. '저에게 당신을 보여주시든지 아니면 저를 데려가 주십시오.' 그리고 하나님은 저에게 자신을 보여주셨습니다." 눈물을 닦으며 그녀는 말했다. "의심이 생길 때마다 저는 말했습니다. '하나님이 저의 삶에서 보여주신 것을 어떻게 의심하거나 불신할 수 있는가?'"

라피크는 필자를 위해 뮤지컬 '하나님의 메시야(le Messie de Dieu)'의 도입곡을 연주했고, 그 곡이 흐르는 장면을 정열적으로 설명해 주었다. "그 장면에서 마리아는 어두운 무대 위에 홀로 있고, 천사 가브리엘이 그녀에게 나타나 그녀에게 메시아를 낳을 것이라고 말해 줍니다. 마리아는 '저는 남자와 함께 있지 않았는데 어떻게 이런 일이 있을 수 있습니까?'라고 묻습니다." 그때 마리아 부분을 부르는 여성의 목소리가 흘러나왔고 그 목소리는 천사의 목소리 같았다. 라피크는 말했다. "노래의 목소리는 저의 아내 노라입니다." 뮤지컬은 매혹적이었다. 라피크가 필자의 관점을 바꾸어 놓기 전까지 이렇게 아름다운 음악과 이 음악을 작곡한 사람이 아프리카의 한 변방 지역에 은둔해 있다는 사실이 슬프다고 생각했다.

임신한 사랑스러운 아내의 어깨를 감싸고, 3살의 활발한 자녀의 뺨을 어루만지며 라피크는 말했다. "저는 북아프리카에서 지금 주님을 섬기고 있습니다. 저는 불어와 아랍어와 베르베르어로 하나님께 영광을 올리는 노래를 작곡하고 있습니다."

마그렙(Maghreb)

무슬림들은 다음의 북아프리카의 여섯 개의 나라를 마그렙(Maghreb)이라고 부른다. 모리타니(Mauritania), 서(西)사하라(Western Sahara), 모로코, 알제리, 튀니지, 리비아. 마그렙의 뜻은 "서쪽" 또는 "해가 지는 곳"을 의미한다. 마그렙에는 9,000만 명에 조금 못 미치는 인구가 있는데, 그 중 8,890만 명이 무슬림이다.

마그렙의 무슬림

알제리 (3,700만 명, 무슬림 99%, 유대교인과 기독교인 1%)

리비아 (560만 명, 무슬림 99%)

모리타니 (330만 명, 무슬림 100%)

모로코 (3,200만 명, 무슬림 99%)

튀니지 (1,050만 명, 무슬림 99%, 기독교인 1%, 유대교인 1%)

서(西)사하라 (50만 명, 무슬림 100%)

북아프리카인들은 그들의 인종을 멜랑즈(mélange)라고 묘사하는데, 이는 수백 년 동안 해안 지역 전역을 휩쓸었던 여러 인종이 뒤섞인 흥미로운 역사를 상징한다. 오늘날 여러 북아프리카 국가의 정부들은, 8세기에 시작되어 12세기 *베니 힐랄(beni Hillal)*과 *베니 야민(beni Yamin)* 베두인(Bedouin) 부족의 침공으로 재개됐지만 터키와 아랍의 식민지화로 3백년 동안 단절됐던 아랍화(Arabization) 과정을 부활시키고 있다.

아랍어와 아랍 문화가 이 지역에 우세하지만 DNA 분석에 의하면 오늘날 알제리 인구의 다수는 베르베르족(50%)이고 그 다음으로 아랍족(30%)이 수십 개의 다른 인종들과 함께 공존하고 있다.[81] 아랍인의 침공 이전에도 베르베르 원주민 부족은 수백 년 동안 페니키아인(Phoenician), 헬라인(Greek), 로마인(Roman), 게르만계 반달인(Germanic Vandal) 그리고 반투(Bantu)족과 닐로틱(Nilotic) 부족의 침공을 겪었다.

1492년 스페인의 이베리아 반도 *재정복(Reconquista)*과 1610년 유럽 본토에서의 마지막 *모리스코(Morisco,* 이슬람에서 기독교로 개종했지만 무슬림으로 남아 있는 것으로 의심되던 이들)의 추방 이후, 처참해진 무슬림 난민들은 북아프리카로 건너온 이후 100년간 기독교 유럽과의 냉전을 이어 나갔

---

81 최초의 연구는 미국 National Library of Medicine, National Institutes of Health의 로비노(Robino) C., 크로부(Crobu) F., 외 다수에 의해 실시됐다. 2013년 7월 15일 다음의 인터넷 사이트에서 인용했다. http://www.ncbi.nlm.nih.gov/pubmed?uid=17909833&cmd=showdetailview&indexed=google. 이 주제에 대한 개요는 위키디피아의 "Algerian Demography"를 참조하라. 2013년 1월 20일 다음의 사이트에서 인용했다. http://en.wikipedia.org/wiki/Demographics_of_Algeria#Y-DNA_Haplogroup_frequencies_in_coastal_Algeria.

다. *Sharia Andalusia*와 *Tariq Toledo*와 같은 오늘날의 튀니스(Tunis, 튀니지의 수도, 역주)와 알제(Algiers, 알제리의 수도, 역주)의 거리 이름들은 잊히지 않은 과거의 무슬림들의 유럽 점령 시대를 증언하고 있다.

1530년에서 1815년 사이 오스만 제국의 해적선(corsair) 또는 서구에서 바바리(Barbary) 연안의 해적선으로 알려진 해적들이 수백 척의 서양의 배를 탈취하고 이탈리아에서 아이슬란드에 이르는 유럽의 해안 지역을 공격하여 100만 명 이상의 기독교인들을 강제 노동 수용소의 노예로 삼고 트리폴리, 튀니스, 오랑(Oran, 알제리 북서부의 해안 도시, 역주), 알제(알제리의 수도, 역주)에 있는 왕궁의 궁녀들로 만들었다.[82] 미국인들은 이러한 역사에 대한 기억이 거의 없지만, 이 해적들의 행위가 미국 건국 초기 시절 두 개의 해외 전투를 발생시켰다. 1차와 2차 바바리 전쟁(Barbary Wars)(1801-05년 그리고 1815년)은 미국의 해군과 해병대의 탄생을 촉진하는 역할을 했다.[83]

동아프리카 권역의 가장 서쪽에 있는 모리타니의 누악초트(Nouakchott) 거리에서는 *하싸니야*(Hassaniya) 아랍어를 들을 수 있다. 이 언어는 원래 이곳에서 동쪽으로 8,500킬로미터 이상 떨어져 있는 예멘에 있는 베두인 종족이 쓰던 언어이다. 사람들로 붐비는 항구 도시 알제리에서는 초록색 눈동자 또는 금발의 알제리인들을 볼 수 있다. 이들은 해적에게 잡혀 온 유럽인들의 후예들이다. 트리폴리의 아랍인들은 베르베르족, 유대인 그리고 사하라 사막 남쪽의 아프리카인들과 섞여 있는데, 아프리카인의 존

---

82 "역사학자 로버트 데이비스(Robert C. Davis)는 1530-1789년 100-125만 명의 유럽인들이 납치당했고 노예로 북아프리카에 끌려갔다고 추정했다." Robert C. Davis, *Christian Slaves, Muslim Masters: White Slavery in the Mediterranean* (Houndmills, Basingstoke, U.K: Palgrave MacMillan, 2004)를 참조하라. 개략적 정보를 위해서는 위키디피아의 "바비리 해적(Barbary Pirates)"를 검색하라. 이 정보는 2013년 1월 30일 다음의 인터넷 사이트에서 인용했다. http://en.wikipedia.org/wiki/Barbary_pirates.

83 이 전쟁으로 남아 있는 기억은 해병대 노래의 다음의 가사에 존재해 있다: "From the halls of Montezuma, to the shores of Tripoli."

재는 한 때 번성했던 노예 무역의 잔재이다. 당시 흑인 노예들은 수단의 옴두르만(Omdurman)에서 사하라 사막을 가로질러 3,200킬로미터를 이동하여 지중해로 이송됐다.

튀니스 중심지의 한 번화가에는 튀니지인들이 자랑스러워하는 거리가 있다. 그 이름은 *케이르 에드딘 빈 파샤 거리(Kheir ed-Din bin Pasha Boulevard)*이다. 이 이름은 오스만 제국의 해독 이름에서 나왔는데, 그는 서구에서 바르바로사(Barbarossa)(1474-1518) 또는 빨간 수염의 해적(Red Beard the Pirate)으로 악명높은 인물이다. 케이르 에드딘은 그리스 정교를 믿는 미망인과 변방의 레스보스(Lesbos)섬 출신 투르크계 무슬림 남성 사이

바르바로사

에서 태어났다. 케이르 에드딘과 그의 형제 아루즈(Aruj)는 모두 바르바로사라는 이름을 갖고 있었으며 그들은 함께 수십 년 동안 유럽인의 지중해 무역을 위협했다.

필자가 마그렙 전역을 여행하며 북아프리카인들에게 자주 묻는 말은 *Ailatik min ay balid, min al-asl?* "당신의 가족은 처음 어느 나라에서 왔습니까?"였다. 이 질문에 대한 답변은 지금도 필자의 기억력을 자극한다: "예멘에서요", "요르단에서요", "터키에서요", "아프리카에서요", "베르베르족에서요", "이스라엘에서요". 이 대답들은 이슬람 세계의 세계화 그리고 과거와 현재가 어우러져 있는 모습을 보여준다. 또한 이 대답은 이슬람이 이슬람화를 겪은 모든 사람들을 얼마나 성공적으로 동화시켰는지를 알려 준다.

이슬람 역사 내내 북아프리카는 이슬람과 서양의 문화적, 정치적 전쟁터였다. 1,400년 동안 북아프리카에서는 국지전 또는 전면전이 발생하지 않고 한 세대가 지난 적이 거의 없었다. 8세기에 세워진 이슬람 정권들 사

이에서도 전쟁이 발발했고, 유럽 세력들은 상대방을 정복하거나 몰아내려는 전쟁을 북아프리카에서 했다. 북아프리카 나라들과 유럽 국가들 사이의 이 지루한 대립 상황은 현재 마그렙 지역 국가들 내부의 강렬한 민족정신을 형성했다.

해적 시대에서 현재까지

1830년 프랑스가 알제리 식민화 과정을 시작하면서 북아프리카에서의 오스만 해적 시대는 막을 내렸고, 알제리 식민화는 최종적으로 프랑스의 모로코, 튀니지, 모리타니 "보호령"으로 이어졌다. 1911년 이탈리아의 리비아 정복 이후 마그렙의 국가들은 1950년대와 1960년대 해방을 맞이하여 국가 설립을 이룰 때까지 유럽의 통치 아래에 놓여 있었다. 가장 과격한 독립운동은 1945-1962년 사이 70만 명의 알제리인과 26,500명의 프랑스인의 희생을 불러온 알제리 혁명이었다.[84]

마그렙의 국가들에서의 독립운동은 토착주의 정서와 이슬람 지하드를 결합시켰는데, 지하드는 유럽인들을 몰아낼 잠재적 가능성이 있는 방안이었지만 그 후에 발생할 통치에는 그다지 유익하지 않았다. 나라를 단결시키고 식민지 잔재를 청산할 의도로 알제리의 국가 해방 전선(National Liberation Front, FLN) 정권은 아랍화 작업을 도울 아랍어 교사와 이슬람 교사들을 외부에서 모셔왔다. 많은 알제리인들은 과거를 회상할 때 당시의 아랍어와 이슬람 교사의 수입을 1990년대 발생한 급진주의 이슬람과 그에 의한 갈등 시대의 단서를 제공한 씨앗으로 보고 있다.

1980년대 경제 혼란 이후 알제리인들은 1991년 선거에서 20년 이상 나

---

[84] Adel Gastel, "France remembers the Algerian War, 50 years on," in France 24, *International News* 24/7. 2013년 1월 15일 다음의 인터넷 사이트에서 인용했다. http://www.france24.com/en/20120316-commemorations-mark end algcrian-war-independence-france-evianaccords. 실제 사망자 수는 계산하기 불가능하지만 추정치는 125만 명에 이른다. 위키피디아에서 "알제리 혁명(Algerian Revolution)" 검색 결과 안에서 "Death Toll"의 개관을 참조하라. 2013년 다음의 인터넷 사이트에서 인용했다. http://en.wikipedia.org/wiki/Algerian_War#Death_toll.

라를 통치했던 국가 해방 전선에 패배를 안겨주었다. 반대당에게 정권을 넘겨주는 대신 국가 해방 전선은 결선 투표를 취소했다. 그후 군사 쿠데타가 발생했고, 협상에 실패하자 1990년대를 '어둠의 시대'로 특징지었던 내전이 일어났다. 내전으로 10만 명의 민간인들과 군인들이 희생됐다.[85] 군부에 의해 잔혹 행위가 자행됐고, 야당인 GIA(무장 이슬람단 Armed Islamic Group)와 GIA의 반대 세력으로서 도시에 기반을 둔 단체 FIS(이슬람 구원 전선, Islamic Salvation Front)는 모두 알라가 자신들의 행동을 지시했다고 주장하며 나라를 피로 물들였다. 알제리 남성, 여성, 어린이들이 비참하게 희생됐고, 가톨릭 수도사와 수녀들도 목이 잘려 죽기도 했으며 마을 전체 주민이 학살되는 일도 발생했다. 내전으로 많은 북아프리카인들은 다른 대안을 갈망하게 됐다.

한 운동의 부상

1962년 알제리의 독립 전쟁과 1992년 이슬람주의자들 내부에서 일어난 내전을 틈타 외부 세상에서 복음의 빛이 알제리로 들어간 일이 있었다. 필자는 무슬림 배경을 가지고 있는 알제리인으로 그리스도인 지도자로 있었던 62세의 마흐무드(Mahmoud)와 만난 일이 있다. 알제리에서 마흐무드만큼 무슬림 개종 운동의 시작에 기여한 사람은 거의 없다.

마흐무드는 말했다. "1968년 베트남 전쟁이 정점에 이르렀을 때였습니다. 미국은 물론 유럽의 학생들도 반정부 시위를 벌이고 있었습니다. 당시 저는 프랑스 리용의 한 주택에 사는 17세의 베르베르족 문제아였습니다. 한 베르베르족 청소년인 유수프(Yusuf)가 저의 친구가 되어 주었는데, 그는 종종 저에게 하나님과 예수님에 대해 말해 주었습니다. 저는 그에게

---

[85] 44,000명에서 250,000명에 이르는 사망자의 수는 여전히 논쟁 중에 있다. 위키디피아에서 "알제리 내전(Algerian Civil War)"으로 검색한 결과에서 다양한 비교와 대조를 참조하라. 이 내용은 2012년 1월 30일 다음의 인터넷 사이트에서 검색됐다. http://en.wikipedia.org/wiki/Algerian_Civil_War#Death_toll.

'나는 베르베르 문화와 이슬람에 대해 더 알고 싶다.'라고 말했습니다. 유수프는 '프랑스어 꾸란을 사서 읽어보라'고 말했습니다."

"저는 그 주말에 그렇게 했고 유수프에게 많은 질문을 했습니다. 유수프는 언제나 생각해 볼만한 대답을 주었고 저의 질문을 절대로 무시하지 않았습니다. 당시 저의 첫 질문은 *내 안에 있는 악은 무엇인가*라는 것이었습니다. 유수프는 인내심을 갖고 저에게 '만약 네가 하나님을 알고 싶으면 하나님께 당신을 보여 달라고 청하라.'고 대답했습니다."

"그 주에 저는 '하나님, 당신이 존재한다면 저는 당신을 알고 싶습니다.'라고 기도했습니다. 곧 저는 제가 한 번도 느껴보지 못했던 새로운 기쁨으로 가득 차게 됐습니다. 다음날 유수프는 저에게 말했습니다. '너는 아무 말도 하지 않아도 돼. 너에게 무슨 일이 있었는지 알 수 있어.'"

마흐무드는 회상했다. "유수프는 저를 하나님과의 교제로 인도했고, 그때부터 하나님께서 저를 변화시키기 시작하셨습니다." 필자는 마흐무드에게 회개가 그의 개종 과정 초반부에 있었는지에 관해 물었다. 그는 "초반에는 없었지만 회개는 평생 일어나는 과정이지 한 번의 일은 아닙니다."라고 대답했다.

그 때쯤 제네바 출신의 스위스 복음주의자 엘돈 블루(Eldon Bleu)는 프랑스에 있는 북아프리카인에게 목회를 하라는 비전을 받았다. 엘돈은 그 비전에 이끌려 1969년 리옹(Lyon)으로 갔고 그곳에 있는 한 군인 막사에서 청소년 센터를 시작했다.

마흐무드는 말했다. "저는 하나님에 대해 목말라 있어서 엘돈의 사역에 푹 빠지게 됐고 청소년 센터에서 시작된 교회에 참여하게 됐습니다. 저는 리옹에 있는 형제교회로 옮기기 전까지 그 교회에 7년 동안 출석했습니다. 저는 형제교회의 공동 리더십 방식을 선호하여 교회를 옮겼습니다."

그 후 베르베르 청년들은 베르베르 종족민에 기반을 둔 선교 단체 ACEB(*L'Association Chretienne d'Expression Berbere*)를 설립하여 베르베르어 성경 번역과 《예수 영화》(JESUS Film) 제작, 라디오 방송 사역에 헌신했다.[86] 그 후 수년 동안 베르베르어 대중매체 사역이 북아프리카에서 복음에 대한 반응을 이끌어 내는데 아주 중요한 역할을 하게 되었다.

1980년대와 1990년대의 OM(Operation Mobilization) 선교회의 Love Europe 운동은 프랑스에 있는 북아프리카 이주민들 사이에서 복음을 확산시켰다. 북아프리카 이주민들 중 다수는 조국의 끊이지 않는 사회 혼란을 피해 프랑스로 건너온 불만이 가득한 젊은이들이었다. 항구에서 배포된 수천 개의 베르베르어 《예수 영화》와 신약 성경이 무슬림 개종 운동에 불을 지폈고 북아프리카 전역에 있는 해안 도시들에서 복음이 퍼져나갔다.

북아프리카가 열린 그 시기를 기회로 삼아 미국인 침례교 선교사 밥 캐인(Bob Cane)은 비자를 받고 북아프리카에서 대학생을 대상으로 복음 전파 사역을 시작했다. 지금은 베르베르족 내륙 지방에서 의사로 일하고 있는 칼리드(Khalid)는 1980년 의과대 학생이었을 때 학교 친구가 좋은 소식(Bonne Nouvelle)에 대해 이야기하는 것을 듣게 됐다.

칼리드는 말했다. "그때 저는 신앙 생활을 하지 않는 가짜 무슬림이었습니다. 동료 학생이자 저의 친구인 아흐메드(Ahmed)에게 저는 '이 좋은 소식이 무엇이냐?'라고 물었습니다. 그는 저에게 요한 복음서 한 권을 주었고 그것을 읽으라고 말했습니다. 저는 인간 예수에게 깊은 감동을 받아 서점으로 가서 프랑스어로 된 성경 한 권을 사서 처음부터 끝까지 모두 읽었습니다. 제 친구는 그러한 사실을 알고 있다가 저에게 본 누벨(Bonne Nouvelle, 좋은 소식) 교회에 출석하자고 권했습니다. 그후 곧 저는 복음 전도지를 읽고 '죄인의 기도문'을 따라 기도했습니다. 그 다음날 저는 말로 표현할 수 없는 기쁨을 느꼈습니다."

밥 케인 선교사가 추방당하고 본 누벨 교회가 일시적으로 폐쇄당해도 칼리드 박사의 이야기와 같은 일들은 1980년대에 수없이 많이 일어났다.

---

[86] 이 단체의 인터넷 사이트 http://www.aceb.net를 참조하라. 2013년 1월 29일에 검색했다.

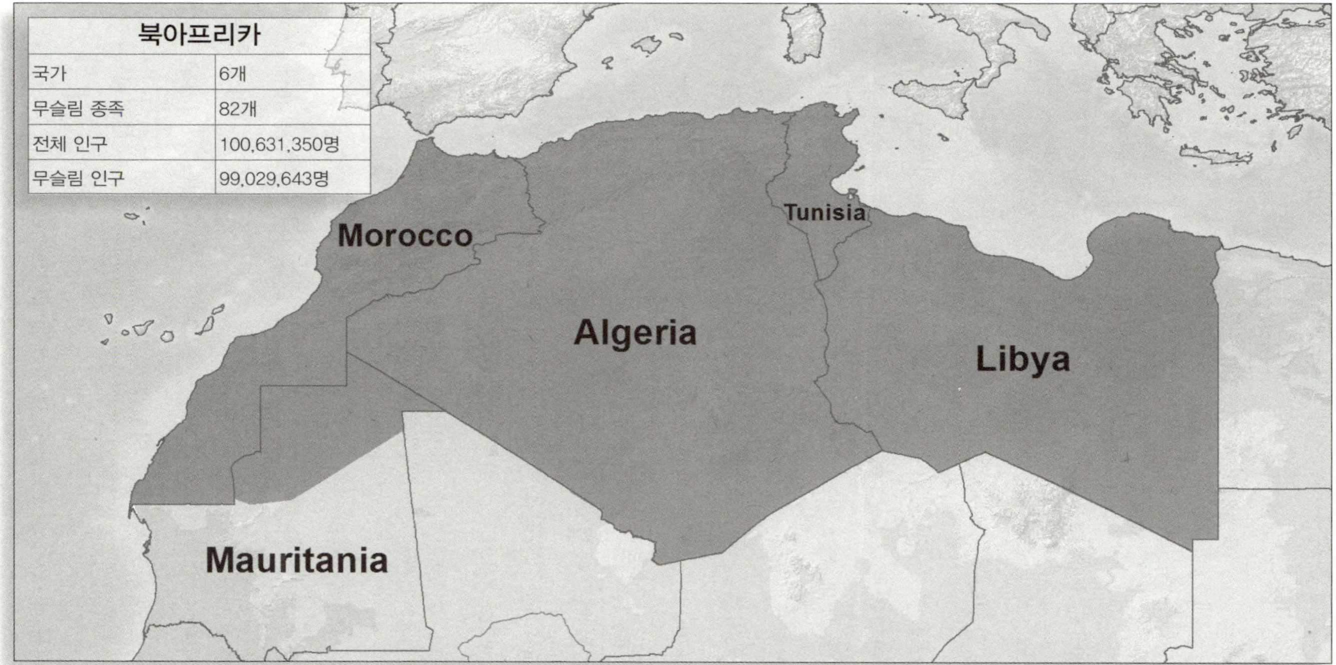

북아프리카

북아프리카	
국가	6개
무슬림 종족	82개
전체 인구	100,631,350명
무슬림 인구	99,029,643명

6장. 북아프리카 권역

본 누벨 교회의 젊은 신자들에게서 나온 사역 중 하나는 베르베르 산악 지역의 청소년 축구 캠프였다. 그곳에서 교회 사역자들은 레다(Reddah)라는 21세의 선수를 만났다. 레다의 부친은 *무자히드(mujahid*, 이슬람 전사)였고 레다가 태어나기 한 달 전 죽임을 당했다. 레다의 젊은 모친은 레다를 다음과 같이 위로했다. "아들아, 너희 아버지를 데려가신 분은 알라이다." 하지만 레다에게 이 말은 고문과 같았다. 만약 이것이 알라의 행동이었다면, 그는 모든 방식을 사용하여 이 알라에게 대항할 것이었다.

레다는 말했다. "라마단(금식월) 기간 동안 저는 먹고 마셨습니다. *마드라사(madrasa*, 종교 학교)에서 저는 질문으로 선생님을 화나게 했습니다. '왜 저는 아랍어로 기도를 해야 하나요? 저의 베르베르족 언어로 기도해도 되나요?' 그때 저는 알라와 아랍어 그리고 이슬람에 관련된 모든 것을 증오했습니다."

"1981년 여름 아랍인과 베르베르인으로 구성된 축구팀이 저의 마을에 와서 축구 토너먼트에 참여했습니다. 그들은 저주를 퍼붓지도 않고 다른 많은 축구팀과 다르게 술을 마시지도 않았습니다. 대신 그들은 함께 기도했고 밤에는 캠프에서 함께 앉아 책을 읽었습니다."

"저희 팀이 준결승전을 준비하던 날 아침 저는 열이 많이 나서 움직일 수 없었습니다. 경기는 그날 오후였는데, 저는 담요를 두르고 경기를 관람했습니다. 기독교인 중 한 명이 저에게 와서 무엇이 문제인지 물었습니다. 저는 그에게 열이 나서 경기에 뛰지 못한다고 말했습니다. 그는 저에게 말했습니다. '우리 캠프로 오세요. 우리에게 약이 있습니다.' 제가 그 캠프에 갔을 때 그들 중 한 명이 저에게 물었습니다. '약을 원하세요? 아니면 제가 당신을 위해 기도를 해 줄까요?' 저는 약은 나중에 달라고 할 수 있지만 이번이 하나님이 존재하지 않는다는 것을 증명할 기회라고 생각했습니다. 그래서 저는 '저를 위해 기도해 주세요.'라고 말했습니다."

"그들은 프랑스어로 기도를 했습니다. 그들 중 한 명이 성경을 펴서 예수님이 시몬 베드로의 장모를 고친 부분을 읽었습니다. 그는 저의 몸에서 열이 나가라고 명령했습니다."

"저는 즉각 무엇이 저에게서 나가는 것을 느꼈습니다. 보통 열이 내려도 몸은 여전히 지쳐있는데, 저는 마치 전혀 아프지 않았던 것처럼 됐습니다. 저는 고맙다는 말조차 하지 못했습니다. 저는 코치에게 곧장 달려가서 경기에 뛸 준비가 됐다고 말했습니다. 저는 남아 있는 경기 시간에 뛸 수 있었습니다."

"경기 후 저는 저에게 일어났던 일에 대해 생각했습니다. 제 친구들은 제가 거짓말쟁이고 거짓으로 아픈 척한 것이라고 비난했습니다. 저는 설명을 하려 했지만 그들은 들으려 하지 않았습니다. 저는 저에게 일어난 일을 말하며 이렇게 주장했습니다. '나는 그들의 신이 실제라고 생각한다; 그들의 신은 우리의 신과 같지 않다.' 그 순간부터 저는 저에게 심각한 질문을 던지기 시작했습니다."

"매일 저녁 우리는 기독교인들과 만나 그들에게서 배웠습니다. 그들은 우리에게 성경을 읽고 기도하는 방법을 알려 주었습니다. 그 후 여러 날 동안 하나님은 우리에게 여러 기적을 베푸셨고 기도를 들어주셨습니다. 그 다음 주에 우리 중 40명이 그리스도께 삶을 드렸습니다. 3년 후 저는 본 누벨 교회에서 세례를 받았습니다. 지난 2000년 이후 저는 여기 베르베르 산악 지역에서 교회 개발 사역을 하며 전임 사역자로 일하고 있습니다."

레다와 만난 지 1년 후인 2013년 1월, 필자는 베르베르 교회의 지도자인 12명의 남성들을 만났다. 이 신자들은 그들을 둘러싼 적대적 상황에 대해 개의치 않는 담대함을 보여주었다. 필자는 그가 촬영한 그들의 사진을 공개하지 않고 그들의 이름도 책에 공개하지 않겠다고 말하며 모임을 시작했다.

하지만 그들은 웃으며 말했다. "괜찮습니다. 우리가 예수님의 제자인 것을 세상 사람들에게 알려도 신경 쓰지 않습니다. 저희 사진을 사용하고 알하얏(al-Hayat, "생명", 아랍어 위성 TV 방송, 아랍어 기독교 방송, 역주)에 올리

세요!"

필자는 그들 모두가 같은 생각인지를 물었고, 그들은 모두 그렇다고 대답했다.

그들은 기쁨을 표현했는데, 이는 필자가 인터뷰한 거의 모든 베르베르족의 특징이었다. 그들은 어려움 속에 있기보다는 살아 계신 그리스도가 그들 가운데 역사하고 계시는 것을 강조했다. 내전의 최악의 날들 속에서 단 한 명의 베르베르족이나 아랍인 기독교인도 죽임을 당하지 않았다고 그들은 말했다. 베르베르족 지역에서 가장 잔혹한 일들이 벌어졌음에도 불구하고 이 놀랄 만한 일에 대해 누구도 이의를 제기할 수 없었다.

하나님은 무엇을 사용하여 무슬림을 신앙으로 인도하고 계시는가?

모두가 이슬람에서 개종한 이 베르베르족 교회 지도자들은 기독교권에서 가장 유명한 교부였던 키프리안, 터툴리안, 어거스틴을 배출한 이 지역의 유산을 기억했다. 필자는 이들에게 질문했다. *하나님은 무엇을 사용하여 무슬림들을 그리스도의 신앙으로 인도하고 계십니까?* 그들은 필자에게 말했다:

어거스틴

> 예전에 우리는 기독교인이었습니다. 우리는 단지 본향으로 돌아오고 있는 것뿐입니다. 여러 추측이 있는데 많은 사람들이 복음을 설교했습니다. 또 우리는 테러주의자들에 지쳐 있었습니다. 이로 인해 사람들은 지금 더 열린 마음을 갖게 됐고 진리를 추구하게 되었습니다. 예수님의 십자가를 지고 갔던 남자는 리비아의 베르베르족이었습니다. 이제 예수님을 따르는 문제는 우리가 결정합니다. 베르베르족은 언

제나 소외되어 있었습니다. 이제 베르베르인들은 금기를 두려워하지 않고 뭔가 다른 것을 시도하고 있습니다. 우리 산악지역 베르베르족은 이 나라의 다른 지역 사람들보다 더 열려 있고, 다른 베르베르족보다도 더 열려 있습니다.

이어진 인터뷰들은 위의 핵심 질문에 추가적인 통찰력을 주었다. 대부분의 무슬림 배경의 베르베르족 신자들은, 무슬림들이 서로에게 폭력을 행사하던 1990년대에 신앙을 갖게 됐다. 그들은 예수님의 방법이 무함마드의 방법과 놀라울 정도로 대조되는 것을 보았다. 베르베르족 언어로 된 라디오 방송, 위성 TV 프로그램 그리고 《예수 영화》는 수백 년 동안 갈 길을 찾지 못하고 방황하던 무슬림들의 가정에 복음을 침투시키는 강력한 역할을 했다. 정부의 아랍화 작업에 대한 분노와 정권의 베르베르족 문화를 향한 강제적 억압은 많은 베르베르족 사람들이 그들의 언어로 말하는 구세주를 향하여 마음의 문을 열게 했다. 베르베르족 언어로 된 서적들이 거의 없으므로 베르베르족 언어로 된 성경이 그들에게 조금은 낯설었지만 그들은 아주 기쁜 마음으로 성경을 읽고 성경을 그들의 자녀들에게 가르쳤다.

미디어를 통한 지역 언어로 된 복음 전파 사역이 유익이 있었다. 하지만 수천 명의 신자들을 배출한 베르베르족의 무슬림 개종 운동에서 다음의 두 요소는 더 비중있게 다루어져야 한다. 첫 번째는 개인 전도이다. 많은 개종자들은 자신들에게 의도적으로 복음을 전했던 가족과 친구에 대해 이야기했다. 프랑스 가톨릭 선교사들과 수천 명의 일반 시민들이 이슬람 급진주의자들에 의해 학살당하던 시절에 개인 전도에서 나타난 담대함은 아주 놀랄 만한 일이었다.

이 광범위한 그리스도를 향한 개종 운동이 일어나는데 하나님이 사용하셨던 두 번째 중요한 요소는 기도 응답이었다. 이 운동의 첫 단계는 교리적 설득이나 죄의 인식에 의한 회개가 아니었다. 이것들은 후에 나타났다. 이 운동의 발단은 예수 그리스도를 개인적으로 만난 이들의 간증을 듣는 것에서 시작했다. 어떤 이들은 꿈으로, 다른 이들은 기도 응답과 치유를 통해 예수 그리스도를 개인적으로 만났는데, 이들 모두는 예수 그리스도의 살아있고 변화시키는 능력을 생생하게 경험했다.

기도와 금식

레다(Reddah)는 개종 운동이 시작될 때부터 두루 인정받고 있는 사람이었다. 그는 1981년 축구 캠프에서 개종했고 1984년 세례를 받은 후 1980년대 중반 프랑스에 있는 성경 학교에서 공부했다.

레다는 다음과 같이 말했다. "새롭게 발생한 우리 교회는 1989-1990년에 모습을 갖추기 시작했습니다. 1990년 우리는 다시 야외 캠프를 조직하여 다른 마을의 신자들을 초청했습니다. 우리는 한 주간 일정으로 기도와 성경 공부, 그리고 예배를 계획했습니다."

"우리가 캠프를 끝냈을 때 주님께서는 '너희들의 한 주는 끝났으며 이제 나의 한 주가 시작될 것이다.'라고 말씀하셨습니다. 우리는 캠프 후에 무엇을 할지에 대한 계획이 없었습니다. 주님께서 다시 말씀하셨습니다. '이제 너희는 금식을 해야한다.' 우리는 7일간 금식하며 물만 마셨습니다. 그것은 기적과 같았습니다. 왜냐하면 우리는 전에 이런 일을 경험해 본 적이 없었기 때문입니다. 그때 하나님께서 우리에게 기도할 제목들을 알려 주셨습니다. 우리는 마치 오순절을 경험하는 듯했습니다. 그곳에 하나님의 구원과 치유와 계시가 있었습니다."

"우리는 릴레이 금식과 기도를 했는데, 당시 하루 24시간 중 어떤 시각에도 누군가는 기도와 금식을 했던 셈이었습니다. 1991년 우리는 다시 캠프를 조직했고 테러가 일어나기 바로 직전이었습니다. 우리는 다른 마을에 있는 기독교인들을 가르침과 기도의 캠프로 초청했습니다."

"그때 하나님은 저희에게 우리나라가 많은 피를 흘리는 어려운 시기를 지나게 될 것이라고 말씀해 주셨습니다. 하나님은 '두려워하지 말라 내가 너희를 지켜 주리라.'고 말씀하셨습니다. 우리나라는 10만 명의 목숨을 앗아간 수년 간의 테러와 유혈 사태의 시대로 진입했습니다. 그 수년 동안 폭발적인 교회 성장이 일어났습니다. 우리는 자유를 누릴 수 있었는데 왜냐하면 정부가 테러주의자들에게 온 신경을 쓰고 있었기 때문이었습니다. 그 기간 동안 산악 지대에 있는 베르베르족 기독교인이나 아랍인 기독교인 중에 죽은 사람은 단 한 명도 없었습니다."

"기독교인들의 여러 간증 중 천 명의 동료 군인들이 죽임을 당한 중에도 기적적으로 죽음을 피한 한 기독교인 이야기가 있습니다. 이 기독교인은 성경 구절 '천 명이 네 왼쪽에서, 만 명이 네 오른쪽에서 엎드러지나 이 재앙이 네게 가까이 하지 못하리로다'(시편 91:7)는 성경 구절을 읽었습니다. 그 날 매복 공격으로 그의 부대에서 그를 제외한 모든 대원이 죽임을 당했습니다. 그의 상사는 크게 의심하여 그를 조사했고 그를 군에서 내보냈습니다."

레다의 증언과 같은 이야기는 필자가 가는 곳마다 반복됐다. 베르베르족 산악 지대의 마을과 신자의 가정과 교회를 방문하면서 필자는 선한 목자로 그려진 예수님의 그림 액자가 있는 것을 종종 발견했다. 그 그림 아래 쓰여 있는 구절은 라피크가 파리의 가톨릭 성당에서 보았던 것과 같은 것이었다: *선한 목자는 양을 위해 목숨을 내어 놓는다.* 단지 베르베르어로 쓰여진 것이 다른 점이었다. 이름이 제이납(Zeinab)인 베르베르족 여성이 필자에게 설명했다. "목자는 저희에게 큰 의미가 있는 데 그 이유는 저희가 양을 기르는 민족이기 때문입니다. 우리는 목자가 어떻게 양을 사랑하고 어떻게 양을 마음에 품어야 하는지 알고 있습니다."

베르베르족은 더 이상 목자가 없는 양이 아니었다. 그들은 목자를 발견했고 목자의 음성에 이끌리고 있었다.

너희가 세우면 그들은 올 것이다

무슬림 개종 운동이 1990년대에 뿌리를 내리면서 북아프리카의 신생 기독교 지도자들은 신도들을 모았는데, 그 수가 너무 많아서 가정에서 모일 수 없었다. 그들은 아파트나 건물을 확보하여 예배를 드리기 시작했는데, 이는 프랑스의 복음주의자들이 했던 방식이었다. 이것은 이슬람 세계 내부에서 건물 중심으로 전문 목회자가 인도했던 얼마 안 되는 무슬림 개종 운동 중 하나가 됐다. 2002년 조사에서 이 운동에 속한 80개의 교회를 확인했는데, 이 교회들의 대부분은 여전히 공식 인가를 받지 않은 교회들이다.[87] 2013년까지 이 수치는 많이 증가하지 않았다. 토지는 가격이 비쌌고 신도들이 원했던 빌딩은 무장 단체의 공격 목표가 됐기 때문이었다.

여러 교회 지도자들이 위성 텔레비전과 라디오 방송에 반응한 이들을 지속해서 돌보는 사역에 대해 증언해 주었다. 1980년대에는 담대한 성격을 띤 축구 캠프 전도는 덜 이루어졌으며, '너희 속에 있는 소망에 관한 이유를 묻는 자'(베드로전서 3:15)에게 대답할 준비가 된 훈련 받은 평신도에 의한 복음 전파도 더디게 펼쳐졌다.

그러나 정형화되지 않은 운동에서 제도화된 사역으로 시대가 변하고 있었다. 만약 누군가 건물을 세우겠다고 하고 땅을 사고 골조를 세우면 신자들의 공동체를 끌어들일 수 있었다. 마을의 중심가에 있는 이런 교회들은 나방들이 불에 모이듯이 산악 지대에 있는 고립된 신자들을 끌어모으는 등불과 같은 역할을 했다. 마치 베르베르족 지역의 산악 마을 전체에 흩어져 있는 신자들이 모일 수 있는 공간을 기다리고 있는 듯했다. "너희가 세우면 그들은 올 것이다."

2002년의 연구는 하나의 유형이 현재까지 지속되고 있다는 것을 보여

---

[87] 출간되지 않은 연구 보고서. James Slack and Robert Shehane, eds. "Public Edition of the Church Planting Movement Assessment of an Indigenous People Group on the Mediterranean Rim," (Richmond, VA: Global Research Department of the International Mission Board, SBC, 2003), p. 7.

주었다. 이 유형은 다음과 같다. "이 특정 종족(베르베르족)에 속한 다양한 개인들과 가족들이 어떤 교회에서 활기 넘치는 예배가 드려지고 있다는 소식을 듣게 되면 그들은 그곳으로 몰렸다. 무슬림 배경의 신자들이 척박한 시골에서 도시로 와서 활기 넘치는 예배를 드리는 교회에 대해 듣고 목격하면서 그들은 그 교회에 매우 끌렸다."[88] 이렇게 사람들의 관심을 받으며 교회 건물 바탕으로 사역을 한 복음 전파 모델은 2002년 베르베르족 신자들 사이에서 우세한 유형이었으며, 비록 정점은 지났으나 무슬림 개종 운동에서 지금도 지속되고 있다.

북아프리카의 변방 산악 지대에서 건물은 구하기 힘들다. 그래서 외국인들은 시설을 세울 자원들을 제공해 달라는 요청을 받는다. 그러나 2002년 조사는 비록 건물이 있더라도 "모든 세례자의 수를 세어 볼 때, 예배 참석 인원은 등록 교인이 늘어난 만큼 증가하지 않았다."[89]는 사실을 공개했다. 10년이 지난 후에도 사정은 동일했다. 만약 누군가 매주 교회 회중의 수를 세어 본다면 그 수는 방송과 꿈과 개인 전도를 통해 접한 복음에 반응한 이들의 수에 크게 못 미친다.

그러는 동안 정부의 아랍화 작업은 지속됐다. 라티파(Latifa)라는 한 젊은 기혼 여성은 설명했다. "무슬림 사회에서 기독교 자녀를 양육하는 것이 힘이 듭니다. 다른 사람들처럼 저는 6살에서 18살까지 학교에서 아랍어를 공부했습니다. 저의 아이들은 학교 제도 안에서 세뇌당하고 있습니다. 아랍화뿐만 아니라 이슬람화도 그렇습니다. 대학을 졸업하려면 학생들은 긴 꾸란의 구절을 암송해야 합니다." 베르베르족 개종 운동 전반에서 미래에 대한 염려를 갖고 있는 가정들은 라티파와 같은 근심을 하고 있다.

---

88 위의 보고서.
89 위의 보고서.

그들은 내게 속했다

뮤지컬의 천재 라피크(Rafig)와 그의 아내 노라와의 만남을 마무리하면서 필자는 그렇게 재능있는 사람이 북아프리카의 베르베르족 지역에 은둔해 있는 것에 대해 의아해했다. 분명 그의 미래에 더 좋은 기회를 줄 수 있는 곳은 파리나 뉴욕 같은 지역일 것이다.

필자는 이것에 대해 라피크에게 질문했다.

라피크는 대답했다. "지난해 저는 우울했습니다. 지금 하는 일을 계속해야 되는지에 대해 확신이 없었습니다. 그래서 저는 하나님께 알려 달라고 기도했습니다."

"얼마 지나지 않아 저는 꿈을 꾸게 됐습니다. 꿈에서 한 노인이 저에게 알려 주었습니다."

"그 꿈에서 양과 냇물이 있는 아름다운 초원을 보았습니다. 저는 그 노인이 저에게 말하는 소리를 들었습니다. '무엇이 보이는가?'"

"저는 '초원과 냇물이 보이고 양이 초원에서 풀을 뜯어먹는 것이 보입니다'고 대답했습니다."

"다음 저는 작은 목동이 언덕에 앉아 피리를 부는 것을 보았습니다."

"그 노인은 꿈에서 저에게 '또 무엇이 보이는가?'라고 말했습니다."

"작은 목동이 보입니다."

그 노인은 다시 물었습니다. "그 소년이 무엇을 하고 있는가?"

"그는 피리를 불고 있습니다." 라고 저는 대답했습니다.

"그러면 왜 그 목동이 피리를 불고 있는가?"

저는 대답했습니다. "그가 피리를 불면 양들은 자신들이 그 목동에게 속해 있는 것을 알 것입니다."

그 노인은 부드럽게 말했습니다. "네가 그 목동이다. 그리고 이것이 네가 너의 음악을 계속해야 하는 이유이다. 그러면 양들은 그들이 목동에게 속해 있는 것을 알 것이다."

라피크는 말했다. "저는 울면서 잠에서 깼습니다. 그리고 저는 응답을 받았다는 사실을 알았습니다."

> **소규모 모임에서의 깨달음을 위한 질문**
>
> 1. 이 장에서 당신이 받은 인상은 무엇인가?
> 2. 북아프리카 권역에서 하나님은 어떻게 역사하고 계시는가?
> 3. 이 권역에서 무슬림이 무슬림에게 자행한 폭력이 어떤 역할을 했는가?
> 4. 당신이 확인한 하나님이 북아프리카인들을 그리스도에게 이끄는 방법은 몇 개인가?

7장
동남아시아 권역

눈물을 흘리며 씨를 뿌리는 자는
기쁨으로 거두리로다
시편 126:5

현재 동남아시아에는 그리스도를 향한 무슬림 개종 운동이 수십 개는 있을 것이다. 이 지역에서 사역하고 있는 선교사들과 함께 우리는 한 달 동안 7개의 운동에 속한 300개의 인터뷰를 진행했는데, 인터뷰의 수는 그의 2배가 될 수도 있었다.

이 지역의 운동들은 매우 다양한 모습을 띠고 있다. 어떤 운동들은 이사 자마앗(Isa Jamaat) 또는 예수 무리(Jesus Groups)로 불리는 가정 교회의 배가로 이어졌다. 다른 운동들은 내부자(Insider) 또는 C5 운동으로 알려진 무슬림 공동체로 은밀하게 전환됐다.[90] 서구에서 붙인 이 명칭은 그들이 자신들을 지칭하는 용어는 아니지만 그들은 예수 그리스도를 구세주이자 주님으로 삼고 예수 그리스도와 개인적 관계를 맺는 새로운 삶에 적응했다. 그들은 자신들에게 무슬림 공동체 안에 머물러 있으려는 욕구가 있

---

[90] 이 책 3장(열 가지 주요 사안)의 각주 42번과 연결되어 있는 C-척도와 내부자 운동에 대한 논쟁을 참조하라.

다는 것은 인정하고 있었다. 그들의 지도자들은 이 내부자들의 수가 수만 명 어쩌면 수십만 명일 것이라고 말한다. 그러나 지금 이 시점에서 그 수를 아는 것은 불가능하다.

2002년에 실시된 조사는 상황화가 덜 된 C4 신자들의 수가 수만 명이라고 언급했다. 이 그리스도의 제자들은 일반적으로 자신들을 *이사이 무슬림(Isai Muslims*, 예수에게 속한 무슬림들)이라고 부르지만 C5 내부자들과 비교할 때 C4 신자들은 무슬림 공동체와의 연결을 유지하면서 더 개방적인 기독교 정체성을 갖고 있다.

우리가 알고 있는 것은, 이 운동들이 세상에 준 파장 중 가장 초기의 것으로 한 연로한 노르웨이인 선교사가 벵갈인(Bengali) 이맘의 17세 아들과 시간을 보내면서 시작되었다는 것이다.

토마스 모리(Thomas Mori)는 말을 시작했다. "1969년이었습니다. 제가 17살이었을 때 저의 아버지는 이맘이었습니다. 우리는 이슬람을 아프가니스탄에서 벵갈 지역으로 들여온 중앙아시아인들의 직계 후손입니다. 즉 저는 부분적으로 몽골인입니다!" 그는 자랑스럽게 말했다.

"저는 마드라사(madrasa 이슬람 학교, 역주)에서 저의 선생님들에게 질문을 하곤 했습니다. 그 질문들은 선생님들이 대답할 수 없었던 것들이었고 그것이 선생님을 몹시 화나게 했습니다. 저를 조롱하기 위해 선생님들 중 한 분이 저를 '기독교인'이라고 불렀습니다. 반항적인 청소년이었던 저는 혼자 생각했습니다. *아마 그 선생님 말이 맞을 거야. 아마 나는 기독교인일 거야.* 그러나 저는 그것이 무엇을 의미하는지 몰랐습니다. 저는 제가 사는 마을에 선교사가 있는 것을 알았습니다. 그는 산타클로스처럼 보이게 하는 희고 긴 수염을 한 노르웨이 출신의 남성 노인이었습니다."

"이 선교사님은 1962년 동파키스탄에 있는 저희 마을로 옮기기 전 인도에서 30년간 사역했는데, 단 한 명의 개종자도 얻지 못했습니다. 제가 이 선교사님을 7년 후인 1969년에 만났을 때도 선교사님은 그리스도를 향해 개종한 이를 얻지 못했습니다."

"이 노르웨이 선교사님은 참을성 있게 저의 모든 질문에 대답해 주었습니다. 성경을 통해 예수님이 누구인지, 예수님이 우리를 위해 무엇을 하셨는지, 어떻게 하면 예수님의 제자가 되는지 알려 주었습니다. 얼마 지나지 않아 저는 저의 삶을 그리스도께 드렸습니다."

"제가 집으로 돌아와 저의 아버지에게 이 사실을 알렸을 때, 아버지는 즉시 저와 의절했고, 제가 저의 옷을 챙기지도 못하게 하고 집에서 쫓아냈습니다."

"저는 다카(Dhaka, 방글라데시의 수도)로 향했습니다. 하지만 저는 가진 것이 없었습니다. 저는 먹고 살기 위해 얼마간 거리에서 릭쇼(rickshaw)를 끌었습니다. 그 후 1971년 우리나라에서 독립 전쟁이 일어나자 모든 것이 혼란스럽게 됐습니다."

"독립 전쟁이 끝나고 저는 종교적이지 않은 덴마크 구호 단체에서 일자리를 찾았습니다. 이 단체에서 일하면서 저는 매일같이 맥주, 와인, 위스키를 마셨습니다."

"그리고 1972년 저는 침례교 선교사 B. T. 러커(Rucker)를 만났습니다. 러커 선교사님은 다른 누구보다도 저의 삶을 변화시킨 분입니다. 선교사님은 독립 전쟁 후 길거리에 살고 있던 저를 발견했습니다. 선교사님은 제 삶을 정죄하는 대신 자신과 함께 성경 공부를 하자고 초대해 주셨습니다. 선교사님은 연장 신학 교육(Theological Education by Extension, TEE) 과정을 통해 9개월 동안 저를 제자로 키우셨습니다. 우리가 이 과정을 마치자 러커 선교사님은 지역 침례교회에 말해 제가 세례를 받도록 주선해 주셨습니다."

"후에 러커 선교사님은 저에게 고향으로 돌아가 저의 부족에게 복음을 전하라고 도전했습니다. 그래서 저는 고향이 있는 북쪽 지방으로 가서 장로교 교회에 참석했습니다. 저는 매일 아침 6시 성경 공부 시간에 러커 선교사님이 저에게 가르쳐 주신 것을 그 교회 교인들에게 가르쳤습니다."

"그때 저희 장로교 교회의 대부분 신자들은 소수 부족 출신이었습니다. 소수 부족 사람들에게는 이런 속담이 있었습니다. '만약 길을 가다 벵갈인(Bengali, 즉 무슬림)과 독사를 만나면, 벵갈인을 먼저 죽여라.' 소수 부족민들을 내쫓고 그들의 나라를 차지한 사람들이 우리 벵갈인이었기 때문입니다. 지금은 우리가 (주 안에서) 서로 형제자매이지만 우리를 향한 그들의 분노를 저는 이해할 수 있었습니다."

"1976년 한 미국 장로교 선교사가 저를 찾아왔습니다. '마을에서 이곳으로 온 6명의 청년들이 왔는데 그들은 모두 무슬림이고 어떻게 구원을 받는지 알고 싶어한다.'라고 선교사님은 말했습니다."

'당신은 무슬림을 잘 알고 있으니, 와서 이 젊은이들과 이야기를 나누고 이들이 진심으로 그런 것인지 봐 주십시오.' 라고 그 선교사님은 제게 말했습니다.

"그래서 저는 두 세 시간 동안 그들과 시간을 보냈습니다. 그들의 마음에 예수님이 계신 것이 분명했습니다. 그들은 여행하던 OM(Operation Mobilization) 팀[91]에게 기독교 책을 받았습니다. 이 젊은 무슬림 청년들은 이 책을 읽고 예수님을 믿게 됐고 예수님을 그들의 마음에 초대했습니다."

"그때까지 저는 무슬림 배경 신자로서 교회에 대한 저의 경험은 아주 부정적이었습니다. 기독교인들은 무슬림이 신앙을 갖게 되기를 원합니다. 하지만 그들은 무슬림과의 교제를 원하지 않았습니다."

"그래서 저는 그 무슬림 청년들에게 말했습니다. '내가 보기에는 예수님이 당신들 마음에 계십니다. 집으로 돌아가십시오. 하지만 기독교인이 되지는 마십시오.[92] 당신의 부모님은 금방 아실 것입니다. 왜냐하면 당신

---

91 이 OM 선교사들 중 일부는 무슬림 배경 신자들이었는데, 이들은 신앙을 가진 후 곧장 사역을 시작했다. 그들이 배포한 책 중에는 *무슬마니*(Musulmani, 무슬림을 위해 상황화된) 신약 성경이 있었는데, 이 책은 ABWE(Association of Baptists for World Evangelization, 세계 복음화를 위한 침례교 연합)에 의해 만들어졌다.

92 이를 이해하기 위해서는 토마스의 눈으로 이 상황을 보아야 한다. 기독교라는 종교에 참여하는 것은 곧 가족에서 추방되는 것을 의미했다. 자신의 문화종교적 소속감을 바꾸지 않고 예수님을 따르기로 선택하면, 가족과 함께 지내며 그들에게 그리스도를 따르도록 영향을 주는 것이 가능하게 된다.

의 삶이 변화될 것이기 때문입니다. 그들이 당신에게 물어보면 당신은 그들에게 예수님에 대해 말해 줄 수 있습니다.”

"그 청년들이 떠나고 저는 선교사에게 일어난 일을 말했습니다. 그는 매우 언짢아 했습니다. 왜냐하면 그가 생각하기에 내가 그들을 개종시킬 기회를 놓친 것이기 때문입니다. 하지만 한 달 후, 그 청년 중 한 명이 그가 속한 공동체의 15명의 장로와 함께 돌아왔습니다. 그 청년은 '장로님들도 예수님의 제자가 되기를 원하십니다.'라고 말했습니다."

"그 다음 달 청년들은 다시 16명 또는 17명과 함께 왔습니다. 이런 일이 8년 동안 계속됐습니다. 단지 저와 함께 성경 공부를 하기 위해 수백 명이 찾아왔습니다.”

강들의 땅

히말라야 산맥에 내린 눈은 동남아시아에 있는 800개가 넘는 강줄기를 따라 6,000미터 아래로 흘러내려가 맹그로브(Mangrove) 늪이 있는 순다르반(Sundarban)에 이르러 침적물을 다 떨쳐 버리고 벵갈만에 합류한다. 순다르반은 마치 벵갈 지역(greater Bengal)에 있는 플로리다의 저습지(Everglades)와 같고 크기는 5배나 더 크다.[93] 방글라데시와 서벵갈은 동남아시아의 중심을 차지하지만 이 지역은 인도의 많은 부분을 포함하고 미얀마의 라킨(Rakhine)주의 서쪽에 있는 국경까지 뻗어 있다.

많은 강들이 가져온 침전물에 의해 비옥해진 토지는 세계에서 가장 인구 밀도가 높은 지역 중 하나인 이곳을 먹여 살리고 있다. 미국 인구의 절반 정도인 1억 5천만 명이 아이오와주보다 약간 작은 (대한민국보다 약간 큰, 역주) 이 지역에 몰려 있다고 상상해 보라. 이 지역에 방글라데시가 있다. 델타 지역(강 하류 삼각주, 역주)이 주민들에게 축복이지만 수백만 명의

---

[93] 순다르반에는 넓이가 1만 제곱 킬로미터에 이르는 세계에서 가장 큰 맹그로브 숲이 있다. 반면, 플로리다의 저습지의 넓이는 1,900 제곱 킬로미터이다.

농부들의 생계와 삶이 홍수와 함께 주민들을 휩쓸어 버리는 수없이 반복되는 태풍(cyclone)의 위협 아래 놓여 있다.

1970년 인류 역사상 가장 강한 태풍이 이 지역을 강타하여 50만 명의 벵갈인이 희생됐다. 1991년에도 5등급 허리케인이 동부 도시 치타공(Chittagong)을 강타하여 15만 명의 목숨을 앗아갔고 1,000만 명의 이재민(homeless)을 발생시켰다.

인구 밀집 권역

벵갈인(Bengali)은 동남아시아의 문화와 인구의 중심지이다. 벵갈어는 널리 퍼져 있는 인도유럽 어군의 최동부 지역 언어인데, 인도유럽어군은 유럽과 아메리카의 라틴어 기반 언어를 포함하고 있다. 2억 3천만 명이 사용하는 벵갈어(Bengali 또는 Bangla)는 세계에서 6번째로 많은 사람들이 말하는 언어이다.

벵갈어의 중심지에서 퍼져 나온 언어는 인도의 인도아리안 아삼어(Indo-Aryan Assanese)와 오리야어(Oriya)이다. 그 외에 수많은 부족 언어와 인도 남부 안드라 프라데쉬(Andra Pradesh) 주(州)와 타밀 나두(Tamil Nadu) 주의 드라비다(Dravidian)어가 있다. 방글라데시의 동쪽으로는 미얀마 서부의 라킨(Rakhine) 주에 있는 로힝야(Rohingya) 무슬림과 아라칸(Arakanese) 무슬림도 이 권역에 포함된다.

거대 도시 인도의 콜카타(Kolkata, 인구 1,410만 명)와 방글라데시의 다카(Dhaka, 인구 1,280만 명)는 블랙홀과 같이 그 주위에 있는 서벵갈과 방글라데시의 122,000개의 마을에서 노동자의 물결을 끊임없이 빨아들이고 있다.[94]

---

[94] 2001년 콜카타(Kolkata)는 영국(영어)식 이름 캘커타(Calcutta)를 대신하는 이름이 됐다.

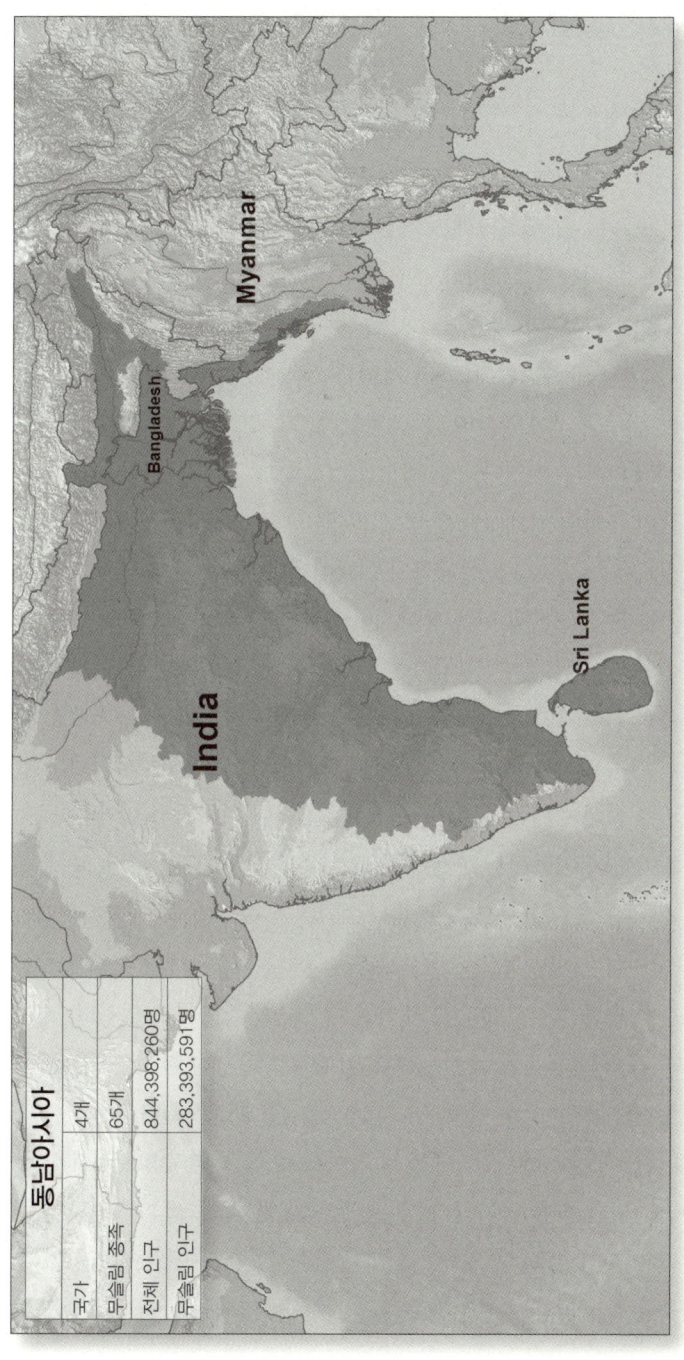

동남아시아

동남아시아	
국가	4개
무슬림 종족	65개
전체 인구	844,398,260명
무슬림 인구	283,393,591명

7장. 동남아시아 권역

구두 수선공(Cobbler)의 유산

영국의 구두 수선공 윌리엄 캐리(William Carey)가 1793년 캘커타(Calcutta)에 도착했을 때 그는 자신이 근대 개신교 선교 운동을 출범시키고 있다는 것을 몰랐다. 캘커타에 도착하고 6년 후 캐리의 작은 무리는 후그리(Hooghly) 강을 타고 올라가 덴마크의 요새 세람포르(Serampore)에 도착했다. 1834년 사망할 때까지 캐리는 성경 전체 또는 일부를 44개의 언어로 번역했다. 그 번역의 시작은 벵갈어였다. 캐리의 벵갈어 성경은 벵갈어 문학의 르네상스를 낳았고 이는 백년 후 라빈드라나쓰 타고르(Rabindranath Tagore)의 노벨상까지 이끌어냈다.

윌리암 캐리

근대 개신교 선교 운동이 동남아시아에서 시작됐지만 그 첫 선교사들은 무슬림들을 피했고 대신 더 반응을 잘하는 소수 부족 정령 숭배자와 하위 계층의 힌두교인 그리고 불교도들에게 복음을 전파했다. 기독교 선교를 향한 무슬림의 즉각적이고 종종 폭력적인 저항은 선교사들이 수십 년 동안 무슬림에게 나아가는 것을 막는 효과적인 저지책이 되었다.

결과적으로 이 지역에서 발생한 교회는 주로 힌두교도와 정령 숭배 배경을 가진 이들의 교회였고 그곳의 다수였던 무슬림들과는 상관이 없었다. 기독교인들은 일반적으로 벵갈 무슬림들과는 다른 신의 이름을 사용했고 다른 식습관을 갖고 있었으며 다른 세계관을 소유하고 있었다.

1971년 독립 전쟁은 동파키스탄과 서파키스탄을 분열시켰고 지금의 방글라데시인 동파키스탄에서 거대한 사상자를 발생시켰다. 비록 이 전쟁이 9개월만에 종식됐지만, 수천 명 아마도 수십만 명의 방글라데시 군인과 민간인의 목숨을 앗아갔다. 전쟁 말미의 몇 달 동안 파키스탄 군대는 벵갈리인 지식인, 의사, 교수, 저술가, 기술자들을 체포하여 처형했다. 또한 이들은 방글라데시에서 철수하기 전 수천 명의 방글라데시 여인들

을 강간했다.⁹⁵

무슬림에게 만행을 가한 이들이 동료 무슬림들이었다는 사실은 매우 중요하다. 비록 강대국 미국과 소비에트가 이 대리전으로 보이는 사건의 뒤에서 참여했지만, 이 전쟁은 기본적으로 무슬림과 무슬림 사이의 충돌이었다.⁹⁶

태풍과 내전과 인구 폭발 그리고 종교적 소요 사태가 그로부터 수십 년 후 발생한 그리스도를 향한 무슬림 개종 운동의 배경을 연출했다.

동남아시아 이슬람

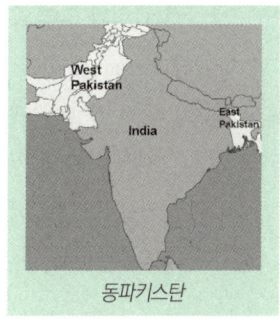

1900년까지 윌리엄 캐리가 힌두교인과 무슬림의 수가 거의 균등하다고 보았던 벵갈 지역은 무슬림의 비율이 65%까지 이르기까지 변화했다. 1947년 8월 영국령 남아시아가 인도와 파키스탄으로 분할되자 수백만의 벵갈인 무슬림들은 인도의 서벵갈주(州)를 떠나 새롭게 탄생한 동파키스탄(지금의 방글라데시)에서 피난처를 찾도록 만들었고 이로 인해 이슬람화도 가속화됐다. 2010년 기준 방글라데시 전체 인구의 90% 이상이 무슬림이 되었다.⁹⁷

분할 이후에 방글라데시의 이슬람화에 기여한 것은 이슬람 헌신자들

---

95 가장 일반적으로 알려진 이 전쟁의 사망자의 수는 3백만 명의 민간인이며 20만 명의 방글라데시 여성이 강간의 희생자이다. 최근 이 수치에 대한 이의가 제기됐다. 이 수치는 거의 확실하게 부풀려진 수치이나 무슬림과 무슬림이 충돌한 폭력 사태에서 발생한 감정적 상처는 실제이며 방글라데시의 집단 의식의 일부분이 됐다. Sarmila Bose, Dead Reckoning, *Memories of the 1971 Bangladesh War* (New York: Columbia University Press, 2011)를 참조하라.

96 1971년 12월 초 소비에트 해군은 원자폭탄으로 무장한 두 척의 군함을 벵갈만에 파병했다. 미국의 닉슨 행정부는 그 다음주 서파키스탄을 지원하기 위해 USS 엔터프라이즈 항공모함을 배치하며 대응했다.

97 David B. Barrett, ed., *World Christian Encyclopedia, 2nd Edition*, Vol. 1, p. 98를 참조하라. 바렛은 무슬림 인구 비율이 85%에 불과할 정도로 상당히 낮다고 추정했다.

타브리기 자마앗

의 비정치 민중 운동인 *타브리기 자마앗(Tablighi Jamaat)*이다. 이 운동은 1966년 기도와 꾸란 공부를 위해 매년 3일 동안 모이는 무슬림들의 모임으로 시작됐다. 수천 명의 타브리기 참석자들은 모임이 끝나면 지방으로 흩어져 지방 주민들에게 신앙의 재헌신을 권면했다. 오늘날 이 운동의 회원들은 이 운동이 세계에서 가장 큰 무슬림 모임인 메카(Mecca) 순례에 버금가는 위치라고 주장하고 있다.[98]

주류 수니(순니)파 이슬람의 우세에도 불구하고 이슬람 이전의 힌두-정령 숭배 세계관이 이슬람 안에서도 존속하고 있다. 개인적 체험과 알라와의 일치를 강조하는 신비주의적 이슬람인 수피파 이슬람(Sufism)은 힌두-정령 숭배 영성과 수니(순니)파 정통주의 사이에서 자연발생적 가교가 됐다. 무슬림들 사이에서 인기가 높지만 수피파 무슬림들은 교육을 받은 *마우라나스(mawlanas,* 이슬람 교사)로부터 혼합주의적 이단으로 취급당하며 종종 핍박 받는다.

무슬림 개종 운동의 특징

어떤 이들은 이 권역에서의 상당히 상황화된 C5 내부자 운동의 활발한 성향이 좀 더 평범한 C4 운동보다 내부자 운동을 더 빨리 성장하게 했다고 추측했다. 동시에 내부자 운동은 실제로 (외부인의) 눈에 띄지 않기 때문에 다른 사람들에게 존재를 의심받기도 했다. 비록 내부자 운동의 규모나 성장 속도를 확인할 수 없지만 그 존재는 부인할 수 없다. 추가로 우리는 이

---

[98] 2012년 메카 하즈(Hajj, 순례)에 3,166,573명의 순례자가 참가했다. *타브리기 자마앗(Tablighi Jamaat)*의 회중은 하즈 만큼 크지는 않지만, 여전히 상당히 인상적인 규모이다. 하즈 정보 센터(Hajj Information Center)를 참조하라. 2013년 7월 12일 다음의 인터넷 사이트에서 인용했다. http://www.islamicity.com/mosque/hajj/?AspxAutoDetectCookieSupport=1. 또한 위키디피아의 '하지(Hajj)'도 참조하라. 2013년 7월 2일 다음의 인터넷 사이트에서 인용했다. https://en.wikipedia.org/wiki/Hajj#Transportation.

권역의 여러 지역에서 덜 깊게 상황화된 C4 운동들을 확인했다. 결과적으로 우리는 수백 개의 인터뷰를 진행하여 하나님이 이 운동들 속에서 어떻게 역사하고 있는지를 알기 위해 이 운동의 범위를 찾아낼 수 있었다.

C4에 가까운 것으로 보이는 204명의 무슬림 배경 신자들을 조사한 2011년 연구는 그리스도 신앙을 갖기 전에 이들 대부분이 강한 무슬림 배경 출신이고 기독교에 아주 부정적인 견해를 갖고 있었다는 것을 보여주었다.[99] 사실 조사 대상 204명 중 오직 한 명만이 그리스도의 제자가 되기 이전 기독교인에 대해 긍정적인 견해를 표현했다. 이들 이사이(Isai) 무슬림들(예수에게 속한 무슬림들로 C4 신자들로 분류된다, 역주)은 그리스도에게 나오는 데 가장 큰 장애물은 그들의 무슬림 가족과 공동체라고 밝혔다.

하나님이 그들의 예수에 대한 견해를 바꾸기 위해 무엇을 사용하셨는지 질문하자 204명 중 168명은 예수 그리스도 안에서 찾은 구원을 언급했다. 그들 대부분은 "그러므로 이제 그리스도 예수 안에 있는 자에게는 결코 정죄함이 없나니"(로마서 8:1), "다른 이로써는 구원을 받을 수 없나니 천하 사람 중에 구원을 받을 만한 다른 이름을 우리에게 주신 일이 없음이라"(사도행전 4:12), "예수께서 이르시되 내가 곧 길이요 진리요 생명이니 나로 말미암지 않고는 아버지께로 올 자가 없느니라"(요한복음 14:6)와 같은 특정 성경 구절을 인용했다.

다수의 간증 속에서 이 무슬림 배경의 그리스도 신자들은 그들의 개종에 영향을 준 3개의 반복되는 주제를 언급했다: (1) 하나님의 말씀, (2) 성령, (3) 신실한 증인. 그러나 하나님이 어떻게 다른 무슬림들을 그리스도의 신앙으로 인도했는지 대해 질문하자 그들은 종종 대화 속에서 성경 또는 예수님에 대한 내용으로 연결시키기 위해 그들이 사용했던 꾸란의 구절들을 언급했다.[100] 여러 명이 《예수 영화》를 말했고 다른 이들은 꿈과

---

99 이 연구 조사는 필자와 동역하는 사역자에 의해 수행됐다.
100 복음과 연결되는 이 꾸란의 구절들은 Kevin Greeson의 *The Camel, How Muslims Are Coming to*

기적적인 기도 응답을 증언했다.

내부자 운동의 신자들처럼 C4 운동 교회들도 일반적으로 비(非)무슬림 배경 교회와 거리를 유지했다. 비무슬림 배경의 기독교인들과 핵심 신앙을 공유하지만 이 둘 사이에는 강한 문화적 상이점이 남아 있었다.[101] 이 문화적 분리는 일부 외국인 그리고 자국인 기독교인들이 이 운동들이 실제로 존재하는지 또는 이 운동들이 거짓이 아닌지 대해 의심을 품도록 만들었다.

무술마니(Musulmani) 성경

무슬림이 그리스도에게 나아오는 C4와 C5 운동들 출현의 중요한 요인은 벵갈인 무슬림의 구어체(일상 대화 언어) 성경인 무술마니(Musulmani) 공용 벵갈어 성경의 출간이었다. 이 성경의 중요성을 이해하기 위해서는 윌리엄 캐리의 개척자적인 번역 사역을 살펴봐야 한다.

윌리엄 캐리가 1809년 벵갈어 성경을 편찬했을 때 대부분의 벵갈인들은 힌두교인이나 무슬림이었다. 캐리는 갈림길에 서 있었다: 그는 그의 종교적 어휘의 선택이 그의 번역을 무슬림이나 힌두교도 중 어느 한 쪽을 위한 것이 된다는 것을 알았다. 캐리는 신에 해당하는 단어를 무슬림들이 사용하는 용어인 *알라(Allah)* 또는 *코다(Khoda)*보다는 산스크리트(Sanskrit) 어에 기반을 둔 *이쉬와(Ishwar)*를 선택하며 힌두교 인구에 주목했다.[102]

그 후 170년 동안 캐리의 번역 선택은 무슬림들로 하여금 기독교인들은 힌두교 배경의 신과 비슷한 신을 예배한다고 믿게 했다. 1970년대에 상황화된 무술마니 번역의 복음서 부분이 최초로 제작됐을 때 번역자들

Faith in Christ! (Richmond: WIGTake Resources, 2007)에 소개됐다.

[101] 예를 들면, 많은 소수 부족 배경의 기독교인들은 돼지 고기나 개 고기 등의 무슬림과 무슬림 배경 신자들이 혐오하는 음식을 먹는다. 반면 많은 힌두교 배경 기독교인들은 아무 고기나 먹지는 않지만, 무슬림과 무슬림 배경 신자들은 소고기와 양고기를 즐긴다.

[102] Kenneth J. Thompson, "Allah in Bible Translations," in *International Journal of Frontier Missions*, 23:4 Winter 2006, p. 173.

은 신에 해당하는 단어로 *코다(Khoda)*를 사용했다. 코다는 우르두(Urdu)어에서 차용된 단어로 동파키스탄과 서파키스탄의 무슬림들과 기독교인들에 의해 일반적으로 사용됐던 용어이다.

서파키스탄과의 잔인한 독립 전쟁 이후 방글라데시인들은 우르두어와 거리를 두었고 하나님에 대한 단어로 알라를 사용했다. 결과적으로 전체 *무술마니 공용 벵갈어 성경*이 2000년 출간됐을 때 번역자들이 선택한 하나님에 해당하는 용어는 알라였다.

비록 서양의 기독교인들이 일반적으로 알라를 이슬람과 연계시키지만 사실 이 단어의 기원은 기독교이다. 무함마드가 태어나기 전 수백 년 동안 아랍 기독교인들은 알라에게 기도했고 아랍 무슬림들이 이 용어를 빌려 쓴 것이다. 오늘날 수백만 명의 아랍인, 하우사(Hausa)인, 말레이인, 벵갈인 기독교인들이 '알라'라는 이름으로 하나님께 대한 기도를 지속하고 있다. 기독교인과 무슬림을 구별 짓는 것은 하나님을 칭하는 이름이 아니라 하나님에 대한 신학적 이해이다. 기독교인들은 성경에서 그들의 이해의 기원을 찾지만 무슬림들은 꾸란에서 찾는다.

다른 성경 번역자들이 어휘 문제를 넘어 성경에서 사용되는 삼위일체에 대한 용어를 언급할 때 더 논란이 되는 쟁점이 부상했다. 무슬림들은 하나님을 아버지로 예수님을 아들로 언급하는 것을 불쾌해 하지만 대부분의 기독교인들은 이것을 타협할 수 없는 성경적 하나님의 계시 차원으로 본다. 무술마니 벵갈어 성경은 다른 대부분의 무슬림 언어 번역들처럼 무슬림들의 언어를 채택했지만 하나님을 아버지, 예수를 아들로 규정하는 이름을 사용하는 것에는 주저하지 않았다.

무슬림 개종 운동에 대한 더 많은 통찰

오늘날 동남아시아 안에는 3가지 유형의 개신교가 있는 듯 보인다. 첫 번째 유형은 윌리암 캐리가 성경을 번역하기로 결정했을 때로 올라간다. 이들은 주로 비(非)무슬림 소수 부족민으로서 빈민층 힌두교 배경과 정령 숭배 배경을 가진 신자들로 구성되어 있다. 이 유형은 남아시아 사회의 빈민들과 소외된 이들에게 큰 유익을 주었지만 이들 중 많은 이들은 무슬림에게 다가갈 가능성이 거의 없는 이들이다.

기독교 유형 중 다른 쪽에는 전통적인 힌두교와 소수 부족 배경 교회들을 완전히 배제한 그리스도의 신앙을 가진 무슬림 배경의 내부자(C5) 유형이 존재한다. 내부자들은 신약을 통해 이해한 예수 그리스도와의 친밀한 관계를 유지하지만 기독교적 정체성은 거부한다. 내부자 운동은 외부의 평가에 감춰져 있는데 그 이유는 부분적으로 그들 대부분이 그들 주위에 있는 무슬림들에게 외부자로 구별되지 않기 때문이다. 이들 내부자는 전임 복음전도자와 복음을 가르치는 교사에서부터 이슬람 사원의 드러나지 않는 참석자들까지 다양하다. 그들의 간증은 성경에 계시된 그리스도와의 개인적 만남을 통해 발생한 그들의 개종 체험이 진정한 것임을 증명해 준다. 그들은 그들의 간증에서 그리스도를 그들의 절대적인 구세주와 주님으로 여긴다. 그리스도의 신성에 대해서 많은 내부자들은 사람에 따라 다양한 입장을 보았다. 인터뷰에서 우리는 "이사는 알라입니다."라는 명확한 고백에서부터 "완전히 분명하지는 않습니다."까지 다양한 대답을 들었다.

이 양극단 사이에서 내부자들은 무슬림 공동체에 남아 있기를 원하지만 자신들에게 분명하게 무슬림 신앙이 있지 않다고 여긴다. 성경적으로 허용된 문화적 종교적 형식들을 유지하는 그리스도의 제자들이자 선교학자들이 C4 신자들로 묘사하는 공동체 운동이 배가되고 있다. 이 C4 신자들은 힌두교나 소수 부족 배경 교회들에 동화되지 않았으나 다시 이슬람 사원으로 은밀하게 녹아들지도 않았다. 비록 그들이 무슬림 공동체 안에 실제로 머물러 있지만 종종 박해를 받는데, 그 이유는 그들이 한결같이 자신들은 *이사이 무슬림*(Isai Muslim)이라고 주장하기 때문이다. 이사이 무슬림은 예수 그리스도의 제자들이라는 의미인데 문자적으로는 예수에게 속한 무슬림들이라는 뜻이다.

C4 이사이 무슬림들과 그보다 덜 노출된 내부자 신자들 모두는 자신들을 묘사하는 이름으로 기독교인이라는 용어를 피하고 소수 부족과 힌두교 배경 출신으로 구성된 교회들과는 상호작용을 거의 하지 않는다. 이제 이 두 종류의 무슬림 배경 신자들의 유형 안에서 하나님이 어떻게 역사하시는지를 살펴보도록 하자.

하나님이 역사하시는 방법

도시 내부의 무슬림 빈민 구역(slum)안에 있는 평범한 가정들 속에서는 그들에게 축복과 영적 인도를 제공하는 68세의 수피 현자(sage)와 함께 공부하는 하나의 공동체가 있다. 이 수피 현자 자파(Jafar)는 그의 주변에 거주하는 빈민 무슬림들뿐만 아니라 남아시아 전역에 있는 그의 동료 학자들 사이에서 존경받는 인물이다. 자파는 이슬람에 대한 22권의 책을 출간한 학자이다. 5년 전 자파는 예수 그리스도에 대한 심오한 체험을 한 후 세례를 받았다. 침례교 선교사와 예수전도단(YWAM) 선교사들과 수개월 동안 신약을 공부한 후에 그는 그리스도를 따르기로 결심했다. 자파의 23번째 책은 *키탑 알무카디스(Kitab al-Moqadis)*, 즉 성경의 가르침에 근거한 꾸란 주석서이다.[103]

자파는 자신이 마음속에서 항상 열망해오던 그것을 *이사 루훌라(Isa Ruhullah*, 하나님의 영 예수) 안에서 찾았다고 증언했다. 그는 자기 공동체를 떠나 기독교인들에게 합류하기보다는 많은 이들이 그의 마음의 열망 대상에 대해 듣게 하기 위한 목적으로 그의 무슬림 추종자들과 함께 무슬림 공동체 안에 머물러 있으며 무슬림들에게 이사를 불어넣어 주기로 결정했다.

자파는 말했다. "지금 이 나라에는 100,000명의 이사이 형제들이 있습

---

[103] 키탑 알모카디스(Kitab al-Moqadis)는 아랍어 단어로 성경을 지칭하는 무슬림 용어이며, 문자적 의미는 "거룩한 책"이다.

니다. 그들은 은밀하게 일하고 있습니다. 저는 그들과 함께 지냈으며 그들과 알고 지내고 있습니다." 필자가 자파에게 이 100,000명 중 몇 명이 세례를 받았는지 묻자 그는 대답했다. "1,000명 정도밖에 안 됩니다."

필자는 자파에게 물었다. "왜 무슬림이 이사에게 오고 있습니까?" 그가 대답했다. "사람 안에는 공허함이 있습니다. 모든 사람이 이제 이사는 나의 *피르*(Pir, 영적 스승)라고 말합니다. 이사는 그들의 영적 갈망을 채우는 데에 부합하는 분입니다."

필자는 자파에게 더 많은 질문을 하기로 결심했다. "어떤 사람은 예수가 하나님이라고 합니다. 당신은 뭐라고 합니까?" 자파는 오랜 침묵 끝에 말했다. "당신이 이사를 받아들이지 않으면 당신은 인생에서 불행하고 잘못된 길에 있습니다. 당신이 예수님의 길을 걷지 않으면 그것은 잘못된 길입니다. 만약 어떤 이가 예수님은 길이라고 말하지 않으면 저는 그것을 바로잡아 줄 것입니다."

필자는 자파가 직접적인 대답을 회피하는 것을 알았지만, 그의 가르침을 이단적인 기독교의 가르침이라고 해석한 이슬람 강경주의자들이 내린 교수형 파트와(fatwa, 이슬람 율령, 역주)의 영향 아래 그가 살고 있다는 것도 알고 있었다.

일부 비판자들은 내부자 운동을 서양 선교사들이 순진한 무슬림 배경 신자들에 대해 만들어 낸 주장으로 묘사한다. 그러나 남아시아의 여러 인도인과 벵갈인 내부자 선구자들은 이와는 반대로 증언한다. 소수의 서양 선교사들이 몇몇 내부자 지도자들에게 선교적 그리고 물질적 조언과 후원을 제공하며 격려하는 것도 사실이지만 이는 이 운동들이 이미 뿌리를 내리고 성장하기 시작한 후에 일어난 일이다. 기독교 세계와 서양이라고 인식되는 것에 근본적으로 반대하는 내부자 운동은 외국의 통제 또는 서구의 영향에 대한 관용이 거의 없다.

소수 부족과 힌두교 배경의 교회 신자들이 지도자의 자리를 차지한 오래된 교단들은 그들의 교회 외부에서 일어나고 있는 다수 무슬림 대중의 부흥에 흥미를 거의 보이지 않았다. 동시에 다수의 서양 선교 단체들은 그들 주변에 있는 다수 무슬림들을 향한 복음 전도 사역을 수정해야 한다는 것을 깨달았다. 1970년대 중반 호주 침례교 선교사들과 International Christian Fellowship (지금은 SIM) 선교사들은 모두 무슬림들을 대상으로 한 새로운 사역에 반응을 보이기 시작했다. 연로한 노르웨이 선교사 또는 침례교 선교사 B. T. 러커(Rucker)의 신실한 사역이 없었다면 젊은 토마스 모리(Thomas Mori)는 아마 신앙을 결코 갖지 못했을 것이다. 마찬가지로 인터뷰에 응한 많은 내부자들은 OM 순회 팀에게 받은 기독교 서적 또는 월드 비전(World Vision) 개발 사역자의 기독교적 호의에 대해 증언해 주었다. 다른 이들은 그들을 복음으로 인도해 준 역할을 했던 미국, 뉴질랜드, 영국의 침례교 기독교인들과의 만남을 이야기해 주었다.

안과 밖

C4와 이보다 더 많이 상황화된 내부자 신자들 모두의 간증에서 찾을 수 있는 일관된 주제는 이사가 없이는 구원이 없고 이사에 순복할 때 깊고 흔들리지 않은 구원의 확신이 있다는 것이었다. *예수의 발 앞에서(At the Feet of Jesus)* 와 같은 현지 찬양곡은 그리스도와의 개인적인 관계를 반영해 준다:

> 어두운 밤 끝에 나는 이사의 발 앞으로 왔네.
> 십자가 옆에서 내 죄의 용서함을 보았네.
> 이사는 내 눈에서 흐르는 눈물을 사랑스럽게 닦아주었네.
> 죽음의 순간에 나는 희망을 보았네, 나에게는 희망이 전혀 없었네.
> 당신과 나 같은 죄인을 위해 그는 십자가에서 그의 목숨을 주었네.
> 이 기쁜 소식을 우리의 방글라데시 땅에서 선포하리라.

이들 무슬림 배경 그리스도 제자들은 그들의 새 신앙이 이슬람 공동체와 그들의 무슬림 정체성과의 불화를 만들 것이라는 사실을 잘 알고 있었다. 하지만 절대적으로 필요한 순간에는 이 위험을 받아들일 것임을 분명히 했다. 그들이 가족과 마을을 떠나 소수 부족 배경의 기독교 교회에 참여하는 것은 좋은 전망이 아니었다.

예수의 정체성에 대해 말하면 예수을 보편적으로 구세주이자 주님으로 간주했다. 하지만 그리스도의 신성에 관한 질문에 깊은 수준의 내부자 신자 중 일부는 미묘한 반응을 보였다. 자신의 땅을 그의 복음전파 사역과 교회 개척을 위해 저당 잡힌 37세의 농부 부토(Bhutto)에게 필자는 질문했다. "예수님이 하나님이라고 믿으십니까?" 그의 첫 반응은 그의 속내를 담고 있었다. "저는 이것에 대해 확고한 결정을 못 내렸습니다. 저는 아직 공부 중입니다. 교회는 '예수님은 하나님이다.'라고 말하지만 마가복음과 다른 책에서 예수님은 '나 자신이 하나님이다.'라고 말하지 않았습니다."

내가 놀라는 모습을 보자 그는 몸을 기울이고 필자에게 설명했다. "저는 예수님이 하나님이라는 것을 100% 믿습니다. 하지만 이것을 무슬림들에게 말할 수 없습니다. 만약 제가 이것을 말하면 무슬림들은 우리를 고문할 것입니다. 저는 예수님의 본을 따르고 있습니다. 귀신이 예수님의 기적을 보고 '당신은 하나님의 아들입니다.'라고 말하자 예수님은 귀신에게 '잠잠하라.'고 말했습니다. 즉 예수님이 '잠잠하라, 내가 하나님의 아들이라는 것을 알려줄 때가 아니다.'라고 말씀하신 것은 우리에게 큰 가르침이 됩니다."[104]

다른 내부자 신자 메흐멧 칼리드(Mehmet Khaleed)도 "예수님은 누구입

---

[104] 부토(Bhutto)가 고쳐 쓴 "메시야적 비밀"로 불리는 구절들은 남아시아 언어를 쓰는 번역자로부터 나왔다. 이 구절의 실제 내용은 다음과 같다. "나사렛 예수여 우리가 당신과 무슨 상관이 있나이까? 우리를 멸하러 왔나이까? 나는 당신이 누구인 줄 아노니 하나님의 거룩한 자니이다. 예수께서 꾸짖어 이르시되 잠잠하고 그사람에게서 나오라 하시니 더러운 귀신이 그 사람에게 경련을 일으키고 큰 소리를 지르며 나오는지라." 마가복음 1:23-25.

니까?"라는 질문에 유사한 반응을 표출했다. 그는 대답했다. "그는 저의 주님이자 구세주입니다. 제가 어둠 속에 있을 때 그는 저의 빛입니다. 그는 제가 혼란스러울 때 올바른 대답을 주셨습니다. 제가 여러 번 실패했을 때 그는 저의 유일한 구속자였습니다. 그는 제가 더 많이 알도록 도우셨고 무슬림을 향한 열정을 주셨습니다."

필자는 더 나아갔다. "예수님이 하나님입니까?"

메흐멧은 대답했다. "그는 우리가 하나님에게서 보는 모든 것을 갖고 계십니다. 하나님 안에서 동일한 능력입니다. 저는 이것을 믿지만 이것을 외부 사람들(무슬림들)에게 말하고 싶지 않습니다. 왜냐하면 이것이 그들을 혼란스럽게 할 것입니다. 하지만 이것은 나의 마음속에 있는 생각입니다. 저는 이것을 사람들에게 말하지 않습니다. 왜냐하면 저는 사람들이 예수님을 보고 그들의 방식대로 예수님을 이해하는 것을 보고 싶습니다."

수주 후 필자는 복음 전도자이자 자신의 공동체 안에서 이사 자마앗을 개척하는 십여 명의 내부자 이맘들과 *마우라나*(mawlanas, 이슬람 지도자 또는 종교 교사에 해당하는 남아시아 용어)를 만났다. 필자 건너편에 앉아 있는 살와르(Salwar)라는 이름의 마우라나는 건장하고 턱 수염이 있었다. 그는 흰 옷을 입었고 수를 놓은 기도용 모자를 (여러 해 동안 몸을 굽혀 이마를 카펫 위에 문지르며 기도를 하여 생긴) 굳은 살이 있는 앞머리 위에 올려 놓았으며 날카로운 검은 눈을 갖고 있었다. 그는 외국인 옆에 가까이 앉아 본 경험이 없었고 필자는 그 사실에 독특한 인상을 받았다. 필자는 그에게 물었다. "예수님은 누구입니까?" 그는 필자를 미친 사람 보듯이 하며 한 마디로 대답했다. "알라입니다." 더 설명을 요구하거나 들을 필요가 없었다.

필자는 다른 각도에서 질문했다. "꾸란과 성경에 대해 이야기해주십시오."

메흐멧은 생각에 잠기더니 말했다. "아주 많은 차이점이 있습니다. 가장 중요한 차이점은 그리스도의 부활입니다."

필자는 계속해서 물었다. "꾸란과 성경이 일치하지 않으면 어느 것에 권위를 둡니까?"

메흐멧은 대답했다. "예수님이 알라의 사랑하는 자이기 때문에 불일치가 일어날 때마다 우리는 예수님에게 돌아갑니다."

서구인들은 무슬림 배경 신자들이 그리스도와 무함마드 중 누구에게 충성할지 고민한다고 오해하며 그들을 의심하지만 이런 경우는 거의 일어나지 않는다. 필자가 인터뷰한 무슬림 배경 신자들에게 무함마드는 그리스도의 경쟁자가 아니었다. 그들은 무함마드가 신(神)성이나 구세주의 지위를 주장하지 않았다는 사실을 알고 있었다. 이 무슬림 신자들이 예수를 알라가 내려준 구원자로 받아들이면 무함마드는 아무런 상관이 없는 인물로 사라진다.

이는 왜 그리스도의 무슬림 제자들, 특히 내부자로 여겨지는 이들이 무함마드를 공격할 필요를 거의 느끼지 못하는 이유를 어느 정도 설명해 준다. 필자는 무함마드를 비방하는 단어를 거의 듣지 못했다. 대신 무함마드는 종종 '알라의 제자', '알라의 선지자', '하나님의 자녀 중 하나'와 같은 것으로 묘사된다. 필자가 들었던 것 중 가장 심했던 것은 '무함마드는 구원이 필요한 죄인이다.'와 같은 간단한 인정이었다. 중요하지 않은 인물인 무함마드에 대해 논쟁하는 것보다 친구들과 가족의 마음을 얻는 것에 더 관심이 많은 무슬림 배경의 내부자들에게 무함마드를 공격하는 것은 가치가 없는 일이다.

어떻게 당신의 신앙을 나눕니까?

인터뷰한 이들 대부분은 친구 사이를 발전시키며 복음 전파를 시작한다. 그 후 그들은 꾸란의 구절을 사용하여 그들의 친구의 구원을 위해 결국은 예수님이 필요하다는 대화로 이어 나간다. 그들은 꾸란에 있는 독특한 예수의 동정녀 탄생과 예수의 거룩함, 그의 놀라운 능력 그리고 신이 정한 그의 죽음과 하늘로의 승천을 강조한다. 이 점진적 단계는 드물게 한 번의 만남에서 이루어지기도 하지만 일반적으로는 긴 시간 동안 펼쳐진다. 한 사람이 이사에 대해 진정으로 관심이 있는 것이 확실해지면 내부자들은 인질(신약 성경)을 선물한다.

서양의 기독교인들 특히 이슬람과 기독교 사이의 급진적인 불일치를 강조하는 사람들은 전심으로 예수 그리스도를 따르기로 한 많은 남아시아 무슬림들이 꾸란을 통해 예수 그리스도의 신앙을 처음 접하게 됐다는 사실을 알면 필자가 그랬던 것처럼 놀랄 것이다. 그들의 첫 예수에 대한 이해는 제한적이고 의심할 여지없이 신학적으로 불완전하지만, 그들을 살아 계신 구세주 그리스도에게 인도하고 또 분명하게 이해되는 신앙을 제공해 줄 성경으로 인도하기에는 충분했다.

이러한 예의 하나로 아미드 하산(Amid Hasan)이라는 이름의 내부자 선구자를 들 수 있다. 아미드는 말했다. "제가 그리스도의 신앙으로 오는데 가장 큰 영향을 준 사람은 스페인 국적 선박의 페르난데즈(Fernandez) 선장입니다." 아미드 하산은 네 명의 아들과 한 명의 손녀가 있는 55세의 남성이다. 아미드는 그 나라에서 큰 세력을 갖고 있는 한 민족주의 정당의 정치 지도자로 악수를 힘차게 하는 남성이었다. 그는 독실한 수니(순니)파 무슬림 가문 출신이며 그의 부친은 정부의 선출직 공무원으로 일했다. 그러나 지난 11년 동안 아미드는 예수 그리스도의 제자였는데 그가 신앙을 갖게 된 계기는 페르난데즈 선장의 질문 때문이었다.

"제가 선박 회사 Merchant Marines에서 근무하고 있었던 1987년이었습니다. 다른 선원과 달리 저는 시간외 근무는 하지 않았습니다. 어느날 페르난데즈 선장이 저에게 질문했습니다. '왜 당신은 하루에 8시간만 일하고 나머지 16시간은 저 책을 읽는데 사용합니까? 당신이 항상 읽는 저 책은 무엇입니까?'"

"저는 그에게 그 책은 꾸란이라고 말했습니다. 그는 말했습니다. '와서 저에게 조금 읽어 주십시오.' 저는 그에게 읽어 주었고 그는 말했습니다. '좋습니다. 무슨 뜻입니까?'"

"저는 그를 쳐다보며 말했습니다. '저는 모릅니다.' 저는 아랍어를 읽을 수 있지만 그것을 전혀 이해할 수 없습니다."

"페르난데즈 선장은 웃었습니다. '정말입니까? 온종일 읽는데 무슨 뜻인지 모른다고요? 제가 들은 말 중 가장 멍청한 말입니다.'"

"저는 화가 났지만 시간이 흐르면서 그가 옳다고 생각했습니다."

"그해 말 제가 집으로 돌아왔을 때 저는 방글라(Bangla) 언어로 된 꾸란을 샀습니다. 그리고 제가 처음 깨닫게 된 것은 이슬람 사원에서 이슬람 교사 *마우라나*(이슬람 교사, 역주)에게 들었던 것과 꾸란의 많은 이야기가 일치하지 않는다는 것이었습니다. 저는 무함마드에 대해 더 많이 이해하기 위해 꾸란을 읽다 이사를 발견했고 이는 저를 혼란스럽게 했습니다."

필자는 아미드에게 설명을 요구했다.

그는 말했다. "꾸란에서 저는 무함마드에 대한 존칭이 없는 것을 발견했지만 알라가 이사에게 준 존칭은 23개나 됐습니다. 무함마드가 지금 알라와 함께 있지 않지만 이사는 지금 천국에서 알라와 함께 있다는 것을 알았습니다. 무함마드는 다시 오지 않지만 이사는 다시 오십니다. 무함마드는 마지막 심판에 없지만 이사는 마지막 심판의 날에 있을 것입니다. 무함마드는 죽었지만 이사는 살아계십니다. 꾸란은 무함마드에 대해 불과 4번 말하지만 이사에 대해서는 97번 말합니다. 꾸란에 의하면 무함마드는 구세주가 아니지만 이사의 이름은 바로 '구세주'라는 뜻입니다. 무함마드는 단지 전달자이지만 이사는 알라의 영인 *루훌라*(Ruhullah)로 불립니다."

아미드는 그의 이러한 기나긴 비교를 수 분 동안 이어 나가며 매번 꾸란이 어떻게 이사를 무함마드 위로 높였는지를 설명했다.

아미드는 말했다. "이사가 알라의 구세주라고 한 꾸란이 맞든지 아니면 우리가 무함마드를 따라야 한다고 한 마우라나들이 맞든지 그것이 문제였습니다." 그래서 아미드는 마우라나들에게 꾸란에 순종하여 이사를 따르라고 주장하며 그들과 논쟁했다.

그들 중 일부가 말했습니다. "너는 미쳤다." 하지만 다른 이들은 말했습니다. "네가 맞다." 80세 촌장(sheikh)인 한 마우라나는 아미드에게 조언을 했다. "당신은 이사 알마시흐의 삶이 어떤지 알기 위해 기독교 공동체를 찾을 필요가 있다."

이것 때문에 아미드는 성경을 구매했고 성경을 통해 예수님의 가르침과 삶에 대해 더 많은 것을 배웠다. 2002년 아미드는 세례를 받았다. 하지만 아미드는 새 종교를 가질 마음이 없었다. 아미드는 말했다. "저는 기독교인이 되지 않을 것입니다. 저는 단지 예수를 따르고 싶습니다."

아미드는 그가 신앙을 갖게 된 같은 방식으로 다른 사람들에게 복음을 전했다. 그는 말했다. "먼저 우리는 사람들에게 꾸란을 통해 이사 알마시흐만이 구세주라는 사실을 보여주고 세례를 베풀었습니다. 그리고 우리는 그들에게 성경을 주고 그들을 훈련시켰습니다. 시간이 지나면서 그들은 꾸란에서 떠나 성경으로 나왔지만 다른 무슬림을 이사의 신앙으로 인도하기 위해 꾸란을 계속 사용했습니다."

아미드는 마우라나들이 사람들에게서 진리를 감추고 있다는 것을 굳게 확신했다. 아랍어의 베일 뒤에 감춰진 진실은 이사만이 구원에 이르는 알라의 유일한 길이며 이것은 이사만이 간직하기에는 너무 중요한 비밀이었다. 잘 훈련된 공동체의 책임자로 아미드는 그의 나라에 있는 모든 무슬림들에게 복음을 전할 전략을 개발했다. 곧 그는 세례를 받기에 준비된 63명의 사람을 얻게 됐다. 그들 모두는 꾸란을 통해 이사만이 하나님의 유일한 구원의 길이라는 것을 굳게 확신했다. 아미드는 말했다. "우리는 마우라나들의 마음을 얻어 그들에게 2년 동안 꾸란이 이사 알마시흐에 대해 말한 것을 가르치고 그들을 공동체로 돌려보내 이사 알마시흐에 대해 가르치도록 할 전략을 개발했습니다."

아미드는 계속 말했다. "우리의 목표는 우리가 이사 알마시흐를 따르고 사람들에게 이사 알마시흐가 구세주라는 것을 가르쳐서 세례를 주는 것입니다. 우리는 그들에게 *키탑 알무카디스*(성경)를 주고 훈련시킬 것입니다. 그들이 이사를 그들의 삶에 영접하는 날 우리는 그들에게 마태복음 28:18-20을 소개하고 말할 것입니다. "만약 당신들이 평생 동안 세상의 끝까지 이사를 모시고 싶으면 당신들은 세례를 받아야만 합니다."

방글라데시에 있는 토마스 모리(Thomas Mori)는 그의 운동의 내부자들이 신앙을 소통하는 방법을 알려 주었다. 그는 말했다. "우리에게는 4가지의 금지하고 있는 규칙이 있는데 '(1) 절대 꾸란에 대해 부정적으로 말하지 말라, (2) 절대 알라에 대해 부정적으로 말하지 말라, (3) 절대 무함마드에 대해 부정적으로 말하지 말라, (4) 절대 움마(ummah, 무슬림 공동체)에 대해 부정적으로 말하지 말라.' 입니다."

토마스는 말을 이어 나갔다:

> 우리는 사람들에게 이슬람 사원에 가는 것을 멈추라고 요구한 적이 없지만 1년 또는 2년 후 70%-90%가 이슬람 사원에 가는 것을 멈춥니다. 어떤 이는 계속 이슬람 사원에 가는데 금요일에만 갑니다. 대부분의 사람은 라마단(Ramadan) 금식을 멈추거나 며칠 동안만 합니다. 신자들 대부분은 이드 절기(eid festivals)에 계속 참석하지만 코르바니(korbani) 축제 동안에 더 이상 양을 희생 제물로 드리지 않습니다. 마찬가지로 그들은 메카로 하즈(Hajj)를 갈 필요를 못 느낍니다. 우리나라에 어떤 이사의 제자가 하즈를 하는지 모르겠습니다.

그는 계속 말을 했다:

> 여기 우리의 이사이 무슬림들이 포기한 것이 있습니다: 그들은 무함마드가 구원과 관계가 있다고 믿지 않습니다. 그들은 무함마드가 사람들을 다신교에서 일신교로 이끈 선지자로 믿습니다. 우리의 이사이 대부분은 여전히 꾸란을 최소 한 장 매일 아침 집에서 읽습니다. 그들은 그들의 자녀들이 비록 이해는 하지 못하지만 아랍어를 읽는 것을 배우기를 원합니

다. 그러나 2-3년이 지나면 우리가 신자에게 그렇게 하도록 요구하지 않아도 그들은 꾸란 읽기를 멈춥니다. 제가 그들에게 "왜 꾸란을 더 읽지 않으십니까?"라고 물으면 그들은 말합니다. "우리는 그럴 가치를 느끼지 못합니다. 어쨌든 우리는 이해하지도 못합니다."

모리는 동료 신자들에게 말했다. "당신이 원하면 꾸란을 읽을 수 있습니다. 당신에게 달렸습니다."

모든 이에게 전할 계획

페르난데스 선장의 놀리는 말 때문에 신앙을 갖게 된 아미드는 지난 10년 동안 인도에 있는 그의 이사이 무슬림 네트워크가 성장하는 것을 목도했다. 그는 이 신자들을 구역들과 가정 모임들에 가도록 조직했다. 아미드는 설명했다. "한 구역의 지도자는 이맘으로 불립니다. 그리고 그의 아래에 수백개의 *자마앗(Jamaat,* 예배 모임)이 있습니다. 가정 모임의 리더는 '길을 보여주는 사람'이라는 의미의 *랍부르(Rabbur)*라고 불립니다. 우리에게는 또한 *히코(Hiko)*라고 불리는 순회 교사가 있습니다."

아미드는 말했다. "우리는 이사이 마우라나들을 훈련할 마드라사를 설립했습니다. 이제 우리에게는 꾸란을 사용하여 다른 무슬림들을 이사의 신앙으로 인도하고 인질을 이용하여 무슬림들을 훈련할 많은 이사이 마우라나들이 있습니다."

"이제 우리에게는 많은 이사이 마우라나들이 있습니다. 아주 많은 이사이 마우라나들과 많은 성경과 꾸란 교사들이 있으므로 추진력을 얻었습니다."

"우리 중에는 부부 사이에 갈등이 있는 이들이 있습니다. 남편이 이사의 제자가 된 것을 아내가 알게 되면 종종 이런 갈등이 발생합니다. 이런 일이 일어나면 항상 공동체는 그들에게 마우라나에게 상담을 받도록 요구합니다. 우리는 그런 아내들을 이사이 마우라나에게 보내며 그러한 일에 대처합니다. 이사이 마우라나는 아내들의 불평을 경청하고 그들에게 남편과 같이 이사의 제자가 되도록 조언해 줍니다." 아미드는 웃었다.

필자는 아미드에게 얼마나 많은 무슬림 배경 신자들이 그의 나라에 있는지 물었다. 그는 대답했다. "아주 말하기 힘듭니다. 저의 자마앗 네트워크는 제가 알지만 다른 네트워크는 제가 잘 모릅니다. 저의 자마앗에는 이사의 제자가 된 무슬림이 거의 33,000명에 달합니다."

필자는 아미드에게 33,000명의 이사의 제자들 중에 몇 명이 세례를 받았는지 물었다. 그는 말했다. "16,000명이 세례를 받았습니다. 우리에게는 약 3,000개의 이사 자마앗이 있습니다. 우리는 우(雨)기 동안 일 년에 두 번 세례를 베푸는데, 그러면 내년 1월에 3,000명 또는 그 이상에게 세례를 베풀 수 있을 것으로 기대합니다."

> **소규모 모임에서의 깨달음을 위한 질문**
>
> 1. 이 장에서 당신이 받은 인상은 무엇인가?
> 2. 동남아시아 권역에서 하나님은 어떻게 역사하고 계시는가?
> 3. 토마스의 이야기에 대해 토론하라. 당신은 그가 내린 선택에 동의하는가 아니면 동의하지 않는가?
> 4. 하나님이 동남아시아에서 얼마나 많은 다양한 방법으로 무슬림들을 그리스도로 인도하는지에 대해 살펴 보십시오.

8장
페르시아 권역

내가 나의 보좌를 엘람에 주고

예레미야 49:38

1979년 이란의 이슬람 혁명 바로 전 인구 4,000만 명의 대부분이 시아파 (Shi'ite) 무슬림인 이 나라에는 500명이 넘지 않은 무슬림 배경의 그리스도의 제자들이 있었던 것으로 보인다. 그로부터 30년 후 수십만 명의 이란의 무슬림들이 그들의 삶을 예수 그리스도에게 드렸다. '무슨 일이 일어났는가? 이 이슬람 국가에서 하나님은 어떻게 역사하셨는가?' 이 질문에 대답하기 위해 우리는 페르시아 권역에 들어가 이 권역의 무슬림 배경 그리스도 제자들의 이야기를 경청해야 한다.

나디아(Nadia)의 이야기

사람들로 붐비는 한 지중해 연안 도시에 있는 아르메니아(Armenian) 교회의 밤 공기는 찬양곡으로 가득 차 있었다. 교회 지하 2층 있는 주일 학교 교실에서 필자는 3명의 아이를 가진 43세의 이란인 미망인 나디아(Nadia)와 인터뷰를 했다. 나디아는 신자가 된 지 6년이 됐고 9개월째 난민으로 있었다.

필자는 질문했다. "하나님은 당신을 그리스도의 신앙으로 인도하는 데 무엇을 사용하셨습니까? 당신의 이야기를 들려주십시오."

나디아는 말했다. "어린 시절부터 저는 예수님에 대해 매우 호기심이 많았습니다. 제 안에 빈 공간이 있다고 느꼈습니다. TV와 영화에서 기독교인 가족이 식사를 하기 전 기도하는 장면에서 저는 그들 안에 평화가 있는 것을 느꼈습니다."

"저희 물라(mullah, 이슬람 학자, 역주)는 항상 우리에게 외국인들은 이교도이고 우리 무슬림은 의롭다고 말했습니다. 그러나 제가 기독교인을 보면 그들은 항상 평화로운 듯이 보였습니다. 더 중요한 것은 우리는 그렇지 않다는 것을 제가 알고 있다는 것입니다. 우리 가족은 매일 *나마즈* (namaz, 매일 반복되는 이슬람 기도, 역주) 기도를 했습니다. 그리고 항상 알라에게 울부짖었습니다. 그러나 마음속에는 아무것도 없었습니다. 저는 아무것도 느끼지 못했습니다."

나디아의 이전의 삶을 안다면 나디아가 과거의 삶에서 벗어나 평화를 찾았다는 것은 상상하기 힘들 것이다. 그녀가 10살이었을 때 그녀의 아버지는 그녀의 결혼 계약서에 서명했고 2년 후 그녀는 20세의 남편 사산(Sasan)에게 시집을 갔다. 그후 범죄와 마약이 나디아의 가족을 황폐화시켰다. 남편 사산은 결혼 직후 마약 중독자가 됐다. 나디아의 2명의 남자 형제는 마약 과용으로 죽었고 다른 한 명은 싸움에서 한 남성을 죽인 죄로 체포되어 사형 판결을 받았다. 나디아는 우울감에 빠졌고 불행한 일이 생길 때마다 우울증은 깊어졌다. 나디아의 남성 형제들 중 한 명이 마약 재활원 프로그램에 참여하라는 판결을 받자 나디아가 우울증을 이겨내는데 도움이 되지 않을까 하는 희망으로 나디아에게 함께 가자고 요구했다.

나디아는 말했다. "우리 공동체의 물라는 우리에게 우리가 이 세상에서 눈물을 많이 흘릴수록 천국에서는 더 큰 상을 받게 될 것이라고 가르쳤습니다. 하지만 우리를 울게 만드는 것은 물라들의 법과 규칙이었습니다. 그들은 우리 여성들에게 말합니다. '만약 한 여성이 머리카락을 *히잡* (hijab) 밖으로 드러내 놓는다면, 그녀는 영원토록 천국 밖으로 드러내 놓음을 당할 것이다.'라고요."

"마약 중독 치료 수업에서 저는 몇 가지를 보았습니다. 그곳에 있었던 사람들은 삶이 크게 망가진 이들이었습니다. 하지만 그들은 서로를 아껴주었습니다. 그들은 제가 입고 있는 옷으로 저를 판단하지 않았고 저에게 애정을 보여주었습니다. 그곳에서는 이맘이나 선지자에 관한 이야기는 없었고 하나님에 관한 이야기만 있었습니다."

"예수님이 자신을 저에게 나타내셨던 그 즈음였습니다. 마약 중독 치료에 관한 책을 읽으면서 저는 그 치료 프로그램이 빌 윌슨(Bill Wilson)이라는 미국인에 의해 시작됐고 기독교 신앙 위에서 만들어졌다는 것을 알게 됐습니다. 저는 윌슨이 어떻게 절제된 사람이 됐고 기독교인이 됐는지에 관한 이야기를 읽었습니다. 이란 정부는 그 프로그램에서 예수 이야기를 지워버리려 했지만 성공하지 못했습니다."[105]

"저의 사촌 중 한 명이 기독교인이 됐다는 사실을 알게 됐습니다. 그의 가족이 우리를 방문했을 때 저는 그에게 신약 성경을 하나 달라고 요청했고 그후 저는 신약 성경을 읽을 수 있게 됐습니다. 저의 마음속에서 큰 혼란이 일어났습니다. 그래서 저는 기도했습니다. '하나님 저에게 무엇이 정말 진리인지 보여주십시오.' 그날 밤 저는 꾸란을 꺼내 놓고 기도했습니다. '하나님 만약 이것이 당신의 말씀이면 이 책을 통해 당신 자신을 저에게 보여주십시오.' 하지만 저는 신약 성경에 이끌렸습니다."

"신약 성경을 읽으면서 오래된 문이 열리듯 저의 마음이 열리는 것을 느꼈습니다. 저는 온 존재로 모든 구절을 이해했습니다. 꾸란을 옆으로 치웠습니다. 마음이 매우 따뜻하면서 동시에 매우 목마르다는 것을 느꼈

---

[105] 나디아의 마약 중독 치료 프로그램 경험은 하나님이 이란인들을 그에게 인도하시는 많은 예상하지 못한 방법 중 하나를 보여준다. 알코올 중독 치료 프로그램(마약 중독 치료 프로그램의 상위 단계)의 창시자 빌 윌슨은 복음주의 옥스퍼드 모임이 끼친 기독교적 영향과 연관된 영적 개종을 체험했지만 그는 추후에 기독교에서 나와 더 넓은 의미의 "영성"으로 옮겨갔다. 나디아의 경우 이 프로그램의 12개 단계가 그녀를 예수에게 인도했다. 위키디피아의 "Bill W."를 참조하라. 2013년 9월 2일 다음의 인터넷 사이트에서 인용했다. http://en.wikipedia.org/wiki/Bill_W.

습니다. 마치 시원한 물을 마시는 것 같았습니다. 저는 그것을 모두 마셔 버리고 싶었습니다."

"그때부터 예수님의 사역이 제 안에서 시작됐습니다. 그것은 전에 알지 못했던 익숙하지 않은 행복이었습니다. 저는 사마리아의 여인처럼 모든 사람에게 예수님에 대해 말했습니다. 한 주가 지나가기 전에 저의 남편 사산과 저의 3명의 아이들이 그리스도의 신앙으로 나왔습니다."

나디아의 간증은 현재 이란에서 일어나고 있는 수천 개의 간증 중 하나로 분명하게도 이란 역사에서 가장 큰 규모의 무슬림들이 그리스도를 향해 나아오고 있다. 이는 세계적으로도 가장 큰 무슬림들의 그리스도를 향한 이동이 될 가능성이 아주 크다. 나디아의 이야기에는 하나님이 이란 무슬림들을 구원으로 인도하는 방법에 대한 열 가지 단서가 있다.: (1) 예수께 인도하기 (2) 이란의 이슬람 (3) 기독교의 증인 (4) 미디어 사역 (5) 자유에 대한 갈망 (6) 사회적 혼란 (7) 가족 전도 (8) 신약 성경 (9) 예수의 방문 (10) 가정 교회

예수께 인도하기

나디아가 언급했던 '어린 시절부터 저는 예수님에 대해 호기심이 많았습니다.' 같은 내용은 페르시아 권역의 무슬림 배경 신자들의 간증에서 많이 반복된다. 레자(Reza)라는 이름의 한 무슬림 배경 신자는 축구 선수였던 그의 초등학교 시절의 이야기를 회상했다. 그는 말했다. "저의 우상은 브라질 축구 선수 펠레였습니다. 저는 그를 무척 좋아했습니다. 제가 7살에 첫 골을 넣었을 때 펠레처럼 운동장을 무릎으로 미끄러지며 팔짱을 꼈습니다. 이 기쁨의 행동 때문에 저는 무슬림 교장 선생님으로부터 큰 꾸지람을 들었지만 이 일로 인해 단순한 동작이 무엇을 의미하는지 또 왜 그것이 그렇게 위험한 행동인지에 대해 전보다 더 궁금해졌습니다."

사라(Sara)는 북(北)이란 출신으로 조심스럽게 머리에 두건을 쓰고 유행하는 서양 옷을 입고 화장을 한 28살의 여성이다. 그녀는 말했다. "저는

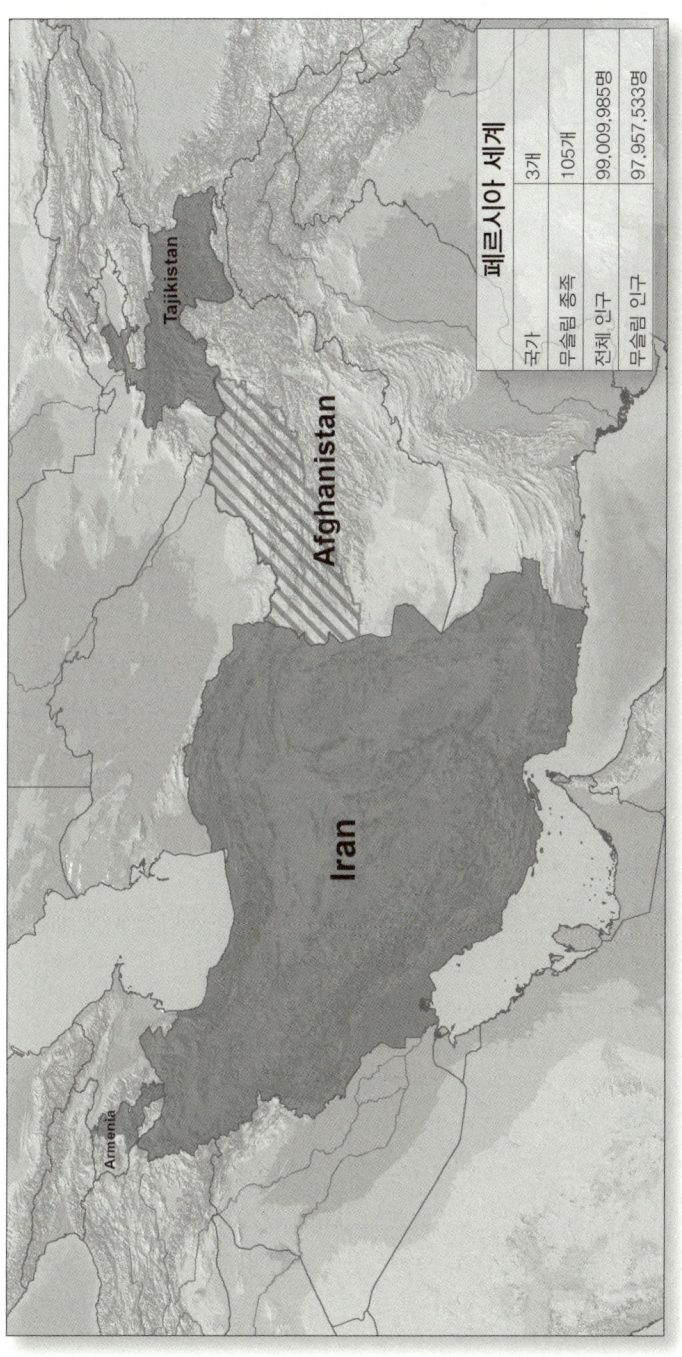

페르시아 세계	
국가	3개
무슬림 종족	105개
전체 인구	99,009,985명
무슬림 인구	97,957,533명

페르시아 세계

세속적인 무슬림으로 성장했고 학교에서 요구했던 것과는 무관하게 꾸란을 한 번도 읽지 않았습니다. 저는 이슬람을 믿은 적이 없었습니다. 수피 무슬림들이 무덤에서 죽은 이들을 위해 예배를 드리는 것을 보면 딱하게 여겼습니다."

필자는 물었다. "어떻게 신앙을 갖게 됐습니까?"

그녀가 대답했다. "기독교인이 되기 전에는 밤에 잠을 자려고 하면 악한 귀신이 저를 공격하여 저를 무섭게 하였습니다. 이 공포가 너무 심해 저는 죽으려고까지 했습니다. 저는 신에게 저를 구해 달라고 울부짖었습니다. 기독교인이 된 젊은 사촌 남성이 저에게 처음으로 예수님에 대해 이야기해 주었습니다. 저의 사촌이 저에게 자신이 기독교인이라는 사실을 말해 주었을 때 저는 기뻤는데 그 이유는 제가 예수님을 항상 사랑하고 있었기 때문이었습니다. 예수님께 저의 삶을 드린 후 예수님은 저에게 깊은 평안을 주셨고 밤에 느꼈던 공포는 없어졌습니다."

무슬림 개종자인 25세의 다리우스(Darius)는 말했다. "저는 항상 십자가 모양에 이끌렸습니다. 무슬림이었지만 큰 십자가와 '당신만을 위해'라는 글자가 새겨져 있는 티셔츠를 갖고 있었습니다. 또한 저는 십자가 목걸이를 걸고 십자가가 있는 반지를 꼈습니다. 왜 그런지는 모르겠지만 저는 예수님을 사랑했습니다."

이란에 있는 많은 무슬림들은 예수님에 대해 아는 것이 거의 없지만 인간 예수에게 이끌려 있다. 그 이유를 이해하기 위해서 우리는 이슬람 공화국 이란만의 독특한 이슬람적 특징을 살펴보아야 한다.

이란의 이슬람

이란의 이슬람은 다른 권역의 이슬람과 다르다. 세계 무슬림 인구의 90%는 그들이 정통 또는 수니(순니)(Sunni) 이슬람으로 여기는 이슬람을 신봉하고 있지만 이란의 무슬림들은 다른 길을 가고 있다. 이란인들은 압도적으로 시아파 무슬림인데 시아의 문자적 의미는 '알리(Ali)의 지지자들'이다. 알리는 무함마드의 사위이자 사촌이다. 사위 알리가 자신을 계승하여 신도들의 지도자가 되기를 바랐던 무함마드의 의도를 수니(순니)파 무슬림들은 무시했다고 시아파는 믿고 있다.

이슬람 역사의 초기 700년 동안 이란은 무슬림 세계의 대부분의 무슬림들처럼 수니(순니)파였다. 그러나 16세기 사파비드(Safavid) 왕조(1501-1736)를 창건한 이스마일(Ismail) 1세는 수니(순니)파 무슬림들이었던 오스만과 아랍인들로부터 페르시아를 지키기 위해 백성들과 함께 시아파 이슬람으로 돌아섰다. 그때부터 이란의 시아파 무슬림들은 자신들을 수니(순니)파 무슬림들과 완전히 대조되는 무슬림들로 규정했다.

수니(순니)파는 꾸란을 문자적으로 받아들이는 보수적인 전통 속에서 자신들의 권위를 주장하지만 시아파는 다르다. 시아파도 꾸란의 권위를 인정하지만 그들은 시아파 무슬림들을 위해 이슬람을 해석할 때 종교적 권위자인 *아야톨라*(ayatollah, 문자적으로 '알라의 표시(sign)')를 더 의지한다. 이러한 전통은 무함마드의 사위이자 사촌인 알리와 알리의 아들 후세인(Hussein)이 무함마드의 지도자적 권위의 적법한 상속자라는 믿음으로 거슬러 올라간다. 후세인이 페르시아 여인과 결혼한 사실은 이란인들로 시아파의 전통을 더 받아들이게 했는데 그 이유는 후세인의 모든 후계자는 적어도 생물학적으로 페르시아인이라는 것이 확실했기 때문이다.[106]

무함마드의 죽음 후 이어졌던 일련의 혼란 속에서 661년 카와지리파(Kharijite, 문자적 의미는 '밖으로 나간 자')라고 불리는 아랍인 반역자들이 알리를 살해했다. 680년 아랍인 무슬림들로 구성된 야지드(Yazid) 1세의 군대가 지금의 이라크에 있는 카르발라(Karbala) 마을에서 알리의 아들 후세인을 죽였다. 후세인의 죽음으로 전쟁이 났고 시아파는 이 사건을 희생과 순교로 여겼다. 매년 시아파 무슬림들은 성스러운 무하람(Muharram) 달(月)에 알리의 순교를 기억하며 애도한다.

---

106 Mark Bradley, *Iran: Open Hearts in a Closed Land* (Colorado Springs: Authentic, 2007), p. 80.

시아파 전승에 따라 알리와 후세인은 모두 의로운 자이며 순교를 통해 모든 무슬림들이 갈망하는 참된 이상을 보여준 본보기적 삶을 산 인물로 추앙받고 있는데 후세인이 더욱 그렇다. 후세인이 죽자 그의 자손들은 이맘의 지위를 계승하며 작은 시아파 공동체를 200년 동안 이끌어왔다. 이러한 이맘의 계승은 869년 출생한 후즈랏 이븐 알하산 알마흐디(Hujjat ibn al-Hasan al-Mahdi)라는 12대 이맘에서 끝을 맺었다. 이 12대 이맘은 후계자를 지명하기 전에 불가사의하게 사라졌다. 시아파 이슬람의 교리에 의하면 이 수수께끼 같은 12대 이맘은 실제로는 죽지 않았고 숨겨져 있는 마흐디(Mahdi, 메시야적 안내를 받은 자)이다. 시아파 무슬림들은 그가 어느 날 돌아와 신자들을 위한 정의와 공평의 새 시대를 열 것이라고 믿는다.

후세인의 순교와 정의로운 세상의 질서를 회복시킬 메시아적 마흐디의 긴박한 재림의 교리는 시아파 이란인들의 민족적 의식 속에 깊이 스며들었다. 이 마흐디와 대응되는 인물을 보기 위해서는 멀리 볼 필요가 없이 세상의 죄 때문에 의로운 종으로 고통을 받아 죽었고 지금도 살아 계시며 다시 오게 될 예수의 일생을 보면 된다.[107]

이란 이슬람의 독특한 특징을 추가로 형성시킨 것은 7세기 이란을 정복했던 아랍인들에 비해 모든 면에서 우월했던 고대 페르시아 문명이다. 페르시아 문명은 이슬람적이지만 다른 곳에서는 볼 수 없는 페르시아적 정수가 있는 정체성을 촉진시켰던 문학, 철학, 시를 통해 지속해서 표출됐다. 이 페르시아적 이슬람 안에 수피 신비주의의 깊은 전통이 있다.

---

[107] 위의 책, pp. 83-84. Sasan Tavassoli의 *Christian Encounters with Iran, Engaging Muslim Thinkers After the Revolution* (London: I.B. Tauris, 2011), p. 21에 인용된 Hamid Enayat의 *Modern Islamic Political Thought* (Austin: University of Texas Press, 1982), pp. 182-183도 참조하라. 에나얏(Enayat)은, 후세인(Husayn)의 순교가 두가지 수준에서 의미가 있다고 강조했는데, 첫째는 구원론적 관점에서 후세인 순교 사건은 그리스도의 십자가에서 일어났던 죽음과 흡사하다는 것이다. 그리스도가 십자가 위에서 자신을 희생하여 인류를 구속했듯이 후세인도 카르발라 평원 위에서 죄로 물든 무슬림 공동체를 깨끗케 하기 위해 자신을 죽게 했다. 둘째는, 후세인의 죽음이 시아파가 최후의 승리를 쟁취할 것이라는 시아파 무슬림들의 주장을 적극적으로 지지하는 요인이라는 점이다.

수피주의는 무슬림 세계의 다른 많은 지역의 이슬람을 특징짓는 율법주의적 한계를 초월하는 수단을 제공하며 이란의 시와 성인들을 배출시켰다.[108]

아야톨라 루홀라 호메이니(Ayatollah Ruhollah Khomeini)가 1979년 정권을 잡은 후 이란 이슬람의 역사, 가치, 철학적 전통, 신비주의적 전통 등의 요소들을 향한 이의가 제기됐다. 호메이니의 새 이슬람 정부는 나라를 위한 엄격한 이상을 제시했고 샤 레자 팔라비(Shah Reza Pahlavi) 정권의 모든 서구적 잔재를 대규모로 청산하는 작업을 개시했다. 수천 명의 반대자와 반대자로 의심 받는 자들이 체포되어 혁명 법정에서 재판받고 처형됐다.[109] *코미테(Komite)*라고 불리는 이슬람 자경단이 사회를 돌아다니며 혼외정사, 간음, 동성연애와 같은 범죄를 저지른 사람과 반복적 음주 범죄자들에게 채찍형과 심지어 돌을 던져 죽이는 형벌까지 내리며 이슬람식 정의를 강제했다.[110] 여성은 9살부터 베일없이 공공장소에 나오는 것이 금지됐다.[111]

새 이슬람 정권은 그 영향력을 기독교 공동체에까지 확장시켰다. 1983년 이란 정부의 교육부는 예수에 대한 꾸란의 가르침이 반영된 새 기독교 교리서를 출간했다. 그 다음 해 모든 기독교 학교에 무슬림 교장이 부임했다.[112] 영국과 연관된 성공회 기독교인들은 외국 세력의 앞잡이라는 비난을 받으며 가장 큰 피해를 입었다. 장로교 교회들도 재산이 압류 당하고 미국 정부의 앞잡이라는 모함을 받았다. 다만 고대 앗시리안(Assyrian) 교회와 아르메니안 교회는 신앙을 자신들의 공동체 안에서만 표출하고 무슬림에게 전도하지 않는 한 대체적으로 관용의 대상이 됐다.

---

108 Tavassoli, pp. 10-47.
109 Bradley, *Iran: Open Hearts*, p. 9.
110 위의 책, pp. 69-70.
111 위의 책, p. 66.
112 Barrett, *World Christian Encyclopedia, Second Edition*, Vol. 1, p. 381.

이슬람 혁명이 온 나라를 강하게 통제함에 따라서 이전에 시아파 지도자들이 갖고 있던 정의로운 이미지가 뒤집히게 되었다. 이제 시아파 정부는 반대자를 산산조각을 내어 흩어버리는 자가 됐고 반대자들이 오히려 의로운 순교자가 되었다.

기독교의 증인

필자가 나디아를 아르메니안 교회에서 만난 것은 우연이 아니었다. 고대 아르메니안 교회는 이란 기독교의 현재 부흥에 중요한 역할을 했다. 다른 종파인 앗시리안 교회, 가톨릭, 성공회, 장로교, 형제교회의 기독교인들도 이란의 무슬림 배경 기독교인들의 이야기에 등장하지만 아르메니안계 하나님의 성회 교단만큼 두드러진 교파는 없다.

아르메니아인들은 오늘날 이란에서 가장 큰 기독교 공동체를 이루고 있다. 페르시아 샤파비 왕조의 샤 압바스(Shah Abbas) 대제는 16세기 말 팔라비 왕조의 새 수도를 이스파한(Isfahan)에 건설하기 위해 수천 명의 아르메니아인들을 이란으로 이주시켰다. 그 후 아르메니아인들은 잔류했고 번성했다. 또한 1915년 이웃나라 터키의 아르메니안 학살 사건으로 인해 수천 명의 아르메니아인들이 이란으로 피신했다. 당시 터키는 1차 세계 대전에서 러시아와 몇몇 유럽 국가들이 맺은 연합국(영, 프, 러)에 맞서는 동맹국(독, 터, 오) 속으로 휘말려 들어갔다. 터키인들은 그들 국가 안에 있는 아르메니아인들이 러시아에 있는 아르메니아인들에게 협력할 것을 염려했고 이는 전국적인 학살 운동을 불러일으켜 150만 명의 아르메니안 남성, 여성, 어린이들이 죽었다. 이란에서 존중받는 소수 민족인 아르메니아인들은 다수 종교인 무슬림들을 개종하려 하지 않는 한 관용의 대상이었다. 그러나 이 모든 상황은 20세기 중반 아르메니아 기독교인들 중심지에서 성령 부흥이 일어나면서 변화되기 시작했다.

세쓰 예그나바르(Seth Yeghnazar)(1911-1989)라는 아르메니아인이 1930년대 형제교회의 사역을 통해 그리스도의 신앙으로 나아왔다. 1950년대에 세쓰는 더 깊게 하나님을 체험하려는 열망으로 신약 성경의 오순절과 역사에 성령의 임재에 대해 공부했다. 세쓰는 42일 동안 기도와 금식을 한 후에 하나님과의 만남을 체험했는데 그는 이 체험을 불세례라고 불렀다. 1956년 1월 세쓰와 그의 아내 바르투히(Vartouhi)는 그의 집에서 기도 모임과 성경 공부 모임을 시작한 후 4년 동안 매일 같이 진행했다. 1959년 세쓰 부부는 테헤란에 있는 한 지하실 공간을 임대하여 마음이 맞는 신자들과 함께 사역을 진전시켰고 이 공동체는 이란의 신생 *자마앗 에랍바니*(Jama'at-eRabbani) 즉 하나님의 성회 교회 중 하나가 됐다.[113]

신생 하나님의 성회 교회의 영적 부흥은 많은 아르메니아 기독교인들이 소수 민족의 신앙이라는 그들의 한계를 넘도록 도왔다. 이 소수 민족의 한계를 초월한 사역의 주요 인물은 아르메니아인 하익 호브세피안 메흐르(Haik Hovsepian Mehr)였다.

하익 호브세피안 메흐르

하익의 부친은 그가 소년이었을 때 가족을 떠났고 수년 뒤 그의 모친은 한 무슬림과 재혼을 했다. 무슬림과의 결혼은 아르메니아 공동체에서 금기시되는 일이었다. 하익의 부모님은 무슬림들을 사랑하도록 양육했고 그는 무슬림들을 향한 애정을 표현하기 위해 페르시아식 이름 메흐르(Mehr, '친절')로 자신의 이름을 바꿨다. 하익은 르네상스적 남성이었는데 독서, 피아노, 작곡, 권투, 축구에 정통했다. 하익의 사촌인 레온 하이라페티안(Leon Hyrapetian)은 청년 하익을 그리스도의 신앙으로 인도했다. 레온과 세쓰 예그나바르는 하익을 훈련하고 그의 조언자가 되어 주었다.

22살의 하익은 자신의 삶을 기독교 사역에 헌신하기로 결정했다. 그는

---

113 세쓰 예그나바르의 전기적 정보는 다음의 인터넷 사이트에서 인용했다. www.farsicrc.com. 2013년 2월 28일 검색했다.

15년 후인 1980년 테헤란으로 하나님의 성회 교회의 첫 전국 대주교로 부름을 받았다. 아야톨라 호메이니가 이슬람 샤리아(sharia, 이슬람법)를 도입하기 시작한 그때 하익은 테헤란에 도착했다. 이란 정부는 소수 민족 기독교인들이 신앙 생활을 하는 것을 용납했지만 무슬림 복음화에는 선을 그었다. 두려움이 없었던 하익은 정부의 압력에 굴복하는 것을 거절하면서 말했다. "만약 우리가 신앙 때문에 감옥에 가거나 죽는다 할지라도 우리는 이 요구에 굴복하지 않을 것이다."114

메흐디 디바즈

새 이슬람 정권에 의해 감옥에 갇힌 많은 무슬림 배경 개종자들 중에 메흐디 디바즈(Mehdi Dibaj) 목사가 있다. 디바즈는 테헤란에 있는 하나님의 성회 자마앗 에랍바니 교회의 청년 신도였다. 1983년 디바즈는 체포됐고 그 후 재판도 없이 10년 동안 감옥에 갇혀 있었다. 감옥에 갇혔던 동안 그는 신체적 폭력과 거짓 처형 위협을 당하며 2년 동안 깜깜하고 작은 독방(약 2평)에 갇힌 채로 지속적으로 신앙을 철회하라는 압력을 받았다.115 디바즈는 이런 고백을 하며 참아 냈다. "나는 예수님의 거룩한 이름의 영광을 위해서 감옥 살이에 자족할 뿐만 아니라 주 예수를 위해 내 삶을 기꺼이 드릴 준비가 되어 있다."116 1993년 비밀 재판에서 디바즈는 이슬람을 저버리고 개종한 죄로 사형 선고를 받았다.

이란 정부 대변인이 공개적으로 사형형을 부인하는 상황에서 자신이 사형 선고를 받았다는 사실을 알게 된 디바즈는 고민에 놓이게 됐다. 침

---

114 예그나바르 부부와 하익 호브세피안 메호르의 생애에 대한 정보의 일부는 타국에 피신한 이란인이 제공해 주었다.

115 Mark Bradley, *Iran and Christianity, Historical Identity and Present Relevance* (London: Continuum Religious Studies, 2008), pp. 170-174.

116 위키디피아의 "Mehdi Dibaj". 2013sus 5월 3일 다음의 인터넷 사이트에서 인용했다. en.wikipedia.org/wiki/Mehdi_Dibaj.

묵하여 정부의 분노를 피할 것인지 아니면 자신의 사형 선고 사실을 세상에 알릴 것인지가 그의 앞에 놓여 있었다. 하익 호브세피안 메흐르는 디바즈를 도왔다. 디바즈를 대신해 그는 디바즈 목사의 임박한 처형 소식과 이란에서 자행되고 있는 종교의 자유 침해에 대해 세상에 알렸다. 당시 하익은 사적으로 동료에게 이런 말을 했다. "나는 나의 손을 독사의 굴 안에 들여 놓았다."[117] 하익의 노력은 효과가 있었다. 국제적 비난에 대한 반응으로 디바즈 목사는 1994년 1월 16일 풀려났다.

3일 후인 1994년 1월 19일 하익은 테헤란의 거리에서 납치됐다. 경찰은 그를 찾을 수 없다고 주장했지만 무슬림 묘지의 한 노동자는 양복의 옷깃 사이로 십자가가 보였던, 잔인하게 살해된 한 남성을 묻은 사실을 기억해냈다. 하익이 실종된지 10일 만에 고문 당한 흔적이 가득한 그의 시체가 한 무슬림 묘지의 이름 없는 무덤에서 발굴됐다. 그의 가슴에는 27개의 칼자국이 있었다.[118]

많은 무슬림들을 포함한 2,000명이 비가 오는 추운 날씨 속에서도 하익의 재매장 장례식에 참석하기 위해 한 기독교 묘지에 모였다. 눈물을 흘리는 메흐디 디바즈는 흐느끼는 이들에게 말했다. "예수님이 십자가에서 돌아가실 때 그곳에는 예수님이 자기를 위해 죽는다는 것을 확실히 알고 있는 한 남성이 있었습니다. 그 남성은 바나바였습니다. 하익 형제가 죽임을 당했고 저는 죽어야 할 사람은 하익 형제가 아니라 저라는 것을 알고 있습니다."[119] 6개월 후 디바즈도 하익 형제를 따라갔다. 디바즈의 시체가 테헤란의 한 공원에서 발견됐는데 그도 가슴에 칼을 맞고 살해된

---

117 Joseph Hovsepian and Andre Hovsepian, *A Cry From Iran: the untold story of Iranian Christian martyrs* (Santa Ana, CA: Open Doors International, 2007).
118 Bradley, p. 173.
119 *A Cry from Iran*. 호브세피안의 장례식에서 한 디바즈의 간증은 영화 *A Cry From Iran: the untold story of Iranian Christian martyrs*에서 볼 수 있다.

것이다.[120]

이 두 명의 순교는 무슬림 개종 운동을 가라앉히기는커녕 불을 붙였다. 그들이 죽은 후 수년 안에 하익 호브세피안과 디바즈의 담대한 본에 필적하는 2명의 영웅이 나왔다. 이 중 한 명은 아르메니아 배경을 가진 이였고 다른 한 명은 무슬림 배경을 가진 신자였다.

이란의 무슬림들을 향한 용감한 기독교 증인들의 이야기는 아르메니아인이나 하나님의 성회 공동체에 국한되지 않는다. 오늘날 이란에서 나오는 많은 간증은 고대 앗시리안 교회 신도, 성공회 교인, 장로교인, 로마 가톨릭 교인, 형제교 교인, 오순절교인과 '죽음 앞에서 물러서지 않고 자신의 목숨을 사랑하지 않은' 많은 사람들로부터 나온 담대하면서도 희생적인 증언들로 가득 차 있다.[121]

미디어 사역

어린아이였지만 나디아는 텔레비전에서 기독교인들을 보았고 그들의 모습에 영향을 받았다. 1979년 이란 혁명 후 정부는 방송을 장악했지만 복음의 메시지를 이란 무슬림의 가정으로 전송하는 위성 방송 프로그램과 비디오 영상의 증가는 막지 못했다.

오늘날 수천 명의 이란인들이 위성 텔레비전과 인터넷을 통해 신앙으로 나아오게 됐다. 이러한 미디어 사역은 페르시아 무슬림 배경을 가진 복음 전도자 수의 증가를 불러왔다. 이란 신자들이 불법적으로 퍼진 《예수 영화》(JESUS Film)와 God is Love와 같은 복음 영화를 언급하는 간증을 종종 볼 수 있다.

3명의 자녀를 둔 쾌활한 성격의 34세 엄마 레일라(Leila)는 필자에게 자신의 이야기를 들려주었다.

---

120 Bradley, p. 173.
121 요한계시록 12:11 후반부 "그들은 죽기까지 자기들의 생명을 아끼지 아니했도다".

"저는 호르모즈(Hormoz) 목사님과 카밀(Kamil) 목사님의 텔레비전 프로그램을 녹화하곤 했습니다. 이분들은 왜 세상에 죄와 고통이 있는지 제가 이해할 수 있도록 저를 가르쳐 주었습니다."

"호르모즈 목사님의 프로그램은 *God is Love*으로 불렸습니다. 저는 이 목사님이 말하는 것을 이해할 수 있었는데 2년 전 《예수 영화》 말미에 기도를 했기 때문입니다."

"호르모즈 목사님은 제가 마음속에 갖고 있던 모든 질문에 대답해 주셨습니다. 매주 목사님의 프로그램은 계속되었습니다. 목사님은 그 주에 제가 갖고 있었던 질문들에 대해 대답해 주셨습니다. 이런 일들이 7주 연속으로 일어났습니다. 저는 프로그램이 시작하기 전 남편에게 저의 질문을 먼저 말했고 목사님은 프로그램에서 제가 갖고 있던 바로 그 질문에 대해 답변해 주었습니다."

"저는 계속 녹화하며 6시간짜리 호르모즈 목사님의 프로그램 100개를 시청했습니다. 프로그램을 시청하기 시작하여 2주가 지날 때 저는 회개를 하고 예수님을 저의 삶에 초대했습니다."

레일라는 필자가 다른 나라들에서 인터뷰했던 억압을 당하고 있는 많은 여성과는 아주 달랐다. 그녀는 화장을 했고 서양식 옷을 입었으며 말이 유창했고 거리낌이 없었다. 필자가 레일라의 남편에게 고정관념에서 벗어난 레일라의 특징에 관해 물어봤을 때 그는 단 한 마디로 대답했다. "우리는 아랍인이 아닙니다."

위성 텔레비전과 라디오 방송 그리고 인터넷 사역과 관련된 이란인들과의 인터뷰들은 이 나라에서 이 방송 사역의 파급력이 양적으로 모두 증가하고 있다는 것을 입증해 주었다. 국제 안디옥 선교회(International Antioch Ministries)는 2008년 자신들의 독자적인 사역을 통해 한 달에 3,000명이 그리스도께로 돌아오고 있다고 공개했다.[122] 많은 복음 전파 미디어

---

[122] Bradley, *Christianity in Iran*, p. 178. 이 보고가 나온 이후 국제 안디옥 선교회(International

사역들이 도시뿐만 아니라 시골 마을에도 영향을 미치고 있다.

자유에 대한 갈망

나디아는 다음과 같이 한탄하고 있다. "우리를 울게 만드는 것은 그들(이슬람 율법사)의 법과 규칙입니다." 이렇게 한탄하는 이란인들의 수가 늘어나고 있다. 대부분 이란인들은 1979년 호메이니가 정권을 잡도록 만든 민중 운동의 이유가 이슬람에 대한 동경이 아닌 샤 레자 팔라비 전제 군주로부터 벗어나려는 욕망이었다고 믿는다.

마찬가지로 당시 많은 이란인들의 미국을 향한 신랄한 비난은 미국인이나 미국의 가치에 대한 거부가 아니라 샤(Shah) 왕조를 향한 미국의 후원에 대한 것이었다. 1953년 미국이 후원하여 성공하게 된 쿠데타로 인해 이란에서 민주적으로 선출된 총리 모함메드 모싸데크(Mohammed Mossadeq)가 제거되고 그 대신 서양이 지지하는 샤 레자 팔라비가 왕이 되었다는 것을 이란인들은 잘 알고 있다.[123]

2006년 독일 월드컵 축구의 토너먼트에서 경기에 참석한 이란인들은 자신들의 나라에서 무엇을 가장 기대하는지에 대해 질문을 받았다. 그들의 대답은 한 단어로 모였다. *아자디*(Azadi, 자유).[124]

오늘날 이란 인구의 64%가 1979년 이슬람 혁명 이후에 태어났으며 이들은 이 혁명에 대해 별다른 감흥이 없다.[125] 기독교가 이란에서 빠른 속

Antioch Ministries)는 인터넷 사이트를 폐쇄했고 이름을 변경했다. 하지만 방송과 사역은 지속되고 있다.

[123] 위의 책, pp. 56-59. 1951년 3월 15일 모싸데크는 이란의 석유 산업을 국유화했다. 쿠데타 이후인 1954년 모함마드 샤(Mohammad Shah)는 서양의 석유 기업 연합과 새로운 계약을 체결했는데, 이 계약으로 서양 회사들은 이란의 석유 생산을 실제적으로 통제하며 유전에서 발생한 이익의 50%를 가져가게 됐다.

[124] Bradley, *Iran: Open Hearts*, pp. 65-66.

[125] 위키피디아에서 "이란의 인구(Demographics of Iran)"를 참조하라. 2013년 9월 3일 다음의 인터넷 사이트에서 검색했다. http://en.wikipedia.org/wiki/Demographics_of_Iran#Population.

도로 성장하고 있었다. 그 이유는 이란의 무슬림들이 국교인 이슬람에서 벗어나고 싶기 때문이다. 이러한 사정으로 이슬람이 아닌 다른 세계관이 이란에서 부흥하고 있는 것이다. 이란에서 젊은이들이 이슬람에서 멀어져 무신론, 세속주의, 쾌락주의, 마약, 심지어는 고대의 조로아스터교와 불교로 눈을 돌리고 있는 것은 흔한 일이다.

수십만 명의 이란인들이 이란을 통치하고 있는 숨 막힐 듯한 정권에 복종하기보다는 나라를 떠나는 길을 선택했다. 그래서 오늘날의 많은 이란인은 미국의 로스앤젤레스에 사는 친척이 있으며 이러한 이유로 이란인들은 로스앤젤레스를 *테헤란젤레스(Tehrangeles)*라고 부른다. 교육받은 이란인들도 고국을 떠나고 있으며 그 규모는 한 해에 15만-18만 명 정도인데 이들의 총규모는 이란에서 대학 교육 이상을 받은 자들의 25%로 추정된다.[126]

이란 정부가 미국을 "거대한 사탄"이라고 비난해도 많은 이란인에게 미국은 그들이 동경하는 자유를 대표하는 나라이다. 미국인 기자 스코트 피터슨(Scott Peterson)은 물라(mullah, 이슬람 학자, 역주)의 가면 뒤에 중동에서 가장 당당한 친(親)미 주민들이 이란에 있다는 것을 보았다고 말했다.[127] 이러한 정서는 미국에서 발생한 911 테러 공격 사건 이후에 자발적으로 표출됐다. 당시 6만 명의 이란인들이 테헤란에 있는 축구 경기장에서 검은색 옷을 입고 촛불 추모 기도회를 열었다.[128] *스미소니안 잡지(Smothsonian Magazine)*는 최근 "이란의 모순은 아마도 이란이 무슬림 세계에서 가장 친미적, 적어도 가장 덜 반(反)미적"이라고 언급했다.[129]

---

[126] www.imf.org/external/pubs/ft/fandd/1999/06/carringt.htm#chart를 참조하라. 2013년 4월 1일에 검색했다.

[127] "Iranians Love the U.S.A.," in *Iran*, Issue 7, Summer 2013, p. 13.

[128] 위의 책, p. 14, Sara E. Quay and Amy M. Damico, eds., *September 11 in Popular Culture: A Guide* (Westport, CT: Greenwood Publishing Group, 2010)를 인용했다.

[129] 위의 책, p. 15, Azadeh Moaveni의 "Stars and Stripes in Their Eyes," in *Washington Post* online, June 1, 2008을 인용했다. 2013년 9월 21일 다음의 인터넷 사이트에서 검색했다. http://www.

이란의 젊은 인구는 자유에 목 말라 있으며 그 자유를 미국이나 자국의 정치 개혁이 아닌 예수 그리스도 안에서 찾고 있는 이들의 수가 늘어나고 있다. (요한복음 8:32)

사회적 혼란

남자 형제들 중 한 명은 다른 남성과 싸우다가 죽이게 되어 사형을 당하고 두 명의 남자 형제와 남편이 아편에 중독됐던 나디아의 경험은 오늘날 이란에서 드문 일이 아니다. 이러한 일들은 사회가 큰 압박을 받고 있다는 증상이다. 오늘날 이란은 세계에서 가장 높은 아편 중독률을 보인다. 세계에서 압류당하는 아편의 85%가 이란에서 발생하고 있는데 이란과 960킬로미터의 국경을 접하고 있는 아프가니스탄으로부터 아편이 지속적으로 이란으로 유입되고 있다.[130]

국제 사회의 이란행 수출 금지 조치가 효과를 발휘했다. 2011년 제재가 강화된 이후 이란의 리알(rial)화의 가치가 80% 하락했다.[131] 비록 유엔의 제재는 의약품과 의료 기구 수입은 예외로 했지만 금융 거래 제한은 의약품과 의료 기구 수입 대금을 지불하는 것을 불가능하게 했다. 암과 에이즈 그리고 혈우병 치료에 연명하는 수천 명의 이란 환자들은 이러한 제재로 인해 의도치 않은 피해자가 됐다.[132] 이란의 경제적 고통은 많은

---

washingtonpost.com/wp-dyn/content/article/2008/05/30/AR2008053002567.html.

[130] 위키피디아에 있는 "이란의 범죄(Crime in Iran)"를 참조하라. 2013년 4월 3일 다음의 인터넷 사이트에서 검색했다. http://en.wikipedia.org/wiki/Crime_in_Iran.

[131] "유럽 연합이 (이란) 석유 수입을 금지하면서 이란의 리알화는 10% 하락했다" 알 아라비야(Al Arabiya). 로이터(Reuters). 2012년 1월 23일 위키피디아의 "이란에 대한 제재(Sanctions Against Iran"에서 검색했다. 2013년 4우러 3일 다음의 사이트에서 검색했다. http://en.wikipedia.org/wiki/Sanctions_against_Iran.

[132] Julian Borger; Saeed Kamali Dehghan, "국제 제재 때문에 이란은 생명을 구하는 약품을 구할 수 없다", The Guardian, 2013년 1월 13일 위키피디아의 "이란에 대한 제재(Sanctions Against Iran", 2013년 4월 3일 다음의 사이트에서 검색했다. http://en.wikipedia.org/wiki/Sanctions_against_Iran. 보르거(Borger)와 데간(Dehghan)은 제재에 의해 부정적인 영향을 받는 이들 중에는 85,000명의 암 환자와 40,000명의 혈우병 환자 그리고 23,000명의 에이즈 환자가 있다고 확인했다.

이란인으로 하여금 이슬람 공화국이 잘못된 방향으로 가고 있으며 새로운 길이 필요하다고 결론짓게 했다.

가족 전도

이란의 무슬림들이 예수님을 발견한 후 그 좋은 소식을 그들의 가족과 친구들에게 전하고 있다. 나디아가 예수님을 찾기 시작했을 때 그녀는 먼 곳에서 도움을 찾을 필요가 없었다. 그녀의 사촌이 이미 기독교인이 되어 있었고 그녀에게 처음으로 신약 성경을 준 사람이 바로 이 사촌이었다.

십자가 목걸이를 건 29세의 난민 하미데(Hamideh)는 8개월 전에 그리스도의 제자가 되었다. 그녀는 남편 나빌(Nabil)의 전도를 통해 신앙을 갖게 됐는데 남편 나빌은 아르메니아, 앗시리아 그리고 무슬림 배경의 기독교인 친구들에 의해 신앙으로 인도됐다.

하미데는 말했다. "우리가 처음 결혼에 관해 이야기했을 때 나빌은 저에게 예수님에 대해 말했습니다. 그는 일찍 예수님에게 이끌려 있었다. 그와 예수님이 생일이 12월 25일로 같다는 것이 한가지 이유였습니다. 나빌은 대학생이었을 때 교회에 다니는 것이 발각돼 학교에서 쫓겨나기도 했습니다."

결혼한 후 수년이 지나서 하미데가 다발성 경화증에 걸려 눈이 멀게 됐다. 나빌은 하나님께 치료해 달라고 기도했고 하나님은 하미데를 낫게 해주셨다. 그런데도 하미데는 예수님을 영접하지 않았다. 그녀는 말했다. "얼마 후 저의 남편이 10일 동안 감옥에 갇혔습니다. 그리고 2011년에도 다시 체포됐습니다. 그 후 우리는 이란을 떠났습니다."

하미데의 다발성 경화증이 재발한 것은 그들이 외국에서 도피 생활을 하고 있을 때였다. 그때 나빌은 하미데에게 치유를 위해 기도해야 한다고 말했다. 하미데는 기도를 했고 이번에도 예수님이 하미데를 고쳐 주셨다. 하미데는 예수님께 그녀의 삶을 드렸다. 하미데는 말했다. "이 일이 있기 전 저는 아무 종교도 믿지 않았고 신이 있다는 것만 믿었습니다. 그런데 예수님이 저를 도와주셨습니다. 저는 나빌의 삶에 평안함이 있는 것을 보았습니다. 그래서 저도 예수님께 저의 삶을 드렸습니다. 제가 그리스도께로 나아간 이후 예수님이 저의 삶에서 역사하시는 것을 알 수 있었습니다. 그로부터 한 주 후 저는 세례를 받았습니다."

39세의 파라(Farah)는 두 소년의 어머니로 쿠지스탄(Khuzestan)에 있는 루리(Luri) 종족에 뿌리를 두고 있는 여성이다. 그녀는 남편과 아들과 함께 기독교인 된 지 6년이 됐다.

파라는 필자에게 말했다. "저에게는 스칸디나비아에 있는 기독교인 형제가 한 명 있습니다. 저의 여동생이 그를 방문했을 때 여동생이 기독교인이 됐습니다. 저는 여동생이 예수님에 대해 말하는 것을 들었습니다. 그녀는 저에게 '우리는 천국에 갈 것을 100% 확신한다'라고 말하곤 했습니다. 여동생은 자신 있게 말했고 저는 그녀와 다투었지만 저도 성경을 읽기 시작했습니다. 저의 여동생은 저에게 하나님은 사랑이라고 말했습니다. 저는 '하나님은 누구인가?' 하고 의아해했습니다."

"성경 읽기는 저에게 영향을 주기 시작했습니다. 저는 성경에서 읽은 모든 것을 꾸란과 비교했고 성경이 더 나은 것을 보았습니다. 저는 예수님이 유일한 길이라고 적혀 있는 요한복음 14장에 대해 생각하는데 많은 시간을 보냈습니다. 그때 저는 《예수 영화》와 *하나님은 사랑(God is Love)* 영화를 보았습니다."

"저는 눈물을 흘리며 파시어(語)(Parsi, 페르시아어)로 하나님께 기도했고 *나마즈(namaz,* 이슬람 기도)를 중단했습니다. 저는 '만약 이것이 당신에 대한 것이라면 제가 알게 해 주십시오.'라고 기도했습니다. 그리고《예수 영화》를 보았습니다. 저의 마음이 열렸습니다. 영화 마지막에 저는 기도를 했습니다. 그때부터 저의 삶에 큰 변화가 일어났습니다."

신약 성경

나디아는 그녀의 사촌이 준 신약 성경을 읽으면서 이렇게 말했다. "오래된 문이 열리는 것처럼 저의 마음이 열리는 것을 느꼈고 제가 읽은 성경의 모든 구절을 온몸으로 이해했습니다." 오늘날 이란에서 페르시아어로 된 신약 성경과 전도지는 모두 불법 문서이다.

핸리 마틴

첫 페르시아어 신약 성경은 19세기 초 헨리 마틴(Henry Martyn)이라는 젊은 성공회 선교사에 의해 번역 되었다. 마틴 선교사는 침례교의 선구자적 선교사 윌리엄 캐리의 선교 사역에 감동을 받았다. 영국을 떠난 마틴 선교사는 캐리 선교사와 동역을 하기 위해 인도로 갔고 그곳에서 신약 성경을 페르시아어로 번역하는데 매진했다.

1810년 심신이 소진한 마틴 선교사는 인도를 떠나 안식년을 보내기 위해 영국으로 향했다. 영국으로 가는 도중 그는 이란에 들렸고 영국 대사관을 통해 페르시아어 신약 성경을 이란 국왕(shah)에게 전달했다. 수 개월 후 마틴 선교사는 영국으로 돌아가는 여정 중 동부 터키에서 죽었는데 그때 그의 나이는 31세였다.[133]

마틴 선교사의 1810년 신약 성경 번역은 19세기와 20세기 성공회와 장로교 그리고 다른 선교사들의 선교 사역을 통해 적은 수의 무슬림 배경 신자들이 등장하는 데 기여했다. 1979년 이슬람 혁명 이후 페르시아어 성경은 금지됐다. 이란의 무슬림 지도자들은 토착 앗시리아와 아르메니아 공동체의 언어로 된 신약 성경만 허용했다. 이란 정부는 고대 시리아어(Syriac)와 고대 아르메니아어가 이란에서 다수를 차지하는 페르시아어를 사용하는 무슬림을 전도하는데 충분한 걸림돌이 될 것이라고 믿었다. 인터넷의 진보와 수월해진 동영상과 녹음, 인쇄 매체 제작으로 페르시아어

---

[133] 휴 키솜(Hugh Chisholm)이 편집한 *Encyclopedia Britannica*, 11th ed., Cambridge University Press (1911)을 각색했다. 2013년 4월 15일 다음의 인터넷 사이트에서 검색했다. www.en.wikipedia.org/wiki/Henry_Martyn#cite_noteEB1911-6.

장애물이 무너졌다. 이란의 한 교회 성도가 페르시아어로 된 수천 개의 《예수 영화》(누가복음) 동영상을 배포했는데 복음에 대한 갈증 또는 최소한 호기심의 발로에 의해 "오직 두 사람만 《예수 영화》를 받는 것을 거부했다."라고 이 성도는 공개했다.[134]

이란에서의 성경 확산을 촉진시키기 위해 엘람 선교회(Elam Ministries)는 2003년 신약 성경의 현대 번역판을 출간했다. 10년이 채 지나기 전에 100만 권의 페르시아어를 쓰는 무슬림들에게 들어갔고 여전히 그들에게 전달되고 있다.[135]

예수님의 방문

예수님을 자기 삶으로 초대한 이후 나디아는 무슬림으로서 지금까지 그녀의 삶을 특징지었던 암기식 이슬람 기도와 율법적 규칙과는 전혀 다른 무엇을 느꼈다. 그녀는 "예수님의 역사가 제 안에서 일어나기 시작했습니다."라고 말했다. 이란에서 복음이 확산되는 원인 중 이란인들의 자유를 향한 갈망과 이슬람 국가에 대한 경멸보다 더 중요한 단 하나의 가장 큰 이유는 살아 계신 예수 그리스도와의 만남이었다. 어떤 이들은 꿈이나 환상을 통해 예수님을 만났고 다른 이들은 병고침 또는 기도 응답으로 만났다. 나디아와 같은 이들은 마음속 깊은 곳에서의 평안을 경험했고 자기 삶이 변화하며 자신 안에서 예수님이 역사하고 계신 것을 느꼈다.

23살 무슬림 배경 기독교인 친구가 레자에게 하나님이 그를 사랑하신다고 말하며 예수님을 소개했을 때 레자에게 환상이 임했다. 레자는 말했다. "저의 친구 뒤에 예수 그리스도가 계신 것을 볼 수 있었습니다. 매우 아름다웠습니다. 그 환상에서 예수님은 저에게 말씀하시지는 않았지만 저에게 눈으로 말씀하시는 것 같았습니다. '나에게 오라, 내가 너를 선택

---

134 Bradley, *Iran: Open Hearts*, p. 89.
135 *Iran*, Summer 2013, p. 12.

했다.'라고요."

크고 슬픈 눈을 가진 30세의 무슬림 배경 신자 알리 아크바(Ali Akbar)는 앗시리아 오순절 교인의 집을 거처로 삼은 난민이었다. 그는 말했다. "비밀 경찰은 저에게 매우 화를 냈습니다. 그들은 저의 전화기와 저의 집, 그리고 저의 은행 계좌와 모든 것을 빼앗았습니다."

"저는 가정 교회의 지도자였기 때문에 체포됐습니다. 그들은 저를 심하게 고문해서 제 배에서 피가 나기 시작했고 혈압이 떨어졌습니다. 저는 병원으로 급히 이송 됐고 의사는 제가 죽을 것이라고 말했습니다. 병원은 저에게 수혈할 수 없었는데 그 이유는 저의 혈압이 너무 낮아 핏줄에 주삿바늘을 꽂을 수 없었기 때문입니다."

"그후 저는 갑자기 저의 몸 속에서 불 같이 뜨거운 것을 느꼈습니다. 저의 혈압은 다시 정상이 됐습니다. 무슬림들은 그때가 아슈라(Ashura, 무할람(Muharram) 달에 있는 시아파 이슬람의 거룩한 날)였기 때문에 후세인(무함마드의 손자, 역주)이 저를 고쳐 주었다고 생각했습니다. 사람들은 놀랐고 저를 집으로 돌려보냈습니다."

"제가 병원을 떠나려고 엘리베이터에 탔을 때 길고 흰 옷을 입고 있는 남자를 보았습니다. 저는 헛것을 보았다고 생각했습니다. 그 후 저의 어머니도 예수님을 보았는데 예수님이 저희 어머니에게 말했습니다. '내가 너의 아들을 살렸다.' 저의 어머니는 불신을 회개했고 우리 가족 모두가 신앙을 갖게 됐습니다."

가정 교회

오늘날 가정 교회는 이란에서 무슬림 배경 신자들이 예배를 드리는 주요 공간이 됐다. 나디아와 그녀의 가족이 2006년 그리스도의 제자가 됐을 때 무슬림 개종자들이 기독교 예배에 참석할 수 있는 선택권은 거의 없었다. 나디아의 도시에 있는 앗시리아 교회와 아르메니아 교회는 무슬림 배경 신자들의 출입이 금지되어 있었다. 이 교회들은 나디아가 이해할 수 없는 고대 언어로 된 의식을 사용했다. 나디아가 가정 교회로 간 것은 늘어나고 있는 무슬림 배경 신자들이 택하는 방안이 됐다.

정부는 노출된 교회를 찾아내어 핍박하기 때문에 많은 이란 교회들, 특히 무슬림 배경 신자들이 지하로 숨어 들어가는 것은 매우 놀랄 만한 일이 아니다. 가정 교회 운동이 얼마나 확산됐는지 말하는 것은 힘든 일이지만 보수적으로 추정해도 이란에 10만 명의 무슬림 배경을 가진 이란인 그리스도 제자들이 있다. 이란 기독교인 난민들의 규모와 기독교 위성 텔레비전 프로그램에 편지를 보내는 이들의 수를 통해서 얻은 데이터는 이란에 무슬림 배경 신자들의 수가 수백만 명에 이른다는 신뢰할 만한 추정의 근거가 된다.[136]

병원 엘리베이터에서 예수의 환상을 보고 가족들이 신앙을 갖게 된 슬픈 눈의 알리 아크바는 다수의 사람이 체포되어 그가 이란을 떠나게 될 때까지 많은 가정 교회들의 시작을 도왔다. 알리가 이란을 탈출하려 할 때 그는 이란의 10여 개 지역에서 35개의 가정 교회와 함께 사역을 하고 있었다. 알리가 필자가 함께 기도했을 때 알리는 울기 시작하며 말했다. "저는 비록 여기 있지만 이곳에 있기를 원하지 않았습니다. 저의 마음은 이란에 있습니다."

내가 그를 보는 방법

나디아와 그녀의 가족이 이란을 떠나 예수 그리스도를 위해 모든 것을 잃은 다른 수천 명의 무슬림 배경 신자들처럼 난민이 됐을 때, 그들이 도착한 나라에 있는 기독교 공동체로부터 따뜻한 환영을 받았다. 무슬림 배경 신자들과 국제 기독교 선교회들은 그녀의 가족을 품어 주었고 그들이 살

---

[136] 그의 저서 Iran and Christianity에서 마크 브래들리(Mark Bradley)는 "만약 모합밧(Mohabbat) TV에서 실시한 조사의 수치들을 국가적 규모로 치환하면 800만 명이 기독교에 관심이 있고 거의 300만 명에 이르는 이들이 실제로 기독교인이 되고 싶어한다는 의미이다"라고 밝혔다. Iran and Christianity, p. 187, 각주 2를 참조하라.

길을 찾도록 도와주었다.

그들이 정착한 도시에 있는 기독교 단체 중 한 곳은 이란 배경 이주민들을 위해 기독교의 결혼 생활 행사를 개최했다. 이 행사는 돈(Don)이라는 미국인에 의해 주도됐다. 돈은 이 행사가 무슬림 배경 부부들이 기독교 원칙에 의해 그들의 결혼 생활을 이루어 가는 데 도움이 되리라 생각했다.

돈은 말했다. "우리는 이 행사를 아가서 수련회(Song of Solomon Workshop)라고 불렀습니다. 이 행사는 무슬림 배경 부부가 그들의 부부 관계를 무슬림 세계관에서 부부 사이의 사랑에 기초한 기독교적 부부 관계로 전환하는 데 도움을 주기 위해 고안됐습니다."

돈은 회상했다. "남편들이 연습했던 것 중 하나는 아내에게 사랑을 표현하는 것이었습니다. 나디아의 남편 사산이 시범을 보이겠다고 자원했던 것으로 기억합니다. 사산은 나디아의 손을 잡고 사람들 앞으로 이끌어 냈습니다. 그는 미소를 지우며 큰 목소리로 '나디아, 사랑해.'라고 소리쳤고 그 다음에 사람들이 보는 앞에서 공개적으로 그녀에게 키스했습니다. 사람들은 미소를 지었고 이 부부에게 환호성을 보냈습니다."

저는 나디아에게 행사에 대해 물었습니다. 그녀는 얼굴을 붉히며 말했습니다. "사산이 저에게 사랑한다고 말한 것은 저희 결혼 생활에서 처음이었습니다."

나디아는 눈을 아래로 향하고 조용히 말했습니다. "수련회가 끝난 직후 저의 집에서 사고가 있었습니다. 전기 배선이 좋지 않았나 봅니다. 제가 남편의 몸을 봤을 때 남편은 감전됐습니다. 그의 팔과 얼굴이 심하게 탔습니다."

저는 여러 죽음과 비극과 상실을 경험한 이 여성을 쳐다보았고 '그녀가 어떻게 이것을 견디어냈을까.'라고 생각했습니다. 나디아는 제가 질문하려고 한 것을 눈치챈 듯이 말했습니다. "예수님의 약속 때문입니다. '수고하고 무거운 짐 진 자들아, 다 내게로 오라. 내가 너희를 쉬게 하리라.'(마태복음 11:28) 예수님이 저를 인도하셨습니다."

나디아가 저에게 말했습니다. "예수님이 저에게 놀라운 평안을 주셨습니다. 저의 남편의 얼굴은 심하게 탔지만 지금도 제가 눈을 감으면 제가 그를 위해 마련했던 가장 좋은 옷을 차려입은 키가 크고 멋있는 남편이 보입니다."

나디아는 그녀를 사랑한다고 말한 남편 사산의 목소리를 듣고 있는 듯 눈을 감고 미소를 지었습니다.

> **소규모 모임에서의 깨달음을 위한 질문**
>
> 1. 이 장에서 당신이 받은 인상은 무엇인가?
> 2. 페르시아 권역에서 하나님은 어떻게 역사하고 계시는가?
> 3. 하익 주교의 이야기에 대해 토론해 보자. 그의 이야기는 이 권역에서 하나님이 역사하는 큰 그림에 어떻게 관련되어 있는가?
> 4. 페르시아 권역의 미래는 어떻게 될까요?

9장
투르키스탄(Turkestan) 권역

> 만군의 여호와께서 이처럼 이르시되
> 너희는 내게로 돌아오라 만군의 여호와의 말이니라
> 그리하면 내가 너희에게로 돌아가리라
>
> 스가랴 1:3

티무르 랑(Timur Lang)의 군대는 세계 인구의 5%에 해당하는 이들의 죽음에 대한 책임이 있다. 티무르 랑(1336-1405) 또는 서구에 알려진 이름인 타메를란(Tamerlane)은 100만 명이 넘는 주민들이 사는 델리, 이스파한, 다마스쿠스, 바그다드를 전멸시켰다. 이 도시들은 항복했지만 그는 주민들을 살육했다. 역사가들은 현대의 대량 살상 무기들이 없었음에도 불구하고 중앙아시아 투르크계 부족민들로 구성된 티무르의 군대가 1,700만 명의 남자, 여자, 어린이들을 죽였을 것으로 추정했다.[137]

티무르는 수백만 명의 무슬림들과 힌두교인들을 죽인 무차별적 살인자였다. 그는 중국의 명 왕조를 정복할 계획을 갖고 있었지만 1405년 전

---

[137] 위키디피아에 있는 "티무르(Timur)". Matthew White의 Atrocitology: Humanity's 100 Deadliest Achievements, Canangate Books, 2011, section "Timur"를 인용함. 2013년 5월 1일 다음의 인터넷 사이트에서 검색함. en.Wikipedia.org/wiki/Timur.

티무르 랑 / 타메를란

염병으로 사망했다. 하지만 이 무슬림 장군 티무르는 중앙아시아에서 기독교를 몰아냈다. 이 지역의 기독교 공동체는 100년 동안 이슬람 몽골제국의 압제 아래에서 이미 약화되어 있었다. 약탈을 자행하는 티무르 군대는 투르키스탄에 남아 있던 기독교 공동체의 대부분을 없애 버렸다.[138]

지금의 우즈베키스탄 지역으로 중앙아시아의 대초원 위에 건설된 티무르의 고대 수도 사마르칸드(Samarkand)에 그의 35년 통치 기간 세워진 웅장한 이슬람 사원들과 건축학적 찬사를 받는 건물들이 여전히 남아 있다. 티무르는 그가 정복한 지역에서 가장 뛰어난 건축가들을 데려와 건축할 과업을 주어 그가 애정을 품고 있었던 수도를 건설하고 아름답게 꾸미도록 했다.

그러한 건축물 중 하나는 그 자신의 능, *구르에 아미르(Gur-e Amir, 왕의 무덤)*였다. 그는 1405년 이곳에 안치됐다. 500년이 지난 후인 1941년 소비에트 인류학자 미카일 게라시모브(Mikhail Gerasimov)가 조사를 위해 투르크 정복자 티무르의 사체를 발굴했다. 티무르의 관이 열린 후 게라시모브는 무덤 안에 새겨진 저주를 발견했다: "누구든지 나의 무덤을 여는 자는 나보다 더 가혹한 침략자를 풀어놓게 될 것이다." 그 이틀 후 아돌프 히틀러(Adolph Hitler)의 군대가 러시아를 향해 역사상 가장 큰 규모의 군사적 공격을 감행했다. 작전명 바르바로사(Operation Barbarossa)는 300만 명의 침략군이 2,000만 명이 넘는 소비에트 민간인과 군인 사상자를 발생시켰는데 이는 티무르가 자행했던 것보다 300만 명이 더 많은 수치이다.[139] 1942년 11월 티무르는 정식 이슬람식 장례 절차에 따라 다시 매장됐고 이

---

[138] 위 자료. 위키디피아의 "Timur".

[139] http://en.wikipedia.org/wiki/World_War_II_casualties_of_the_Soviet_Union.

틀 뒤 독일 군대는 스탈린그라드 전투에서 패배했다.

오늘날 미국인들은 티무르에 대해 잘 모른다. 그러나 2013년 4월 15일 한 문제아 형제가 보스톤 라마톤에서 이 15세기 야만적 살육자를 생각나게 하는 사건을 일으켰다. 투르키스탄의 코카사스(Caucasus) 지역에 위치한 다게스탄(Daghestan)에서 이민 온 두 형제가 연례 애국자의 날(Patriots Day)에 열리는 보스톤 마라톤의 결승 지점 근처에서 폭탄을 폭발시켜 3명이 죽고 264명이 크게 다쳤다. 이 형제들은 차르나에브(Tsarnaev)라는 무슬림 성을 가진 다게스탄 출신이며 이 사건을 주동했던 두 형제 중 형의 그의 이름이 '타메를란'이었다.

대초원의 제국

투르키스탄은 투르크 민족의 땅이다. 이 투르크 민족의 땅은 현재의 터키와 유럽의 발칸 국가들에까지 확장되기 전에는 몽골 서쪽 국경의 알타이(Altai)산맥에 있는 투르크 민족의 근원지에서 출발하여 중앙아시아의 대초원을 가로질러 코카사스 산맥의 불안정한 지역까지 6,400킬로미터에 뻗쳐 있었다.

오늘날 2억 명 이상의 투르키스탄에 있는 투르크계 민족은 227개의 투르크계 종족을 이루며 15개 국가에 거주하고 있다. 잘 알려진 투르크계 종족들은 중국 신지앙(Xinjiang)의 위구르족(Uighur), 카작족(Kazakh), 키르기즈족(Kyrgyz), 우즈벡족(Uzbek), 투르크멘족(Turkmen), 아제리족(Azeri) 그리고 구(舊)소비에트연방의 타타르족(Tatar)이며 물론 터키의 투르크족(Turk)도 있다.

투르키스탄은 다양한 특색을 지닌 분쟁으로 점철된 권역이다. 가장 동쪽에는 중국의 위구르족들은 공산주의자들 아래 종속됐다. 서쪽에서는 터키 공화국의 투르크 무슬림들이 카말 아타투르크(Kamal Ataturk)(1881-1938)의 근대화 개혁을 겪었다. 그 사이에 있는 구소비에트 투르크계 국가들은 처음에는 공산주의자들의 통치 아래에서, 오늘날에는 일당 독재자 밑에서 쇠약해지면서 시름하고 있다.

인류 역사가 최초로 기록됐을 때부터 투르키스탄을 정복한 자는 중국과 유럽 사이를 잇는 귀중한 실크 로드가 가져다준 풍요로움을 누렸다. 이익이 많이 나는 교역로는 이 지역을 3,000년 이상 동안 동양과 서양 사이의 전쟁터로 만들어 놓았다.

역사

투르키스탄의 극적인 역사의 첫 장면은 중앙아시아의 대초원에서 일어났다. 투르키스탄은 광범위한 전쟁을 통하여 몽고인들을 동쪽으로, 페르시아인들을 남서쪽으로, 인도인들을 동남쪽으로, 러시아인들을 북쪽으로 이동시켰다. 종종 승리자였던 투르크계 민족들은 전멸의 찰나에서 그들의 존재를 지켜냈다. 죽이거나 죽임을 당하는 상황은 그들이 인류 역사에서 가장 극단적인 공격과 정복의 행동을 표출하도록 만들었다.

투르크계 민족들은 고대 말기에 중앙아시아에 정착하려는 게르만계(Germanic) 부족들을 공격하여 이 부족들을 무너져가는 로마 제국으로 몰아내면서 서구에 처음 모습을 드러냈다. 만약 로마인들이 게르만계 고트(Goth)족과 반달(Vandal)족이 야만적이라고 생각했다면, 로마인들은 아시아의 대초원에서 고트족과 반달족을 몰아낸 이 공포의 전사들을 대하기 위해서는 아주 많은 준비를 해야 했을 것이었다. 5세기 중반 유럽은 훈(Hun)족 아틸라(Attila)라는 인물의 흉포함을 맛보았다. '하나님의 응징'으로 불렸던 아틸라는 434년-453년 비잔틴 로마 제국을 굴복시켰다.

이슬람은 651년 아랍인들이 페르시아 제국을 정복하면서 투르키스탄에 들어갔다. 아랍인들이 751년 중국의 당 왕조 군대를 탈라스(Talas, 지금의 키르기스스탄에 위치함)에서 패배시키며 무슬림들은 중앙아시아의 실크로드를 장악하는 데 성공했다.[140] 5개의 시대가 그 후의 투르키스탄의

---

[140] 위키디피아의 "탈라스 전투(Battle of Talas)"를 참조하라. 2013년 8월 31일 다음의 인터넷 사이트에

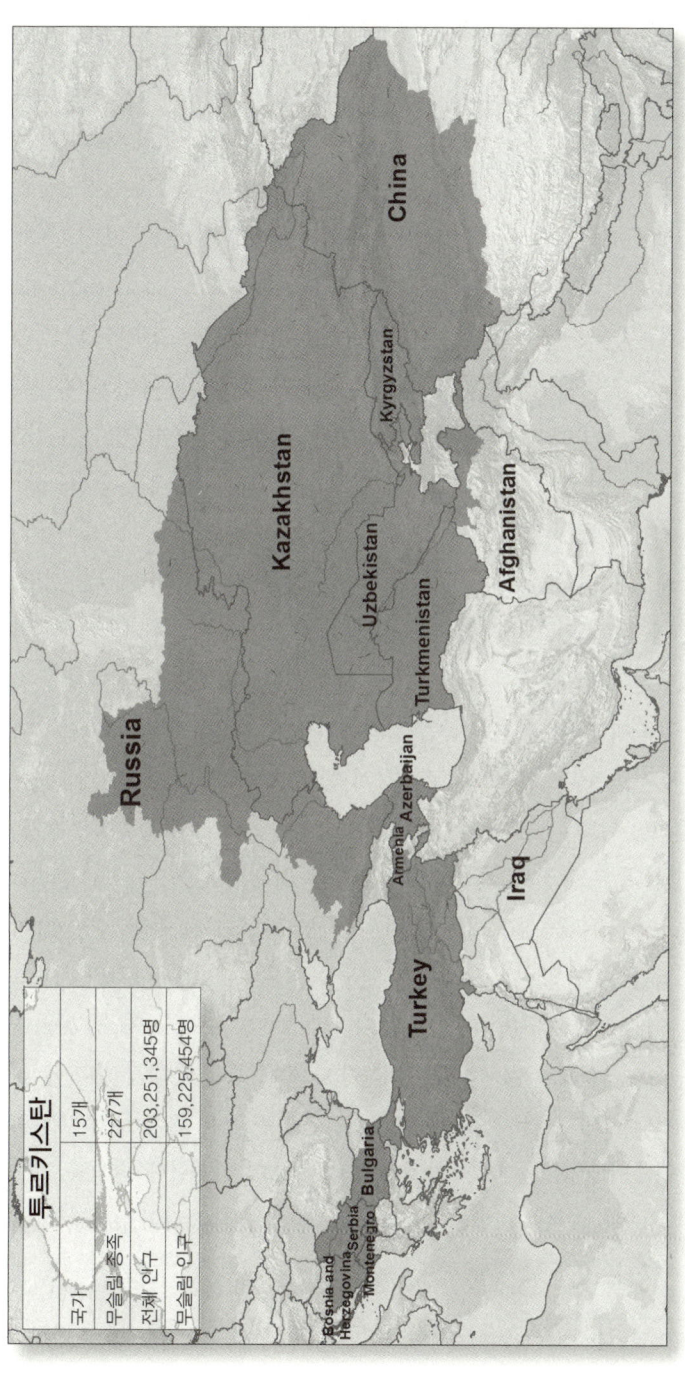

투르키스탄

투르키스탄	
국가	15개
무슬림종족	227개
전체 인구	203,251,345명
무슬림 인구	159,225,454명

9장. 투르키스탄(Turkestan) 권역

종교 역사를 특징짓게 했다. 첫 시대는 1299년, 훗날 오스만 제국이 된 한 투르크계 민족이 부상하며 시작됐다. 두 번째 시대는 1360년-1405년의 티무르의 지배로 드러났다. 그 후 100년 동안 중앙아시아는 금장 칸국(Golden Horde, 몽골 제국 멸망 후 13~15세기 지금의 중앙아시아를 다스린 몽골계 칸국으로 킵차크 칸국으로도 불림, 역주)이 통치했다. 세 번째 시대는 오스만 제국 팽창의 황금시대이며 이 시대는 1453년 콘스탄티노플(Constantinople) 함락으로 절정을 이루었다. 네 번째 시대는 쇠퇴의 시대로 16세기 오스만 제국의 유럽 진출이 좌절된 시기에서 시작하여 러시아 제국이 중앙아시아에 있는 투르키스탄을 장악한 시대로 이어진 시기이다. 마지막 시대는 투르키스탄이 여러 독립국이 되도록 만든 공산주의의 몰락과 함께 시작되어 현재 진행 중에 있다.

술탄 메흐메드(Mehmed) 2세가 콘스탄티노플에서 오스만 제국의 깃발을 올릴 때 700년 이슬람의 꿈이 성취됐다. 오스만은 비잔틴 제국에서 멈추지 않고 곧 기독교 유럽 제국으로 눈을 향했다. 오스만 군대는 발칸 지역을 통과하여 1462년 아주 잠깐 왈라키아(Wallachia)의 블라드(Vlad) 3세를 억누르기도 했다. 블라드의 부(父)계쪽 성은 드라쿨(Dracul, 후대에 드라큘라로 알려짐)이며 다누베(Danube) 강가에서 투르크 군대를 패배시키고 23,884명의 투르크 군인들을 창으로 찔러 죽임으로써 '찌르는 자 블라드(Vlad the Impaler)'라는 별칭을 얻었다. 1475년 '찌르는 자 블라드'는 더 이상 그 이름을 쓸 수 없었고 오스만 군대는 유럽으로 진군해 나갔다.

정복자 메흐메드의 증손자인 술레이만 대제(Suleiman the Magnificent)는 대제라는 호칭을 페르시아와 북아프리카 대(大)정복을 통해 얻었다. 술레이만은 그의 12만-13만 명의 군대가 그보다 훨씬 작은 신성 로마 제국의 도시 비엔나의 군대를 패배시키지 못하면서 그의 위대함에 손상을 입었다. 술레이만의 1529년 비엔나 공격 실패는 투르크 무슬림의 유럽을 향한

서 인용했다. http://en.wikipedia.org/wiki/Battle_of_Talas.

팽창의 막을 내리게 했고 오스만 제국의 길고 냉혹한 쇠퇴가 시작됐다. 이는 또한 러시아 제국의 부상을 불러왔다.

술레이만 대제

4세기 첫 기독교인 로마 황제가 비잔티움이라는 마을을 그의 새 수도로 탈바꿈 시키고 콘스탄티노플로 명명한 이래 이 도시는 '제2의 로마'로 간주되었다. 콘스탄티노플이 함락되면서 모스크바에 있는 기독교인들은 콘스탄티노플의 후계자로 자처하며 자신들의 도시를 '제3의 로마'로 선포했다. 이 두 도시는 같은 동방 정교를 따랐다. 모스크바의 대공(Great Prince) 이반(Ivan) 3세 (1440-1505)는 마지막 비잔틴 황제 콘스탄틴(Constantine) 11세의 조카딸 소피아 팔레올로그(Sophia Paleologue)[141]와 결혼하면서 기독교 황제의 후계자 지위를 증명했다. 이반 3세는 러시아의 크기를 3배로 늘렸고 100년 동안의 중앙아시아 투르크-몽고계 금장 칸국(Golden Horde)의 공포를 종식했다.

18세기와 19세기를 지나며 러시아는 오스만 제국이 쇠퇴하는 것에 편승하여 제국을 확장했다. 러시아의 제국적 야망은 영국과 프랑스의 지중해 지배에 위협이 됐다. 오스만 제국이 갖고 있는 예루살렘 성지에 대한 권리 때문에 프랑스와 러시아 사이의 논쟁이 발생하자 프랑스와 영국은 오스만 제국과 한 편이 되어 1853년~1856년 크림 전쟁에서 러시아에 대항했다. 기독교인이 다수인 유럽의 국가들이 무슬림 터키와 어색한 동맹을 맺어 동방 정교의 국가 러시아와 맞서는 모습은 20세기 미국이 주도하는 NATO 동맹(터키 포함)과 소비에트 연방 사이의 냉전의 전조가 됐다.

1856년 크림 전쟁에서 러시아에 맞서는 터키를 영국이 지원한 대가로

---

[141] "고대 말씀의 지혜"로 번역되는 소피야의 이름은 이 기독교 황제의 후계자라는 유산을 갖고 있다.

터키의 술탄은 오스만 제국에 있는 무슬림들이 기독교로 개종하고 세례를 받을 수 있는 자유에 동의했다. 이전에 없던 기회에 반응하기 위해 영국 교회 선교회(Church Missionary Society)는 콘스탄티노플(지금의 이스탄불)에서 무슬림을 향한 전도 사역을 시작했다. 선교 역사가 라투렛(K.S. Latourette)은 "소수의 개종자가 나왔으나 핍박의 폭풍이 처음의 밝은 전망을 어둡게 했다."라고 기술했다. 1870년대 말 재정의 부족이 주요 원인이 되어 새로운 선교의 기회는 사라졌고 콘스탄티노플에 있는 선교 기지도 중단됐다.[142]

20세기 공산주의는 처음에는 투르키스탄의 무슬림들에게 큰 자치권을 가져다 주었지만 공식 공산주의 입장은 종교를 '인민의 아편'으로 보았다. 결국 공산주의는 이슬람에 반대하는 입장에 섰다. 그 후 80년 동안 공산주의자들은 이슬람 기관들을 탄압하여 이슬람 문명의 변함없는 원천이었던 이슬람 교육과 사회 기반 시설들을 약화시켰다.

공산주의가 몰락한 이후 종신 대통령들이 구소비에트 중앙아시아 공화국들의 각 지역에서 부상해 여러 다른 수준의 전체주의적 정권을 창출했다.[143] 신생 공화국 우즈베키스탄, 카자흐스탄, 키르기스스탄, 투르크메니스탄 그리고 아제르바이잔의 공식 헌법은 종교의 자유를 공언했고 이슬람은 절대다수의 종교로 남아 있었다. 다수 국민에게 호의를 얻기 위해 각국 정부들은 소수 기독교 공동체 단속을 과도하게 실행했다.

만약 지역 무슬림들이 민병 조직이 됐다면 이들도 정부의 호된 채찍을 맞았을 것이다. 이슬람 급진주의자들은 종종 공산주의 몰락 이후에 들어

---

142 K.S. Latourette, *A History of the Expansion of Christianity*, Vol. VI "The Great Century, A.D. 1800 - A.D. 1914" (London: Eyre & Spottiswoode, 1947), p. 53.

143 공산주의 몰락 이후 시대에 중앙아시아의 지도자들은 다음과 같다. (1) 아제르바이잔: 부자(父子) 대통령 헤이다르 와 일함 알리예브(Heyder & Ilham Aliyev) (1993-현재); (2) 카자흐스탄: 나자르바예브(Nazarbayev((1990-2019); (3) 키르기스스탄: 일련의 대통령과 쿠데타; (4) 투르크메니스탄: 니야조브(Niyazov)가 종신 대통령(1990-2006)였다; (5) 우즈베키스탄: 카리모브(Karimov)(1990-2016).

선 독재자들의 일상적인 억압의 대상이 되어 왔는데 그 이유는 급진주의 이슬람이 정권을 매우 빠르고 과격하게 뒤집어엎는 기폭제의 역할인 것을 독재자들이 알고 있었기 때문이다.

무슬림 개종 운동의 특징

1989년 소비에트 연방이 최종적으로 해체되기 이전 소비에트 연방의 통제가 느슨해지면서 수천 명의 서양의 복음주의 기독교인들이 그들의 신앙을 전하기 위해 공산주의 제국으로 들어갔다. 불과 25년 후 1,300년 동안의 이슬람 역사에서 그리스도로의 개종 운동이 없었던 투르크메니스탄은 이제 그리스도를 향한 무슬림들의 새로운 운동이 배가되는 본거지가 됐다.[144]

소비에트 이후 시대의 서양 복음 전도자들이 복음 전파에 중요한 역할을 했지만 50년 전에 수십만 명의 독일계 침례교, 메노나이트(Mennonite)교 그리고 오순절 신자들에 의한 활발한 기독교 복음 전파 사역이 먼저였다. 많은 중앙아시아 무슬림 배경 그리스도의 제자들과의 인터뷰는 그들에게 그리스도의 사랑을 처음으로 보여준 이들 서양 복음주의자들이 도착하기 수십 년 전에 있었던 독일계 신자들이었다고 증언했다.

이 독일계 복음주의자들은 어디서 왔는가? 어떻게 이들은 무슬림 투르키스탄의 중심지에 도착했는가? 러시아로 들어간 가장 큰 독일인 이주는 프러시아(Prussia)의 독일계 예카테리나 2세(Catherine the Great, 캐서린 여제라고도 불린다, 역주) 통치 시절까지 거슬러 올라간다. 예카테리나 2세는 독일인들에게 공개 이주를 초청하며 그들에게 군역을 면제시켜 주겠다고

---

[144] 이슬람 이전에 그리스도를 향한 투르크계 운동들이 있었지만 이 운동들은 무슬림 투르크족 사이에서 있었던 운동이 아니었다. 네스토리아(Nestoria) 경교와 정교회 선교사들이 샤머니즘을 믿는 나이만(Naiban) 부족과 케이렛(Keiret) 부족과 같은 투르크계 종족들 안으로 들어갔다. 그러나 이 마지막 기독교 부족들은 티무르의 통치 시절 동안 소멸됐다. Samuel Moffett, *A History of Christianity in Asia, Vol. 1*, pp. 400-401를 참조하라.

약속했다. 이는 특히 평화주의자인 메노나이트 신자들과 침례교도들의 관심을 불러왔고, 그 후 100년 동안 독일인들이 러시아로 쏟아져 들어왔다. 예카테리나 2세는 또한 정교회 신자들을 개종시키지 않는 한 비(非)기독교 소수 종족을 향한 복음 전파를 허용했다.145

예카테리나 2세

20세기 러시아에는 200만 명의 독일계 주민들이 살고 있었는데 이 중 많은 이들이 침례교도, 메노나이트 신자들과 오순절 신자들이다. 그러나 독일계 침례교도와 메노나이트 복음주의자들의 대부분은 1942년까지 투르키스탄에 들어가지 않았다. 그 해는 아돌프 히틀러가 나치 군대를 소비에트를 향해 총구를 돌렸던 해였다.

조세프 스탈린

조세프 스탈린(Joseph Stalin)(1878-1953)은 돌연 러시아에 있는 200만 명의 독일계 주민들이 문제가 된다고 생각하여 이들을 중앙아시아로 이동시켰다. 스탈린은 극동 지역에서도 유사한 위협을 감지했다. 이곳에는 19세기 동안 저개발된 목재와 광산 산업에서 일하기 위해 시베리아로 이주한 수십만 명의 한국계 주민들이 있었다. 한국인들은 일본인이 아니었다. 사실은 당시 한반도를 점령하고 있던 일본인들에게 원한을 품고 있던 세력이었지만 한국인들은 일본인처럼 보였다. 그래서 스탈린의 한국인들에 대한 해결책도 독일계 주민들의 해결책과 같았다. 50만 명의 한국인들이 소비에트의 중앙아시아 국가 카자흐스탄, 키르기스스탄, 우즈베키스탄으로 재배치됐다.146

---

145 위키피디아의 "러시아, 우크라이나, 소비에트 연방의 독일인(History of Germans in Russia, Ukraine and the Soviet Union)". 2013년 6월 10일 다음의 사이트에서 검색했다. http://en.wikipedia.org/wiki/History_of_Germans_in_Russia_Ukraine_and_the_Soviet_Union.

146 위키피디아의 "고려사람(Koryo-saram)". 2013년 6월 13일 다음의 인터넷 사이트에서 검색했다.

소비에트 연방 붕괴 후 수십만 명의 이 소비에트-독일계 주민들이 유럽과 아메리카 대륙으로 주거지를 옮겼다. 하지만 1999년까지도 카자흐스탄에 353,441명의 독일계 주민이, 키르기스스탄에 21,472명의 독일계 주민들이 있었다.147

독일계와 한국계 주민들 모두 투르키스탄에 있는 무슬림들을 향한 복음 전파에 중요한 역할을 하게 됐다. 당시 한국계 주민들은 기독교인이 아니었지만 소비에트 몰락 후 한국에서 온 수백 명의 한국인 복음주의자들과 쉽게 연결됐다. 한국인 선교사들은 한국계 주민들을 그리스도에게 인도할 수 있었다. 기독교인이 된 한국계 주민들은 한국에서 온 선교사들에게 문화적 다리의 역할을 해 주었다.

기독교 공동체인 독일계 주민들은 더 직접적으로 복음 전파 사역에 영향을 주었다. 복음주의 독일계 주민들을 통해 비록 소수의 무슬림들이 기독교 신앙을 받아들였지만 오늘날 개종자의 많은 이들은 이 평화주의적인 독일계 기독교인들을 침략군의 후원을 받지 않았던 첫 기독교인들이라고 회상한다.

기회의 도래와 퇴장

오늘날 투르키스탄은 그리스도를 향한 무슬림 개종 운동들의 본거지이다. 어떤 운동들은 살아남기 위해 고군분투하지만 다른 운동은 수천 명에 이르는 상당한 집단을 이루어 가고 있다. 이 운동들에 속한 이들의 수는 비록 투르키스탄의 2억 명에 이르는 무슬림과 비교하면 아주 적지만 불과 100년 전에는 상상할 수 없었던 그들의 존재 자체는 이 지역의 1,300년 된 이슬람 이야기에서 역사적인 변화로 기록된다. 20여 년 전 철의 장막

---

en.wikipedia.org/wiki/Koryo-saram.

147 위키피디아의 "러시아, 우크라이나, 소비에트 연방의 독일인(History of Germans in Russia, Ukraine and the Soviet Union)", 2013년 6월 10일 다음의 사이트에서 검색했다. http://en.wikipedia.org/wiki/History_of_Germans_in_Russia_Ukraine_and_the_Soviet_Union.

이 붕괴할 때 소비에트의 투르크계 공화국들에는 단지 2개의 개종 운동이 겨우 시작되고 있을 뿐이었다.

수천 명의 미국인, 유럽인 그리고 한국인 복음주의자들이 미카일 고르바체브(Mikhail Gorbachev)의 *그라스노스트(glasnost, 개방)*라는 새 정책에 편승하여 수십만 명의 독일계 개신교인들과 상반된 길을 걸었다. 독일계 주민들은 동일한 정책을 이용하여 중앙아시아에서 빠져나와 러시아 또는 본국 독일로 돌아갔다. 이 독일계 개신교인들의 소극적 복음 전파 사역은 불과 50년에 지나지 않지만 이들은 중앙아시아에 있었던 기간 동안 자신들 주변에 있는 무슬림들에게 신실하게 그리스도를 전했다. 이러한 이유로 역사는 무신론자 조세프 스탈린을 투르키스탄의 복음화 역사에서 가장 크게 복음을 분산시킨 자로 규정할지도 모르겠다.

1989년 소비에트 연방의 몰락 이후에 도착한 서양 선교사들은 투르키스탄의 새 정권들이 그들의 복음 전파 사역을 단속하기 시작하기 전까지 짧은 기간의 기회를 가졌을 뿐이었다. 하지만 이 지역 무슬림들은 서양 선교사들의 사역을 통해 식민화 작업의 일부분이 아닌 기독교 신앙을 보았다. 많은 무슬림들은 처음으로 러시아 제국의 정교회 확대도 아니고 19세기 대(大)패권 경쟁(The Great Game)에서 나타난 영국 제국주의도 아닌 기독교 신앙을 보았다.[148]

서양 선교사들은 영역을 넓히는 것보다는 복음을 전하는 것에 관심이 있었기 때문에 이들은 투르키스탄 종족들의 언어와 문화에 주의를 기울였다. 그래서 러시아어나 독일어로 된 전도 도구들을 챙기는 대신 이 지역에 도착하여 대신 이들은 위구르어, 카작어, 키르기스어, 우즈벡어 그리고 다른 투르키스탄 언어를 배웠다. 더 중요한 것은 복음이 이 지역의

---

148 루드야드 키플링(Rudyard Kipling)이 그의 소설 *킴(Kim)*에서 러시아와 영국의 19세기 중앙아시아 경쟁을 지칭하는 "대(大)패권 경쟁(The Great Game)"이라는 용어를 만들어 냈다. 이 시기 전체 역사에 대해서는 Peter Hopkirk의 *The Great Game: The Struggle for Empire in Central Asia* (New York: Kodansha International, 1990를 참조하라.

현대화되고 상황화된 언어로 번역됐다는 것이다. 이것은 서양 선교사들이 신에 대한 러시아어 단어 '보그(Bog)'나 독일어 단어 '고트(Gott)' 대신 중앙아시아 전역의 무슬림들에 의해 사용되고 있는 신에 대한 투르크-페르시아(Turko-Persian)어 단어 '코다(Khoda)'를 사용했다는 것을 의미했다.

서양 선교사들은 또한 《예수 영화》가 지역 투르크계 언어로 번역된 것처럼 복음이 문어체가 아닌 다른 형식으로 전달되는 것을 가능하게 했다. 서양 선교사들이 이 지역에서 활동 가능하게 했던 기회가 사라지면서 이 지역 언어로 된 복음 전파를 위한 도구들은 투르키스탄 교회 역사에서 새로운 단계의 출현을 촉진하는 배경으로 남게 됐다.

당신의 것에서 나의 것으로

8년 동안의 마르크스 교육은 중앙아시아 청소년들에게 다음의 일관된 메시지를 전했다.: 이슬람은 무력과 함께 왔고 종교는 대중을 조종하는 수단에 불과하다. 이 메시지에서 이슬람에 대한 부분은 논쟁이 불가했지만 투르크계 반체제 인사들은 투르키스탄 전역을 통치하는 억압적인 독재자들에 항거하는 수단으로써 다시 한번 이슬람을 이용할 수 있으리라는 생각을 품게 되었다.

21세기가 시작되자 중앙아시아 전역의 여러 지역에서 투르크계 종족 출신의 새 신자들로 구성된 복음 전파의 교두보가 되는 공동체들이 세워졌다. 좀 더 개방적인 공화국들에서는 침례교인들, 장로교인들, 루터교인들, 오순절교인들 그리고 다른 기독교인들의 연합체들이 정부로부터 허가를 받았다. 더 제한적인 나라들에서는 새 신자들이 은밀하게 가정이나 아파트에서 모였다. 초기에 개종한 이들의 대부분은 청년들이었다. 이들 중 믿음이 강한 이들은 서양 기독교인들이 제공했던 신앙 훈련 프로그램들에 관심을 가졌다. 어떤 이들은 서양과의 관계를 서양에서 더 나은 삶을 살려는 수단으로 보았다. 서양 (그리고 한국) 단체들이 지역 지도자들에게 교회 건물들과 목회자들을 위한 재정 후원을 제공했을 때 개종에 대한 동기가 모호해졌다.

21세기 첫 몇 년 동안 투르키스탄의 정권들은 정부의 강력한 통제를 정당화하기 위해 이슬람 급진주의에 대한 탄압을 이용했다. 동시에 다수의 무슬림를 달래기 위해서 민족주의적 정부들은 주기적으로 외국 기독교인들을 추방했다. 기독교 복음 전파와 교회 확장은 여러 나라들에서 억압됐고 일부 지역에서는 철저히 금지됐다. 초기에는 활발했던 기독교의 확장 속도는 점차 느려지다가 쇠퇴기로 들어섰다. 많은 이들은 투르키스탄의 봄이 이미 겨울로 가고 있는 것이 아닌가 염려했다.

일부 공화국에서 교회들은 폐쇄되거나 해산됐고 다른 지역에서는 외국인 지도자들이 추방 당해 기독교 공동체들이 초신자들로 구성된 지도부의 인도 아래 남겨졌다. 그러나 기독교 공동체들은 위축되거나 소멸하지 않았다. 오히려 이러한 위기는 투르키스탄에 복음이 확산되는 변화를 이끌어 왔다. 더 이상 서양 선교사들의 지도나 서양 단체들을 의지할 수 없는 상황에서 현지 투르크계 지도자들이 부상하기 시작했다. 이 새 지도자들은 비록 서양 선교사들보다 체계적인 훈련을 덜 받았지만 현지인이라는 장점을 갖고 있었다. 그들의 언어는 완벽했다. 그들은 현지인이기 때문에 추방될 수도 없었으며 핍박 아래에서 살아남는 그들의 삶의 방식은 잘 다듬어져 있었다.

투르키스탄의 교회들이 번성했던 지역에서 공개적으로 활동했던 교회들이 지하로 들어갔다. 소규모 가정 교회들이 배가하기 시작했다. 외국의 재정 후원이나 기부금을 받을 수 없기 때문에 투르키스탄 신자들은 교회 사역을 할 수 있는 새로운 방법을 찾아내기 시작했다. 그 결과는 희망적이었다.

필자는 한 중앙아시아의 도시에서 지하 교회 교인들과 오후 시간을 보냈다. 필자는 그들에게 질문했다. "서양 기독교인들이 어떤 도움을 주었습니까?" 한 중년 남성이 대답했다. "제 생각에는 서양 기독교인들은 우리가 사역을 시작하는 데 도움을 주었고 재정적 후원은 직접적으로 하지 않았습니다. 단지 현지 신자들이 그들의 사역을 시작할 수 있도록 도왔습니다. 우리는 많은 서양인이 쉬운 것들을 하기 원한다는 것을 알고 있습니다. 그들은 돈을 주기 원했는데 그 이유는 그것이 그들의 일이었습니다. 그들은 후원금을 받았기 때문에 그것을 사용해야 했습니다. 하지만 만약 우리가 사역을 한다면 사람들을 더 잘 도울 수 있습니다. 우리는 누구를 도울지 또 어떻게 도울지 더 잘 알고 있습니다."

다른 사람이 거들었다. "제가 생각하기에는 종종 후원은 사람들을 나태하게 만듭니다. 사람들이 사역을 하는 동기가 없어집니다. 사람들은 단지 집에 있으면서 이렇게 이야기합니다. '이번 달에도 지원을 받아야겠다.'라고요."

그는 말을 이어 나갔다. "마치 마약 중독처럼 현지 기독교인들은 후원에 중독될 수 있습니다. 미국 단체가 구호품을 제공하기 시작했는데 이것은 아주 좋지 않습니다. 도움을 주는 것은 좋지만…"

한 여자가 말했다. "위기가 발생할 때 의료 행위는 좋은 것입니다. 하지만 음식이나 옷을 주는 것은 사람들을 망치는 일입니다."

한 젊은 지도자가 재빨리 거들었다. "우리는 그들이 무엇을 잘못했다고 말하고 싶지는 않습니다. 그들은 돕기를 원했고 아주 좋은 일을 했습니다. 하지만 결과들이 나타났습니다. 예를 들면, 정부는 모든 기독교 신자들이 100달러를 받고 게을러진다고 말합니다. 제가 생각하기에는 어떤 경우 이 말은 맞는 말입니다."

새로운 복음의 통로

하나님이 무엇을 사용해 그들을 예수 그리스도의 신앙으로 인도했는지 묻자 투르키스탄 무슬림 배경 신자들은 꿈의 역할, 자신들의 언어로 된 신약 성경의 중요성, 《예수 영화》 시청 그리고 다른 요소들에 관해 말했다. 하지만 각 간증과 연결된 가장 중요한 것은 그들의 기도를 듣고 응답하신 살아 계신 그리스도와의 만남이었다. 공산주의나 세속적 무신론이

주는 공허함과는 달리 그리스도는 다른 어떤 것으로는 채울 수 없는 그들의 영혼의 깊은 곳을 만져 주셨다.

공산주의의 붕괴는 소비에트 연방 시절 대중들을 위해 존재했던 사회 안전망의 많은 부분을 없앴다. 공산주의 치하에서 정부가 공급한 교육, 의료, 음식, 주택, 취업, 연금은 빈약했지만 많은 사람이 의지할 수 있었다. 하지만 이런 것들이 사라졌다. 시장 경제가 정부가 공급했던 많은 것을 제거하자 과거 국가에 의지하던 수백만 명의 주민들은 거대한 변화를 맞이했다.

이 변화에 대한 결과는 아주 많이 취약해진 사회의 출현이었다. 실직, 가정 위기, 범죄, 음주에 대한 문제들은 필자가 인터뷰한 이들 대부분의 이야기에 산재해 있었다. 예수 그리스도 안에서 일상의 삶에 대한 새로운 인도와 구세주를 발견하기 전 밑바닥 인생을 살았던 삶들이 많은 간증에서 드러났다.

인터뷰한 모든 이들이 이슬람 배경의 신자들이었지만 대부분 사람들은 이슬람은 그들에게 피상적이고 문화적 정체성에 불과했다고 말했다. 이슬람은 무신론 또는 러시아 정교와 대비되는 그들의 종교였지만 개인적으로는 별 의미가 없었다. 그들의 삶은 물질적인 생각으로 가득 차 있었고 종종 공허했다. 아랍이나 페르시아 세계와는 다르게 투르키스탄 무슬림들은 알코올 중독 그리고 가족과 개인의 삶을 부패시키는 결과들과 씨름하고 있었다.

오늘날 1,000명 이상의 세례 교인들 또는 100개 이상의 교회들이 발생하게 한 10여개의 무슬림 개종 운동들이 투르키스탄 전역에 산재해 있다. 외국 기독교인들이 인도하던 교회, 성경 학교, 교회 개발 프로젝트의 시대는 지나갔다. 각 운동의 특색이 있겠지만 많은 운동은 그들의 지도력과 그들만의 예배와 공동체 형식 그리고 그들만의 취향을 발견하며 독립성과 긍지를 가지게 됐다.

그 특색 중 하나는 극심한 핍박 중에서도 하나님께 감사하는 마음이다. 큰 핍박을 받는 운동들 중 한 운동에 속한 어떤 신자들은 필자와 인터뷰하기 위해 더 개방적인 나라에 있는 도시에 오려고 수백 킬로미터를 이동해야 했다. 필자가 인터뷰한 십여 명의 사람들 중 오직 두 명만이 외국인의 영향을 많이 받은 이들이었다.

벡(Bek)이라는 이름의 신자는 다른 사람들과 유사한 이야기를 했다. 하지만 한 가지는 달랐다. 그것은 신앙으로 오는 그의 여정을 인도한 여러 가지 접촉이었다. 어린 시절 벡은 몸이 아파 많은 시간을 병원에서 보냈다. 이것으로 인해 벡은 죽음에 대해 두려워하게 되었고 신을 찾으려는 갈망을 갖게 되었다. 벡은 꾸란을 읽으며 신을 찾으려 했지만 아랍어를 이해할 수 없었다. 그 후 고등학교 생활과 군 복무를 하면서 그는 술을 마시고 파티를 즐기는 삶을 살았으나 이 어떤 것도 그를 만족하게 하지 못했다.

무슬림 배경의 한 현지 신자가 벡과 친구로 지냈다. 이 신자의 삶은 달랐다.: 그는 마음속에 평화가 있었으며 술을 마시지 않았고 종종 어떤 책을 읽었다. 벡이 그에게 무엇을 읽는지 묻자 그는 벡에게 그들의 언어로 된 "당신의 영혼은 어디로 가는가?"라는 제목의 전도지를 주었다. 벡은 그것을 읽고 더 많은 것을 알고 싶었다. 그래서 그 친구는 여러 젊은 사람들이 모이는 평범한 가정으로 벡을 초대했다. 거기서 사람들은 찬양하고 하나님께 감사를 드리고 있었다. 조금 후 그들은 벡에게 예수님을 영접하기 원하는지 물었고 벡은 그곳에서 예수님을 영접했다."

벡은 말했다. "저는 집에 돌아와서 아내에게 제게 일어났던 모든 일을 말했습니다. 아내는 그것을 이해하지 못했습니다. 아내는 저에게 '당신은 러시아인이 아닌데 왜 그런 말을 해야 돼요?'라고 말했습니다. 그래서 저는 조용히 아내를 위해 기도했습니다."

"얼마 후 장모님이 편찮으셨습니다. 그래서 우리는 장모님을 찾아갔습니다. 장모님은 갑상선 암에 걸리셨고 거의 반 년 동안 아무것도 드실 수 없었습니다. 장모님은 매우 여위셨고 장인어른은 장모님의 임종을 준비하고 계셨습니다."

"저는 예수님의 이름으로 장모님을 위해 기도했습니다. 그러자 장모님은 저에게 '나는 회개하고 예수님을 영접하고 싶네.'라고 말했습니다. 우리는 울면서 기도했습니다. 그리고 하나님께서 장모님을 고쳐 주셨습니다. 모든 사람이 깜짝 놀랐습니다. 그것은 큰 기적이었습니다."

다른 무슬림 개종 운동권에서 온 여러 신자가 그리스도의 신앙을 갖기 전에 망가졌던 그들의 가정과 알코올 중독, 마약 중독 그리고 범죄에 관한 이야기들을 들려주었다. 가장 위대한 기적은 그들의 삶이 변했다는 것이었다.

맘두(Mamduh)는 신앙을 갖기 전 20년 동안 마약에 중독된 사람이었다. 2002년 동료 투르크게 신자가 그에게 복음을 전했을 때 그는 예수님을 받아들일 준비가 되어 있었다. "저는 예수님을 저의 마음에 모셨고 저의 삶은 변했습니다. 그때 저는 모든 마약을 끊었습니다." 맘두의 친구가 그의 새 신앙에 대해 듣고 그를 피했지만 그들은 이내 그의 삶에서 나타난 긍정적인 변화들을 볼 수 있었다. 그들은 말했다. "너는 다른 사람이 됐구나." 그 말은 맘두가 신앙 생활을 지속하는데 격려가 됐다.

다른 투르키스탄 신자는 인터뷰에서 고백하는 마음으로 말했다.: "저는 도둑이었고 깡패였으며 싸움꾼이었습니다. 저는 최악의 죄인이었습니다. 저는 제가 저지른 범죄들 때문에 네 번이나 감옥살이를 했습니다. 하지만 하나님은 이 모든 것으로부터 저를 구원해 주셨습니다. 그때는 이것을 이해하지 못했지만 지금은 이해합니다."

필자가 인터뷰한 이들 대부분은 서양 또는 외국인 기독교인들과의 접촉이 없었던 이들이었다. 서양 그리고 한국 기독교인을 알고 있었던 이들은 그들과의 관계를 과거 시제로 말했고 그 시절을 그리워하는 태도로 말하지는 않았다. 그들의 나라가 서양에 개방됐을 시절 그들의 신앙 생활은 더 쉬워졌지만 그만큼 더 표면적인 신앙 생활을 했고 그들의 신앙은 혼재된 동기와 신앙 외적인 문제들로 인해 갈등을 겪었다.

서양 기독교인들과 친밀한 관계가 있었던 이들은 복음 전도, 제자 훈련 그리고 지금은 폐쇄된 성경 학교에서 받았던 신학 교육에 대해 긍정적으로 이야기했다. 하지만 그들은 더 이상 재정 지원을 받지 못했고 서양 기독교인들을 만나기 어려웠다. 그들이 서양 기독교인들을 보게 되더라도 비밀 경찰의 고압적인 조사를 받지 않기 위해 서양인들과 거리를 두어야 했다.

매주 수백 명의 신자들이 모였던 큰 규모의 오순절 교회 건물이 이제는 폐쇄됐다. 그곳에서 예배를 드리던 이들은 지금은 2명 또는 3명이 모일 수 있는 곳이면 어느 곳에서나 모였다. 새 신자들과 작은 모임들의 수는 증가세를 보였다. 그들은 더 많은 이들에게 복음을 전파하는 것을 목표로 세우고 기도 제목으로 정했다. 그들의 지도자가 필자에게 말했다. "저희 네트워크는 지금 3,000개에 달하고 이 모임에서 1,000명이 세례를 받았습니다."

이 지도자는 말을 이어나갔다. "요즘 우리는 공개적으로 성경을 들고 다니지 않습니다. 우리는 2명 또는 3명의 모임으로 모이고 휴대전화를 사용하여 인터넷에서 성경을 내려 받습니다. 우리는 성경을 읽고 그것의 의미를 이야기하고 그리고 서로를 격려하고 서로를 위해 기도하며 긴 시간을 보냅니다. 모임을 마친 후 우리는 흩어집니다."

투르키스탄 형제들 중 한 명이 필자가 염려하는 것을 보고 동정 어린 미소를 띠며 말을 했다. "걱정하지 마십시오. 우리는 그리스도 안에서 즐거워하고 있습니다. 우리는 이런 말을 합니다. '당신이 핍박 받을 때 감옥에 가지 않은 것에 대해 하나님께 감사하라. 만약 당신이 감옥에 갇힌다면 폭행을 당하지 않은 것에 대해 하나님께 감사하라. 만약 당신이 폭행을 당한다면 죽임 당하지 않은 것에 대해 하나님께 감사하라.'라고요." 그는 잠시 말을 멈추고 미소를 짓더니 다시 말을 했다. "만약 당신이 죽임을 당한다면 하나님과 천국에 함께 있게 된 것에 대해 하나님께 감사하라."

만 왕의 귀환

먼지 나는 사마르칸트의 한 따뜻한 봄날, 방학을 맞이한 자녀들과 함께

구르에 아미르

온 무슬림 가족들이 600년 동안 티무르가 묻혀 있는 곳의 묘를 보기 위해 구르에 아미르(Gur-e Amir, 왕의 무덤) 밖에 줄 서있었다. 무슬림 가족들이 비취색 묘석에 이르자 부모들은 걸음을 멈추고 그들의 자녀들에게 투르키스탄 전역에 무슬림 신앙의 탁월함을 견고하게 만들고 다른 모든 경쟁하던 종교들을 진멸한 그들의 뛰어난 이 조상에 대해 이야기해주었다.

소수의 나이 든 남성들과 여성들이 멈춰서 묘지 쪽으로 몸을 기울이며 기도를 속삭이거나 이 유명한 투르크인(티무르)에게 축복을, 바라카(baraka)를 간구했다.

그들의 눈에 띄지 않은 곳에 십자가 목걸이를 옷 안에 맨 무슬림 배경의 한 예수 그리스도의 제자가 있었다. 그는 자기 순서가 되자 묘 앞으로 몸을 기울여 마치 티무르가 들을 수 있기나 한 듯이 천천히 속삭였다.: "우리가 돌아왔습니다."

소규모 모임에서의 깨달음을 위한 질문

1. 이 장에서 당신이 받은 인상은 무엇인가?
2. 투르키스탄 권역에서 하나님은 어떻게 역사하고 계시는가?
3. 중앙아시아 투르키스탄에서 "당신의 것에서 나의 것으로" 전환시킨 복음의 추진력의 중요성은 무엇이었는가?
4. 투르키스탄에서 그리스도를 향한 무슬림 개종 운동의 미래는 어떻게 될 것이라고 생각하는가?

10장
서아프리카 권역

*화평하게 하는 자는 복이 있나니
그들이 하나님의 아들이라 일컬음을 받을 것임이요*

마태복음 5:9

1967년 유럽과 미국에서 대학생들이 베트남 전쟁의 확전에 항의하는 시위를 벌이고 있을 때 8,000킬로미터 떨어져 있는 서아프리카에서 23세의 페이스 슬래이트(Faith Slate)가 비록 선교 사역 2년차 라지만 제법 자신의 역할을 잘 하는 한 선교사로 사역하며 다른 방식으로 세상을 변화시키고 있었다. 45년 후 은퇴 선교사가 된 슬래이트 선교사는 '1967년 일어났던, 자신의 미래 사역에 큰 영향을 주었던 가장 중요한 사건'을 기억했다.

학기 중 페이스 슬래이트는 선교사 자녀들을 가르쳤지만 여름 방학 기간에는 재미있고 대담한 선임 선교사 매디 그랜저(Maddie Granger)와 함께 마을들을 돌아다녔다. 이 두 명의 여성은 매일 복음을 전했는데 주일에는 12번이나 설교를 하고 마을들을 다니며 밤을 보냈다. 그들은 주중 아침에는 글을 읽고 쓰는 것을 가르치고 환자들이 많은 곳에서는 초보적인 의료 행위도 했다.

페이스는 설명했다. "명심하세요. 저희는 교사였지 의사는 아니었습니다."

페이스는 말했다. "지금도 확실히 기억이 납니다. 환자들이 서 있는 줄 가운데 아주 아름다운 여인이 등에 아픈 아기를 업고 있었습니다. 그녀는 제가 처음으로 가까이 본 북부 출신의 유목민 무슬림 여성이었습니다. 매디 선교사는 저에게 그 여성은 의료적 도움을 얻기 위해 40킬로미터를 걸어왔다고 말했습니다. 매디 선교사는 아주 허약한 그 아기에게 무엇인가 줬는데 아마도 비타민일 것입니다. 매디 선교사는 그 아기를 저에게 넘겨주었습니다."

"매디 선교사는 저에게 '자, 여기 아기를 받으라, 이제 이 아기는 네가 돌보아라.'라고 말했습니다."

"저는 말했습니다. '하지만 제가 무엇을 하죠?'"

"매디 선교사는 저에게 말했습니다, '우선 기도해라, 열심히.'"

"매디 선교사는 저에게 우유와 작은 수저를 건네주며 말했습니다. '그 아기에게 우유 좀 먹여라.'"

"저는 기도하고 또 기도했습니다. 그러자 기쁘게도 그 아기는 우유를 먹기 시작했습니다."

"제가 아기를 돌본 후에 아기 엄마는 크게 미소 짓고는 아기를 천으로 감싸서 자기 등에 업었습니다. 그리고 아기와 엄마는 40킬로미터 떨어진 마을로 돌아갔습니다."

페이스는 말을 이어 나갔다. "매디 선교사와 그렇게 여름을 보내고 다시 가르치는 임무를 수행했습니다. 그리고 저는 미국에 돌아와 신학교에 입학했고 결혼도 했습니다. 그 후 저는 남편과 함께 잠비아에서 선교사로 수년 간 사역했습니다. 그런데 종종 제가 기도를 해 주었던 그 무슬림 여성과 아기가 생각났습니다."

페이스가 선교사로 파송됐을 때 개신교 선교사들은 100년 이상 서아프리카에서 사역을 해 오고 있었으며 가톨릭 선교사들도 그 이상 해 오고 있었다. 개신교와 가톨릭 선교사들은 해안 지역을 따라 복음에 반응하는 정령 숭배 종족들에게 집중했다. 북부 무슬림들은 그들이 다신교도(삼위일체를 믿기 때문에)로 여기는 서양 선교사들이 전하는 복음을 받아들이려 하지 않았다.[149] 선교사들은 그들의 개종자들에게서 정령 숭배 신앙을 과도하게 통제했고 그들에게 사람들이 부러워할 만한 서구식 학교 교육과 서구식 의료 혜택을 주었다.

1950년대 후반 개신교 선교 사역에서 한 가지 흥미로운 유형이 나타나기 시작했다. 이 유형은 매디 그랜저와 페이스 슬래이트와 같은 독신 여성 선교사들이 집중했던 해안 지역의 선교 구역을 벗어나 소외된 지역의 무슬림 종족들과 접촉을 시작한 것이었으며 이전과 다른 진취적인 양상을 띠고 있다.

두 개의 대양

서아프리카에는 두 개의 대양의 이야기가 있다. 서쪽에는 대서양이 있고 북쪽에는 바다같은 대(大) 사하라 사막이 있다. 수천 년 동안 이 두 개의 대양은 서아프리카의 종족들을 외부의 문명으로부터 단절시켰다.

포르투갈인들이 이익을 많이 내는 동인도 향신료 교역을 하기 위해 대서양을 통해 가던 중 이 지역에 도착했을 때, 아랍의 낙타 대상(caravans) 즉, '사막의 배들'은 이미 서아프리카에 풍부한 금과 상아 그리고 인간(노예)을 착취하기 위해 사하라 사막을 가로지르며 교역을 해왔다. 아랍인들이 사하라 사막의 서아프리카쪽 경계에 이르렀을 때 그들은 적절하게도 그 지역을 사헬(Sahel)이라고 불렀는데, 이는 아랍어로 '해안' 또는 '해변'이라는 뜻이다.

---

149 무슬림들은 빈번하게 삼위일체를 믿는 기독교인들을 세분의 신에게 경배하는 이들이라고 비난한다.

유럽의 식민주의자들이 대서양 해안을 따라 코나크리(Conakry, 기니의 수도, 역주), 프리타운(Freetown, 시에라리온의 수도, 역주), 아비장(Abidjan, 코트디부아르의 수도, 역주), 아크라(Accra, 가나의 수도, 역주), 라고스(Lagos, 나이지리아의 옛 수도, 역주), 몬로비아(Monrovia, 라이베리아의 수도, 역주)에 일련의 교역소들을 건설했듯이 아랍인들과 베르베르족 교역상들도 사하라 사막의 경계를 따라 사헬 도시 팀북투(Timbuktu, 말리 중부 도시, 역주), 젠(Djenne, 말리 중부 도시, 역주), 가오(Gao, 말리 중부 도시, 역주), 소코토(Sokoto, 나이지리아 북부 도시, 역주), 카노(Kano, 나이지리아 북부 도시, 역주)에 대상교역소(caravan posts)를 설치했다.

21세기에 접어든 서아프리카에는 두 개의 대양이 여전히 이 지역을 경계 짓고 있는데, 남쪽에는 대서양 연안 지역을 따라 기독교인이 다수를 이루며 살고 있고 북쪽에는 사하라 사막 아래 사헬 지역의 사바나(savanna) 초원 지역을 따라 무슬림이 살고 있다. 서구의 의료와 교육이 들어오면서 기독교인과 무슬림 인구 모두 크게 늘었는데 두 개의 문화는 그 추종자들을 간에 북쪽과 남쪽의 경계 지역에서 충돌을 일으키는 원인이 되었다. 수백만 명의 서아프리카 정령 숭배자들의 영적 운명은 아직 정해지지 않았다.

인신 매매

서아프리카는 외부 세계로부터 단절되어 있었기 때문에 서아프리카의 초기 역사는 사람들에게 생소하다. 8세기에 무슬림들이 북아프리카를 건너 전진하면서 사하라를 횡단했던 교역은 값나가는 금, 상아, 소금 그리고 노예 착취를 가능하게 하며 순조롭게 진행되어 나갔다.

9세기 아랍 역사가들은 강성한 가나 제국에 대해[150] 금이 많고 20만 명

---

[150] 20세기 서아프리카 국가 가나는 자국의 이름을 직접적으로 관계가 없는 이 고대 제국의 이름을 따라 명명했다.

서아프리카

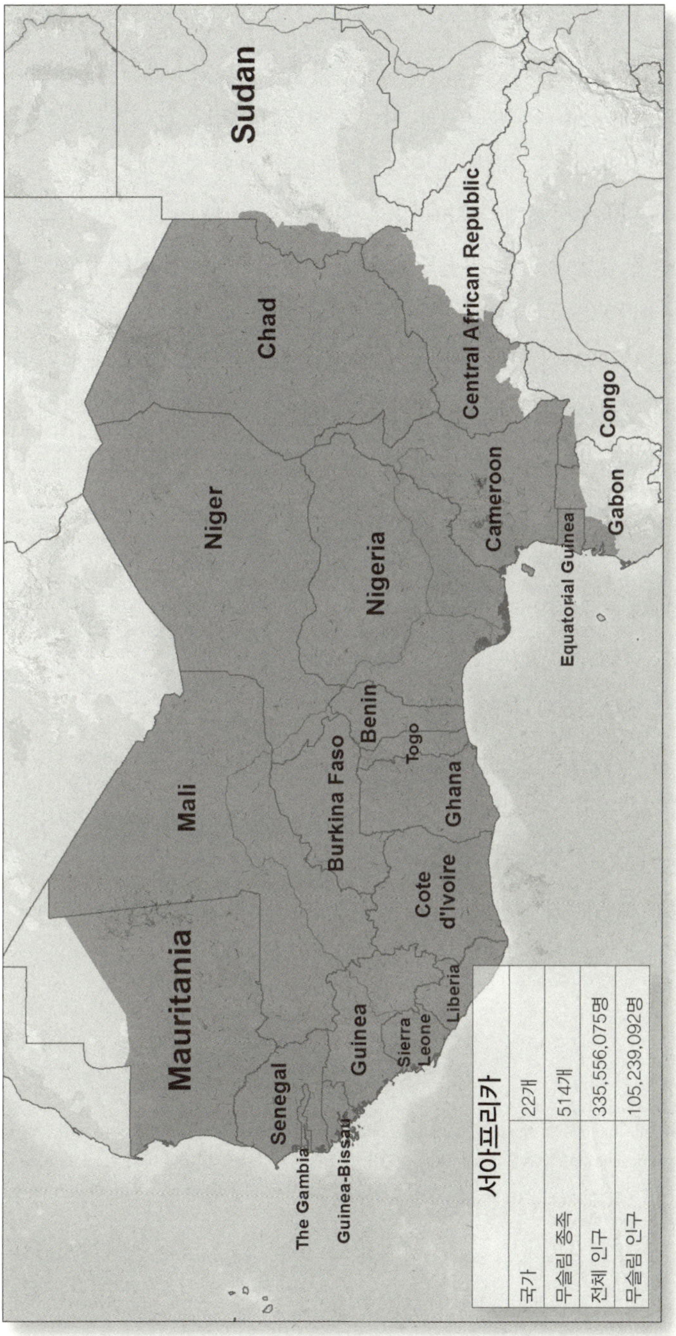

서아프리카	
국가	22개
무슬림 종족	514개
전체 인구	335,556,075명
무슬림 인구	105,239,092명

의 보병과 4만 명 이상의 사수를 전투에 내보낼 수 있는 군사력이 버티고 있으며 기병대도 가공할 만한 나라로 묘사했다.[151] 가나 제국과 그 뒤를 잇는 소닌크(Soninke)와 말리(Mali) 제국은 지금의 말리와 모리타니아의 국경 지대에 있었다. 이 지대는 풍요로운 서아프리카와 지중해 교역이 일어나는 북아프리카 사이에 위치해 있다. 중세가 끝날 때 말리는 세계 금 생산의 절반을 감당하고 있었다.[152] 모로코와 알제리의 알모라비드 베르베르족은 서아프리카의 자원을 받는 대신 이슬람을 그 지역에 전파했다.

서아프리카에서 신앙과 부(富)는 항상 뒤섞여 있었다. 노예 제도는 여러 면에서 결코 온전히 치유되지 않는 이 지역의 큰 상처이다. 강자에 의한 약자 착취는 인간 역사에 깊게 뿌리를 내리고 있으며 실제로 서아프리카에서 노예 제도는 아랍인과 유럽인들이 그것을 세계적 무역으로 만들기 이전부터 존재했다.

인신 매매는 유럽인과 미국인들이 서아프리카 흑인 1,000만-1,200만 명을 신대륙에 노예로 수출했던 1500년에서 1886년 사이의 대서양 횡단 노예 무역 기간에 정점을 이루었다. 추가로 대양을 건너는 과정 중 1-2백만 명의 아프리카인들이 죽었으며 그 외에도 노예를 포획하기 위해 벌어진 전투와 침략 과정에서 600만명의 남성, 여성, 어린이

서아프리카인들

---

151 al Bakri in Nehemiah Levitzion and John Hopkins eds., *Corpus of Early Arabic Sources for West Africa* (Princeton: Marcus Wiener Press, 2000), p. 81, 위키디피아의 "가나 제국(Ghana Empire)에서 인용됐다. 2013년 6월 21일 다음의 인터넷 사이트에서 인용했다. en.wikipedia.org/wiki/Ghana_Empre#cite_note-2.

152 Stride, G.T. & C. Ifeka, *Peoples and Empires of West Africa: West Africa in History 1000-1800.* (Edinburgh: Nelson), 1971. 위키피디아에서 인용됐다. 2013년 7월 8일 다음의 인터넷 사이트에서 검색했다. http://en.wikipedia.org/wiki/Mali_empire#cite_note-peoplesand-28.

들이 사망했다.[153]

　유럽인과 미국인 그리고 아랍인들이 참여했던 노예 무역이 19세기 말에 종식됐다.[154] 그러나 노예 무역 희생자들의 자손들과 노예 무역을 공모함으로써 번영을 누렸던 자들 사이에 의심과 적대감은 남아 있다. 아프리카인들이 동료 아프리카인들을 아랍, 유럽, 미국인들에게 노예로 넘긴 종족간 적대감도 노예 무역이 끝난 후까지 오랫동안 존속했다. 이것이 오늘날까지 치유가 되지 않고 이 지역을 지속해서 괴롭히는 민족 간 내부 갈등의 유산이다.

식민화

서아프리카 식민화는 19세기 벨기에의 레오폴드(Leopold) 왕이 아프리카에 식민지를 세우려는 자신의 욕구 때문에 유럽의 '아프리카 쟁탈전(Scramble for Africa)'을 출범시키며 시작됐다. 그 광활한 대륙에 대한 약탈이 끝날 때까지 유럽의 열강들은 이집트에서 케이프 타운(Cape Town)에 이르는 아프리카 대륙의 대부분에 식민지를 개척했다.[155]

　영국과 프랑스(세계 2차 대전 이전 독일도)는 서아프리카의 종족들을 영어권과 프랑스어권 아프리카 식민지와 보호령으로 나누었다. 유럽인들은 해안을 따라 건설한 무역소에 그들의 관심을 집중시켰고 건조한 내륙 지방은 수백 년 동안 이전과 동일한 상태로 남아 있었다. 사하라 사막 경계 지방에 있는 무슬림 종족들은 이슬람 법과 사회적 관습 아래 다양한 형태

---

[153] 대서양 횡단 노예 무역 데이터는 2013년 6월 21일 다음의 인터넷 사이트에서 인용했다. www.slavevoyages.org/tast/index.faces 그리고 위키디피아의 "대서양 노예 무역(Atlantic Slave Trade)"에서 2013년 6월 21일 다음의 인터넷 사이트에서 인용했다. en.wikipedia.org/wiki/Atlantic_slave_trade#African_kingdoms_of_the_era.

[154] 노예 무역 폐지는 주로 윌리암 윌버포스(William Willberforce)와 같은 복음주의적인 영국과 미국의 노예폐지론자(abolitionists)에 의해 이루어졌다.

[155] 레오폴드 왕은 벨기에령 콩고를 획득하며 끝냈다. 이 유럽인들의 대륙 약탈에 대한 놀랄 만한 이야기는 Thomas Pakenham의 *The Scramble for Africa: The White Man's Conquest of the Dark Continent from 1876 to 1912* (New York: Random House, 1992)에 잘 나와 있다.

로 무슬림 촌장(sheikh)과 봉건 영주에 대한 고대의 충성을 유지했다.

세계적 반(反)식민지화는 세계 2차 대전 이후 즉시 나타났으나 아프리카에는 1950년대 말까지 그 효과가 나타나지 않았다. 가나는 1957년 독립을 쟁취했고 이어서 1958년에 기니가 따랐다. 1960년 11개의 서아프리카 국가를 포함한 17개의 아프리카 국가들이 독립을 이루었다. 1961년 시에라리온이 그 뒤를 이었다. 서양과는 대조적으로 이들 국가는 신생 국가들이었다. 이 시점이 미국의 경우 내전(남북전쟁)을 겪은 지 수십 년이 지난 때였지만 이제 서아프리카 신생국들에게는 미국이 겪었던 내전이라는 도전이 바로 앞에 놓여 있었다.

자원의 저주

서아프리카의 천연자원인 금, 다이아몬드 그리고 최근의 석유는 축복이자 저주였다. 이 자원들은 새로운 경제 발전의 초석이 되었다. 하지만 일부 경제학자들이 말한 '자원의 저주(Resource Curse)' 또는 '풍요의 역설(Paradox of Plenty)'을 만들어 냈다.[156] 귀하고 재생 불가능한 부의 자원을 가지고 있다는 것은 이 부를 통제하는 이들이 국민과의 사회적 계약을 무시하게 했다. 귀중한 자원을 통제하는 이들은 대중의 의견을 개의치 않는 행동을 하면서 자신들의 통치를 유지하기 위해서는 대중을 억압해야 할 필요를 발견하게 됐다. 자원의 저주는 지난 30년 동안 라이베리아, 시에라리온, 나이지리아에서 여실히 증명됐다.

1980년 사무엘 도(Samuel Doe) 상사(上士)는 민주적으로 선출된 라이베리아의 윌리암 톨버트(William Tolbert) 대통령을 죽이고 자신이 그 자리를 차지하기 위해 불량한 부사관 무리를 조직했다. 톨버트는 침례교 설교자

---

[156] 이 이론은 1993년 *Sustaining Development in Mineral Economies: The Resource Curse Thesis* (London: Routledge)에서 경제학자 Richard Autry에 의해 제안됐다. 이 주제에 대한 논쟁은 위키디피아의 "자원의 저주(Resource Curse)"를 참조하라. 2013년 6월 24일 다음의 인터넷 사이트에서 인용했다. en.wikipedia/wiki/Resource_curse.

였고 침례교 세계 연맹의 전대 회장이었다. 톨버트 대통령을 시해한 사무엘 도 역시 침례교인이었다. 9년 후 도는 반군 지도자 프린스 존슨(Prince Y. Johnson)에 의해 고문당하고 살해됐다. 존슨이 도를 죽이기 전에 그의 귀를 잘랐다는 말이 있었다. 존슨은 후에 기독교로의 개종을 체험하고 한 복음주의 교회의 목사가 됐다. 오늘날까지 존슨은 라이베리아 상원의 선출직 의원의 자리를 지키고 있다.[157]

사무엘 도

사무엘 도를 이어 1990년 라이베리아 대통령이 된 이는 찰스 테일러(Charles Taylor)였다. 테일러는 미국에서 교육을 받은 침례교 평신도 설교자였으며 20세기의 가장 악명 높은 전쟁 범죄자였다. 라이베리아와 시에라리온의 내전을 주도했던 테일러는 2011년 헤이그(Hague) 국제 전쟁 범죄 재판소에서 테러, 살인, 강간, 성 노예 그리고 수천 명의 소년병을 징집한 혐의에 대해 유죄 판결을 받았다.[158] 서아프리카의 가장 악명 높은 독재자들이 기독교 정체성을 갖고 있다는 것은 금전적, 정치적 이해와 종교적 이해가 얽혀 있는 현상이 이슬람 독재자에게만 국한된 것이 아니라 종교적 소속과 관계없이 인간에게 공통적으로 일어난다는 것을 보여준다.

1989년과 2003년 사이에 라이베리아에 발생한 두 번의 내전으로 25만 명의 목숨이 희생됐는데, 이는 라이베리아 전체 인구의 12%를 상회하는 규모이다. 라이베리아의 내전은 주변 국가인 시에라리온과 기니에도 영

---

[157] Bill Law, "Meeting the hard man of Liberia," 2006년 11월 4일. 2013년 6월 24일 다음의 인터넷 사이트에서 인용했다. news.bbc.co.uk/2/hi/programmes/from_our_own_correspondent/6113682.stm.

[158] Alex Perry, "Global Justice: A Step Forward with the Conviction of Charles Taylor and Blood Diamonds," in *Time* magazine 26 April 2012. 2013년 6월 24일 다음의 인터넷 사이트에서 인용했다. world.time.com/2012/04/26/global-justice-a-step-forward-with-the-conviction-of-charles-taylorand-blood-diamonds/.

향을 주어 이곳에서도 5만 명이 희생되고 1백만 명 이상의 난민이 발생했다.[159]

시에라리온 분쟁은 잔혹성 면에서 라이베리아 내전에 뒤지지 않는다. 1996년 시에라리온에서 민주적으로 선출된 무슬림 대통령 알하지 아흐마드 테잔 캅바(Alhaji Ahmad Tejan Kabbah)는 "미래는 당신의 손에 있다."라는 표어를 선택했다. 반대당인 혁명 연합 전선(Revolutionary United Front,

아흐메드 테잔 캅바

RUF)은 캅바를 지지하는 부족민들의 손을 잘라 버리는 것으로 대응했다. 더 정확하게는 RUF 반군들은 수천 명의 아이들은 납치하여 협박하고, 그들을 구타하고 마약을 먹여 정신을 혼미하게 한 후 자신의 부모를 죽이도록 강요했다. 그런 후 이 아이들을 전쟁터의 최전선에 내보냈다.[160]

수천 만 달러에 해당하는 금과 다이아몬드가 분쟁의 중심에 놓여 있었다.[161] 오늘날 친절해보이는 라이베리아와 시에라리온의 주민들을 생각하면 겨우 10년 전(2021년 시점에서는 18년 전, 역주)에 이러한 잔혹한 사건이 있었다는 것을 상상하기 어렵다. 1980년-2003년 사이에 발생한 혼돈의 시대 속에서 상처 받지 않거나 영향을 받지 않은 이들은 소수에 불과하다. 이 사건들은 사람들에게 이 지역의 주민들이 서로를 향해 대적할 다음의 이유 또는 방아쇠는 무엇이 될지 염려하도록 만들었다.

---

[159] 첫번째 라이베리아 내전은 1989-1996년, 두번째 내전은 1999-2003년에 진행됐다. 위키디피아의 "첫번째 라이베리아 내전(First Liberian Civil War)"을 참조하라. 2013년 6월 23일 다음의 인터넷 사이트에서 검색했다. en.wikipedia.org/wiki/First_Liberian_Civil_War#Impact.

[160] 이러한 광기는 영화제에서 수상을 한 소리오우스 마루라(Sorious Samura)의 영화 "Cry Freetown"에 공포스럽게 묘사됐다. 2013년 6월 23일 다음의 인터넷 사이트에서 인용됐다. www.youtube.com/watch?v=8WHl2UmJXYU.

[161] 2006년 관심을 받았던 영화 Blood Diamond는 시에라리온의 혼란스러웠던 기간 벌어진 소란과 폭력을 서구인의 시각으로 묘사한 몇 안 되는 영화이다.

그 방아쇠는 아마도 이웃나라인 나이지리아에서 이미 드러나고 있는 듯하다. 나이지리아에서는 석유로 인해 부유한 남부의 기독교인들이 가난한 북부의 무슬림과 맞서고 있다.

기독교 학교들과 병원들이 기대 수명을 늘리고 유아 사망률을 낮추며 서아프리카의 삶의 질을 향상시킨 것은 부인할 수 없는 사실이며 이로 인해 무슬림과 기독교인 인구가 폭발적으로 성장하게 됐다. 이 인구 성장에 더하여 사하라 사막의 확산과 물 부족 문제가 생태적 재난들을 불러왔다. 예를 들면 나이지리아의 북부 국경에 있는 차드 호수의 크기는 1983년 25,000 제곱 킬로미터에서 2001년 1,500 제곱 킬로미터로 줄어들었고 21세기 말에는 호수 전체가 완전히 사라질 것으로 전망된다.[162] *안사루(Ansaru)*, *보코 하람(Boko Haram)*, *서아프리카의 '하나됨과 지하드를 위한 운동(Movement for Oneness and Jihad in West Africa)'* 과 같은 이슬람 단체들은 쉽게 말하자면 나이지리아의 불평등에 폭력적으로 저항하려는 최근의 군사조직적 수단이 되고 있다.[163]

나이지리아의 보코 하람은 최근 들어 언론의 큰 관심을 받았다. 보코 하람 또는 "서구 교육은 금지되어야 한다."라고 불리는 이 단체의 이름은 '선지자의 가르침과 지하드의 선전에 헌신된 회중과 사람들'의 하우사(Hausa)어 문장이 단축된 이름이다. 보코 하람은 2001년 *샤리아(Sharia)* 법을 도입하고 서양화에 대항하자는 목적을 이루기 위해 모함메드 유수프(Mohammed Yusuf)에 의해 조직된 군사 단체이다. 유수프는 2009년에 나

---

[162] 이 호수의 최대 규모는 대략 기원전 5000년에 약 40만 제곱 킬로미터에 달했을 것이다. Michael T. Coe and Jonathan A. Foley, "Human and natural impacts on water resources of the Lake Chad Basin" in *Journal of Geophysical Research* 106 (D4): 3349-3356를 참조하라. 2013년 7월 5일 다음의 인터넷 사이트에서 검색했다. https://en.wikipedia.org/wiki/Lake_Chad#CITEREFCoeFoley2001.

[163] 남부의 기독교 군사 조직들과 북부의 이 이슬람 단체들 사이의 무력 다툼에 대한 직접적인 책은 Eliza Griswold의 *The Tenth Parallel: Dispatches from the Fault Line between Christianity and Islam* (New York: Farrar, Straus and Giroux, 2010)을 참조하라.

이지리아 경찰에 의해 체포되어 사살됐지만 그 후 3년 동안 보코 하람 군사 조직은 활동을 이어 나가며 1,600명 이상의 사람들을 죽였다. 이들은 기독교 교회, 어린이 학생 그리고 정부에 협조하는 온건한 무슬림을 목표로 한다.[164]

무슬림 개종 운동의 특징

서아프리카의 그리스도를 향한 무슬림 개종 운동은 이슬람 세계의 다른 권역의 운동들과 다른 특징을 보인다. 이슬람의 혹독한 전진에 대비되며 존재해 온 고대 기독교 공동체가 있는 아랍 세계와는 달리, 이 권역의 기독교는 최근에 이 지역에 들어왔고 아주 활기 있는 세력으로 표출되고 있다. 반면 이 지역 이슬람의 많은 부분은 쇠진해 있고 필사적이다. 이 필사적이라는 것은 보코 하람과 안사루처럼 테러 행위로 보일 수 있다.

이슬람 세계의 다른 권역과는 대조적으로 서아프리카 대부분의 나라는 무슬림이 기독교인이 되거나 그 반대도 어느 정도 가능한 종교와 국가가 분리된 법 체계를 유지하고 있다. 그 결과 그리스도에게 나오는 무슬림을 서아프리카 전역의 교회에서 찾아볼 수 있고 기독교인이 이슬람으로 개종하는 경우도 마찬가지이다.

샤리아 이슬람법을 무력으로 강요하는 북부의 흉포한 이슬람 주(州)들을 제외한 다른 모든 지역에서 기독교인들은 무슬림들에게 자신들의 신앙을 전하는데 소심하지 않다. 그러나 북부의 무슬림들은 남부 기독교 부족의 전진을 국가 안에서의 식민화 행위 그리고 서양 문화의 본토 침략으로 해석하고 있다.

서아프리카에 그리스도를 향한 여러 무슬림 개종 운동들이 있지만 이 운동들이 모두 같다고 단정짓지 않도록 조심해야 한다. 이들 운동은 세

---

164 보코 하람에 대한 더 깊은 연구는 다음의 인터넷 사이트를 참조하라. http://www.bbc.co.uk/news/world/africa/.

가지 부류로 분류할 수 있다: ⑴ 기독교인이 다수인 지역, ⑵ 민속 무슬림 지역, ⑶ 무슬림이 다수인 지역.

기독교가 우세한 대서양 해안 지역에 있는 교회들은 복음의 메시지를 무슬림 정서에 맞게 상황화 하거나 적응하는데 소극적이다. 이 해안 지역 공동체들은 그들의 교역과 문화적 영향력과 대중적인 오순절 신앙 표현에서 서양에 더 많이 연결되어 있다.

이 해안 지역 전역에서 많은 무슬림 개인들이 그리스도에게로 나왔으며 세례를 받았다. 그들은 무슬림 가족과 공동체에서 빠져나왔거나 강제로 추방당했다. 무슬림들을 가장 효과적으로 전도한 교회들은 무슬림들의 모든 영역에 다가가는 방식을 사용한 교회들이다. 무슬림 배경 개종자들을 동화시키기 위해 교회는 개종자가 잃은 모든 것을 대체해 주어야 했다. 그 대상은 가족, 직장, 아내(또는 아내가 될 가망이 있는 여성) 그리고 자녀들까지 포함됐다. 교회가 이런 총체적인 방식을 선택하지 않으면 무슬림 개종자들이 존속할 희망은 거의 없다.

이 활발한 기독교 공동체에 이끌린 무슬림들은 기독교인들처럼 되어갔다. 그들은 그들의 무슬림 이름도 기독교식 이름으로 바꾸고, 이슬람 전통도 저버렸다. 수만 개의 개신교와 가톨릭 교회가 있는 서아프리카의 해안 지역에 얼마나 많은 무슬림 개종자들이 흩어져 있는지 추측만 할 뿐이다.

북부 무슬림 지역과 남부 기독교 지역 모두에서 아프리카 부족 종교가 여전히 명목상의 무슬림들과 기독교인들의 마음을 두드리고 있다. 무슬림도 아니고 기독교인도 아닌 많은 서아프리카 주민들에게 일상의 삶은 주술과 마술과 싸우는 삶이다. 이들이 직면하는 실제적 질문은, 나를 둘러싼 영적 세력에서 어떤 종교가 나를 보호하기에 충분히 강력한 종교인가?이다. 합리적 가르침, 교리, 프로그램을 강조하는 기독교의 서양식 표현은 이러한 환경에서 받아들여질 가능성이 거의 없지만 복음이 저주, 육체적 질병, 정신적 질병, 귀신 들림의 도전을 무찌를 담대한 능력을 제공한다면 환영 받는다. 현재 기독교와 이슬람 사이에서 완충 역할을 하는 정령 숭배 지역 안에 있는 개종 운동들은 이슬람과 기독교를 향한 명목상의 충심 사이에서 흔들리고 있으며 그들을 둘러싼 영적 어두움을 극복하는 데 도움을 줄 신앙으로 기울어 가는 모습을 보이고 있다.

개종 운동이 무슬림 본거지로 깊게들어 갈수록 그리스도를 향한 무슬림 개종 운동은 더 현지화되어 있고 상황화되어 있다. 이곳의 개종자들은 일반적으로 그들의 무슬림 문화를 거부하지 않고 그들의 핵심이 되는 민족적 정체성도 거부하지 않는다. 자신이 풀라니(Fulani)족, 카누리(Kanuri)족, 수수(Susu)족, 밤바라(Bambara)족, 흰 무어(White Moor)족 또는 검은 무어(Black Moor)족이라는 사실은 무슬림이라는 의미이다. 이 핵심 정체성을 거부하는 것은 자살과 진배 없다. 결과적으로 북부의 그리스도를 향한 무슬림 개종 운동들은 그리스도와 신약 성경의 권위에 깊은 헌신을 보이지만 기독교 종교와 문화와 관련해서는 아주 희박한 정체성을 갖는다.

포도 부대의 도전

수천 명의 무슬림 배경 개종자들이 결혼, 복음 전도 그리고 기독교 신앙과 교제에 이끌려 기독교 교회에 동화됐지만 문제는 여전히 남아 있다. 수천 명의 무슬림들이 예수 그리스도를 받아들였지만 기독교화된 다른 부족에 참여하기 위해 그들의 무슬림 가족과 가족을 떠나는 결정은 하지 않았다.

이런 무슬림 배경 신자들 중 많은 이들이 안고 있는 도전은 두려움보다는 사랑에 기인한다. 규모가 크고 고대부터 무슬림을 믿어 왔던 종족 출신의 무슬림 배경을 가지고 있으나 그리스도의 제자가 된 한 청년은 그의 삼촌이 휘두른 칼에 맞아 이마에 깊은 상처가 났다. 필자가 그에게 "왜 떠나지 않으셨나요?"라고 묻자 그는 대답했다. "우리 가족이 신앙을 가질 때까지 저는 떠나지 않을 것입니다." 이때는 10년 전이었다. 지금 그의 부족에는 *이사 알마시흐(Isa al-Masih)*, 예수 그리스도의 신앙을 가진 자의 수가

5,000명이 넘는다.

　이 운동들의 다른 장애물은 이슬람의 무관용이 아닌 전통 교회의 내부 방침에 있다. 전통교회들은 종종 신앙을 갖게 된 무슬림들의 생활 방식과 문화에 다가가지 못한다. 한 사례에서 수천 명의 유목민 무슬림들이 그리스도의 신앙으로 나왔고 세례를 받기 전까지 수년 동안 정규적으로 제자 훈련 모임에 참석했다. 문제는 그들이 세례를 받으려고 하지 않은 것이 아니라 "우리 교단에 등록된 교회에서 우리 교단의 안수를 받은 목사에게 세례를 받지 않으려면 당신은 우리에게서 세례를 받을 수 없다."라는 교회 규칙이었다. 기독교 세례를 받으려 하는 많은 무슬림들에게 교단 교회에 참여한다는 것은 자기 종족을 버리는 것이며 또 자신의 종족으로부터 버림을 받는다는 의미이다.

　실재하거나 또 그렇다고 예상되는 이단의 위협과 부도덕으로부터 교회를 지키기 위한 이러한 규칙들과 경계심이 150년 동안 이 지역 교회의 정책에 얽혀져 있다. 이러한 장애물들이 수천 명의 무슬림들이 세례를 받지 못하도록 방해했다는 것은 소수만이 상상할 수 있을 것이다.

하나님이 역사하시는 방법

불의에 대한 응답

무슬림들을 그리스도에게 이끄는 것 자체가 무슬림 공동체 안에서는 충분히 불의로 여겨진다.

　파티마(Fatima)의 부친은 무슬림의 거룩한 사람, *마라붓(marabout)* 이다. 지금 파티마는 3명의 자녀가 있는 32세의 미망인이다. 그녀의 90세 남편은 2년 전에 죽었다. 파티마는 겨우 14살이었을 때 첫 아이를 출산했다. 그녀는 12살에 결혼을 했다.

　파티마가 말했다. "저의 어머니는 제가 결혼을 원하지 않는 것을 알면서도 이 노인에게 강제로 결혼시켰습니다. 저의 어머니는 저를 강제로 결혼시키기 위해 주술을 사용했습니다. 어머니가 돌아가신 후 저는 남편 집에 있는 의붓 자식들과 많은 갈등을 겪기 시작했습니다. 남편의 다른 아내의 아이들인 이 의붓 자식들 중에 여러 명은 저보다도 나이가 많았습니다."

예수님께 인도되는 꿈을 반복해서 꾸는 체험을 한 후 파티마는 이 꿈을 이해하도록 도와줄 기독교인을 찾기로 결심했다.

"저는 이웃에 사는 한 여인에게 가서 저의 꿈에 대해 이야기했습니다. 그녀는 저에게 목사에게 가면 그가 설명할 수 있다고 말했습니다. 지역 침례교 목사는 저의 삶을 주님께 드리라고 격려했습니다. 그는 종종 예수님께 큰 소리로 기도하기는 했지만 저처럼 예수님을 꿈에서 보지는 못했다고 말했습니다."

"제가 이곳에 온 이후, 저는 여러 번 예수님의 환상을 보았고 교회에 가기로 결심했습니다. 제가 교회에 다니기 시작한 이후 쉽지 않은 삶이 펼쳐졌습니다. 저의 남편은 저의 이모에게 가서 제가 교회에 다니지 못하도록 막아야 한다고 말했습니다."

"저는 의붓 아들로부터 심각한 핍박을 받고 있습니다. 그들은 저의 생계를 돕는 모든 것을 끊어 버렸습니다. 그들은 심지어 저의 아이들도 돕지 않고 있습니다. 그들은 법원에서 일하고 있습니다. 저의 의붓 아들들은 제가 기독교 방송을 듣는 것도 비난합니다."

"주님이 없다면 저는 지금 죽은 목숨입니다…. 하나님만이 제가 겪고 있는 상황을 아십니다."

파티마는 손을 비틀며 울었다.

다른 무슬림 배경 여성도 털어놓았다. "무슬림들이 저를 대하는 방식 때문에 저는 교회에 가기로 결심했습니다. 저의 남편이 죽은 후 무슬림 집주인은 저에게 3일 간의 여유를 주며 오른 임대료를 내라고 독촉했고 그렇지 않으면 쫓아내겠다고 했습니다. 저는 살 곳을 찾아야 했습니다."

"저는 교회에 나가기 시작한 후 교회에서의 삶이 세상과 얼마나 다른지 알게 됐습니다. 저의 삶은 바뀌었습니다. 저의 모든 아이들은 지금 교회에 다니고 있고 제 아이 중 한 명은 예배 찬양을 인도하고 있습니다."

이와 유사한 간증에서 우리는 한 유형을 보게 됐다. 무슬림 공동체가 그들 중 한 명을 잘못 대우할 때 그 사람은 그리스도와 기독교 신앙에서 대안적 피난처를 찾으려는 경향을 보인다는 것이다.

서아프리카의 말썽 많은 역사는 우리에게 무슬림만이 불의와 잔악 행위를 한 것은 아니라는 사실을 보여주었지만 무슬림 자경단원들의 현재 행동은 폭력 사태가 끝나지 않을 것이라는 것을 보여준다. 2013년 5월 24일 런던의 한 번화가에서 아데보라조(Adebolajo)라는 이름의 20세 나이지리아 이민자 후손 남성이 고기를 써는 큰 칼로 25세의 비번 근무를 서고 있는 영국 군인의 목을 벴다.

아데보라조는 한 휴대전화의 카메라로 자신의 신념을 소리치는 장면을 녹화했고 이 동영상은 여러 뉴스를 통해 세상에 공개됐다.: "우리는 전능하신 알라의 이름으로 맹세한다. 우리는 싸움을 결코 멈추지 않을 것이다. 우리가 싸우는 단 하나의 이유는 무슬림들이 매일 죽어 가기 때문이다…. 이 영국 군인은 눈에는 눈, 이에는 이에 대한 대가다."

이 소름끼치는 살인만큼 놀랄 만한 사실은 아데보라조가 마이클(Michael)이라는 사람으로 알려져 있으며 그는 나이지리아계 영국인들의 기독교 공동체에 있다가 이슬람으로 개종한 청년이라는 것이다.[165]

서아프리카에서 일어나고 있는 이 종교적 충돌은 이른 시일 내에 끝날 것 같지는 않다. 기독교인들과 무슬림들은 자신들의 전통이 규정한 높은 이상을 추구하고 그들의 동료 신자들이 상대방의 종교로 넘어가지 않게 하려고 계속 대립할 것이다.

---

[165] Guy Faulconbridge and Michael Holden, "British police ponder conspiracy after soldier murder," Reuters U.S. Edition 23 May 2013. 2013년 7월 1일 다음의 인터넷 사이트에서 인용했다. http://www.reuters.com/article/2013/05/23/us-britain-killing-cameron-idUSBRE94L0WU20130523.

스스로 깨닫기

무슬림이 그리스도의 신앙으로 가는 다른 방법은 '그리스도가 자신에 대해 무엇이라고 주장했는가?'에 대해 스스로 깨닫는 것이다. 아랍어에서만 정확하게 표현되는 꾸란과 달리 성경은 현지 언어로 번역됐다.[166] 다수의 무슬림 배경 신자들이 말했다.: "저는 아랍어와 꾸란을 이해하지 못하지만 성경은 이해합니다."

"예수님에 대해 당신은 뭐라고 말하겠습니까?"라는 질문에 한 젊은 남자가 대답했다. "꾸란은 '의심이 들면 너의 이전의 사람에게 물어보라.'고 했는데 즉 무함마드가 의심이 생기면 그가 있기 전에 있었던 사람에게 물어 보라고 했다면 저는 예수님이 그 의심을 없애 버릴 분이라고 생각합니다. 예수님은 자신을 통하지 않고서 아버지에게 올 수 있는 자가 없다고 말했습니다. 저는 이것을 인정합니다. 예수님은 진리이고 생명이십니다."

다른 무슬림 개종자가 이런 통찰을 제시했다.: "무슬림인 우리 모두는 5개의 암송 구절로 기도합니다. 하지만 천국에 대한 확신은 없었습니다. 누구도 저에게 좋은 답을 줄 수 없었습니다. 이것이 제가 예수가 누구인지 살펴보도록 이끌었습니다."

"무함마드는 누구입니까?"라는 질문에 대한 답변으로 한 무슬림 배경 신자는 말했다. "무함마드가 죽자 사람들이 그를 묻었습니다. 하지만 예수님은 죽은 후 다시 살아나셨고 하나님이 예수님을 하늘로 데려가셨습니다. 예수님은 하나님의 아들이고 무함마드는 세상의 아들입니다."

일반적으로 무슬림들은 예수가 누구인가에 대한 기독교 메시지를 거부한다. 무슬림들은 기독교인의 증언은 무시하고 잘못된 것이라고 들어

---

[166] 서아프리카의 저명한 무슬림 출신 개종자이자 하버드대학교 교수(1989년부터 예일대학교 교수였고 지난 2019년에 돌아가셨다, 역주) 라민 사네(Lamin Sanneh)는 이 점을 그의 이론의 중심에 놓았다. *Translating the Message: The Missionary Impact on Culture* (American Society of Missiology) Second Revised and Expanded Edition (Maryknoll: Orbis Books), 2009를 참조하라.

왔다. 그러나 그들 스스로가 예수님에 대해 깨닫게 된다면 이는 다른 문제가 된다. 기도 응답, 꿈 그리고 성경 읽기를 통해 예수를 만나면 그들은 무시할 수 없는 살아 계신 주를 찾게 되고 그를 위해 기꺼이 죽기까지 한다.

기독교의 기도, 사랑, 복음 증거

기독교 학교들과 자선 사역에서의 복음 증거, 기도 그리고 학우들과의 단순한 우정을 통해 무슬림들이 지금도 그리스도께로 나오고 있다. 30대의 한 무슬림 배경 남성은 그의 신앙의 여정을 돌아보며 말했다. "2명의 기독교인 친구들이 제가 예수님이 누구인지 알게 하는 데 도움을 주었습니다. 우리는 함께 축구를 하곤 했습니다. 예수님이 저에게 하신 일 때문에 저는 울었고 밤에는 예수님에 대한 꿈을 꾸었습니다. 저는 예수님 안에서 천국에 가는 법을 찾았습니다."

32세의 무슬림 배경의 목사는 오늘날 그의 공동체 안에서 하나님이 무엇을 사용해 무슬림들을 신앙으로 이끄셨는지에 대한 질문을 받았다. 그는 대답했다. "사랑이 중요합니다. 무슬림들은 사랑과 자비를 실천하지 않습니다." 그는 말을 이어 나갔다. "먼저 당신은 그들을 사랑해야 합니다. 그들을 위해 기도해야 합니다. 하나님이 자신들의 기도에 응답하셨다는 것을 알게 되면 그들은 이슬람을 부인하고 예수님을 따릅니다."

강성 이슬람 가정 출신인 22세의 여성은 지난 8개월 동안 예수님을 따르고 있었다. 그녀는 말했다. "기독교는 정말 다정스럽습니다. 저는 기독교인이 서로를 대하는 방식이 좋습니다. 예수님은 이제 저에게 하나님입니다. 그는 저의 기도에 응답해 주셨습니다."

신자가 되자 가족으로부터 버림을 받은 한 젊은 여성에게 필자가 물었다. "예수님을 따르는 것은 당신에게서 많은 것을 앗아갔습니다. 그렇죠?" 그녀는 완강하게 대답했다. "아닙니다. 저는 이제 전도할 수 있고 노래를 부를 수 있고 예수님에 대해 사람들에게 말할 수도 있습니다. 이것은 저에게 흥분되는 일입니다. 저는 이제 변화된 사람입니다. 저는 더 이상 세상에 속한 사람이 아닙니다."

안과 밖

서아프리카에서의 그리스도를 향한 무슬림 개종 운동의 미래는 결코 장담할 수 없다. 외부와 내부의 요소들로부터 도전이 발생하고 있고, 새로운 움직임이 어떻게 그리고 효과적으로 이러한 도전을 극복할 수 있을지는 지켜볼 일이다.

외부적으로는 보코 하람과 안사루와 같은 이슬람 테러 조직들이 그리스도를 향한 무슬림 개종운동을 말살해 버리자고 결의했다. 이를 위해 그들은 그리스도에게 무슬림을 인도하려는 사람은 물론 무슬림 배경 개종자들을 살해하면서 교회와 선교 사역을 파괴했다.

선교 사역과 개종을 향한 그들의 폭력적 행동은 기독교 복음 전파에 가혹한 상황을 만들어 냈다. 폭력에 대한 지속적인 위협은 많은 기독교인들이 무슬림 안으로 들어가기보다는 상황을 지켜보게 만들었다.

다른 한편으로 이슬람 세계의 다른 지역에서 보았듯이 무슬림들의 폭력은 무슬림들이 이슬람을 외면하고 더 평화로운 신앙을 추구하도록 자극하게 된다. 이러한 이유로 이 지역에서 기독교인들의 *지하드(Jihadi)*식 대응 방식, 즉 눈에는 눈 식의 주고받는 보복적 폭력 행위가 그리스도를 향한 무슬림 개종 운동의 가장 큰 장애물의 하나로 자리매김하고 있다. 만약 그리스도가 무함마드와 다르지 않다면 사람들은 어디로 가야 한단 말인가?

내부적 도전도 이 새롭게 발생하는 운동에 심각한 위협이 되고 있다. 아마도 이슬람 세계의 다른 어느 권역보다 서아프리카에서 신앙과 기복주의는 서로 깊게 얽혀 있다.

무슬림들이 그리스도를 따르기 위해 자신들의 공동체를 떠나는 큰 값을 치르고 있지만 그들이 따르는 그리스도는 종종 그들에게 '축복의 주'로 제시된다. 물론 하나님께서 수많은 사람들을 그리스도를 믿게 하는 수단으로 치유를 이용하시고 기도에 응답하셨다. 하지만 이 세상에서의 건강과 재물에 대한 유혹은 서아프리카의 많은 교회들을 휩쓸고 있는 이른바 '번영 복음(Prosperity Gospel)'을 만들어 냈다.

서아프리카에서 소위 '번영 교회(Prosperity Churches)'라고 불리는 곳의 일부 목사들은 신실한 신자들에게 건강과 부를 약속해 주는 복음을 제시하며 대부호들의 옹호자가 되었다.[167] 앞으로 무슬림 배경의 그리스도 제자들은 성경의 그리스도를 따르는 데 도전을 받을 것인데 번영이 이끄는 복음이라는 부질없는 덫에 붙잡힐 것이다.

그 밖의 내부의 도전은 새 신자들이 그리스도 안에서 발견한 자유에서 비롯된다. 기독교를 비판하는 서아프리카의 무슬림들은 그리스도인들이 무질서하고 불법한 자라고 고발한다. 서아프리카 역사의 비참한 부패상, 명목상의 그리스도인들, 라이베리아와 나이지리아와 시에라리온의 정권, 이것들은 무시하기 힘든 죄과들이다.

무슬림 배경 신자와 기독교 배경 신자들 모두가 제기하는 다른 내부의 도전은 공동체에 대한 것이다. 기독교 배경 출신의 그리스도의 제자들은 모든 기독교권을 통틀어 가장 활기찬 교회들을 만들어 놓았다. 그러나 이러한 교회들은 그들이 복음을 전해야 할 무슬림 종족들과는 문화적으로 너무 떨어져 있다. 무슬림 남성과 여성들이 기독교 공동체의 일원이 되기 위해 그들의 집과 가족과 공동체와 부족을 떠나려 한다면 그들은 이런 교회에서 환영받을 것이다.[168]

하지만 개종자들을 그들의 공동체에서 뽑아내고 자기 종족에서 추방당하게 하는 것이 개종의 필수 조건이 되어야만 하는가? 그리스도를 향

---

167 Tomi Oladipo, "Nigeria's growing 'prosperity' churches" *BBC News Africa*, 2013년 6월 25일 다음의 인터넷 사이트에서 검색했다. www.bbc.co.uk/news/world-africa-14713151.
168 이 권역의 무슬림 개종자들이 교회로 들어갈 때 종교와 국가의 분리 원칙이 이슬람 세계의 다른 권역 보다 더 환영받는다는 것은 주목할 만 일이다.

한 운동에서 진정한 운동의 특징을 대표하는 것은 한 명의 개종자나 개개인이 아니다. 무슬림들의 그리스도를 향한 진정한 개종 운동의 움직임을 만들어 내는 것은 가족으로부터 시작되는 공동체이다.

1969년 풀라니(Fulani)족 추장 가문 출신의 말람 유수푸(Malam Yusufu)라는 이름을 가진 한 무슬림 배경 신자는 다음의 상황을 목격했다.

우리 개종자들 중 몇몇은 새 생명이라는 선물을 받기 전의 과거의 삶으로 돌아갔다. 그 이유는 자신이 삶의 방편으로 삼았던 것을 불필요하게 희생하는 과정에서 그들은 개인적 방식을 주장하며 개인주의자가 됐으며 또한 원래의 공동체에서 베푸는 사랑과 돌봄 그리고 소속감을 잃었기 때문이었다. 이것은 종종 무슬림들로부터 비난을 받는 근거가 된다.: '보아라, 저들은 그들의 마을과 가족에게서 남자와 여자들을 뺏어오는 사람들이다.' 그들은 더 이상 그 공동체에 속하지 못하게 되었다.[169]

페이스의 열매

1974년 페이스 슬레이트(지금은 페이스 웰스(Faith Wells))는 그녀의 남편 피터와 함께 서아프리카로 돌아왔다. 페이스는 전에 서아프리카에서 직인(journey-man)으로 일한 경력이 있었다. 그들의 임무는 아프리카 학생들을 위해 고등학교를 시작하는 것이었다. 7년 전 매디 선교사와 했던 것처럼 페이스 선교사는 남편과 함께 무슬림 마을을 담대하게 돌아다녔다.

1980년 신약 성경이 그 지역의 한 방언으로 번역된 이후 피터와 페이스 선교사는 한 획기적인 사건을 체험했다.

페이스 선교사는 말했다. "1980년 초, 저희는 한 마을에 있었습니다…. 저희가 북쪽 유목민 무슬림 출신인 젊은 무슬림 청소년 무리를 보았을 때 그들 중 몇 명의 무슬림 배경 신자들을 방문했습니다. 우리는 이 청소년

---

[169] Mogens Stensbaek Mogensen, *Contextual Communication of the Gospel to Pastoral Fulbe in Northern Nigeria*, 2000년 1월 Fuller Theological Seminary의 세계선교대학원에서 발표된 논문.

들에게 우리가 시작하려는 학교에 대해 말했습니다. 그 소년들은 우리를 자신들의 가족들과 만나게 해 주었습니다. 저는 13년 전 마을 진료소에서 만났던 여인의 아름다운 미소를 바로 알아볼 수 있었습니다. 그녀의 아들, 제가 안고 기도했던 그 작은 아기가 제 앞에 서 있던 소년이었습니다. 그 아기가 키가 크고 멋있는 13살의 소년이 됐습니다."

페이스 선교사는 이야기를 이어 나갔다. "2년 후 그 소년과 그의 형은 1982년 저의 남편이 처음으로 세례를 준 유목민 종족 출신 17명의 무슬림 중에 있었습니다. 그리고 결국에는 그들의 모친, 보샤(Bosha)라는 이름의 아름다운 여인도 신자가 됐습니다. 사실 그녀의 마을에서 80명이 예수 그리스도를 영접했습니다. 이 세례 후 그 소년은 제 아들의 이름이자 기독교식 이름인 데이비드(David)를 자기 이름으로 삼았습니다. 후에 그 소년은 성경 학교에 다녔고 지금은 오모레(Omore) 근처에 있는 한 침례교회의 목사로 있습니다."

페이스와 피터 선교사는 오래전에 은퇴하여 미국으로 돌아갔다. 그러나 페이스 선교사가 젊은 처녀 시절 처음으로 접촉했던 유목민 무슬림 종족 가운데 오늘날 10,000명이 넘는 세례 신자들이 있다.

소규모 모임에서의 깨달음을 위한 질문

1. 이 장에서 당신이 받은 인상은 무엇인가?
2. 서아프리카 권역에서 하나님은 어떻게 역사하고 계시는가?
3. 어떻게 기독교 공동체는 긍정적으로 그리고 부정적으로 이 권역에서 무슬림 개종 운동의 확산에 영향을 주었는가?
4. 서아프리카에서 그리스도를 향한 무슬림 개종 운동의 미래는 어떻게 될 것이라고 생각하는가?

11장
서남아시아 권역

*이리가 어린 양과 함께 살며 표범이 어린 염소와 함께 누우며
송아지와 어린 사자와 살진 짐승이 함께 있어
어린 아이에게 끌리며*

이사야 11:6

아흐메드(Ahmed)는 무엇을 해야 할지 알았다. 그의 마드라사(madrasa, 이슬람 학교, 역주) 선생들은 그에게 분명히 밝혔다. 그는 그 유대인 남성을 죽여야 했다.

몇 주 전 아흐메드는 오랫동안 암송하여 온 꾸란의 친숙한 구절을 명상하며 케비라바드(Kebirabad)에 있는 그의 형 나시르(Nasir)의 아파트에 앉아 있었다. 나시르는 일자리를 찾아 서남아시아의 도시 케비라바드로 온 수백만 명의 농촌의 무슬림 중 한 명이다. 나시르는 이 도시에서 다른 나라, 다른 문화, 다른 신앙을 가진 사람들과 친구가 됐다. 아흐메드가 이 도시로 온 이유는 형이 다른 문화와 신앙에 오염되었는지 감시하기 위해서였다.

정오가 되기 전 나시르는 한 중년의 서양인과 함께 그의 아파트에 들어갔다. 나시르는 아흐메드에게 말했다. "내 친구 테드 무어(Ted Moore)야." 테드는 손을 뻗어 악수를 청하며 표정이 없는 아흐메드에게 최고의 미소

를 보냈다.

손도 움직이지 않은 채 아흐메드는 형에게 몸을 돌려 그의 부족 언어로 말했다. "그는 *카피르(Kafir*, 이교도)예요." 나시르는 동생의 목소리에 담긴 단호함과 살기에 당황했다.

테드가 떠난 뒤, 아흐메드는 물었다. "왜 이 유대인을 집으로 들이는 거에요?"

나시르가 말했다. "그는 유대인이 아니야. 그는 *앙그레지(angrezi*, 서양인)이지."

사실 테드는 점점 더 서양에 적대적으로 변하고 있는 그 땅에서 복음을 전할 방법을 찾으려고 그 나라에 남아 있는 소수의 서양 기독교인 중의 한 명이었다.

아흐메드는 단호하게 말했다. "안 돼요! 그는 유대인이고 *카피르*예요. 만약 형이 이 유대인을 떠나지 않으면 형은 우리를 떠나야 해요."

아흐메드는 형을 떠나 산에 있는 마을로 돌아가 그의 이슬람 선생들에게 형이 만나고 있는 유대인이자 기독교인이며 *카피르인* 사람에 대해 말했다.

아흐메드의 선생들은 그에게 말했다. "너의 형이 이슬람의 적과 함께 있구나. 너는 그를 죽여야 한다. 서둘러."

아흐메드는 망설임 없이 대답했다. "제가 하겠습니다."

이슬람은 아흐메디의 삶이었다. 그가 4살 때 그의 아버지는 그를 마드라사에 위탁했고 그는 그곳에서 모국어를 배우기 전에 아랍어부터 배웠다. 9살 때 아흐메드는 꾸란을 암송하는 *하페즈(hafez)*가 됐다. 어린 시절은 힘들었지만 21살이 된 아흐메드는 그렇지 않았다. 그는 후에 말했다. "저는 이슬람 안으로 깊고 또 깊게 들어가는 것이 행복했습니다." 저의 선생님들이 말했습니다. "우리가 너에게 유대인과 기독교인들과 카피르들에 대해 가르쳐 주는 수업에 넣어 주겠다." 아흐메드는 동의했고 선생들은 그를 사람을 죽이는 여러 방법을 가르치는 수업에 넣었다.

얼마 지나지 않아서 나시르가 산악 지대에 있는 집으로 왔는데, 서양인인 테드의 친구이자 제이슨 핸슨(Jason Hanson)이라는 이름을 가진 다른 서양인을 오토바이 뒤에 태우고 왔다.

아흐메드가 그의 지도자들에게 보낸 문서를 보면 매우 협소한 이슬람 교육 때문에 독실한 무슬림 신자들에게 위협이 되는 외부인들을 분류할 수 있는 기준이 거의 없다는 것을 알 수 있다. 그는 마드라사 선생들에게 제이슨을 유대인이면서 키 큰 파라오(Pharaoh, 출애굽기의 '바로'이며 고대 이집트의 왕, 역주)라고 묘사했다. 아흐메드의 선생들은 그에게 제이슨을 반드시 죽여야 한다고 말했다.

아흐메드는 나시르를 구석으로 데려가서 말했다. "만약 형이 살고 싶으면 친구를 데리고 떠나야해요."

하지만 나시르는 반대했다.

그래서 아흐메드는 그의 가족에게 형과 외국인을 위해 아무 음식도 만들지 말라고 말했다. 나시르의 모친은 갑자기 나시르의 머리를 베고 컵을 던졌다. 나시르는 제이슨을 팔로 감싸고 말했다. "우리는 떠나야 합니다." 그 후 1년 동안 나시르는 그의 가족들이 자신을 죽이려 한다고 생각하여 집에 오지 않았다.

그러는 동안 산악 마을에서 아흐메드의 선생들이 아흐메드에게 말했다. "이제 너의 실제적인 훈련이 완료됐다. 너는 너의 몸을 망설이지 않고 알라에게 드렸다." 아흐메드는 이제 *무자히드(mujahid*, 이슬람 전사)가 됐다. 1996년 아흐메드는 알라를 위해 아프가니스탄이나 카슈미르와 같은 전쟁터에서 죽을 준비가 됐다. 하지만 그가 파견되기 전에 어떤 사건이 발생했다. 나시르와 제이슨이 찾아온 것이었다.

아흐메드는 선생에게 말했다. "저의 형이 뻔뻔스럽게도 *카피르*이자 유대인인 제이슨과 함께 집으로 왔어요." 형이 오자 아흐메드는 행복해했는데, 그 이유는 무자히드로서 첫 임무인 그 유대인을 죽일 수 있었기 때문이었다.

이런 목표를 가진 아흐메드는 악수를 하며 나시르와 제이슨을 따뜻하게 맞아 주었다. 그러면서 아흐메드는 그들을 죽일 계획을 구상했다. 아흐메드는 제이슨에게 꾸란과 이슬람에 대해 말하며 이슬람으로 개종할 것을 권유했다. 제이슨은 친절했지만 마음을 움직이지 않았다. 그는 심지어 아흐메드에게 예수님의 가르침에 대해 생각해 보라고 설득하려 했다.

그날 저녁 아흐메드는 그의 선생들에게 말했다. "저는 저의 형과 그의 친구를 죽일 준비가 되어 있습니다." 그래서 그들은 아흐메드를 도울 두 사람을 그에게 붙여 주었다. 그들은 제이슨을 먼저 죽이고 그 다음에 나시르를 죽일 계획을 세웠다. 해가 지기 시작할 때 아흐메드는 제이슨을 매복 장소로 데리고 갔다. 아흐메드는 말했다. "제가 이 유대인을 당신들에게 데려오면 함께 그를 죽입시다."

온종일 아흐메드는 제이슨에게 친절하게 대했다. 그래서 오후 늦게 아흐메드가 제이슨에게 "저와 함께 차를 타지 않겠어요?"라고 권해도 제이슨은 이상하게 여기지 않았다. 제이슨은 기쁜 마음으로 그 초대에 응했다.

하지만 나시르는 염려했다. "안 돼요. 제이슨, 그를 믿지 마세요. 가지 마세요." 제이슨은 아흐메드의 친구가 되려고 했기 때문에 아흐메드와 함께 나갔다.

제이슨이 마음을 놓고 경계를 풀게 하려고 아흐메드는 처음에는 제이슨을 데리고 마을을 돌며 그의 친척들을 만나게 했다. 그리고 그는 오토바이를 몰고 시골로 들어갔다. 그 후 그는 도로를 벗어나 산악 지대로 가는 작은 길로 들어섰다. 그들이 산으로 들어가자 아흐메드는 그의 친구들이 숨어서 기다리고 있는 근처에 오토바이를 세웠다.

아흐메드는 제이슨에게 함께 길을 걸어 가자고 말했다. 아흐메드의 계획은 아흐메드가 제이슨과 이야기하며 걷는 동안 그의 친구들이 뒤에서 나타나 제이슨의 목을 베는 것이었다. 제이슨은 후에 어떤 일이 일어날

서남아시아

서남아시아	
국가	3개
무슬림 종족	186개
전체 인구	713,922,175명
무슬림 인구	315,998,874명

지에 대한 아무런 단서도 없었다고 회상했다. 제이슨은 어리둥절해하며 아흐메드에게 물었다. "우리가 왜 여기에 있습니까?" 그때 아흐메드는 제이슨은 눈을 쳐다보았는데 제이슨의 눈에서 자기 행동을 멈추게 하는 무엇인가를 보았다. 그는 그것이 무엇인지 몰랐고 다만 제이슨의 눈에 있는 무엇인가가 아흐메드의 계획을 포기하도록 만들었다.

제이슨의 어깨 너머로 아흐메드의 친구들이 그의 신호를 기다리며 숲에서 나오는 것을 보았다. 아흐메드는 제이슨의 팔을 잡고 말했다. "지금 떠납시다!" 두 명은 재빨리 오토바이에 올라타서 속도를 냈고 아흐메드의 친구들은 그들을 쫓았다.

그들은 아무 말도 없이 아흐메드의 집에 도착했다. 아흐메드는 그의 형에게 곧장 가서 말했다. "친구를 데리고 떠나요. 그렇지 않으면 내일 친구의 잘려진 목을 보게 될 거에요. 그리고 나는 형을 죽일 거에요."

단층선

지구상에 있는 5명의 무슬림 중 약 한 명은 서남아시아에 살고 있다. 아프가니스탄, 파키스탄 그리고 인도의 서부 주(州)들로 구성된 서남아시아의 총인구는 7억 1,400만 명이며 이는 이슬람 세계에서 두 번째로 인구가 많은 권역을 이룬다.

서쪽은 이란의 고원과 경계를 이루고 북쪽 경계는 파미르 고원(Pamir Knot)으로 불리는 봉우리들이 있는 지구에서 가장 높은 산들로 구성되어 있다. 눈이 덮인 거대한 산들은 견고한 벽을 형성하며 카라코룸(Karakorum) 산맥에서 힌두 쿠쉬(Hindu Kush) 산맥과 텐산(Tien Shan) 산맥을 통과하여 히말라야 산맥에 낯을 내리기까지 뻗어 있다. 눈으로 덮인 정상에서부터 펀자브(Punjab) 지역으로 다섯 개의 거대한 강이 흘러 지구에서 가장 오래된 문명 중 하나에 생명을 주었다.

300개 이상의 언어적·종족적(ethno-linguistic) 특성을 가진 서남아시아는 지구상에서 가장 까다로운 문화적 단층을 특징으로 삼고 있다. 인도-

유럽 종족과 투르크 종족 그리고 드라비다(Dravidian) 종족은 외부 침략자들이 그들의 영토를 위협할 때에만 내부적 갈등과 마찰을 가라앉히며 평상시에는 서로 대립하고 있다.

19세기 아프가니스탄은 야심찬 러시아와 대영 제국의 각축장이었다. 20세기 미국과 소비에트 연방은 연이은 대리전으로 냉전 경쟁에서 이러한 역할을 다시 수행했다. 전쟁으로 인해 아프가니스탄 사람들의 마음은 굳어졌고 아프가니스탄인들에게는 이슬람과 자신의 부족을 제외하고는 확실한 것이 거의 없었다. 아프가니스탄과 파키스탄이 접해 있는 약 2,500킬로미터의 취약한 국경을 따라 많은 부족들이 나뉘어졌다. 파키스탄은 아프가니스탄과 파키스탄 중 어느 한 나라에서 분쟁이 일어나면 결코 그 나라만의 일로 남아 있지 않을 것이라는 점을 확실히 했다. 이 두 나라 사이의 국경은 1893년의 두란드 라인(Durand Line)에 기초하고 있다. 이 이름은 서로 경쟁하는 수십 개의 아프가니스탄 종족들을 대변한다고 주장한 아프가니스탄 당국자들을 상대로 영국 식민령이었던 인도를 대신하여 협상을 벌인 영국 외무부 장관 모르티머 두란드(Mortimer Durand)의 이름에서 따온 것이다. 사실 아프가니스탄 종족들의 대부분은 이러한 라인이 존재하는지도 몰랐고 알았다면 친척이 되는 부족과 자신의 부족을 분리해 놓은 이 보이지 않는 장벽에 대해 결코 동의하지도 않았을 것이다.¹⁷⁰

모르티머 두란드

파키스탄은 문자적으로 '정결한 땅'이라는 의미이며 독립운동가 초우다리 알리(Choudary Ali)(1895-1951)가 1933년에 파키스탄의 5대 민족을 대

---

170 위키디피아의 "듀란드 라인(Durand Line)"에서 인용했다. 2013년 8월 13일 다음의 인터넷 사이트에서 인용했다. http://en.wikipedia.org/wiki/Durand_Line.

표하는 두문자어에서 따온 이름이다. P는 펀자브(Pujabi), A는 아프간 푸쉬툰(Afghani Pushtun), K는 카슈미르(Kashmiri), S는 신드(Sindhi) 그리고 마지막 stan은 발루치스타니(Baluchistani)이다. 흥미롭게도 초우다리 알리의 두문자어에서 빠진 것은 동파키스탄의 벵갈 종족(Bengali)으로 이 종족의 누락은 결국 1971년 방글라데시 독립 전쟁 발발의 한 원인이 됐다. 동파키스탄과 서파키스탄은 1947년 8월 15일 자정을 기해 다수의 인도 힌두교도들로부터 무슬림들의 피난처로 영국령 인도에서 축출되었다.171

초우다리 알리

동파키스탄이 인도에서 분리된 후 수일 내에 50만 명의 불운한 무슬림들과 힌두교인들과 시크교도들이 단지 영국이 만들어 놓은 경계의 잘못된 구역 안에 있었다는 이유로 서로 죽이는 일이 발생했다. 7백만 명의 힌두교인들과 시크교도들이 안전을 위해 동쪽 인도지역으로 피난을 가고 비슷한 수의 무슬림들이 서쪽 지역으로 몰려갔다.172 펀자브인들은 상처와 증오의 후회스러운 기억과 함께 갈라져 있는 채로 남겨졌다. 과거의 이 분단 이후 60년이 넘도록 파키스탄은 동쪽에 있는 거대한 인도와 언제든지 전쟁을 할 수 있도록 준비된 상태를 유지하여 왔다.

오늘날 인도의 무슬림들, 특히 파키스탄과 국경을 접한 서부 국경 주들에 살고있는 무슬림들은 자신의 국가에서 잠재적인 적으로 간주되며 암울한 상황 아래 살고 있다. 이 불신은 그들이 다수의 힌두교인들에게 차별을 받는 손쉬운 대상이 되도록 만들었다. 해외에서 아는 것보다 더 빈

---

171 Dominique LaPierre and Larry Collins, *Freedom at Midnight* (New Delhi: Vikas Publishing, 1997).

172 LaPiere and Collins의 chapter "The Greatest Migration in History," in *Freedom*, pp. 489-530를 참조하라.

번하게 이 차별이 폭력으로 이어지고 있다.

2002년 서쪽에 있는 구자랏(Gujarat) 주에서 60명의 힌두교 순례자들이 열차 화재 사건으로 불타 죽었는데 힌두교 민족주의자들이 이 사건을 무슬림 테러주의자들의 소행으로 비난한 것이 이런 사례이다. 이에 대한 반응으로 힌두교인들은 이웃에 사는 무슬림들을 약탈하고 2,000명의 무슬림 희생자를 발생시켰다. 당시 구자랏 주의 주지사(chief minister)였던 나렌드라 모디(Narendra Modi)는 이 폭력 사태를 막기 위해 별다른 조치를 취하지 않았고 힌두교 급진주의자들은 그를 영웅으로 추켜세우며 반겼다. 2013년 모디는 지지율에서 선두를 달리고 있는 인도의 보수주의 정당(BJP 정당, 역주)의 총리 후보이다.[173]

나렌드라 모디

최근 파키스탄의 빈민가에서 모집되어 아흐메드를 훈련시켰던 학교와 같은 급진주의 마드라사에서 훈련받은 테러주의자들이 인도에서 보복 테러를 감행했다. 2008년 11월 파키스탄의 *라쉬카르 에타이바*(Lashkar e-Taiba, 의로운 자의 군대)와 연계된 11명의 테러주의자들이 인도에서 가장 인구가 많은 도시 뭄바이(Mumbai)에서 3일 동안 성전(jihad)을 자행하여 거의 500명에 이르는 시민과 경찰이 죽거나 부상을 입었다.

1947년 두 개의 남아시아 국가가 탄생한 이후 인도와 파키스탄은 북부 국경 지역 카슈미르(Kashmir)에서 공개적으로 분쟁을 벌여 왔다. 1947년, 1965년 그리고 1999년에 전투가 벌어지며 이 지역은 인도 권역에서 가장 위험한 화약고로 남게 됐고 21세기 첫 원자 폭탄이 사용되는 전쟁터가 될 것이라고 많은 사람들이 염려하는 지역이 됐다. 오늘날 서남아시아의 일

---

[173] 나렌드라 모디는 2014년 5월 총선에서 승리하여 인도의 총리로 취임했고 2019년 5월 총선에서도 압도적인 득표로 재선에 성공했다. 역주.

반 시민들은 이 지역의 평화와 안정을 해치는 폭력 사건으로 괴로워하고 있다. 하지만 이 분쟁의 도가니 안에서 하나님의 영이 남성과 여성의 삶 안으로 들어와 그들을 다른 길로 인도하고 있다.

전환점

1947년 인도와 파키스탄의 독립 직후 이 두 나라는 서구 선교사들을 추방하기 시작했다. 남아있는 선교사들은 종종 엄격한 제한 아래 놓여 있었으며 각 국가는 이들의 사역 대상을 기독교 소수 부족 또는 병원이나 학교와 같은 지역 기독교 기관으로 한정하고 이곳에서 모든 시간을 보내도록 강요했다. 선교사들에게 세계에서 가장 빠르게 증가하고 있는 선교 대상인 무슬림 대중을 향할 시간은 거의 없었다.

이런 어려움 속에서도 150년의 기독교 선교는 서남아시아에서 복음의 씨를 뿌리는 중요한 진보를 이루어 냈다. 누룩이 들어간 반죽처럼, 복음의 영향력은 대부분 은밀하지만 넓고 깊게 확장됐다.[174]

서구 식민주의자들이 이 지역에서 철수하자 복음은 외국인 정복자들과 관련되어 있기 때문이 아니라 복음 자체의 메시지 때문에 사람들로부터 환영받거나 거부당했다.

21세기 서남아시아에 자생적 기독교 인구가 있지만 이 기독교인들 대부분은 힌두교 배경 출신이며 주변의 이슬람교도와는 관련 거의 없다. 이 지역의 기독교 공동체가 이 지역에서 우월한 지위를 갖고 있는 다수 무슬림 대중을 대상으로 지상 명령의 임무를 수행할지 하지 않을지는 두고 볼 일이다.

이 지역에 남아 있는 외국인 기독교인들은 대부분 공개적인 선교사 신분이 아닌 상태로 사역을 하고 있다. 지금 외국인 기독교인들은 지역 기

---

[174] 예수님이 천국을 누룩이 있는 반죽으로 비유한 마태복음 13:33을 참조하라. "또 비유로 말씀하시되 천국은 마치 여자가 가루 서 말 속에 갖다 넣어 전부 부풀게 한 누룩과 같으니라" (마태복음 13:33).

독교인들 그리고 급증하는 한국인 선교사들과 심지어는 중국인 기독교인들과도 협력하며 다시 한번 지구상에서 가장 많은 비기독교인들을 끌어들이기 위해 노력하고 있다. 선교사들은 이번에는 정치적 개념인 국가 단위로 접근하기보다 지역 언어와 인종적 공동체라는 관점에서 서남아시아 지역을 재편성했다. 이 포스트 선교사들(post-missionary missionaries, 선교사들이 비교적 자유롭게 사역했던 서구 식민 통치 시절 이후의 선교사를 말함, 역주)의 목적은 각 민족 집단, 그리고 각 언어 공동체가 복음을 듣고 응답할 수 있는 기회를 갖도록 하는 것이었다.

이를 위해 그들은 문맹자를 위한 구술 성경, 이 지역 다수가 사용하는 상업 언어로 된 라디오 방송, 카세트테이프 녹음 그리고 널리 시청된 《예수 영화》등 여러 성경 번역 프로젝트를 시작했다.

1990년대 말부터 복음은 외국인 선교사들을 통해 아흐메드와 같이 전쟁, 살인, 복수, 증오에 지친 지역 무슬림들에게 전파되기 시작했다. 아흐메드처럼 지옥같은 현실을 살고 있는 많은 사람들은 그 현실과는 다른 샤리아(sharia, 삶의 방식)를 간절히 찾게 됐고 이것이 그들을 다른 길로 향하도록 만들었다.

그 전환점이 1990년대 말에 시작됐고 그로부터 20여 년이 안 되는 시간이 흐른 오늘날 서남아시아에는 무슬림 배경 신앙 공동체의 수가 수만 개에 달한다. 2010년 실시됐고 많은 사람이 의문을 제기한 공개되지 않은 한 현지 조사는, 지난 15년 동안 수만 명이 세례를 받았다고 했다.[175] 이 지역의 그리스도를 향한 무슬림 개종 운동들은 20개의 언어와 종족에 퍼져 있으며 8개의 나라에 흩어져 있다.

아흐메드의 이야기는 살인과 테러를 허락하는 샤리아에서 사랑의 원

---

[175] 서남아시아에서의 그리스도를 향한 무슬림 개종 운동들은 이 지역의 극렬한 폭력 때문에 가장 평가하기 어려운 조사 대상에 속한다. 이 권역에서 사역하는 기독교 선교사들이 이 운동의 가능성을 두고 의견이 갈린다. 운동들이 실재하는지에 대한 여부는 독자의 판단에 맡긴다.

리를 안내하는 샤리아로 삶을 변화시킨 대표적 사례가 될 뿐만 아니라 처음으로 공개되는 것이기 때문에 중요하다. 이슬람 세계 안에 있는 서남아시아 권역에서 발생하는 이런 이야기들은 지금까지 수집된 이야기 중 가장 잔인하고 폭력적이었다. 이러한 이유 때문에 우리는 이러한 이야기들이 예외적인 경우인지 아니면 이 지역에서 실제로 일어나고 있는 것을 대표하는 것인지를 반복적으로 확인했다. 폭력이 사람들을 잔인하고 급진적으로 만들지 않는 지역이 분명히 존재함에도 불구하고 아흐메드의 이야기는 터무니없는 이야기가 아니라 오히려 서남아시아 권역에서 아주 전형적인 이야기이다.

아흐메드의 회심

형 나시르와 유대인 제이슨을 죽이겠다고 맹세한 그 아흐메드가 필자 옆에 앉아 하나님이 그의 종족 가운데 어떻게 역사하셨는지 필자가 이해하도록 말했다.

아흐메드가 말했다. "제가 4살 또는 5살 밖에 되지 않았을 때, 저의 부친은 정식 무슬림 교육을 받게 하기 위해 저를 마드라사에 던져 놓고 갔습니다."

필자는 물었다. "왜 '던져 놓았다'고 말했습니까?"

"왜냐하면 억지로 그렇게 하셨기 때문입니다. 저의 형들도 모두 마드라사로 보냈지만 모두 도망쳐 나왔습니다. 그래서 저의 부친이 저를 데려갈 때 아주 이른 아침 어두울 때 집을 떠났는데, 그 이유는 제가 집으로 돌아오는 길을 찾지 못하게 하려고 했기 때문입니다."

마드라사는 기숙사 학교이며 아흐메드의 마을과는 꽤 떨어져 있었다. 그는 어린 시절부터 이슬람 교육을 받기 시작했고 이는 18살이 될 때까지 지속됐다. 첫 6년 동안 단 3번만 가족을 방문하도록 허락받았다.

"저의 형들은 암송을 잘 하지 못했지만 저는 기억력이 좋았습니다. 그래서 6살 때 저는 꾸란을 외우라는 임무를 받았습니다. 제가 이해하지 못한 언어였죠."

수업은 아침 4시에 시작했고 아흐메드는 종종 한밤중까지 공부했다. "만약 제가 도망가려고 했다면 매를 맞았을 것입니다. 꾸란을 암송하는데 3년이 걸렸지만 저는 해냈습니다."

"제가 12살이 됐을 때 *카에다*(qaeda, 기본) 이슬람 공부를 마쳤고 저의 부친은 저에게 한 주에 한 번 집에 와도 좋다고 하셨습니다." 2년 후 14살 때 아흐메드는 대도시 케비라바드에 있는 고등 마드라사에 등록했다. 그리고 고등 마드라사 공부를 완료한 후 아흐메드는 형의 서양인 친구 테드 무어와 제이슨 핸슨을 만났다.

아흐메드가 선한 동기로 이맘이 되기 위한 준비를 마쳤다는 것은 그의 가족에게 중요했다. 아흐메드의 가족은 이맘이 7명을 그와 함께 천국으로 데려갈 수 있다고 믿었다. 아흐메드는 설명했다. "저의 가족은 대가족입니다. 저를 포함해서 8명입니다. 제가 만약 공부를 끝내지 못하면 누가 저의 가족을 낙원으로 데려갈 수 있을까요?"

마을에 있는 아흐메드의 친구들은 제이슨을 죽이려는 계획이 실패로 돌아가자 아흐메드에게 화를 냈다. 아흐메드의 이슬람 선생도 그에게 소리쳤다. "한 명도 죽이지 못하면서 어떻게 이슬람을 지킬 수 있겠느냐?" 아흐메드는 말했다. "죄송합니다. 다음에는 더 잘 하겠습니다." 그러자 친구들은 말했다. "괜찮아. 새로운 계획을 짜보자."

아흐메드는 말을 이어나갔다. "이번에는 일을 좀 더 크게 벌여야겠어. 이번 일을 모르는 유대인들을 찾아서 모두 죽이자." 친구들은 말했다. "먼저 너를 좀 더 훈련시켜서 너의 형과 다른 사람들을 죽이도록 우리가 너를 케비라바드로 다시 보낼 거야."

저는 케비라바드로 와서 테드 무어의 집에 묵었습니다. 낮 동안에는 테드의 집에서 나와 케비라바드에서 저의 형이 알고 있는 사람이 얼마나 되는지 알아보았습니다. 저의 형은 저를 다른 서양 기독교인의 집으로 데려갔고 그 후에 다른 집 또 다른 집에 갔습니다. 그리고 저는 그들이 모이는 교회 건물을 보았습니다. 저는 저의 이슬람 선생에게 편지를 썼습니다. "케비라바드에는 유대인들이 많습니다. 그리고 그들은 여러 연결망을 갖고 있습니다."

"이번에는 테드 무어가 저에게 다가오려고 열심히 노력했습니다. 그는 저를 점심에 초대하여 이슬람에 대해 이야기했습니다. 1년 동안 우리는 많은 것에 대해 이야기를 나누었습니다. 그는 저에게 복음을 전하려 했고 저는 그를 이슬람으로 개종시키려 했습니다. 그러는 동안 저는 테드와 제이슨이 유대인이 아니고 기독교인이라는 것을 알게 됐습니다."

제가 저의 마을로 돌아오자 저의 선생들은 말했습니다. "너는 무자헤딘이 되기 위한 실제의 훈련이 더 많이 필요하다. 훈련을 받게 되면 아프가니스탄 또는 카슈미르 중 어느 곳에 갈지 선택할 수 있다." 저는 아프가니스탄을 선택했습니다. 그때가 1997년 말경이었습니다. 훈련은 한 달 반 정도 됐고 그 후에 저는 아프가니스탄에 갔습니다. 그 시절에 탈레반(Taliban)은 어디에나 있었고 모든 사람이 탈레반을 좋아했습니다. 저도 탈레반이었습니다.

"우리는 *샤리아*(sharia, 이슬람 법)를 강요하기 위해 도시로 파견됐습니다. 만약 우리가 공공 장소에 나와 있는 여자를 만나면, 막대기로 엉덩이를 6번 때립니다. 그리고 *아잔*(azan, 기도를 알리는 소리)을 따르지 않으면 누구든지 8번 때립니다."

한 번은 우리가 어떤 남자를 3번이나 붙잡아 때렸는데(각각 8대씩 3번) 그 이유는 그 남자가 *나마즈*(namaz, 기도 시간) 동안 걸어 다니고 있었기 때문이었습니다. 그는 울면서 말했습니다. "저의 아내가 죽어가고 있습니다. 저는 반드시 산파를 구해서 아내에게 데려가야 합니다. 저는 집에서 이미 *나마즈*를 했습니다."

"저녁에는 아주 소수의 무자헤딘만 기지로 돌아왔습니다. 많은 사람들이 죽어 가고 있었습니다. 우리는 러시아의 지원을 받고 있다고 의심되는 시아파와 싸우고 있었습니다."

"저희 선생들은 저희가 카피르[176]로부터 이슬람을 지키고 있다고 말했습니다. 하지만 우리가 다른 무슬림들을 죽이고 있는 것을 저는 알 수 있었습니다."

"두 가지가 저의 마음에 영향을 주었습니다. 첫 번째는 여자 아기를 죽인 것입니다. 우리는 마을에 있는 시아파를 죽이라고 보내졌고 그 마을 사람들 전체를 죽이면서 임무를 끝냈습니다. 저는 한 여자 아기를 데려왔는데, 아마 한 살 또는 한 살 반 정도 됐을 겁니다. 제가 독이 묻은 칼로 아기를 죽일 때까지 그 아기는 저의 손가락을 붙잡고 있었습니다."

아흐메드는 필자의 놀란 반응을 보았다.

그는 말했다. "우리는 적을 죽이는 것이 뱀을 죽이는 것과 같다고 믿었습니다. 뱀을 죽이는 것은 이슬람을 발전시키는 것입니다."

"저에게 큰 영향을 주었던 다른 것은 그들이 저에게 사람의 머리를 베는 것을 가르친 것이었습니다. 그들은 머리에 봉지를 씌운 한 남자를 데려왔습니다. 그들은 그의 주변에 모래를 부었습니다. 그리고 그들은 그를 밀어 무릎을 꿇게 했습니다. 그리고 그들은 힘으로 그의 머리를 뒤로 젖혀 목이 드러나게 만들며 그의 무릎을 등쪽으로 밀었습니다. 저는 칼을 그의 목으로 가져갔고 그가 공포로 숨을 헐떡거리는 것을 들었습니다. 저는 칼날을 그의 목으로 가져갔고, 저의 주변에 있는 사람들은 '*알라후 아크바르(Allahu Akbar)*', '*알라후 아크바르(Allahu Akbar)*' 하며 계속 소리쳤습니다."

저는 칼을 떨어뜨렸습니다. 할 수 없었습니다. 그들은 저에게 말했습니다. "반드시 해야 돼. 그렇지 않으면 우리가 너를 죽일 것이다."

저는 말했습니다. "못하겠습니다." 그리고 저는 그 자리를 피했습니다. 친구가 저에게 와서 말했습니다. "그 남자를 잡고 있기만 하면 우리가

---

176 카피르 kāfir(이슬람사전)
    - 진실을 보지 않으려고 하는 사람

그를 죽이겠다." 그래서 저는 그 남자를 잡았고 그들은 그의 목을 베었습니다. 이것이 저에게 큰 충격을 주었습니다. 친구들이 저를 볼 수 없을 때까지 저는 혼자 걸어 나갔고 그곳에서 울었습니다."

"그날 밤 저는 경계를 보게 됐습니다. 그날 밤 내내 그 남자의 모습이 저를 괴롭혔고, 그 여자 아기도 저를 괴롭혔습니다."

그래서 그날 밤 저는 도망쳤습니다. 저는 혼자 말했습니다. '아흐메드, 이것은 너의 인생이 아니다.' 저는 밤새 내내 걷고 달렸고, 하루 종일 그리고 다음 날도 그렇게 했습니다. 제가 한 마을에 가까이 왔을 때 마을 주민들은 제가 탈레반 옷을 입은 것을 보았습니다. 그들은 저의 손에 입맞춤을 하고 우유를 주었고 잘 곳도 주었습니다. 그들은 말했습니다. "우리는 탈레반을 좋아합니다. 우리와 함께 머물러 있으십시오."

저는 그들에게 말했습니다. "저는 집으로 돌아가는 길을 찾고 있습니다." 다시 7시간을 걸어서 기차역에 갔습니다. 기차에 있는 사람들은 제가 탈레반이라서 저를 좋아했습니다. 그들은 말했습니다. "앉고 싶은데 앉으십시오. 왜냐하면 당신은 탈레반이기 때문입니다." 그들은 저에게 음식을 주었고 저는 (음식을 먹은 후) 잠이 들었습니다. 저는 매우 피곤해서 잠을 자느라 저희 마을 역을 지나쳤고 케비라바드에 갈 때까지 깨지 못했습니다.

기차에 있는 사람들이 말했습니다. "우리는 당신을 귀찮게 하기를 원치 않았습니다. 당신은 알라를 섬기고 있기 때문에 저희는 당신을 섬겼습니다." 저는 경찰서에 들러 저의 총을 그들에게 주었습니다. 그들은 말했습니다. "우리가 당신 총을 갖고 있겠습니다. 당신은 그것이 다시 필요할 것입니다." 저는 그들에게 말했습니다. "아닙니다, 아닙니다. 저는 그것을 원하지 않습니다."

"그 후 저는 테드 무어의 집으로 갔습니다. 테드와 나시르가 저를 위해 삼일 동안 기도를 하고 금식을 하고 있었다는 것을 몰랐습니다. 테드와 나시르는 저를 돌보아 주었습니다. 저는 이틀 동안 잠을 잤습니다."

제가 깼을 때 저는 테드에게 저의 마음이 변했다고 말했습니다. 저는 말했습니다. "테드, 바꿉시다. 저는 당신에게 꾸란을 주고 당신은 저에게 성경을 주십시오. 저는 제가 어떻게 변할지 지켜보겠습니다. 그 후에 함께 이야기 합시다."

"저는 저의 마을로 돌아왔습니다. 테드는 꾸란을 공부했고 저는 일 년 동안 성경을 공부했습니다. 그 사이 우리는 서로에게 편지를 썼습니다. 라마단 기간의 어느 날, 저의 모친이 저녁을 위해 금식을 멈추자고 부를 때 저는 아주 진지하게 성경을 공부하고 있었습니다."

그날 밤 저는 꿈을 꾸었습니다. 저의 방에 작은 창문을 통해 큰 빛이 들어왔는데 그 빛에 얼굴이 있는 것을 보았습니다. 그 빛이 저에게 말을 했습니다. "나는 너에게 세 명의 사람을 보내겠다. 그들의 말을 들어라, 그리고 무엇을 말하던지 그렇게 행하라." 저는 그 꿈을 세 번 꾸었습니다.

"다음 날 저는 테드 무어와 제이슨 핸슨 그리고 저의 형을 보았습니다. 그 당시 우리는 서로 신속하게 연락할 수 있는 전화기가 없었습니다. 그들은 저의 꿈에 대해 알 길이 없었습니다."

"제이슨이 처음 왔을 때와는 달리 이번에는 제가 그들을 섬기고 좋아했습니다. 저는 변화하기 시작했습니다. 저는 테드와 제이슨에게 저의 꿈에 대해 말했습니다."

저는 말했습니다. "형제님들 제발 저를 도와 주십시오. 사탄이 저를 아주 어두운 곳에 집어넣었습니다. 어떻게 제가 진리를 발견할 수 있습니까?" 그래서 그들은 공개적으로 저에게 예수님이 하나님이라고 말해 주었습니다. 그들은 저에게 어둠에서 나와 빛으로 나오고 예수님을 사랑하라고 강하게 권면했습니다. 저는 그들에게 먼저 가족에게 이야기하겠다고 말했습니다.

"이드(eid, 이슬람 절기) 기간 동안이었습니다. 저는 가족에게 가서 이야기했습니다. 저는 그들에게 말했습니다. "제가 4살이었을 때 여러분은 저를 마드라사에 던져 놓고 제가 가족을 책임져야 한다고 말했습니다. 만약 그것이 사실이라면, 저의 결심을 받아 주시겠습니까?" 그들은 모두 말했습니다. "좋다. 심판의 날에 네가 책임을 지는 사람이 될 것이다." 그래서 저는 말했습니다. "저의 결심은 이렇습니다. 저는 변하고 있습니다. 저는 여러분 모두를 이 어두운 삶에서 건져 내겠습니다. 저는 여러분께 사히흐 (sahih, 참된) 이슬람을 드리겠습니다."

아흐메드는 나중에 그는 자신을 무슬림이라고 여겼지만 이슬람 밖에서 예수를 따르고 있었던 사람이었다고 말했다. 아흐메드의 마음에는, 진실한 무슬림은 하나님의 뜻에 진실한 마음으로 순종하는 사람이었고, 그는 예수님의 제자들이 그런 사람들이라고 보았다. 하나님의 뜻에 진실하게 순종하는 사람들이 그들이었다. 다른 모든 무슬림들은 거짓된 길을 따르고 있었다.

저의 가족은 대답했습니다. "네가 무엇을 결심하던지 우리는 받아들이겠다." 저는 말했습니다. "우리는 예수님을 따를 것입니다." 저의 가족이 말했습니다. "그러면 우리도 그렇게 하겠다."

"1998년이었습니다. 제이슨, 나시르 그리고 테드가 저에게 주 예수님의 이름으로 세례를 주었습니다."

그 다음 해인 1999년 심한 홍수가 아흐메드의 마을에서 멀지 않은 산악 지대를 휩쓸었다. 테드 무어는 사고 현장에 제일 먼저 도착한 이들 중 한 명이었다. 그곳에서 테드는 일본 뇌염에 걸렸고 수년 후에 죽었다.

신(神)의 부족

자랄(Jalal)은 서남아시아 산악지대의 한 작은 마을에서 온 43세의 남성이다. 그에게 가족이 있는지 질문하자 자랄은 경계하며 말했다. "예, 저에게는 가족이 있습니다." 자랄과 같은 배경을 갖고 있는 사람들은 가족에 대한 정보를 밝히기를 꺼려한다. 정부나 자경단원들이 그들의 소중한 비밀을 알아내 그들에게 큰 해를 끼칠까 하는 염려가 있기 때문이다.

자랄은 자신이 2007년 신앙을 갖게 되었고 그 후 6년 동안 이사의 제자로 살았던 것을 말해 주었다.

여기 그의 이야기가 있다. 자랄은 말했다.

"저는 어렸을 때 공부를 하지 않았습니다. 저의 아버지는 우리 부족의 전사였습니다. 저는 어렸을 때부터 아버지와 함께 이곳저곳으로 돌아다녔는데 그 이유는 아버지에게 적이 많기 때문이었습니다. 아버지는 저에게 *꾸란 샤리프(Sharif)*(고귀한 꾸란) 읽는 법을 가르쳐 주셨습니다. 글을 읽을 줄 모르는 많은 사람도 꾸란 읽는 것은 배웁니다."

"제가 아버지와 여행을 다니면서 가끔은 총을, 가끔은 음식을 이 산에서 저 산으로 옮겼습니다. 저는 아버지를 도우면서 산에서 자랐습니다. 저의 아버지는 저를 매우 자랑스럽게 여기셨습니다. 아버지는 저의 손에 총을 쥐어 주면서 말씀하셨습니다. '내가 죽으면 네가 이 총을 가질 것이다.' 아버지가 돌아가신 후 저는 무리의 지도자가 됐습니다."

"저희 마을의 사람들은 정부가 자신들을 잡아가지 못하도록 자신들을 보호해 주는 것에 대해 저에게 존경을 표했습니다. 어느 날 큰 홍수가 마을을 휩쓸고 지나갔습니다. 홍수는 동물과 집과 사람들을 쓸고 갔는데 저는 마을 사람들을 보호하려 했지만 아무것도 할 수 없었습니다."

"홍수가 지나간 뒤 외부인들, 외국인이 아니라 다른 부족 사람들이 저희 지역 사람들을 도우러 왔습니다. 이런 일이 벌어지자 저는 저의 무리에게 말했습니다. "우리는 가서 우리 마을 사람들을 보호해야 합니다. 우리는 외부인들이 누구인지 모릅니다. 아마도 저들이 우리의 여인과 소유물을 가져갈 수 있습니다. 우리는 마을 사람들을 지켜야 합니다."

"우리는 쌍안경으로 구호 작업을 감시했습니다. 우리는 외부인들이 우리 마을 여인들에게 부적절하게 신체 접촉을 하는 것을 보았습니다. 그래서 우리는 마을로 내려가 그들을 공격하며 말했습니다. 외부에서 온 어느 누구도 여기서 도울 수 없다. 우리가 우리 마을 사람들을 도울 것이다."

"홍수 삼 일째 다른 외부인 무리가 왔는데, 그들 모두가 *샬와르 카미제스(shalwar kameezzes,* 지역 의복)를 입고 있었습니다. 우리 무리 중 한 명이 그들에게 물었습니다. "당신들은 누구입니까?" 그들이 말했습니다. "우리는 도우러 왔습니다." 그래서 우리는 그들에게 말했습니다. "도시에서 온 사람들은 이곳에서 도울 수 없습니다." 그들은 대답했습니다. "우리는 도시에서 오지 않았습니다. 우리는 당신들과 같이 부족민입니다."

"그들이 우리와 같은 부족민이기 때문에 우리는 그들이 도와주는 것을 허락 했습니다. 그들이 우리 마을의 여성과 우리의 소유물을 존중한다는 것을 우리는 알았습니다. 그들은 우리 마을 사람들과 동물들을 더 높고 안전한 장소로 옮겼 습니다."

"저는 쌍안경을 통해 그들이 모든 사람을 다 옮길 때까지 감시했습니다. 그런데 그 외부 부족민들은 떠나지 않았습니다. 그래서 저는 산에서 내려가 그들에게 말했습니다. '이제 돌아 가십시오.' 하지만 우리 마을 사람들은 저에게 와서 말했습니다. '아닙니다. 우리는 저들이 가기를 원하지 않습니다. 저들은 좋은 사람들입니다.'" 저는 말했습니다. "만약 2주 안에 저들이 마을을 떠나지 않으면 제가 그들 모두를 죽일 것입니다."

마을 주민들은 중간에 껴 있게 됐습니다. 그들은 외부인을 좋아했습니다. 하지만 그들은 저도 존중했습니다. 제가 마을 주민들에게 경고를 하며 말했습니다. "당신들은 아실 것입니다. 만약 우리 무리가 싸움을 시작하면, 우리는 멈추지 않을 것입니다." 저는 다시 요구했습니다. "우리는 더 이상의 도움이 필요하지 않습니다."

제가 수배 중에 있었기 때문에, 저는 산으로 돌아왔지만 저는 마을을 주시했습니다. 다음 며칠 동안 5명-8명의 사람들이 마을에 찾아오기 시작했습니다. 그들이 밤에 옛 선지자에 대한 고대 이야기를 나눈다는 것을 저는 알게 됐습니다. 마을 사람들은 그런 사실을 저에게 알려 왔습니다.

저는 들으면 들을수록 더욱 화가 났습니다. 그래서 어느 날 밤 마을로 내려가 외부 부족민의 막사를 불태웠습니다. 그들이 막사에서 뛰쳐나갈 때 저는 그들에게 폭행을 가하며 그들에게 떠나라고 소리쳤습니다. 그후 저는 산으로 돌아왔고 그들이 복수를 할 것을 기다렸습니다.

그들은 불을 끈 후 마을 사람들과 함께 앉았습니다. 그들은 자신들의 책을 펴서 읽고 함께 기도하기 시작했습니다. 저는 면밀히 그것을 지켜보며 이 행위 뒤에 전투를 부르는 신호가 있을 수 있다고 생각했습니다. 하지만 그들은 읽고 기도할 뿐 다른 것은 하지 않았습니다.

생전 처음으로 부족민들이 저를 공격하지 않을까 정말 걱정했습니다. 저는 그들이 강력한 부족이며 저에게 와서 마치 코끼리가 곡식을 밟아 버리듯이 저를 박살 낼 것이라고 염려했습니다. 한 주 동안 저의 무리와 저는 산에 숨어 있었습니다. 그 후 어느 날 저는 저희 무리 중 한 사람을 그들과 협상하도록 마을로 내려 보내기로 결정했습니다.

외부 부족민들은 전에 하던 대로 마을 사람들에게 봉사를 하고 있었습니다. 제가 보낸 사람은 그들에게 말했습니다. "우리는 당신에게 떠나라고 말했습니다. 그리고 우리는 또 당신들을 폭행했습니다. 당신들은 왜 떠나지 않았습니까? 그리고 왜 복수를 하지 않습니까?" 그들은 말했습니다. "우리는 여기에 도움을 드리러 왔습니다. 우리는 복수에 관심이 없습니다. 만약 당신이 저희를 죽이겠다면 그것은 당신들에게 달렸습니다. 우리는 반격하지 않을 것입니다."

제가 보낸 사람이 이러한 사실을 저에게 보고했을 때 저는 매우 화가 났습니다. 저는 저의 무리와 함께 내려가서 그들 모두를 죽이려는 계획을 짰습니다. 그래서 우리는 한 번 더 공격을 감행했습니다. 우리는 그들에게 총을 쐈지만 그들을 죽이지는 못했습니다. 총알이 그들에게 미치지 못했습니다. 하지만 그들의 발에 상처를 낼 수는 있었습니다. 만약 우리가 그들 중 한 명 또는 두 명을 죽이면 그들은 떠날 것이라고 생각했습니다. 하지만 그런 일은 일어나지 않았습니다. 상처를 입은 자들은 병원으로 옮겨졌습니다. 우리는 다시 산으로 돌아왔습니다.

그때 저는 그 부족민들이 우리를 공격할 것이라고 확신했습니다. 그들이 보복하지 않는 것은 정상적인 것이 아니었습니다. 저는 무리에게 말했습니다. "지금 우리는 달아나야 합니다." 그리고 우리는 산 속 깊은 곳으로 들어갔습니다.

다음 날 우리 마을 주민들은 우리에게 매우 크게 화를 냈습니다. 그들은 총을 갖고 우리를 찾으러 산으로 들어왔습니다. 그들은 어린 자녀들과 함께 저의 막사로 들어와 울며 소리쳤습니다. "왜 저들을 죽이려 합니까? 저들은 좋은 사람들입니다."

저는 그들에게 경고했습니다. "저는 외부인들이 머무는 것을 결코 용납할 수 없습니다. 저들은 우리 마을을 차지하려 합니다."

"그러자 마을 주민들이 총을 갖고 돌아갔습니다. 저는 그들이 저를 죽일 거라고 생각했습니다. 하지만 그들은 단지 저에게 이야기만 했고 저에게 주의를 주기만 했습니다. 하지만 저의 마음은 돌과 같았습니다. 그들은 저에게 말했습니다. "만약 당신이 이 공격을 멈추지 않으면 우리가 당신을 죽이거나 당국에 당신 막사가 어디 있는지 말할 것입니다. 그러면 정부가 당신을 죽일 것입니다."

그래서 일 년 동안 저는 멀리 떨어져 있었습니다. 하지만 계속 마을을 지켜보고 있었습니다. 제 마음 속에 무언가 일어나고 있었습니다. 결국 어느 날 저는 마을로 내려가 그 외부 부족민들 가까이에 가서 그들의 말을 들었습니다.

저는 마을에 몇 개의 이슬람 사원이 있는 것을 보았습니다. 홍수가 마을에 있는 모든 이슬람 사원을 휩쓸어 간 것으로 알고 있었습니다. 그 외부인들이 나무로 이슬람 사원을 다시 지었습니다. 우리는 그 이슬람 사원 중 한 사원 안에 앉았습니다. 저는 그들에게 물었습니다. "왜 당신들은 두려워하지 않습니까? 왜 당신들은 당신 부족을 위해 싸우지 않습니까?" 그들은 대답했습니다. "아닙니다. 우리는 당신들과 싸움을 하지 않을 겁니다. 우리는 신(神)의 부족입니다." 저는 그런 말을 전에 들어본 적이 없었습니다. 저는 말했습니다. "아닙니다. 신은 부족을 갖고 있지 않습니다." 하지만 저는 그들과 오고 갔던 말들에 대해 생각했습니다.

"그들은 저의 부족 안에서 많은 것을 바꾸고 있었습니다. 그들은 마을 주민들에게 서로 돕는 법을 알려 주었습니다. 그들은 홍수 피해를 받은 가정들을 이전할 빈 공터를 찾고 있었습니다. 그들은 학교를 짓고 있었습니다."

어느 날 저는 그들에게 물었습니다. "당신들이 신의 부족이라 부르는 이 새로운 부족은 무엇입니까? 저는 당신들이 와서 저를 죽일 줄 알았습니다. 하지만 그러지 않았습니다. 이 새 부족이 무엇인지 저에게 말해 주십시오."

"그들은 선지자들에 대해 많은 이야기를 해 주었습니다. 그런 다음 예수님에 대해 말했습니다. 저는 그들에게 많은 것을 배웠습니다."

"어느 날 저녁 그들이 저에게 그들의 부족에 대해 말하고 있을 때 저의 마음 속에서 어떤 일이 일어났습니다. 저는 제가 지은 많은 죄와 많은 사람을 죽인 것, 많은 사람을 폭행한 것에 대해 생각했습니다."

"저는 무함마드의 삶에 대해 생각하기 시작했습니다. 만약 이들이 무함마드의 부족이라면 사람을 죽이고 때렸을 것입니다. 그들이 말한 부족은 신의 부족이었고 매우 좋은 부족이었습니다."

"저는 가진 것이 아무것도 없다는 것을 알았습니다. 저는 평생 아무것도 없이 산에서 살았습니다."

"저는 저의 무리를 이끌고 산 아래로 내려갈 때까지 8개월 동안 그들과 이야기를 나누었습니다. 저와 저의 무리는 그날 그들과 함께 영화를 보았습니다. 그 영화는 우리 부족의 언어로 되어 있었습니다. 제가 본 첫 우리 언어로 된 영화였습니다."

부족의 많은 강한 전사들이 그 영화를 보고 눈물을 흘리는 것을 보았습니다. 이 영화는 거룩한 영화라는 것이 분명해 보였습니다. 저는 저의 무리에게 총을 내려놓으라고 지시했습니다. 처음으로 저는 하즈랏(Hazrat)[177] 이사 알마시(Isa al-Masih)의 삶을 보고 있었습니다. 영화가 끝난 뒤 저는 총을 들고 저의 무리를 이끌고 산으로 돌아가고 있었는데 제 손은

---

[177] "그의 존재" 또는 "그의 고귀함"라는 뜻의 하즈랏(Hazrat)은 예수와 선지자들을 지칭하는 일반 이슬

떨리고 있었습니다.

우리는 그 후 3개월 동안 산의 한 장소에서 막사를 치고 머물렀습니다. 저의 무리 중 한 명이 저에게 말했습니다. "왜 우리는 이동하지 않나요?" 저는 그에게 말했습니다. "나는 더 이상 이런 삶을 살고 싶지 않습니다." 저는 마을로 내려왔습니다. 그날은 금요일이었습니다. 한 무리의 사람들이 기도하고 *카람(Kalam, 성경)*을 읽고 있었습니다. 저는 그 모임에 참여했습니다.

4시간 후 그들이 모임을 마칠 때 저는 그들에게 물었습니다. "당신들에게 대적한 것에 대해 제가 받아야 하는 벌은 무엇입니까? 저는 당신들에게 폭행을 가했고 총을 쏘았습니다. 제가 행한 큰 죄에 대해 당신들의 신앙이 규정한 제가 반드시 받아야 하는 벌은 무엇입니까?"

그들이 저에게 말했습니다. "아닙니다. 당신에 대한 벌은 없습니다. 우리는 당신을 사랑합니다."

그들 중 저의 나이쯤 되는 한 사람이 저에게 와서 저를 안아 주고 저의 뺨에 입맞춤했습니다. 그는 말했습니다. "하나님이 당신을 용서하셨습니다." 저는 말했습니다. "어떻게요?" 그는 말했습니다. "만약 제가 당신에게 그것에 대해 말씀드리면 당신은 그것을 받아들이겠습니까?" 저는 말했습니다. "예! 여러 달 동안 저는 잠을 잘 수 없었습니다." 그는 저에게 말했습니다. "진실한 삶을 살아가십시오." 저는 말했습니다. "어떻게 그것을 할 수 있습니까?" 그는 대답했습니다. "세례를 받고 저희와 신앙 생활을 합시다."

저는 저의 무리에게 가서 말했습니다. "만약 제가 새 길을 선택한다면, 당신들은 저를 따르겠습니까?" 그들 모두는 저에게 말했습니다. "예, 대장님."

마을 사람들은 매우 기뻐하며 모두 저의 곁에 모였습니다. 저는 총을

람 용어이다.

버렸습니다. 저는 저의 무리에게 물었습니다. "당신들도 총을 버릴 수 있습니까?" 그들은 그렇게 했고 우리는 모두 그날 세례를 받았습니다.

필자는 더 캐물었다. "자랄, 예수님은 당신에게 누구입니까?"

"예수님은 저의 삶에 계십니다. 그는 그림자입니다. 저는 그의 그림자 밑에서 살고 있고 평화를 느낍니다. 그는 하나님이십니다. 저의 몸을 그분께 바쳤습니다. 저는 큰 죄인이기 때문에 그가 우리의 죄를 위해 오셨습니다."

필자는 물었다. "그럼 무함마드는 당신에게 누구입니까?" "꾸란은 당신에게 어떤 의미가 있습니까?"

"사람들은 무함마드가 선지자라고 말하지만 그는 저의 삶에서 선지자가 아닙니다. 사이드나(Saidna, "우리의 주님"이라는 뜻) 알마시흐는 하나님이시고 그의 삶은 저에게 본보기이십니다. 무함마드는 단지 사람에 불과합니다. 진정한 꾸란은 성경입니다."

필자는 자랄에게 물었다. "당신의 자마앗(jamaat, 종교 모임, 역주)에 대해 말해 주십시오. 언제 모이고 거기서 무엇을 하십니까?"

"우리는 매주 금요일에 모입니다. 우리 자마앗은 이슬람이 신자들의 삶에 영향을 미치는 것들에 이야기를 나눕니다. 우리는 이런 말을 합니다. '이슬람에서 온 모든 것을 버리고 사이드나 이사의 샤리아(우리 주님 예수님의 삶의 방식)를 받아들이자.' 우리는 성경을 읽고 그것을 우리 삶에 적용합니다."

두 번째 영적 각성

이 권역에서 필자의 모든 인터뷰 대상은 남성이었다. 서남아시아에서 여성은 외부인에게 거의 노출되지 않는다. 산악 지대에는 이런 말이 있다.: "집에 아직 결혼을 하지 않은 16살짜리 딸이 있으면, 두 번 식사를 하는 여유를 부려서는 안 된다."

여성들이 귀하기 때문에 집에 아내와 딸을 고이 모시어 두는 무슬림 세계의 일부 지역과는 달리, 이 지역의 남성들은 그러한 환상을 갖고 있지 않다. 여성들은 소유물이라는 관점에서 재산으로 취급될 뿐이다. 여성들이 말이나 아끼는 염소보다 더 귀하게 여겨지는 경우는 많지 않다.

이 지역 사람들 사이에서 여러 해를 보낸 한 미국인 기독교인은 남성과 여성 사이의 차이는 종족 또는 부족들 사이의 다름보다 더 크다고 설명했다. 이러한 이유로 이 지역의 무슬림 개종 운동은 대부분 남성만의 운동이다. 즉 남성들이 그리스도의 신앙을 갖고 중생한 이후에도 그들의 아내에 대해서는 별로 말을 하지 않는다. 남성들은 결혼 생활을 통틀어 아내와 의미 있는 대화를 하지 않는다. 한 남성이 갑자기 큰 영적 변화를 겪고 중생을 하고 집에 가서 이것에 대해 아내에게 말을 하면 아내는 남편이 미쳤다고 생각할 것이다. 남편은 아내와 의미 있는 관계를 갖지 않는다. 남편이 이사에 대한 신앙을 가진 것을 아내가 발견하면 아내는 남편을 떠나거나 이맘에게 그것을 말할 가능성이 크다.

아흐메드는 설명했다. "우리 문화에서 여자는 신발과 같습니다. 우리는 단지 신발을 신기만 합니다. 그리고 신발이 낡게 되면 버립니다."

그는 말했다. "우리 종족에서 남자가 18살이 되면 그의 아버지는 고민합니다. *내 아들은 이제 다 컸으니 그를 위해 아내를 찾아야겠다.* 그래서 아버지는 아들을 위해 아내를 찾습니다. 아버지가 여인을 데려오면 아들은 이런 생각합니다. *그녀를 선택한 이는 아버지와 어머니이니 그녀는 내 여자가 아니다.*"

여러 번 어머니는 아들에게 다음과 같은 말을 수차례 합니다. "내가 너를 위해 이 여인을 데려왔으니 그녀는 나의 여인이다. 그녀의 말을 듣지 말아라. 그녀에게 가서 함께 잠을 자고 나가면 된다." 어머니와 아버지는 아들에게 아내를 믿거나 아내에게 비밀을 털어놓지 말라고 가르칩니다. 그들은 아들에게 말합니다. "아내는 너의 첫 번째 적이다. 만약 네가 그녀에게 많은 정보를 알려 주면 그녀는 그것을 이용하여 너를 죽일 것이다." 그래서 우리는 아내에게 우리가 무엇을 하고 있는지, 어디로 가는지 혹은 무슨 생각을 하는지 말하지 않습니다.

아흐메드는 말을 이어 나갔다. "만약 여인이 남편의 마음에 들지 않는 일을 했다면, 즉 음식을 늦게 내왔다거나 동물을 잘 돌보지 못했다면 남편과 그 남자 형제들은 여인의 머리카락을 잡아끌고 거리를 지나 공동묘지로 갑니다. 우리는 여인을 산 채로 매장합니다." 아흐메드는 말했다. "이것은 오래전 이야기가 아닙니다. 지금도 일어나고 있습니다. 많은 이유로 우리 남자들은 이런 행동을 합니다."

무슬림 개종 운동의 신자들에게는 이런 사정이 바뀌고 있으나 아직 갈 길이 멀다. 전환점이 된 사건이 겨우 최근에 일어났다.; 때는 2008년 6월이었다. 서양 선교사 조(Joe)와 도나(Donna)는 무슬림 부족 마을의 십여 명의 여인들을 위해 워크샵을 인도할 교육 자문으로 레이첼(Rachel)이라는 서양에서 온 젊은 선생을 선택했다. 선교사들은 여인들을 훈련해 이들이 학교가 없는 지역에서 교사의 역할을 해주시기를 희망했다.

도나 선교사는 회상했다. "날씨는 몹시 더웠지만 문화적으로 민감성을 유지하기 위해 레이첼과 저는 머리끝에서 발끝까지 가리는 옷을 입었습니다. 우리는 우리가 머무는 곳에서 시작해 마을을 가로질러 교육 모임이 열리고 있는 가톨릭 피정 센터까지 이동했습니다. 가톨릭 피정 센터에서 아주 저렴한 가격으로 방을 구할 수 있었습니다. 문둥병 환자가 종종 그곳에 있는 샘물에 오기 때문에 그곳은 외부인들의 호기심 많은 눈을 피할 수 있었던 장소였습니다."

"첫날 놀랍게도 우리는 12명의 여인 대신 12명의 남자를 만났습니다!"

"오기로 되어 있던 12명 여자의 남편들은 자신들의 아내가 보호 없이 도시로 여행을 한다는 사실을 불편해했습니다. 그래서 마지막 순간에 그들은 아내의 참석을 거부하고 외국인들을 실망하게 하지 않으려고 대신 그곳에 온 것이었습니다."

첫날은 실패로 돌아갔습니다. 부족 남성들은 두 명의 여성, 심지어 서양 여성이 무엇인가를 가르친다는 것에 대해 크게 놀랐습니다. 그들은 통역하는 아흐메드(위에 언급된 아흐메드와 동일 인물)에게 불평했습니다. "여자가 정말 우리를 가르칠 수 있습니까?" 그들의 관습을 따라 남성들은 눈을 돌리고 그들 앞에 전신을 가리는 옷을 입고 땀을 흘리며 서 있는 두 명의 강사들을 한 번도 직접적으로 쳐다보지 않았습니다.

점심시간에 예상치 못한 변화를 일으키는 일이 일어났습니다. 그들의 문화에서 모든 이들이 그러는 것처럼, 열두 명의 남성은 식사 시간에 말을 하지 않았습니다. 남성들이 식탁 한쪽 끝에 앉아 조용히 밥을 먹는 동안 아흐메드는 예의 있게 하지만 어색하게 식탁 다른 쪽 끝에 앉아 있는 두 명의 서양 여성들과 대화를 나누었습니다.

그 대화는 아흐메드가 두 여인에게 이 질문을 가볍게 던지기 전까지 더듬더듬 이어졌습니다. "여자를 때려서는 안 되죠?"

두 여인은 먹는 것을 멈추었다. 도나 선교사는 말했습니다. "저는 그가 농담하는 줄 알았습니다. 저는 고개를 들어 그가 웃고 있는지 쳐다보았습니다. 하지만 그는 아주 진지했습니다. 그래서 저는 말했습니다. "물론입니다. 아내를 때려서는 안 됩니다!"

아흐메드는 순진하게 대답했다. "그럼 성경은 이것에 대해 뭐라고 말합니까?"

도나 선교사는 할 말을 잃어버렸다. 그녀는 그런 질문을 받아 본 적이 없었다. 레이첼은 다시 먹기 시작했고 도나 선교사는 말을 하기 전에 물을 조금 마셨다. "그럼 제가 찾아보겠습니다. 찾으면 알려 주겠습니다."

오후 시간도 오전 시간처럼 불안하게 흘러갔습니다. 두 명의 여성이 호텔로 돌아가고 있을 때 도나 선교사의 생각은 이미 아흐메드의 질문 답변이 될 성경 구절들을 찾는데 빠져 있었습니다.

그날 저녁 도나 선교사는 저녁 식사를 위해 시원한 냉방 시설이 갖춰진 식당으로 가지도 않고 비좁은 호텔 방에서 성경을 찾는데 온 정신을 쏟았습니다. 도나 선교사는 하나님의 인도하심을 받아 찾은 관련 성경 구절들을 문자로 아흐메드의 휴대 전화기에 전송했습니다.

그녀가 보낸 첫 번째 문자는:

창세기 2:18-24 "이러므로 남자가 부모를 떠나 그의 아내와 합하여 둘이 한 몸을 이룰지로다"

도나 선교사는 여성을 향한 하나님의 사랑과 하나님의 백성들이 여성을 사랑하기를 원하는 하나님의 마음이 있는 성경 구절들을 찾는데 여러 시간을 보냈습니다.

에베소서 4:17-32 "모든 악의와 함께 버리고 서로 친절하게 하며 불쌍히 여기며"

에베소서 5:25-33 "남편들아 아내 사랑하기를 그리스도께서 교회를 사랑하시고 그 교회를 위하여 자신을 주심 같이 하라."

고린도전서 13장 "모든 것을 참으며 모든 것을 믿으며 모든 것을 바라며 모든 것을 견디느니라."

창세기 29:31-35 "내 남편이 나를 사랑하리로다."

디모데전서 3:2 "그러므로 감독은 책망할 것이 없으며 한 아내의 남편이 되며 절제하며 신중하며"

도나 선교사는 성경 구절과 함께 생각을 위한 질문들을 연속해서 아흐메드의 휴대전화기로 전송했다. 도나 선교사의 문자 메시지들은 공간적으로 하나의 마을을 가로질렀지만, 시간상으로는 2,000년이라는 시간을 뛰어넘은 것이었습니다. 그녀는 이 나라의 전력이 언제라도 중단될 수 있다는 것을 알기 때문에 신속하게 이 작업을 했습니다.

전기가 결국 끊기자 그녀는 더 이상 성경을 볼 수 없었습니다. 도나 선교사는 어두운 호텔 방의 침대에 누워서 울었습니다.

다음날 아침 이 두 명의 여성은 아침 식사를 마친 후 피정 센터로 갔습니다. 그들이 프로그램의 진도를 나가기 전 아흐메드는 두 여성에게 남성 중 어느 누구도 어젯밤에 잠을 자지 못했다고 털어놓았습니다. 그는 말했습니다. "한숨도 못 자고 우리는 당신이 보낸 구절에 대해 이야기를 나누었습니다. 우리는 예수님이 여성에 관해 말씀하신 것에 대해 이야기 했고 우리가 어떻게 변해야 하고, 우리가 어떻게 아내에게 대해야 하는지에 대해 이야기를 나누었습니다."

남성들이 훈련 장소에 모였을 때 그들 중 한 명이 일어섰습니다. 그는 자기 머리를 한쪽으로 돌렸는데 그 이유는 눈물이 눈에 고여 있는 것을 다른 사람에게 보이는 것은 그들 문화에 반하는 것이기 때문이었습니다. 그는 말했습니다. "저는 제 아내에게 아주 많이 잘못했습니다. 그리고 저는 여자를 죽이는 것에 참여하기도 했습니다."

다른 남성들이 이것을 듣자 그들도 말하기 시작했습니다. 한 사람씩 일어나 말했다. "저는 아내를 때리지 않겠습니다". "저는 아내를 때리지 않겠습니다.", "저는 아내를 때리지 않고 다른 사람이 그들의 아내를 때리는 것을 막겠습니다." 그들은 더 말했다. "우리는 우리 아내에게 매일 우리가 어디로 간다는 것을 말하겠습니다." 그들은 계속 말했다. "오늘 이후 우리는 우리의 아내를 존중할 것입니다."

아흐메드는 인정했습다. "이렇게 간단할 수 있을까요? 쉽지 않았습니다. 저에게도 쉽지 않았습니다. 이것은 우리에게 큰 변화입니다. 우리가 하나님의 말씀을 공부하기 시작한 이후 우리는 성경이 여인에게 어떤 의미가 있는지에 대해서는 생각해 보지 않았습니다. 우리는 성경을 읽었지만 남자로서 우리의 문화에 어떤 일이 일어나는지, 어떻게 우리가 이것을 변화시켜야 하는지 초점을 맞추었습니다. 우리는 변화시키는 것이 얼마나 어려운지 알고 있었습니다. 하지만 하나님이 여자들도 부르고 계신다는 것을 생각하지 못했습니다. 우리는 우리 남자들의 삶만 즐겼습니다. 남자, 남자, 남자, 남자를 위한 자마앗(jamaat), 남자를 위한 훈련, 남자를 위한 사역."

그 교육 모임이 끝난 후 여성을 위한 개종 운동이 시작됐다. 개종 운동의 남성 지도자들은 여성들에게 다가갈 수 있는 더 많은 훈련을 요청하기 시작했다. 그들은 멀리서 찾을 필요가 없었다. 조(Joe) 선교사는 'The Insanity of God'의 필자이며 무슬림 세계에서의 핍박의 영향을 연구한 닉

립켄(Nik Ripken)에게서 배운 통찰을 아흐메드에게 나누었다.[178] 전세계에서 일어난 핍박 사례를 연구한 닉은 여성을 제자로 삼지 못한 개종 운동은 박해의 시기가 왔을 때 무서운 결과를 맞게 된다는 사실을 발견했다.

아흐메드는 말했다. "핍박이 심해지고 남자들이 죽거나 감옥에 갇히면, 우리의 아내들은 이슬람 사원 또는 부족 지도자들에게 넘겨질 것이라는 것을 알았습니다. 그러면 우리의 아이들에게 예수님의 길을 가르칠 사람이 없어지게 됩니다. 짧은 시간 안에 우리의 운동은 사라질 것입니다."

조 선교사가 덧붙였다. "립켄은 우리에게 여성이 이 운동의 미래라는 것을 가르쳐 주었습니다."

이것은 심지어 가장 완고한 남성들에게도 설득력이 있었다. 아흐메드는 말했다. "변하고 있었습니다. 작년 100개 이상의 자마앗 지도자들이 저에게 말했습니다. '저는 더 이상 아내를 때리지 않습니다.'" 오늘날, 남성들의 개종 운동보다는 작은 규모이지만 여성 개종 운동은 수백 개의 여성 자마앗을 탄생시켰고 남성 개종 운동과 같은 속도로 성장하고 있다.

도나 선교사의 남편인 조 선교사는 말했다. 모든 운동의 역사에는 전환점이 있습니다. 이 교사 훈련은 큰 전환점이 되었습니다. 그 훈련은 교사를 훈련하는 것과는 아무런 관련이 없었습니다. 한 현지 그리스도의 제자가 서양 기독교인 여성에게 '우리가 아내를 때리면 안 되죠?' 라는 질문으로 시작됐고 '우리는 하나님이 말씀하신 것은 무엇이든지 하겠습니다.' 라는 반응과 함께 전환점이 만들어졌습니다.

---

[178] Nik Ripken, *The Insanity of God: A True Story of Faith Resurrected* (Nashville: B&H Publishing Group, 2012).

소규모 모임에서의 깨달음을 위한 질문

1. 이 장에서 당신이 받은 인상은 무엇인가?
2. 서남아시아 권역에서 하나님은 어떻게 역사하고 계시는가?
3. 아흐메드의 이야기에 관해 토론하라. 하나님은 무엇을 사용하여 그를 신앙으로 인도하셨는가?
4. 이 권역에서 개종 운동의 전환점은 무엇이었는가?

12장
아랍 권역

*피조물이 다 이제까지 함께 탄식하며
함께 고통을 겪고 있는 것을*

로마서 8:22

2011년 8월 라마단(Ramadan)의 어느 더운 날 밤, 옛 카이로(Cairo, 이집트의 수도, 역주)의 알아즈하르(al-Azhar) 지역에 있는 아랍 이슬람 세계의 신학적 심장부 역할을 하는 고대 모스크와 대학에 뉴욕 부룩클린에서 결성된 the Voices of Inspiration 합창단의 노래가 울려 퍼졌다.: 나같은 죄인 살리신 주 은혜 놀라와 잃었던 생명 찾았고 광명을 얻었네.[179]

알아즈하르 사원

이 일은 아랍 세계에서 일어날 수 있었던 두 고대 종교 신자들 사이의

---

[179] Chitra Kalyani, "Gospel joins ansheed (Islamic chanting) at Sufi Fest," *Daily News Egypt*, 2011년 8월 17일. 찬송가 "나 같은 죄인(Amazing Grace)"의 작사자는 John Newton (1779)이며 이 찬송의 저작권은 소멸된 상태이다.

신앙과 존중의 평화로운 교류를 보여주는 상징적인 사건이었다. 그 일이 있기 바로 6개월 전 수십 만명의 무슬림과 기독교인들이 함께 카이로의 거리에서 30년 독재를 해온 호스니 무바라크(Hosni Mubarak)의 하야를 요구했다. 하지만 이집트의 무슬림 다수가 무슬림 형제단(Muslim Brotherhood)의 모하메드 모르시(Mohamed Morsi) 후보를 대통령에 당선시키자 두 종교 공동체의 협력은 해체되기 시작했다. 18개월 후 시위대는 다시 거리로 나왔고 이번에는 모르시 대통령의 사퇴를 요구했다.

이집트의 시위 물결에서 인권과 민주주의 활동가들은 SNS(페이스북과 트위터)를 사용하여 시위대를 동원하고 조직했고 휴대전화의 카메라를 이용하여 군부의 잔악 행위를 촬영하여 인터넷에 올려 세계에 퍼트렸다.

좋든 나쁘든 수 세대 동안 아랍 세계 안에서 쌓여 왔던 적개심은 배출됐고 연결됐으며 또한 연합되어서 아랍 세계의 변화를 불러왔다.

알와탄 알아라비(al-Watan al-Arabi)(아랍 국가의 세계)

아랍인들을 분류하는 많은 방법이 있다. 고대 셈족 언어에서 '*아랍(Arab)*(히브리어의 *에렙('ereb)*)'이라는 단어는 사막과 그곳에 사는 사람들을 암시하곤 했다.[180]

넓은 의미에서 *아랍*은 아랍어를 말하는 사람 또는 사람들을 의미하게 되었다. 아랍의 지역은 광할하다. 무함마드 사망 이후 그 다음 세기에 아랍 군대는 다른 어떤 문화보다 더 이국적인 사람들을 그들의 문화와 언어에 동화시키면서 그들의 제국을 전성기의 로마 제국보다 더 크고 광대하게 만들었다.[181]

오늘날 아랍인은 이러한 정복 유산에 대한 증거가 되는 인종들과 국가

---

[180] Philip Hitti, *History of the Arabs*, 10th edition (London: MacMillan Education Ltd., 14th reprint, 1991), p. 41.
[181] 위의 책, p. 4.

들로 구성된 하나의 혼합물이다. 모리타니아의 커피색 피부를 가진 무어인(Moor)들은 자신을 아랍인이라고 여기지만 천년 전 베두인(Bedouin) 전사들에 의해 전해진 예멘어(Yemeni) 방언을 말한다. 리비아의 *제벨 네푸스*(*Jebel Nefus*, 영혼들의 산)에 사는 토착 베르베르인들은 이제 아랍어만이 그들의 모국어라고 주장한다. 파라오 시대의 이집트인들, 나일강 유역의 누비안(Nubian)족, 시리아-페니키아 레바논인들, 발칸 지역의 맘루크(Mameluke, 중세 이집트의 백인 노예 전사, 역주) 후예들 모두 아랍 민족인 *알와탄 알아라비*(*al-Watan al-Arabi*) 의 왕홀에 동화됐다.

하갈, 이스마엘

근원을 따진다면 아랍인들은 유대인들의 형뻘인 셈족이며, 그들의 공통 조상 아브라함까지 거슬러 올라간다. 역사 속에서 그들은 아브라함의 아들 이스마엘(창세기 16:11 후반)의 이야기에서 시작하여 모세의 미디안족 아내 십보라, 십보라의 아버지로서 도망친 모세에게 안식처를 제공한 아랍의 미디안족 제사장 이드로까지(출애굽기 2:18-22) 성경의 이야기 안에서 출몰을 반복한다.

오늘날 여러 나라들과 여러 종족을 아우르는 아랍어 사용자들은 세계에서 네 번째 또는 다섯 번째로 큰 언어 집단이다.[182] 사실 아랍어는 하나의 어족(family of language)이다. 현대 표준 아랍어가 아랍 세계 전역에서 사용되는 문어체 공식 언어이지만 구어체는 모로코에서 이라크에 이르기까지 아주 다양하며 아랍권의 많은 아랍어 사용 주민들은 7세기 꾸란의 어휘를 거의 알아들을 수 없다고 생각한다. 문맹 상황은 아랍어 사용

---

[182] 위키디피아의 "모국어 사용자 수로 본 언어 목록(List of languages by number of native speakers)"에서 인용했다. 2013년 8월 5일 다음의 인터넷 사이트에서 인용했다. http://en.wikipedia/wiki/List_of_languages_by_number_of_native_speakers.

세계의 골칫거리로 남아 있다. 이라크, 모리타니아, 예멘 주민의 절반 이상이 문맹이며 이들 나라의 여성 문맹률은 76%에 이른다.[183]

아랍 연맹(Arab League)은 22개의 회원국을 거느리고 있으며 약 1,300만 제곱 킬로미터에 펼쳐져 있고 인구는 4억 명을 상회한다. 이들 중 2억 3,700만 명 정도는 그들의 첫 언어로 아랍어 방언을 말한다. 아랍어는 번역될 수 없는 꾸란의 언어라고 믿는 이들까지 합치면 그 수는 16억 명에 이른다.[184]

많은 서양인이 여전히 '아랍'을 '무슬림'과 같은 의미로 보고 있지만 중동 인구의 5% 이상은 기독교인들이고, 북아메리카와 남아메리카에 사는 아랍인의 대다수는 무슬림이 아니다. 아메리카 대륙에 도착했던 청교도들처럼, 아메리카 대륙에 있는 아랍 기독교인들도 핍박을 피하고자 또는 더 많은 경제적, 사회적 자유를 찾아 신세계로 왔다.[185]

아랍 무슬림들은 그들의 역사를 신의 초자연적인 이끄심으로 본다. 아라비아 반도의 뜨거운 모래 사막에서 출현한 유목민들이 종교적 전사가 되어 당시 위대했던 제국들을 정복한 것을 신의 섭리로 해석하고 있다.

무함마드가 죽고 20년 안에 아랍의 기병대는 고대 도시였던 다마스쿠스, 예루살렘, 알렉산드리아에서 변경 지역을 굳게 지키고 있던 비잔틴 군대를 압도적으로 제압했다.

여러 면에서 열등했던 아랍 군대는 800년 동안이나 로마 제국의 전진을 막아낸 페르시아 제국 앞에서도 위축되지 않고 연승을 거두며 페르시

---

183 "Literacy and Adult Education in the Arab World," UNESCO-Beirut Regional Report 2003, 2013년 8월 5일 다음의 인터넷 사이트에서 검색했다. http://www.unesco.org/education/uie/pdf/country/arab_world.pdf.

184 기독교인들은 성경이 지역 언어로 번역될 수 있고 또 번역되어야 한다고 믿는 반면, 무슬림들은 꾸란은 번역될 수 없으며, 아랍어로 되어 있을 때만 정확하다고 믿는다. 그러므로 꾸란의 모든 번역들은 풀어 설명한 것으로 간주되고 누구나 손쉽게 접근할 수도 없다.

185 "The Arab American Institute | Arab Americans," AAIUSA.org. 2010년 4월 3일 원본의 내용을 기록했င 2010년 3월 10일 내려 받았다. 2013년 8월 5일 다음의 인터넷 사이트에서 내려 받았다. http://en.wikipedia.org/wiki/Arab_people#Christianity.

아 제국도 휩쓸었다.

오늘날 아랍인들은 이 자랑스러운 역사를 분명하게 알고 있으므로 지금의 아랍의 상황을 받아들이는 데 고통스러워하고 있다. 그 후 위대한 아랍 제국은 수백 년 동안 페르시아인들과 몽골인들과 오스만 투르크인들에게 정복당했고 예속당했지만 이슬람 신앙은 이 모든 정복자를 정복했다.

이러한 상황은 무슬림도 아니고 이슬람을 받아들일 마음도 없었던 유럽인들이 침입하면서 바뀌었다. 아랍 세계로 들어온 첫 유럽의 침략자들은 잠시 동안 승리를 맛보았던 11세기와 12세기의 십자군이었다. 십자군은 아랍인들을 가톨릭 신앙으로 개종시키기보다는 만행의 대상으로 삼아 아랍 기독교인들의 분노를 자아냈고 급기야는 아랍 기독교인들이 자신들의 고향을 지키기 위해 무슬림들과 동맹을 맺게 만드는 원인을 제공했다.

15세기 바스코 다가마(Vasco da Gama)의 아프리카 대륙을 항해는 아랍 세계에 새로운 시대를 열었다. 19세기까지 비(非)무슬림 유럽 열강들은 실제로 모든 와탄 알아랍(Watan al-Arab, 아랍 국가)을 식민지로 삼았고, 과거의 영광을 온전히 회복되지 못했던 아랍 지역에 서구화의 물결을 불러일으켰다.

수백 년 동안의 아랍 세계의 몰락에 당황한 아랍인들 내부에서 순수한 이슬람의 이상으로 돌아가자는 요구들이 나왔다. 이슬람 근본주의가 아랍 세계에서 나타났고, 문자적으로 '조상'을 의미하는 아랍어 단어 살라피(salafi)에서 유래한 살라피즘(Salafism)은 순수한 원래의 이슬람으로의 복귀를 촉구했다. 와하비즘(Wahhabism)도 그 근원을 18세기 아라비아 반도를 풍미했던 유사한 욕

바스코 다가마

구에서 찾을 수 있다. 20세기 이집트의 무슬림 형제단이 그 모습을 갖추었고, 후에 알카에다에 출현 배경을 제공했다.

다른 아랍인들은 범(汎)아랍주의(pan-Arabism)를 통한 르네상스의 도래를 추구했다. 시리아의 세속적 아랍 기독교인 마이클 아프락(Michael Aflaq)(1910-1989)은 발전을 향한 공통된 염원과 수백 년의 식민 병폐에서 벗어나야 한다는 열망 안에서 모든 아랍인을 연합시키려는 목적으로 1947년 *바트주의자(Baathist*, 부활 또는 르네상스) 정당을 만드는 데 일조했다.

시리아의 아싸드(Assad) 부자(夫子), 이집트의 무바라크, 리비아의 카다피 (Kaddafi), 튀니지의 벤 알리(Ben Ali)와 같은 현대의 아랍 민족주의 지도자들은 모두 아랍 민족주의의 실험의 종말을 보고 있거나 이미 보았다. 마찬가지로 아라비아 반도의 아랍 왕족들과 요르단, 모로코의 왕실도 변화에 대한 압력을 받고 있다. 다른 한편에서는 전 세계적으로 테러와의 전쟁이 선포됐음에도 불구하고 이슬람 근본주의는 활발한 활동을 유지하고 있다. 아랍 세계의 운명은 분명히 아직 갈림길에 서 있다.

현대 아랍이라는 드라마에서 최근에 등장한 두 개의 이슈는 석유와 이스라엘 이다. 20세기 초 어느 누구도 석유 채굴과 팔레스타인에서의 유대 국가 건국이라는 두 개의 요소가 아랍 세계를 형성하는 가장 중요한 역동적인 사건이 될 것이며 21세기까지 이어질 것이라고 상상하지 못했을 것이다.

1938년 사우디아라비아의 다흐란(Dhahran)에서 석유가 발견되기 전 아라비아반도의 주요 수입원은 메카(Mecca)와 메디나(Medina)를 방문하는 순례자에게서 걷는 성지 순례(Hajj) 세금이었다.

오늘날 사우디아라비아는 세계 석유 매장량의 20%라고 알려진 자국의 석유 자원을 통제하며[186] 석유에서 나오는 엄청난 부와 영향력을 누리고

---

[186] 예를 들어 이웃 국가에 있는 도시 아부 다비(Abu Dhabi)는 알려진 세계 석유 매장량의 10%가 있

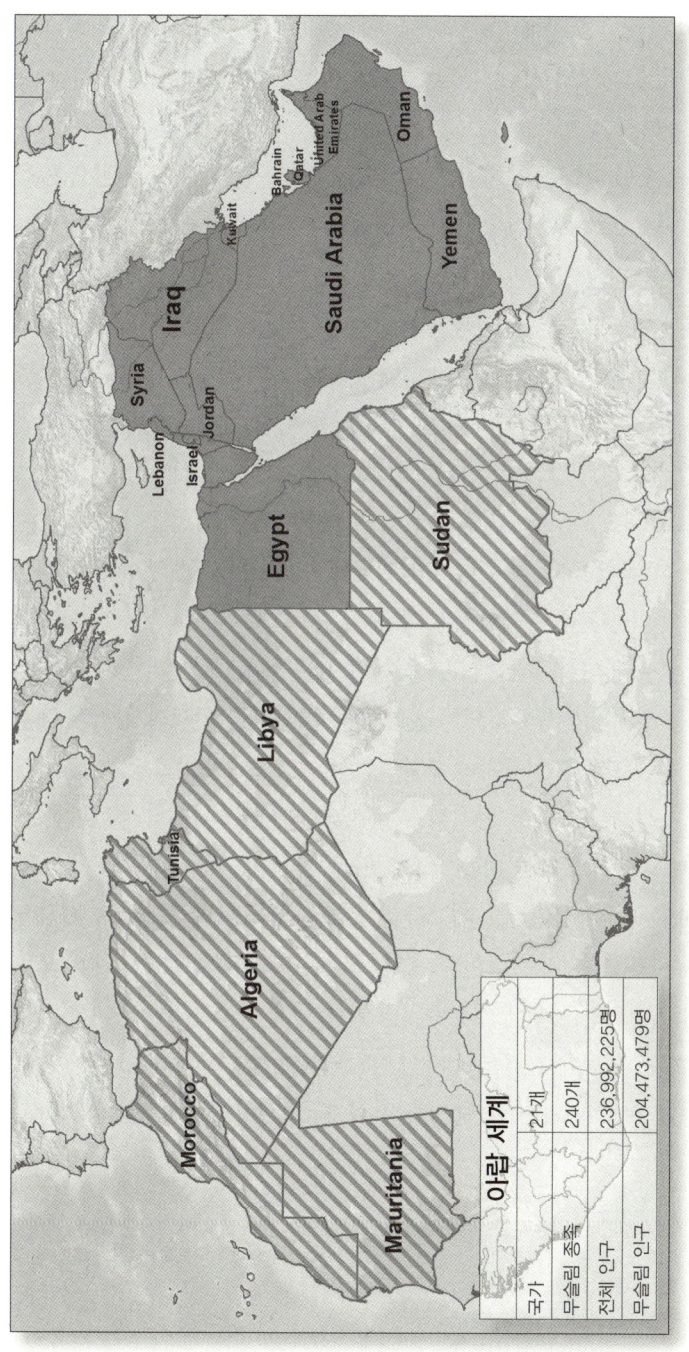

12장. 아랍 권역

있다. 이웃 국가 아랍에미리트(Arab Emirates)는 석유에 의한 부를 사용하여 알라딘(Aladdin)의 지니(genie)도 부러워할 엄청난 도시 국가를 사막 위에 건설했다.

아랍의 오일 달러는 세계적으로 이슬람의 전진을 위해 사용됐다. 1980년대 초 파흐드(Fahd) (사우디아라비아) 국왕은 꾸란의 전 세계 언어 번역 사업에 재정을 지원했고 세계 전역에 있는 무슬림 변방 도시와 마을에 이슬람 사원과 이슬람 센터의 건축을 후원했다. 아랍의 억만장자들은 그들의 재물을 무슬림 *다와*(dawa, 선교 사업)에 공급하는 데 망설이지 않았다.

수억 달러의 오일 달러가 정치적 목적을 위해 사용됐다. 팔레스타인 문제, 파키스탄의 탈레반, 시리아의 알라위(Alawite)파 대통령인 바샤르 알아싸드(Bashar al-Assad) 정권에서 싸우는 수니(순니)파 반군이 그 예들이다. 사우디아라비아의 이슬람 사상인 근본주의 와하비즘은 아마도 아랍의 석유에 의한 최대 수혜자일 것이다.

또한 석유에 의한 부는 석유가 풍부한 왕족들이 자신들의 영토 안에서 국민들을 철저하게 통제하도록 만들며 아랍 세계 안에서의 경제적 불평등을 촉진시켰다.[187] 석유가 풍족한 아라비아반도에서 살고 있는 모든 사람들은 자신들이 사회적, 정치적 불안에 의한 위협에 과대하게 민감한 경찰국가에서 살고 있다는 것을 알고 있다.

1948년 이래 아랍인들은 이스라엘 건국 사건을 아랍의 단결과 지하드를 위해 사용했다. 비록 불안한 평화 조약이 이스라엘과 이웃 나라 요르단 그리고 이집트 사이에 체결됐지만 아랍 세계 나라들의 다수의 사람들은 이 시온주의 국가가 팔레스타인 아랍인들에게는 불의하며, 가장 최근에 발생한 서양에 의한 성지 침략적 십자군으로 보는 견해를 유지하고

는 곳에 서 있다. 미국 Energy Information Administration의 인터넷 사이트에 있는 "Independent Statistics & Analysis"를 참조하라. 2013년 8월 26일 다음의 인터넷 사이트에서 검색했다. http://www.eia.gov/countries/index.cfm?view=reserves#allcountries.

[187] 10장 "자원의 저주"의 논쟁을 참조하라.

있다.

아랍의 봄?

2010년 12월 27일 금요일 아침 튀니지의 중부 도시 시디 부지드(Sidi Bouzid)에서 26세의 노점상 모하마드 부아지지(Mohamad Bouazizi)는 한낮의 인파 속으로 들어가 자신의 몸에 기름을 부은 뒤 불을 질렀다. 허가 없이 거리에서 야채를 파는 자신

부아지지

에게 가해지는 반복되는 괴롭힘에 분노한 부아지지는 절망의 행동을 표현했고 이는 시위의 물결을 촉발시켰으며 더 나아가 아랍 세계를 뒤흔들어 놓았다. 아랍의 22개 국가 중 19개 나라에서 폭동이 일어났고 튀니지, 이집트, 리비아, 예멘의 국가 원수가 물러났다. 반(反)정부 시위는 알제리, 모로코, 모리타니아, 말리, 수단, 시리아, 요르단, 이라크, 터키로 확산됐다.[188] 부아지지의 죽음 이후 6개월 동안 튀니지에서 시위 도중 최소 107명의 사람들이 스스로 자신의 목숨을 희생했다.[189] 오늘날 아랍 세계는 소용돌이 치고 있다. 인구 스트레스, 경제적 불평등 그리고 정치적 억압이 이 지역을 휘저어 앞이 보이지 않는 흥분의 극대치로 몰아넣었다.

오늘날 아랍 세계의 인권과 민주적 자유의 상황은 열악하다. Pew Forum의 조사에 의하면 아랍의 봄 이전의 중동과 북아프리카 지역은 지

---

[188] 이 주제에 대한 개관은 인터넷 사이트 *theguardian.com* 에 있는 "Arab Spring: An Interactive timeline of Middle East protests"를 참조하라. 2013sus 8월 26일 다음의 인터넷 사이트에서 검색했다. http://www.theguardian.com/world/interactive/2011/mar/22/middle-east-protest-interactive-timeline.

[189] 2013년 8월 5일 BBC-Africa의 다음의 사이트에 있는 Wyre Davies, "Tunisia one year on: New trends of self-immolations"에서 검색했다. http://www.bbc.co.uk/news/world-africa-16526462.

구에서 가장 정치적, 사회적으로 억압된 지역이다. 아랍의 봄이 일어난 이후 이러한 사정은 더욱 악화됐다.[190]

하나님이 그들을 부르시는 방법

무슬림 근본주의자들을 분노하게 하여 이집트로부터 망명한 아부나 자카리아 보트로스 제카리야 피터 (Abouna Zakaria Botros Zechariah Peter) 신부는 79세의 콥트(Coptic)인이다. 그의 위성 방송 텔레비전 프로그램과 인터넷 대화방은 수천 명의 아랍

제카리야 피터 신부

무슬림들이 이슬람을 떠나 예수 그리스도께로 나아가도록 이끌었다.

이집트의 알렉산드리아에서 성장한 자카리아 신부는 1980년대 무슬림에게 복음을 전파했다는 이유로 2번 감옥에 갔다. 1989년 이집트 법원은 그에게 종신형을 선고했지만 그가 이집트를 떠나 돌아오지 않는다는 조건으로 그 판결은 철회됐다. 호주, 영국 그리고 미국을 옮겨다닌 후 자카리아 신부는 2003년 *진리의 대화*(Truth Talk)라는 텔레비전 토크쇼를 시작했다. 2008년 그의 90분 생방송 프로그램은 *알하얏*(al-Hayat, "생명") 위성 텔레비전 방송국을 통해 매일 6천만 명의 아랍인들이 시청하는 프로그램이 됐다.

단순히 복음을 전하는 것에 만족하지 못한 자카리아 신부는 점점 더 "이슬람의 추한 면"을 들추어내는 도전적 행동을 취했다. 그는 이슬람 안에 있는 거짓과 모순을 폭로하기로 작정했다. 이러한 행위는 인터넷과 위

---

190 2013년 출간된 *Pew Forum* 조사인 Brian J. Grim, "Arab Spring Adds to Global Restrictions on Religion". 2013년 8월 26일 다음의 인터넷 사이트에서 검색했다. http://www.pewforum.org/2013/06/20/arab-spring-restrictions-on-religion-findings/.

성 방송이 없던 시대에는 상상할 수도 없는 일이었다. 자카리아 신부는 말했다. "저의 프로그램은 이슬람을 공격하는 것입니다. 무슬림을 공격하지 않고 그들을 구원하는 것인데 그 이유는 그들이 속았기 때문입니다. 저는 무슬림을 사랑하지만 이슬람은 증오합니다."[191]

자카리아 신부의 공격으로 그는 "이슬람 제1위의 공공의 적"이라는 명칭을 얻었고 그의 목에 현상금 6,000만 달러가 걸린 것으로 알려져 있다.[192] 무암마르 카다피(Muammar Kaddafi, 리비아의 독재자, 역주)가 자카리아 신부에게 논리적으로 대응할 수 있는 사람에게 6,000만 달러를 지불하겠다고 제안했는데 이 사실에 이집트의 한 기독교인은 쓴웃음을 짓기도 했다.[193]

실제로 얼마나 많은 무슬림들이 자카리아 신부의 사역을 통해 그리스도께로 나왔는지는 논쟁 거리이다. 확실한 것은 자카리아 신부의 사역이 아랍 무슬림 세계에서의 영적 각성과 함께 일어났다는 것이다. 20년 전 아랍 세계에서 성직자 또는 교사들은 학생들의 질문을 퉁명스러운 말로 무시할 수 있었다. "마피쉬 리이(Mafish liih)!"("왜 라는 것은 없다!") 또는 "이사알 알라(Isaal Allah)!"("알라에게 물어보아라!")

오늘날 아랍의 무슬림들은 알라에게 질문하고 있다. '알하얏(Al-Hayat), 알파드리(Alfadry), SAT-7, 기적 채널(Miracle Channel)'과 같은 위성 텔레비전 방송은 수천 통의 편지와 이메일 그리고 트윗메세지가 무슬림으로부터 온다고 밝힌다. 자카리아 신부의 인터넷 대화방 www.islam-christianity.net에는 항상 수천 명의 아랍인들이 들어와 자카리아 신부에게 이슬

---

[191] Mindy Belz, "2008 Daniel of the Year," *World Magazine* (Dec. 13, 2008). 2013년 8월 7일 다음의 인터넷 사이트에서 인용했다. http://www.worldmag.com/2008/12/broadcast_news.

[192] Raymond Ibrahim, "Islam's Public Enemy #1," in *National Review Online*. 2013년 8월 7일 다음의 인터넷 사이트에서 인용했다. www.NationalReview.com/articles/223965/islams-public-enemy-1/raymond-ibrahim.

[193] 2011년 8월 이집트의 한 기독교인이 필자에게 말해 주었다.

람과 기독교에 관해 질문을 한다. 즉각적인 대답을 갖고 있지 않을 때, 자카리아 신부는 대화방 방문자들을 격려한다. "여러분이 직접 성(聖) 구글(Google)에게 검색해 보십시오." 많은 아랍 무슬림들에게, 성직자 복장을 입은 사람이 자신들에게 직접 해답을 찾아보라고 권고한 것은 처음 있는 일이다.[194]

나스르(Nasr)

자카리아 신부에게 영향을 받은 회의론자들 중 한 명으로 오랫 동안 흡연을 해 온 64세의 할아버지를 만났다. 그의 믿음에 이르는 길은 굴곡진 길이었다.

"저는 여러 해 동안 샤리아 법에 대한 2,000권의 책을 인쇄했던 인쇄소를 소유했습니다. 자카리아 신부가 꾸란의 문제에 대해 이야기한다는 것을 듣기 시작했을 때 저는 자카리아 신부의 책 한 권을 구해 그의 말이 맞는지 알아보고자 연구하기 시작했습니다. 저는 그의 말이 사실이라는 것뿐만 아니라 꾸란과 샤리아 법에 많은 문제점이 있다는 것을 발견했습니다."

그리스도와 나스르의 관계는 실제로 70년 전에 이상한 방법으로 시작됐다. 나스르가 태어나기 전 두 명의 형제들이 출생 후 곧 죽었다. 어떤 이유로 나스르의 부모는 한 명의 자녀를 더 갖게 된다면 그가 (기독교) 세례를 받게 하겠다고 결정했다. 나스르의 누나인 여자 아기가 건강하게 태어났고 부모는 은밀하게 (기독교) 정교회에서 그녀가 세례를 받도록 했다.

수년 후 나스르가 태어났지만 허약했다. 그 당시 그의 누나는 그녀의 어머니와 함께 한 산에 올라가 염소를 희생 제물로 드렸고 그것으로 아기 나스르가 죽음에서 구원을 받는 꿈을 꾸었다. 얼마 후 누나는 꿈에서 본 산을 그녀의 어머니에게 보여주었다. 나스르의 어머니와 누나는 실제로

---

194 Belz, *World Magazine*, "2008 Daniel."

그 산에 올라가 염소를 희생 제물로 드렸다. 그들은 집으로 돌아와서는 나스르를 조용히 교회로 데려가 세례를 받게 했다. 나스르는 웃으며 말했다. "그래서 제가 여기 있게 됐습니다."

나스르는 말했다. "저는 무슬림으로 성장했습니다. 저는 심지어 *하페즈*(hafez, 꾸란을 암송하는 자)가 됐고 무슬림 공동체에서 제법 존경을 받았습니다. 저는 한때 정치적 활동을 했고 한 무리의 지도자도 됐습니다."

그러던 어느 날, 자카리아 신부의 이슬람 공격에 대해 들은 후 나스르는 이슬람이 참된 길이 아니며 거짓이라는 것을 깨달았다. "그때 저의 일생의 대부분이 사라진 듯했습니다. 저는 제 자신에게 질문했습니다. '*왜 기다리지? 무엇을 포기하면 되는 거지?*' 저는 친척들과 친구들에게 살면서 늘 배워 왔던 것들에 대해 의심을 가져 보라고 독촉하기 시작했습니다. 2년 동안 저는 그들 중 21명을 예수의 신앙으로 인도했습니다."

나스르는 자카리아 신부의 메시지를 방송하는 텔레비전 방송국에 자신을 더 가르쳐 줄 사람을 보내 달라고 요청했다.

당시 나스르가 살던 마을 다른 한편에 팀(Tim)이라는 미국인 선교사가 그의 다음 사역을 인도해 달라는 기도를 하나님께 드리고 있었다. 그는 개인적으로 무슬림에게 다가가기 위해 모든 것을 시도해 보았지만 성공한 적은 거의 없었다. 그는 논쟁적 방식, 친구 맺기 전도 방식, 심지어는 상당히 상황화된 무슬림 전도 내부자 방식도 사용했다. 비록 내부자 방식으로 많은 무슬림 친구를 사귈 수 있었지만 단 한 명의 무슬림도 그리스도의 신앙으로 오지는 않았다. 그런데 하나님은 팀을 나스르에게 인도하셨다.

팀은 말했다. "텔레비전 방송국은 저에게 두 명의 사역 대상자 중 한 명을 선택하도록 제안했습니다. 한 명은 대학 교육을 받고 있는 젊은 전문인이었고 다른 한 명은 62세의 은퇴한 노인이었습니다. 저는 이성적으로 젊은 사람을 선택하고 싶었지만 저의 기도는 저를 나스르에게로 이끌었습니다."

팀 선교사는 그 연로한 형제에게 하나님의 말씀을 경청하는 방법과 그의 말씀을 해석하는 방법, 그리고 성령 안에서 순종하는 삶의 방법을 가르치며 나스르를 도우며 그를 영적으로 성숙하게 하는데 헌신했다. 팀 선교사의 역할은 드러나지 않는 목회자(shadow pastor)로써 비전을 제공하는 자, 반응을 관찰하는 자, 격려자, 절대로 고압적이지 않은 지도자였다. 나스르는 비전을 품은 지도자로 증명됐다. 1년 이내 나스르는 자신처럼 이슬람에 질문을 제기하고 예수님을 발견하는 데 마음이 열려있는 수백 개의 무슬림 모임을 조직했다.

나빌라(Nabila)

나빌라는 자신의 몸매를 가리는 *아바야(abaya,* 전신 의복)를 입고 방으로 들어왔던 작은 몸집의 여성이다. 부르카(burqa)와 회색 실크 히잡(hijab, 머리 가리개)을 벗은 그녀의 얼굴은 43세의 7명의 자녀를 둔 어머니의 모습으로 보이지 않을 정도로 매우 젊어 보였다. 청바지와 스웨터를 입고 있는 그녀는 유럽이나 미국의 도시 외곽에 사는 주부의 모습이었다.

나빌라는 솔직했다. "저는 15살 때 결혼을 했습니다. 저의 남편은 이슬람 법원의 판사이며 테러주의자입니다." 나빌라의 남편은 그녀의 그리스도의 신앙에 대해 알지 못했다. 그녀의 살라피(근본주의 무슬림, 역주) 아버지가 그녀의 교육을 6학년때 그만두게 했지만 그녀는 배움에 대한 열망을 갖고 있었다. 그녀는 말했다. "삶은 학교와 같습니다."

"저는 언제나 예수님에 대해 듣는 것을 좋아했는데 젊었을 때부터 그랬습니다. 저의 아버지는 저희들을 모아 놓고 함께 기도하고 금식하는 것을 좋아했습니다. 저에게는 여러 자매들이 있습니다. 우리는 종종 예수님에 대해 이야기합니다. 저의 아버지는 예수님이 다시 오실 것이며 세상을 심판하실 것이고 모든 사람을 이슬람 법 아래로 인도할 것이라고 가르치셨습니다."

많은 아랍의 무슬림들처럼 나빌라의 아버지도 젊었을 때처럼 이슬람의 견고한 지지자는 아니었습니다. 나빌라는 말했다. "시간이 지나면서 저의 아버지는 살라피(Salafi)에서 *아흘 알바잇(Ahl Al-Bayt)*(시아파)으로 그리고 바하이(Baha'I)교로 옮겨갔습니다. 그녀는 조용히 말했다. "지금은 알츠하이머병을 앓고 계십니다."

나빌라는 종종 낮은 소리로 이렇게 말했다. "수니(순니) 무슬림이라고 여기는 많은 무슬림들은 사실은 시아파이거나 드루즈(Druze)파 심지어 공산주의자나 무신론자 또는 기독교나 바하이교와 같은 다른 종교로 개종한 무슬림들입니다. 그들은 이런 사실을 숨기고 있습니다."

나빌라는 말을 이어나갔다. "저는 2년 전 예수님의 제자가 됐습니다. 저는 진리에 이르기를 원했고 심한 압박감을 느꼈습니다. 아내로서 모든 것이 금지됐습니다. 저의 딸도 마찬가지로 이슬람의 압박 아래서 살고 있습니다. 향수를 바를 수도 없고 좋아하는 옷을 입을 수도 없습니다. 심지어 남편에게 언성을 높일 수도 없습니다. 남편이 말하는 것은 무엇이든지 해야 했습니다."

"모든 무함마드의 가르침은 여성에게 적대적입니다. 저는 젊었을 때 이러한 사상에 대해 심각하게 생각해 보지 않았습니다. 하지만 나스르가 저의 마음을 열어 주었습니다. 저는 이런 것들에 대해 질문을 하기 시작했습니다. 또 저는 자카리아 신부로부터 남성과 여성의 다른 점에 대한 정보를 얻고 있습니다. 여자가 먼저 그 과실을 먹었지만, 그것이 뭐 어쩌라고요! 여자에게는 모든 것이 금지되어 있지만 남자들에게는 허용되어 있습니다."

그녀는 계속 이어 나갔다. "저는 평화와 사랑을 원합니다. 이것이 제가 원하는 것입니다. 저는 제 자신에게 묻기 시작했습니다. *왜 이것이 이런 방식이지? 나는 여자이고, 내 방식대로 생각한다. 나의 아버지는 생각했고 마음을 바꾸셨다. 나는 생각할 수 있다. 왜 나는 내 마음을 바꾸면 안 될까?*"

"그래서 저는 이렇게 기도했습니다. 알라여, 제가 진리를 붙잡도록 해 주십시오. 세례를 받고 나니 마음이 평온해지고 편안해 졌습니다. 내 몸조차도 온전한 평화와 여유로움을 경험했습니다. 이제 저는 예수님에 관한 이 진리를 다른 사람들에게 나누어 줄 수 있습니다."

필자는 나스르에게 그가 어떻게 무슬림들의 마음을 진리를 향해 열리게 했는지 질문했다.

나스르는 말했다. "제가 한 무슬림 옆에 앉게 되면 그에게 질문할 것입니다. '어떤 선지자이길래 53세의 남성이 6살의 소녀를 아내로 삼는 것입니까? 그리고 9살의 아내와 성관계를 갖기 시작합니다. 구역질납니다. 작은 소녀를!'"

필자는 나스르에게 캐물었다. "실제로 이런 질문을 무슬림에게 했습니까?"

"물론입니다. 하면 안 되나요? 바로 여기에 쓰여 있습니다. 논쟁의 여지가 없습니다."

필자는 계속해서 질문했다. "당신은 이것을 할 수 있다고 생각하지만 서양인인 저는 그렇게 하면 안 될 일이라고 생각하나요?"

나스르는 웃으며 대답했다. "안 됩니다, 안 돼요, 안 돼요, 안 돼요, 안 돼요. 저는 무슬림이기 때문에 할 수 있습니다."

필자는 이슬람을 해체하는 데 자신의 삶을 드린 그가 "저는 무슬림입니다."라고 무심하게 인정한 것에 대해 놀랐다. 필자는 말을 흐렸다. "그래서 당신은 무슬림 공동체 안에 있기 때문에 그것을 할 수 있지만 저는 그것을…"

나스르는 말했다. "들어보십시오. 이 모든 것들은 질문입니다. 저는 그들에게 답을 제시하지 않습니다. 저는 그들을 괴롭히려고 하는 것이 아닙니다. 저는 단지 아주 분명한 사실을 질문하는 것입니다."

필자는 계속해서 말했다. "하지만 한 번 더 말씀드리면 당신이 그 문화 안에 있기 때문에 그렇게 할 수 있는 것이지요?"

나스르는 대답했다. "그렇습니다. 당신에게는 장애물이 있습니다. 당신이 꾸란에 대해 질문할 때 무슬림들이 처음 가지는 생각은 당신이 그들에게 반대한다는 것입니다. 왜냐하면 당신은 미국인이기 때문입니다."

나스르는 그가 이러한 질문들을 사용하는 것에 대해 설명했다. 그녀는 이 질문을 누가 진리에 열려 있고 누가 그렇지 않은지 결정하기 위해 사용했다고 밝혔다.

필자는 나스르에게 얼마나 많은 무슬림들이 그의 사역을 통해 세례를 받았는지 질문했다. 그는 망설임 없이 대답했다. "작년에 2,845명이 세례를 받았습니다. 11개월 동안 이 모든 세례를 주었습니다. 11개월 동안 우리는 21명에서 2,845명으로 성장했습니다."

사브리(Sabri)

사브리는 50세로 무슬림 개종 운동의 부(副)지도자이다. 그는 5명의 자녀가 있는 유부남이다. 나스르처럼 사브리도 담배를 많이 피우고 그의 주변에 사는 수백만 명의 아랍 무슬림들과 쉽게 어울리는 사람이다. 그는 강성 이슬람 환경에서 성장했으나 매우 종교적인 사람은 아니었다. 그는 자신이 옳고 그름을 판단하며 그러한 자기 생각을 따르는 사람이다. 그는 1년 8개월 전에 그리스도의 제자가 됐다.

사브리는 말했다. "나스르에게 복음을 들었을 때 저는 그저 평범한 사람이었습니다. 저는 비로소 거짓에서 진리를 보기 시작했고 그 진리를 따르기 원했습니다. 우리의 종교가 바르지 않다는 것을 볼 수 있었습니다. 이제 제 아내와 모든 자녀는 신자입니다. 저는 집안에서 판단하는 자였습니다. 종교 문제에 관해서는 심판자였지만 무력의 방법이 아니라 사랑으로 했습니다."

필자는 물었다. "어떻게 가족을 신앙으로 이끌었습니까?"

그는 말했다. "저는 단지 그들과 함께 앉아 사랑으로 꾸란과 성경을 비교했습니다. 결국 그들이 그것을 이해했고 저는 그들에게 세례를 주었습니다. 그들은 천천히 볼 수 있었습니다. 저는 가족을 천천히 인도했고 생각할 시간을 갖도록 해 주었습니다."

필자는 물었다. "어떻게 당신의 삶이 변화됐습니까?"

"이제 저는 마음이 아주 평안한 사람입니다. 저는 다른 사람을 향한 사랑을 갖고 있고 그들도 저를 사랑합니다."

필자는 말했다. "그 운동에 대해 말해 주십시오."

"제가 사는 마을에서 제가 돌보는 이들의 수는 400명이 채 되지 않습니다. 그리고 이 지역에서 저는 2개의 가족만 인도하고 있습니다. 제가 돌보는 책임자는 24명입니다. 저는 이제 25번째 책임자를 추가하려 하고 있습니다. 우리는 모임을 아주 적은 규모로 유지하려고 하는데 그 이유는 모임이 커지면 문제가 발생하기 때문입니다."

필자는 나스르에게 왜 많은 무슬림들이 오늘날 그리스도에게로 나아오는지 그 이유에 대해 물었다.

"과거 무슬림이 기독교인에게 인사를 하는 것은 부끄러운 일이고 금지된 일이었습니다. 기독교인과 휴일을 함께 보낼 수도 없었습니다. 오늘날 상황이 변했습니다. 사람들은 인터넷을 열어 질문을 하고 있습니다. 그들은 생각하기 시작했습니다."

"많은 수의 사람들이 진리를 이해하고 있습니다. 하지만 그들은 목숨을 잃을지 모르기 때문에 그것을 공개적으로 이야기하는 것을 두려워하고 있습니다. 아주 많은 수의 비밀 신자들이 있습니다. 테러주의자들의 정당과 이슬람 형제단이 아랍의 봄과 함께 부상하자 사람들은 이슬람이 얼마나 폭력적인지 볼 수 있었습니다. 세상은 그것을 보고 있습니다. 대중들에게 '오라.'고 말할 사람들이 필요합니다."

아말(Amal)

아말은 그리스도를 따르는 제자가 된 지 약 2년이 된 21세의 대학 졸업생이다. 그녀는 독신이지만 곧 결혼하기로 되어 있었다.

아말은 분명하고 자신있게 자신의 청년 시절이 잘못됐다는 것을 말했다. "제가 어렸을 때 저는 항상 뭔가가 잘못되었다는 생각에 사로잡혀 있었습니다. 저는 이런 압박에서 벗어나려 했습니다. 하지만 제가 무엇을 시도할 때 이런 생각이 들었습니다. '이건 부끄러운 일이거나 금지된 일이야.' 제게는 제 생각을 떠올리는 것조차 허락되지 않았습니다."

"나이가 들면서 이슬람이 옳다는 것이 납득되지 않았습니다. 이슬람은 단지 형식적이고 종교적 의식(ritual)에 대한 것이고 말뿐이었습니다. 저는 꾸란을 읽었지만 도무지 이해할 수 없었습니다. 저는 이렇게 생각했습니다. 테러주의가 세상에 퍼져 있고 무고한 자가 너무 많이 죽고 있어."

"기독교 신앙 안에서 저는 사랑과 평화를 보았습니다. 하지만 이슬람 안에는 행동에 대한 두려움과 잘못된 것이 있을 뿐이었습니다. 그것은 건전하지 못한 신에 대한 두려움이었는데, 그 두려움은 내가 행동한 대로 신이 저를 대한다는 것입니다. 저는 이슬람 아래 사는 것과 기독교가 사람들을 대하는 것을 비교했습니다. 저는 기독교 안에 진리가 있는 것을 볼 수 있었습니다."

필자는 물었다. "그 다음에 무슨 일이 일어났습니까?"

"저는 진리와 거짓의 차이를 볼 수 있었습니다. 인터넷을 열어 검색을 하기 시작했습니다. 라치드(Rachid)와 자카리아 신부의 가르침을 보았습니다.[195] 나스르 형제도 저의 삶에 큰 자리를 차지했습니다. 저는 어떻게 사람들이 이사의 길로 올 수 있었는지 알고 싶었습니다. 나스르는 저에게 인질(Injil, 신약 성경)을 주었습니다. 저는 신약 성경을 읽기 시작했습니다. 저는 제가 이해하지 못하는 것을 나스르에게 가져갔고 그는 설명을 해 주었습니다. 그것이 시작이었습니다."

"빛의 비전을 보기 시작했습니다. 저는 항상 그 빛을 보았습니다. 홀로 앉아 기도했습니다. 하나님 저는 진리를 알고 싶습니다. 당신에게 가도록 저에게 진리를 주십시오. 하나님은 자신을 저에게 열어 주셨고 예수님

---

[195] 라치드는 유명한 무슬림 배경 아랍 전도자이다. 다음의 인터넷 사이트를 참조하라. http://www.youtube.com/playlist?list=PL2B7DB420961DE413.

의 길, 평안과 진리와 사랑의 길을 보여주셨습니다."

그녀는 말을 이어 나갔다. "현재 저에게는 제가 인도하는 7개의 모임이 있습니다. 이 모임들에는 전체 약 35명이 있습니다."

필자는 아말에게 물었다. "예수님은 당신에게 누구입니까?"

그녀는 대답했다. "그는 우리에게 아버지이십니다. 그는 우리의 친구입니다. 저의 사랑입니다. 그는 저의 주님 하나님입니다."

필자는 물었다. "그럼 무함마드는 누구입니까?"

망설임 없이 그녀는 대답했다. "저는 그를 선지자로 보지 않습니다. 그는 우리에게 하나님의 메시지를 주려고 오지 않았습니다. 그는 자신의 마음에서 나온 생각을 주었고 그 생각은 그의 사상에 속한 것입니다. 그는 사람들이 원한 것이나 하나님이 원한 것이 아닌 자신이 원한 것을 사람들에게 주었습니다."

필자는 아말과 나빌라에게 핍박을 받았는지 물었다. 아말이 대답했다, "만약 그들이 우리에 대해 조금이라도 눈치를 챘다면 우리는 큰 문제를 겪었을 것입니다. 저는 신자가 아닌 사람과 결혼하지 않을 것입니다. 어느 누구도 저에게 무슨 생각을 해야 한다고 말하지 않을 것입니다. 하지만 제 뜻대로 하기는 힘들 것입니다. 왜냐하면 우리 아버지는 아주 강한 무슬림이기 때문입니다. 우리 아버지는 저의 미래의 남편이 독실한 무슬림이기를 바라고 있습니다."

1년이 지나기 전, 아말의 아버지는 그녀에게 이슬람 성향이 강한 무슬림 가족 출신 남자를 소개했다. 그녀가 결혼하고 첫 일 년이 지나기 전 아말의 시댁 가족은 아말의 그리스도의 신앙을 알게 됐다. 그들은 그녀를 그리스도의 신앙으로 인도한 사람들이 누구인지 알기 위해 그녀에게 폭행을 가했다. 그들은 그녀를 집에서 나가지 못하도록 격리시켰다. 그 후 그녀는 보이지 않았다.

신앙인으로 사는 방법

"어떻게 그들이 신앙인으로 살아 내는가요?"라는 질문은 한 마디로 대답할 수 있다.: 나스르가 무슬림들이 그들의 종교에 속고 있다는 것을 깨닫게 하기 위해 사용하는 대담하고 공격적인 질문들에도 불구하고 그는 "뱀같이 지혜로워라."라는 예수님의 훈계를 진지하게 간직하고 있다.

많은 아랍 국가에서 그리스도를 향한 무슬림 개종 운동은 그들 주변에 있는 복음주의 교회들이나 고대 전통 교회들과 양면적인 관계를 갖고 있다. 무슬림 배경 개종자들이 개종자들이 공유한 몇 몇 증언은 기독교인들의 삶에서 목격한 삶의 질에 대한 내용이다. 그들은 말한다. "그들은 서로 사랑합니다. 그들의 삶에는 평안이 있습니다." 동시에 전통 교회들은 무슬림이 지배하는 정부로부터 무슬림들에게 복음을 전파하지 말라는 지속적인 압박을 받고 있다.

나스르는 말했다. "그들은 두려워하고 있습니다. 무슬림 배경을 가진 어떤 사람이 전통 교회로 와서 '저는 기독교인이 되고 싶습니다.'라고 말한다면 그들은 '안 돼요.'라고 말합니다. 그들은 비밀경찰을 두려워합니다. 종종 교회는 심지어 기독교인이 되고 싶다고 말하는 사람을 정부에 신고하기도 합니다."

나스르는 그가 그리스도의 제자가 됐을 때를 말해 주었다. "저는 교회에 나가려 했지만 그들은 저에게 말했습니다. '안 됩니다. 당신은 우리 교회에 다닐 수 없습니다.' 그들은 저에게 인권 운동에 관련된 사람의 이름을 주었습니다. 그 사람이 저에게 도움을 줄 수도 있다고 말했습니다. 하지만 이런 교회로는 가망이 없습니다." 그래서 나스르는 교회를 포기하고 위성 방송과 인터넷으로 돌아섰다.

팀 선교사와 동역하면서 무슬림 개종 운동이 성장하는 것을 본 나스르는 정치 활동가 시절의 전략들을 이용하여 그 운동을 배가시켰다. 나스르는 말했다. "우리는 언제나 소규모 모임에서 만납니다. 한 모임에는 5명이 있습니다. 몇몇 사람들은 서로를 알고 있지만 그렇지 않은 사람들도 있습니다. 우리가 이렇게 하는 이유는 어떤 사람이 단지 친구를 따라서 모임에 오는 것을 바라지 않기 때문입니다. 우리는 모든 사람이 자신이 하고 있는 일에 헌신됐다는 것을 알고 싶어 합니다."

"만일 어떤 사람이 비밀 경찰에게 넘어갔다면 그 사람만 그렇게 되는 것입니다. 우리는 그 사람이 다른 사람도 같은 상황에 처하도록 하는 것을 바라지 않습니다. 만약 한 신자가 비밀 경찰에 체포된다면, 그 사람은 범죄를 지어서 그렇게 된 것이 아닙니다. 하지만 그는 자신을 잡아간 자들에게 사랑과 평화로 반응할 수 있을 것입니다. 만약 평화가 범죄라면 우리 모두는 범죄자입니다."

필자는 물었다. "모임에서 당신들은 무엇을 합니까?"

"모임 처음에 우리는 기도를 합니다. 그 후 우리는 자신의 삶을 나눕니다. 우리는 질문합니다. '사람들에게 복음을 증거하기 위해 여러분 모두는 이번 주에 어떤 일을 했습니까?'"

"새 신자들은 신앙을 나누는 방법을 배우는 과정을 밟아 갑니다. 우리는 그들에게 복음 증거의 사역을 감당한 성경에 있는 다섯 선지자의 이야기를 가르쳐 줍니다. 그들은 누가복음과 이사야서를 함께 공부합니다."

"우리는 또 그들에게 질문합니다. '당신이 저지른 죄는 무엇입니까? 혹은 이번주 당신은 어떤 죄를 이겨냈습니까?' 그들이 죄를 고백하면 우리는 말합니다. '좋습니다. 우리는 이번 주에 저지른 죄의 용서를 구할 것입니다.' 자신의 삶을 나누고 기도를 한 후 우리는 성경을 공부합니다. 성경 구절을 읽은 후 그 방에 있는 모든 사람은 그 성경 구절에서 자신이 믿게 된 것이나 이해한 것을 말할 기회를 갖습니다."

"함께 나눈 후 우리 모두는 성경 구절이 의미하는 분명한 그림을 갖게 됩니다. 모임에 있는 모든 사람은 그것을 간직하고 자신이 인도하는 모임에 갑니다. 우리는 모임에 있는 모든 사람이 다른 모임을 인도하고 있다고 전제하고 모임을 진행합니다. 우리는 한 모임에서는 섬김을 받고 또 다른 모임에서는 섬깁니다."

"공부를 끝낸 후 우리는 다음 주에 무엇을 해야 하는지에 대해 이야기를 나눕니다. 우리는 진정으로 기독교의 섬김 방법을 사람들에게 가르치고 훈련시키는 데 집중합니다. 우리는 미래의 잠재적 지도자가 될 사람을 알아보기 위해 그들이 어떻게 행동하고 어떻게 말하는지 지켜봅니다. 모든 사람이 기도를 하도록 격려하기 위해 모임 말미에 우리는 기도 제목을 받습니다. 그런 이후 매주 또는 매 모임 시간에 우리는 순번에 따라 기도를 하는데 그것은 모든 사람이 기도를 하는 법을 배울 수 있게 하기 위함입니다. 그러면 우리는 모임에 참석한 사람들의 기도 제목을 놓고 기도하는데 매번 다른 사람이 기도를 합니다."

무카바랏(Mukhabarat, 비밀 경찰)은 아랍 세계의 어느 곳에나 있습니다. 그들은 알카에다 테러주의자들의 작은 조직을 찾아내듯이 신속히 모임에 침투하여 견고하지 못한 무슬림 배경 그리스도의 제자들의 모임을 발각해 냅니다. 이런 이유 때문에 무슬림 배경 신자들은 질문을 하는 외국인들과 그들이 모르는 외부인들을 경계합니다."

필자가 인터뷰한 한 여성은 후에 경찰의 정보원으로 밝혀졌다. 나빌라와 아말과는 다르게 이 여성은 필자의 의도를 왜곡하고 불완전하고, 회피하는 식으로 응답했다. 그때 필자는 외국인인 필자가 개인적인 영적 질문을 해 그녀가 긴장해서 그런 것으로 생각했었.

8개월 후 박해의 물결이 일어나 운동 지도자들이 재보자를 역추적할 수 있었다. 그 정보원이 참여했던 소모임이 드러나자 규모가 큰 다른 공동체는 재빨리 그 모임을 분리했다. 나스르가 마련했던 조직 운영 방침은 효과적인 것으로 증명됐다.

그 후 다른 핍박이 따라왔고 결국 나스르는 투옥되거나 사망할 것이라는 위협 아래 외국으로 내몰렸다. 나빌라 역시 남편과 7명의 자녀들을 남겨두고 외국으로 피신했다.

어디로 가는지 알고 있다

"4년전 저는 예수님을 단지 한 인간으로 생각했습니다. 하지만 저에게 어떤 일들이 일어난 이후 지금 저는 그분이 저의 하나님이라는 것을 알게 됐습니다. 당신이 저의 이야기를 들으면 당신이 기독교인이 아니더라도 예수님의 신앙을 갖게 될 것입니다."

예수의 제자가 된 지 3년이 된 58세의 은퇴한 사업가 마하드(Mahad)가 자신의 이야기를 시작했다. 70개 가정을 그리스도께로 인도한 마하드의 이야기는 아주 흥미로웠다. 이 새신자들 중 많은 이들이 자신의 가족 모두를 신앙으로 인도했다. 마하드는 이 신자들의 성경 공부를 인도하고 있으며 이들의 그리스도에 대한 이해가 자라나면 이들을 예배로 인도하고 있다.

마하드는 말했다. "대학생이었던 저는 경영학과 이슬람 변증법도 공부했습니다. 저는 하페즈로 꾸란을 암송했지만 질문이 많았습니다. 그래서 저는 다른 종교도 공부했습니다. 저는 인질*(injil,* 신약 성경)을 제외한 모든 종교 경전은 인간이 만들었다는 결론을 내렸습니다. 제가 인질을 읽을 때 이것은 사람이 만든 것이 아니라는 것을 느꼈습니다. 믿음이 강하지는 않았지만 인질이 진리라는 것을 정말 믿었습니다. 저에게 믿음이 있었다고 당신은 추측할 수 있다고 생각합니다. 하지만 저는 신약 성경을 따르지는 않았습니다."

대학을 졸업하고 고향으로 돌아온 후 마하드는 성공적인 사업가이자 지역 정치가가 됐다. 마하드는 말했다. "드디어 저는 우리나라에서 아주 큰 사업체를 소유한 사업가가 됐습니다. 하지만 저의 모든 것을 바꾸어 놓는 일이 일어났습니다. 제가 진실로 사랑하는 저의 아내가 죽었습니다. 그녀가 죽자 저의 일부분도 함께 죽었습니다. 저는 매우 우울해졌습니다. 저는 사업체를 팔았습니다. 더 이상 살 이유가 없었습니다."

결국 우울증으로 마하드의 건강에 큰 이상이 생겼다. 그는 말했다. "약 4년 전 병원에 갔고 의사는 저를 심장 전문의에게 보냈습니다. 심장 전문의는 저에게 말했습니다. '더 일찍 오셔야 했습니다. 동맥 하나가 막혔습니다.'"

"심장 절개 수술을 준비하면서 의사는 저에게 생존 가능성이 5% 이하라고 말했습니다."

"마취를 할 때 저는 두려웠습니다. 하늘이 제 앞에서 열리는 듯했고 저는 기도를 시작했지만 평안을 느낄 수 없었습니다. 의식을 잃으면서 저는 "예수님"을 세 번 불렀습니다."

"그후 수술을 받을 것이고 수술이 잘 끝날 것이라는 평안을 느꼈습니다."

"마취되어 있는 동안 저는 환상을 보았습니다. 제가 보지 못한 아주 아름다운 초원을 보았습니다. 아내 옆에서 아내의 손을 쥐고 있는 예수님을 보았습니다. 아내와 예수님은 모두 행복해 보였습니다. 아내는 저를 보면서 미소를 지었고 자기에게 오라고 말했습니다."

"마치 땅 위에 떠서 초원을 향해 걷고 있는 듯했습니다. 저는 큰 기쁨을 느꼈습니다. 아내가 예수님 곁에 있는 것을 알게 됐습니다. 아내는 언제나 아름다웠지만, 아내의 그렇게 아름다운 모습을 본 적이 없었습니다. 저는 또한 실제 세상에서는 제가 죽었어야 했다는 사실을 알게 됐습니다. 하지만 괜찮았습니다. 저는 그들과 함께 있게 될 것이기 때문이었습니다."

"우리가 불과 몇 미터 정도 떨어져 있었을 때 그들에게 향해 가던 저는 멈추게 됐습니다. 저는 떨어지기 시작했습니다. 그들도 멀어지기 시작했습니다. 저는 돌아가고 싶지 않았습니다. 이것이 수술의 성공을 의미한다는 것을 알았습니다. 하지만 저는 수술의 성공을 바라지 않았습니다."

"그 환상을 결코 잊을 수 없습니다. 제가 깨어날 때 우리 아이들 모두가 제가 누워있는 병원 침대 곁에 있었습니다. 저는 말을 할 수 없었습니다. 그래서 딸에게 펜을 달라고 하여 저에게 일어났던 일을 기록할 수 있었습니다. 눈을 감고 다시 돌아가게 해 달라고 기도했습니다. 하지만 제가 다시 깨어났을 때 저는 병원 침대에 있었습니다."

"수술은 성공적이었습니다. 그날 이후 저의 마음은 예수님께 붙잡혀 있었습니다. 수술 전 저는 죽는 것이 두려웠습니다. 하지만 지금 저는 아내와 예수님 곁으로 갈 것이라는 것을 알고 있습니다."

마하드의 이야기는 다른 질문을 불러왔다. 마하드의 가족은 마을에서 무슬림으로 알려져 있었다.

필자는 조심스럽게 물었다. "당신의 아내는 예수님의 제자였습니까?"

마하드는 크게 흥분하여 큰 소리로 말했다. "예! 그녀는 예수님을 사랑했습니다." 마하드는 아들을 시켜 뒷방에서 무엇을 가져오도록 했다. "아내는 항상 예수님을 사랑했었고 마리아도 사랑했었습니다. 그녀는 그것을 저에게 한 번도 이야기한 적이 없지만 그녀는 항상 예수님과 마리아와 친밀해지기 원했습니다."

마하드의 아들은 가게에서 여행자들에게 판매하는 그런 종류의 다빈치의 최후의 만찬의 모형물을 가져왔다.

마하드는 미소를 지으며 말했다. "그녀는 오래전 이것을 가져왔습니다. 제가 천국에 가면 아내에게 이것에 대해 물어볼 것입니다."

소규모 모임에서의 깨달음을 위한 질문

1. 이 장에서 당신이 받은 인상은 무엇인가?
2. 아랍 권역에서 하나님은 어떻게 역사하고 계시는가?
3. 이 권역에서 신앙으로 가는 가장 큰 장애물과 가장 효과적인 다리는 무엇인가?
4. 이 권역에서 하나님이 사역하시는 가장 예상하지 못한 방법은 무엇인가?

13장

회상

이슬람 세계 안에 있는 9개의 권역을 살펴본 여행을 통해 우리는 무엇을 보았는가? 우리는 하나님이 역사하시는 방법을 통해 많은 것을 배웠다. 우리가 그것을 소개하기 전, 3장에서 소개한 10가지 중요한 사안을 다시 살펴보며 우리의 연구가 어떻게 진행됐는지 알아보자.

보안 사항

보안에 대한 우리의 염려는 근거가 있는 것으로 입증됐다. 이슬람 세계에 있는 많은 이들에게 일상적으로 벌어지고 있는 순교, 전쟁, 핍박 그리고 잔악 행위들 외에 이 책에 기여한 이들과 직접적으로 관련된 사건들도 일어났다.

우리가 인터뷰한 이들 중 여러 명이 이 책이 제작되는 기간 동안 이슬람 세계에서 그들이 단지 그리스도의 제자라는 이유로 괴롭힘을 당했다. 정부의 무카바랏(Mukhabarat, 비밀 경찰)이 무슬림 배경 그리스도의 제자들로 구성된 네트워크의 지도자들에게 감옥형을 내리거나 죽음의 위협을 가하는 두 건의 사건이 발생했다.

필자의 인터뷰를 도와준 두 명의 기독교 선교사들이 체포되어 구속됐고 결국 추방을 당했다. 전해진 바에 의하면 그들을 체포한 이유는 그리스도를 향한 무슬림 개종 운동을 조장하여 사회적 불안을 선동했기 때문이라 그랬다.

동아프리카에 있는 무슬림 개종자이며 활동적인 한 복음전도자는 2011년 성탄절 밤 필자와 함께 저녁을 함께 나누었다. 그로부터 3개월 후 그가 복음을 전하려 했던 이웃이 그를 독살하려 했다. 하나님의 은혜와 기독교인 의사의 빠른 조치로 이 형제는 죽음의 기로에서 되살아났다.

남아시아의 한 국가에서 필자가 인터뷰했고 친구로 지내던 한 무슬림 개종 운동의 지도자의 남자형제가 납치됐다. 이것이 지하드주의자들의 납치인지 아니면 정부 요원에 의한 체포인지 말하기는 어렵다. 필자가 듣기로는 이 나라에서 체포와 납치는 동일하다는 것이다. 우리가 아는 것은 그를 데려간 이들이 이 책에서는 자세히 밝힐 수 없는 방법으로 5개월 동안 그를 고문했다는 것이다. 그는 풀려 났지만 예전의 모습은 아니었다.

마지막으로 우리에게 담대하게 자신은 비(非)신자하고 결혼을 하지 않겠다고 말했던 21세의 젊은 아랍 여성이 있었다. 수 개월 후 그녀의 독실한 무슬림 아버지가 그녀에게 무슬림과의 결혼을 강요했다. 결혼 후 1년이 채 지나기도 전에 남편의 가족이 그녀의 그리스도의 신앙을 알아챘고 그녀를 폭행하여 침묵하게 만들었다. 이것은 그리스도에게 나온 모든 무슬림이 겪는 위협이다. 핍박의 실상은 그들의 신앙을 증명하는 동시에 신자들의 믿음을 정화하는 시련으로 남게 된다. 이 9개의 권역을 회상하며 모든 것을 무릅쓰고 그리스도와 운명을 함께 한 이들을 위해 기도해 줄 것을 독자들에게 당부한다.

연구 프로젝트의 범위

필자는 그리스도를 향한 25개 정도의 잠재적 무슬림 개종 운동에 대한 막연한 느낌에서 시작하여 기독교와 함께 역사를 공유했던 이슬람 세계 전역에서 발생한 82개의 개종 운동을 확인하게 됐다. 그러나 개종 운동은 무슬림과 기독교인이 만난 이후 1,300년 동안 발생하지 않았다.

시대	운동 (개)	전체에 대한 비율 (%)
7세기 – 18세기	0	0
19세기	2	2
20세기	11	13
21세기 (12년)	69	84

　의심이 많은 사람은 오늘날 그리스도를 향한 무슬림 개종 운동이 더 많아 보이는 이유가 우리가 기록을 더 잘했거나 처음으로 신중하게 기록들을 살펴봤기 때문이라고 추측할 것이다. 그러나 필자는 개종 운동들의 실상을 알기 때문에 이러한 주장을 지지하지 않는다. 사실 우리 이전의 세대들은 지금 우리보다 더 진지하게 선교 기록을 보관했다. 서구 식민주의 팽창 시대의 선교사들은 종종 그들의 사역에 대해 매일 일기를 썼다. 근대 이전의 교회 세례와 장례 기록은 오늘날 정부의 인구 조사 기록보다 더 세심하게 지속적으로 기록됐다. 모함마드 또는 압둘라가 그의 이름을 피터 또는 조지로 바꾼다는 보고는 축하할 만한 일이었고 사람들의 주목을 받는 일이었다.

　서양에서 가장 저명한 대학인 하버드, 예일, 프린스턴, 옥스퍼드, 캠브리지의 학생들과 교수진이 위대한 세계 선교 사업에 몰두하던 몇 세대 전만 해도 그들은 사드락 수라프라나타의 19세기의 획기적인 사건 이전에 그리스도를 향한 무슬림 개종 운동이 있음을 확인하지 못했다. 조셉 슈미들린의 『Catholic Mission History』, 여러 권으로 된 『New Catholic Encyclopedia』, 또는 K.S. 라투렛의 기념비적인 7권의 『History of the Expansion of Christianity』를 조심스럽게 읽어도 우리가 기록한 것 이외의 다른 추가적인 개종 운동들은 나오지 않는다.

　우리는 연구를 역사의 흐름 속에서 82개의 그리스도를 향한 무슬림 개종 운동을 확인할 수 있었고 이 중 최소 69개는 현재의 것으로 드러났다. 역사적으로 과거 개종 운동 중 3개(19세기 사드락 운동과 셰이크 자카르야스 운동 그리고 1965년 이후 인도네시아 운동)는 다른 기독교 사역에 흡수됐다. 69개의 현재 개종 운동 중 필자의 협력자들과 필자가 인터뷰를 할 수 있었던 운동은 45개였다. 즉 이 수치는 현재 진행되고 있는 모든 그리스도를 향한 무슬림 개종 운동의 65%에 해당된다. 이 연구 이전 필자는 과거에 무슬림 배경의 그리스도인들과 인터뷰를 했었다. 이들은 각기 다른 4개의 무슬림 개종 운동에 소속되어 있었다.

마지막으로 이 연구 프로젝트의 범위는 관리가 가능했으나 이는 매우 어려운 일이었다. 이 인터뷰들을 수집하기 위해 필자는 40만 킬로미터를 여행했으며 추가로 협력했던 동역자들도 아주 먼 거리를 여행해야했다. 이 연구 범위에는 14개 국가의 33개 민족 언어적 종족들과의 1,000번이 넘는 인터뷰가 포함되었다.

현상학적 접근

우리는 이 책이 시작될 때 현상학적 접근 방식을 채택하겠다고 밝혔다. 우리는 그리스도를 향한 무슬림 개종이 주의깊게 기술될 때까지 판단을 유예하며 묘사적 연구를 했다. 독자는 우리가 이 목적을 달성했는지 판단을 내릴 것이다. 이슬람 세계의 각 권역 안에 있는 개별 개종 운동들과 이 운동들에 속한 이들과의 인터뷰를 소개했다. 그럼으로써 우리는 각 권역 안에서 일어나는 개종 운동들에 영향을 준 각 권역의 상황이 얼마나 독특한지 보여주려 노력했다.

우리가 이해한 내용의 정확성을 확보하기 위해 각 지역 안에 있는 다수의 전문가들이 이 책 2부에 있는 각 권역에 대한 묘사를 검토했다. 이 전문가들은 이 책에 서술된 각 권역에서 여러 해, 어떤 경우에는 평생을 보낸 이들이다. 이 전문가들의 기여는 오류를 정정하고 각 권역의 복잡함과 그것을 형성시킨 역사를 분명하게 밝히는 데 아주 귀중한 도움을 제공했다.

예상할 수 있듯, 전문가들이 항상 저자의 의견에 동의하는 것은 아니었으며 전문가들끼리도 마찬가지였다. 이는 논쟁의 대상이 되며 미묘한 점들이 있어 완전한 이해나 분석이 채 이루어지지 않은 베일에 싸인 지역들을 탐구할 때 나타나는 특성이다. 사도 바울의 말을 인용하면, "우리가 지금은 거울로 보는 것 같이 희미하나 … 지금은 내가 부분적으로 아나"(고린도전서 13:12). 바라기는 현재의 연구를 통해 미래에는 더 많은 연구가 이루어져 지금보다 개종 운동에 대한 이해가 더 깊어지고 더 발전되기를 기원한다.

이슬람에 대한 견해

이 연구는 무슬림들이 동일한 꾸란과 하디스를 공유함에도 불구하고 무슬림 세계는 복잡하다는 것을 보여주었다. 이슬람을 하나로 일반화시키는 것은 다양한 무슬림들과 그 공동체를 이해하기보다 이슬람 문헌을 비평 연구하는데 더 적합하다. 여러 나라에는 세속적이고 종교에 무관심한 문화적인 무슬림부터 꾸란을 믿는 상당수의 독실한 무슬림들까지 다양하게 있으며 독실한 무슬림들 중에 그리스도에게 나아오는 이들도 있다.

우리는 무슬림 배경 신자들은 이해하기 위해 고안된 C스펙트럼 척도가(C1~C5) 각각의 사례에 완벽히 적용되기 어렵다는 것을 발견했다. 만약 사우디아라비아의 한 내부자 기독교인이 텍사스에 있는 달라스로 이동한다면 그는 한 교회의 집사로 당연히 바뀌었을 것이다. 인간이란 복잡한 피조물이다.

모든 종교가 그렇듯이 이슬람에도 악이 존재한다. 종교가 추종자들을 통제하고 조종하기 위해 이용되고 추종자들을 선동하여 다양성과 자유를 추구하는 사람들을 억압하게 만든다. 오늘날 이슬람은 신앙을 거부하는 자들을 억압하는 데 있어서는 아마도 가장 강제적이고 비정상적인 세계 종교일 것이다. 그러나 중세 시대의 로마 가톨릭 또는 미국 초기 역사에서 청교도주의가 이슬람보다 더 통제적이었다는 사실을 기억해야 한다.[196] 이슬람도 추종자들과의 관계에서 그들의 사상과 신앙에 있어서 선택의 자유를 허용하는 개혁을 체험하기를 바랄 뿐이다.

개종의 정의

기독교인들이 이러한 개종 운동들에 대해 들었을 때 묻게 되는 첫 질문들 중 하나는, "그 운동들이 정말 있나요? 정말 무슬림들이 우리 기독교인들이 알고 사랑하는 그 예수 그리스도를 향한 신앙으로 나아오고 있나요?" 이다.

이 책의 '주요한 사안들' 장에서 정립한 성경적 관점에 비춰보면 이 질문들에 대한 가장 의미 있는 답변은 무슬림 배경 신자들의 삶과 간증 안에 있었다. 이 간증은 세계 전역에서 기독교인들이 체험하고 예배드리는 그 예수님이 무슬림들이 발견한 그 예수님이며, 무슬림들이 자신들의 삶을 드린 예수님이 신약 성경의 그 예수님이라는 사실을 보여준다.

그러나 무슬림 배경 그리스도의 제자들은 "기독교인"이라는 분류와 그들이 이해하고 있는 "기독교라는 종교"에 대해 매력을 별로 느끼지 못한다. 여러 무슬림 배경의 그리스도의 제자들은 기독교 종교와 연계된 교회들에 동화되어 가는 경우도 있으나 그렇지 못한 경우도 있다. 어떤 무슬림 배경 신자들은 신앙의 여정 중에 있다. 이 여정은 그리스도의 신앙을 갖기 전, 기독교인들과 기독교를 적으로 간주하고 있었을 때로 거슬러 올라간다. 아마도 언젠가 이 적들이 그들의 가족과 친구가 되어 있을 때가 오겠지만 이것이 이슬람 세계 안에 있는 그리스도의 제자들의 실상이다. 이 실상을 알고 이해하는 것은 우리가 그들에게 더 잘 다가가도록 돕는다.

---

196 삶과 생각이 한 신앙에서 받아질 수 있는 정도의 범위에서 멀어진 사람들을 따돌리는 관습(청교도들이 일반적으로 행한 사회적 처벌)은 이슬람 세계의 9개 권역에서 진행된 인터뷰에서 반복되어 나타났다. 신체적 괴롭힘, 체포, 고문, 교수형과 같은 종교적 권력을 이용한 아주 가혹한 수준의 학대는 중세 시대 가톨릭의 종교 재판에서도 찾아볼 수 있다.

호전적이고 반(反)기독교적인 사회에 사는 무슬림 배경 신자들이 자신을 기독교인이라고 공개하면 다음의 두 가지 일을 곧바로 겪게 될 것이다: (1) 그들이 그리스도의 신앙으로 인도하기를 염원하는 그들의 가족과 친구들로부터 분리, (2) 즉각적인 교수형. 무슬림 배경의 그리스도인들은 그들의 친구들과 가족에게 복음을 증거하기 위해 기독교인들과 자신들을 동일시하지 않기로 결정했다. 또 많은 이들이 기독교 안에서 그들이 받아들이기 어려운 문화적이거나 정치적인 결합을 발견했다. 그럼에도 불구하고 이 책에서 조사되고 소개된 각 사람들은 예수님을 그들의 구세주이자 주님으로 맞이한후 예수님과의 관계 때문에, 예수 그리스도에 의해 선택됐음을 고백하고, 세례를 통해 예수 그리스도를 따르고, 새로운 방식으로 자신들의 삶을 살기로 했다.

진정한 개종에 대한 물음은 삶의 전환에 대한 물음이다. 인터뷰를 한 대부분의 사람들에게 삶의 전환은 즉각적으로 시작됐다. 기도는 응답됐고 삶은 변화됐다. 이 변화에 의한 영향력은 계속해서 전개되는 삶에 도전을 불러일으키며 그들의 삶의 모습을 만들어 나가게 될 것이다.

운동의 정의

이 연구는 지난 10년에서 20년 동안 최소 1,000번의 세례가 있거나 또는 같은 기간 동안 최소 100개 이상의 교회가 새롭게 발생한 그리스도 신앙을 가진 무슬림 공동체 운동을 대상으로 설정하여 엄격하게 연구 대상을 제한했다. 이러한 이유로 기존에 있던 개방된 기독교 공동체들에 동화된 개인들이나 반대로 매우 가혹한 핍박 때문에 익명으로 남아 있는 신자들은 이 연구의 조사 대상에 포함되지 않았다.

이 연구 범위 밖에 있는 개종자들에 대해 우리의 연구는 무슨 말을 해야 하는가? 예를 들어 꿈에서 예수님을 만났거나 라디오 또는 텔레비전 방송을 들은 수천 명의 익명의 무슬림 배경 신자들 그리고 개인적으로 자신의 삶을 그리스도에게 드린 이들에 대해서 이 연구는 무슨 말을 해야 하는가? 또는 다른 한편으로는 더 전통적인 교회 안에서 기독교인들과 함께 예배를 드리는 이 새로운 정체성을 받아들인 무슬림 개종자들에 대해서 이 연구는 무슨 말을 해야 하는가? 이 두 개의 극단의 경우는 이 연구의 범위에서 벗어나기 때문에 이 책은 이들에 대해 거의 언급하지 않고 있다. 이 경우들은 다른 연구의 소재로 남아 있게 되고, 그 연구는 매우 중요하겠지만 우리의 연구와는 다른 성격을 띤다. 혹시 이 책을 읽은 누군가가 영감을 받아 이 주제를 탐구할지 모르겠다.

개종의 동기

이 중요한 사안은 긍정적인 면과 부정적인 면을 모두 포함하고 있다. 긍정적인 측면은 하나님이 무슬림을 자신에게 인도하기 위해 사용하고 있는 많은 요소들을 탐구할 수 있다는 것이다. 우리는 이 문제를 다음 장에서 살펴볼 것이다.

개종의 동기와 관련한 부정적인 면은 개종 운동을 촉발시킨 외부적인 동기를 드러내기 위해 탐구하는 것이다. 이 질문을 솔직하게 언급하면 다음과 같다.: *개종 운동에서 물질(돈)은 어떤 역할을 했는가?* 희생과 순교의 이야기를 고려하면 이 질문은 저속하게 들릴지 모르겠지만 돈의 역할과 관련한 질문은 정당하다. 만약 개종 운동들이 재정의 유혹이나 재정적 보상에 대한 결과라면 이러한 개종 운동이 지속되는 것에 무슨 희망이 있을까? 이러한 개종 운동이 성장할 것이라는 희망은 거의 없는 것일까?

이 질문에 대한 첫 번째 응답은 그리스도의 신앙으로 개종한 모든 무슬림을 기다리고 있는 교수형의 위협을 고려하는 것이다. 이렇게 실재하는 위협을 극복할 수 있는 충분한 재정적 보상이 있을 수 있는가?

의심할 여지없이 무슬림 배경과 서양 배경을 가진 신자들 모두가 복음과 그것이 내포한 암시에 대한 완전한 이해가 없이 신앙을 갖는다. 우리가 남아시아에서 인터뷰한 젊은 무슬림 배경 대학생은 다음과 같이 밝혔다. "저는 예수님께 좋은 성적을 위해 기도했고 예수님은 저의 기도에 응답해 주셨습니다." 사람들은 치유, 축복, 구원, 진리, 평안, 용서 그리고 다른 이유를 바라며 예수님을 찾는다. 그렇다면 재정적 유익은 어떻게 받아들일 것인가?

우리는 서아프리카의 미망인들을 인터뷰 했는데, 그들은 남편이 사망한 후 무슬림 공동체에 의해 고통을 받았지만 기독교에서 정의와 새로운 신앙의 가족을 찾은 이들이었다. 어떤 이들은 이것이 재정적인 동기라고 여긴다. 많은 이란인 난민들은 자국의 경제 몰락을 피해 자국이 아닌 다른 곳에서 더 나은 경제적 기회를 찾고 있다. 이 경제적 난민들 중 많은 이들이 그리스도의 제자이거나 또는 이란을 떠난 후 그리스도의 신앙으로 나아왔는데, 이런 경우는 원인과 결과라기보다는 우연의 일치로 보인다.

더 공통적인 것은 그리스도를 따르기 위해 모든 것을 잃은 개종자들의 이야기이다. 이것은 무슬림 공동체가 배교자를 처리하는 정상적인 방법이다.: 그들은 모든 것을 잃게 된다. 그들의 공동체에 의해 폭행을 당하고, 체포되고, 고문당하고, 고립되고, 독살 시도를 받고, 일자리와 재산과 가족을 잃은 사람들을 우리는 인터뷰했다. 그리스도를 따르기로 결심하여 재정적 보상을 받게 되는 경우보다 위에 언급한 고난이 닥치는 경우가 대부분이며 일반적이다.

연구의 한계

이슬람 세계에서 하나님이 역사하시는 방법의 중요성에 대해 나는 더욱 강조하고 싶다. 우리는 이 구원의 역사에서 전례가 없는 역사적인 순간을 증언하고 있다. 심지어 세속적 관점에서 보더라도 우리는 이렇게 많은 무슬림 개인들과 공동체들이 이렇게 많은 지역에서 예수 그리스도의 신앙으로 이동하는 것을 전혀 본 적이 없다. 이것은 부인할 수 없는 사실이다.

하지만 필자는 이에 대한 정당한 비판을 예상하고 인정하고 있다. 우리가 1부에서 언급했듯이 그리스도의 신앙으로 나온 무슬림의 전체 수는 통계적으로는 거의 무의미하다. 이는 무슬림 세계의 아주 작은 부분인, 16억 이슬람 추종자의 0.5%에 미치지 못하는 사람들이 그리스도를 따르기로 전향했다는 말이다. 위의 운동들이 그리스도의 신앙으로 돌아서는 무슬림의 수가 증가하는 돌파구로서 역사의 새로운 장을 열었다고 기록될 때 비로서 이 책은 유의미한 가치를 갖게 될 것이다.

더불어 인구 통계학적으로 균형적인 인터뷰(젊은이/노인; 교육 받은 자/교육 받지 못한 자; 도시/시골, 남성/여성, 지도자/평신도)를 하도록 노력했음에도 불구하고 이러한 우리의 목표는 단지 부분적으로만 성취됐다. 하지만 필자는 이 책에서 개종 운동들 안에 있는 다양성을 반영한 인터뷰를 제시하려고 노력했다. 따라서 독자들은 9개의 권역에 있는 남성과 여성, 젊은이와 노인, 교육을 많이 받은 자들과 문맹자, 도시인과 시골인, 지도자들과 평신도들의 이야기를 듣게 되었다.

저자의 편견

이 연구에 들어가기 전 나는 나의 삶과 신념을 성경적 권위에 순복시키는 복음주의 기독교인으로서 성경에 나타난 바 예수 그리스도 외에는 구원의 다른 길이 없다고 믿는 신앙의 성향에 대해 말한 적이 있다. 한편으로 이러한 신앙의 입장을 붙잡고 있는 것은 필자로 하여금 모든 증언과 사건을 필자의 신앙이라는 전제를 통해 걸러내도록 만든다. 바라건대 필자의 개인적 신앙의 입장이 이 권역들에서 일어나고 있는 사건들을 흐릿하게 하거나 독자들 스스로 하나님의 역사의 방법과 장소를 가늠하지 못하도록 방해하지 않기를 기대한다.

다음 장에서, 무슬림 세상에서 하나님이 역사하시는 방법에 대한 영적 교훈, 암시, 적용을 탐구하면서 필자는 이러한 필자의 신앙의 개인적 입장을 다시 한번 개입시킬 것이다.

기대되는 결과

이 책을 시작하기 전, 우리는 이 연구에 대한 아래의 4가지 목표 또는 기대되는 결과들을 분명히 밝혔다.

1. 이 운동에 대해 정확히 묘사하기.
2. 우리가 이 운동에 잘 참여할 수 있도록 이슬람 세계 전역에서 일하시는 하나님의 방법을 잘 공부하기.
3. 이슬람 세계 전역에서 하나님이 무슬림들을 이끌어 내시는 방법을 무슬림들이 알도록 도우며 그리스도의 신앙으로 나오는 무슬림들을 격려하기.
4. 세계 도처에 있는 기독교인들이 무슬림들을 두려워하거나 증오하지 않고 예수 그리스도의 복음을 갖고 무슬림들에게 다가가도록 도전하기.

첫 번째 목표를 달성하기 위해 우리는 위에서 살펴본 10가지 주요한 사안들을 통해 9개 권역에 들어가 이슬람 세계의 각 권역을 살펴봐야 했다. 우리는 시간을 갖고 각 권역의 역사, 종족, 종교적 역학관계, 정치적 역학과 같은 복잡한 환경을 조사했다. 각 권역의 상황에 대한 윤곽을 이해한 후 우리는 각 권역 안에 포함된 개종 운동 가운데 발생한 간증을 경청했다.

다음 장에서 우리는 개종 운동들의 방법과 원인을 확인할 것이며 두번째 목표를 붙잡고 씨름할 것이다. 그렇게 하면서 우리는 또한 우리의 연구에서 생겨나는 가장 공통적인 질문을 살펴볼 것이다.: *왜 이 개종 운동들이 지금 일어나고 있는가? 무슬림들을 예수 그리스도의 신앙으로 인도하기 위해 하나님은 오늘날 무엇을 사용하고 계신가?*

소규모 모임에서의 깨달음을 위한 질문

1. "열 가지 주요한 사안"의 조명 아래, 이슬람 세계에서 하나님이 역사하고 계시는 방법 중 당신이 가장 놀랍게 여기는 것은 무엇인가?
2. 이슬람 세계에서 역사하시는 하나님의 놀라운 사역에 우리가 어떻게 참여할 수 있는지와 관련하여 당신이 도전받는 것은 무엇인가?

14장
어떻게 그리고 왜

어떻게 그리고 왜 이 무슬림 개종 운동들이 지금 일어나고 있는가? 수십만 명의 무슬림들을 그리스도에게 인도하기 위해 하나님은 무엇을 사용하고 계시는가? 왜 이것이 지금 일어나고 있는가? 그리고 왜 지난 1,300년 동안에는 그렇지 않았는가? 그리고 마지막으로 우리는 어떻게 이 운동에 참여할 수 있는가?

구원 역사의 순간을 고찰하기 위해서는 여러 권의 책이 쓰일 수 있고 아마도 쓰여야 한다. 우리는 결코 이전에 이런 시대적 상황을 본 적이 없고 이것에 대해 배워야 할 것이 많다. 조사와 인터뷰를 통해 통찰과 교훈을 얻으면서 필자는 하나님이 우리에게 배우라고 하신 것들 중 작은 부분만 알아냈다는 생각이 들었다.

이 책에서 필자는 이 주제를 완전하게 규명했다고 가정하지 않고 독자들에게 이것을 함께 분석하자고 초청한다. 인터넷 *위키피디아(Wikipedia)*처럼 다양한 지역과 영역의 사람들이 이 분석에 기여해 주기를 바란다. 우리 모두는 무언가를 기여할 수 있고 함께 하면 우리 모두는 더 많은 것을 알 수 있으리라 믿는다.

이 책의 인터넷 사이트 《www.WindintheHouse.org》에 접속하여 다음의 질문에 대한 독자 여러분의 통찰을 제공해 주기를 바란다.: 이슬람 세계에서 하나님은 어떻게 역사하고 계신가? 왜 지금 이런 방식으로 일어나고 있는가? 왜 이런 일이 시작되기까지 1,300년이 걸렸는가? 어떻게 우리는 개종 운동에 참여할 수 있고, 할 수 있었고, 또 해야 하는가?

대화를 열기 위해 필자가 이 질문들에 대해 직접적으로 관찰했던 것을 제시해 보도록 하겠다.

하나님의 열 가지 다리

(1) 믿음

"믿음은 바라는 것들의 실상이요 보이지 않는 것들의 증거니, 선진들이 이로써 증거를 얻었느니라."(히브리서 11:1-2) 이 모든 것은 믿음에서 출발했다. 볼 수 없어도 그리고 증거가 없어도 우리는 믿을 수 있다. 이런 종류의 믿음이 지금뿐만 아니라 모든 세대에 걸쳐 선교사들이 이슬람 세계에 들어가 복음을 전했던 동기가 됐다. 초기의 선교사 중 대다수의 선교사는 "약속을 받지 못했으되 그것들을 멀리서 보고 환영"했던(히브리서 11:13) 분들이었지만 신실하게 복음을 증거했다.

고향과 본국 문화를 떠나 이슬람 세계에서 자녀들을 키우기까지 하기 위해서는 얼마나 많은 믿음이 필요했을까? 이 선교사들의 유산이 수백만 명의 기독교인들을 감화시켜 선교사로 자원하게 했다. 세대를 걸쳐 수많은 신실한 복음 전도자들은 "멀리서 보고 환영"했을 뿐 우리가 지금 보고 있는 이 무슬림 개종 운동을 보지 못했다. 영적 수확을 바라며 살아왔던 그들의 본보기는 지금 일어나고 있는 이 거대한 개종 운동들의 기초를 놓았고 우리는 감사와 늦은 축하의 빚을 지고 있다.

무슬림 배경의 형제들과 자매들도 본이 되는 믿음을 지금 보여주고 있다. 주변에 있는 수많은 사람들이 이슬람의 샤리아 법에 따라 사는 와중에도 이들은 매일 그리스도의 길을 걷고 있다. 이 개종 운동은 "죽기까지 자기들의 생명을 아끼지 아니"(요한계시록 12:11)했던 이들의 순수한 믿음 위에 세워졌다.

우리는 어떤가? 이 질문에 대한 답변이 우리에게 남겨져 있다. 아주 빈번히 우리는 믿음의 의미를 단순한 감정의 상승 또는 특정 견해나 교리에 대한 동의로 희석해 버린다. 하지만 이러한 우리의 믿음은 히브리서에 나와 있는 믿음 또는 이슬람 세계에서 지금 살고 있는 이들의 믿음과는 아주 다르다. 히브리서와 이슬람 세계에서 묘사된 믿음은 담대한 순종의 믿음이다. 이 순종은 심지어 죽음을 불러오기도 했다. 이 순종은 고귀한 믿음의 부르심이고 성경적 부르심이며 오늘날 이슬람 세계에서 신자들을 제자의 길과 섬김으로 이끄는 순종이다.

(2) 기도

"의인의 간구는 역사하는 힘이 큼이니라."(야고보서 5:16) "우리의 싸우는 무기는 육신에 속한 것이 아니요 오직 어떤 견고한 진도 무너뜨리는 하나님의 능력이라."(고린도후서 10:4) 북아프리카 사막 지역 출신의 무슬림 배경 그리스도의 제자 아이샤(Aisha)는 그녀의 나라에서 아주 많은 무슬림들이 왜 그리스도에게로 나오는지 그 이유에 관한 질문을 받았다. 그녀는 대답했다. "수많은 세월 동안 세계 전역에 있는 사람들이 드린 기도가 하늘에 올라갔다고 믿습니다. 하늘에는 열대 몬순 우기(雨期)의 많은 구름처럼 기도들이 쌓여 있습니다. 그리고 지금 하나님이 우리 종족을 위해 쌓아 놓으셨던 기적과 구원의 축복들이 우리에게 비처럼 내리고 있습니다."

기도는 무슬림 세계를 향한 모든 새로운 선구적 사역에서 시발점이자 가장 주요한 전략이 되어 왔다. 기도는 기독교인들을 북돋아 이슬람 세계를 향해 전진하게 하며, 그곳에서 그들이 만나는 무슬림들의 마음을 꿰뚫는 위대하고 보이지 않는 능력이다.

기도는 기도의 대상이 되는 사람뿐만 아니라 기도하는 자도 변화시킨다. 기도는 우리를 구세주가 필요한 수많은 무슬림들을 향한 하나님의 마음으로 인도한다. 만약 성령이 이슬람 세계에 불고 있는 바람이라면, 기

도는 우리가 돛을 펼쳐 그 바람을 타도록 하는 방법의 하나이다.[197]

기도하는 선교사들은 그들이 시작하도록 돕는 무슬림 개종 운동의 DNA에 기도를 주입하여 왔다. 알라에게 진리를 보여 달라고 기도했던 수많은 무슬림들이 예수 그리스도 안에서 그 진리를 찾고 있다. 무슬림들은 이슬람의 기계적 기도에서 전혀 체험하지 못했던 개인적인 방법으로 그들의 기도에 응답하시고 그들을 사랑하시는 예수 그리스도를 발견하고 있다.

(3) 성경

"하나님의 말씀은 살아 있고 활력이 있어 좌우에 날선 어떤 검보다도 예리하여 혼과 영과 및 관절과 골수를 찔러 쪼개기까지 하며 또 마음의 생각과 뜻을 판단하나니"(히브리서 4:12) 기독교인들은 이천 년 동안 성경을 소유하여 왔지만, 이슬람 세계의 여러 권역의 주민들은 이제서야 성경을 접하고 있고 아직도 많은 무슬림 종족의 모국어로 성경이 번역되어 있지 않다.

현지어로 된 성경은 우리가 살펴본 모든 무슬림 개종 운동에서 중요한 수단이 됐다. 만약 어느 무슬림 배경의 새신자 그리스도인이 된다면 그가 가장 원하는 것은 성경을 읽는 것이다. 그리고 만약 한 무슬림이 성경을 읽을 수 없다면 종종 이 무슬림은 성경을 읽기 위해 글을 배운다. 세계에 있는 무슬림들의 언어로 된 성경과 신약 성경 그리고 성경 일부분이 널리 배포된 효과가 이제 나타나기 시작했다. 이 효과가 지속되면 반응이 나올 가능성이 높다.

인도네시아에서의 사드락의 선구자적인 운동은 새 인도네시아어 성경

---

197 최근 기독교인들은, *무슬림 세계를 위한 30일 기도*를 비롯해서 전에는 보지 못했던 무슬림 종족을 위한 기독교인들의 마음을 연합하도록 한 여러 기도 안내서들과 같은 새롭고 생생한 기도 자료들을 개발하여 만들었다.

이 번역된 뒤에 발생했다. 에티오피아의 셰이크 카자르야스가 보았던 그리스도의 환상은 그를 스웨덴 선교사들의 서점에 가도록 이끌었다. 그곳에서 그는 자기 모국어로 된 신약 성경을 구할 수 있었다. 카바일어 성경 번역과 《예수 영화》(누가복음을 영화로 만든 것)는 알제리에서 그리스도를 향한 현지 무슬림 개종 운동에 신속하게 불을 지피는 역할을 했다. 또한 이란에 뿌려진 백만 권의 페르시아어 신약 성경 또는 방글라데시에서의 무술마니 성경 번역의 출현은 그 종족의 무슬림 개종 운동이라는 결과를 불러왔다.

무슬림 세계의 많은 지역이 문맹 지역으로 남아 있다. 하지만 이야기 구술 성경을 제공하는 새로운 사역이 《예수 영화》, 라디오와 텔레비전 방송은 무슬림 세계 전역에서 무슬림 개종 운동을 발화시키고 연료를 공급할 것이라는 희망을 제시해 준다.[198]

(4) 성령의 역사

"내가 떠나가지 아니하면 보혜사가 너희에게로 오시지 아니할 것이요 가면 내가 그를 너희에게로 보내리니 그가 와서 죄에 대하여, 의에 대하여, 심판에 대하여 세상을 책망하시리라."(요한복음 16:7-8)

예수님은 그의 제자들에게 자신이 보혜사 성령님을 보낼 것이기 때문에 자신이 제자들을 떠나는 것이 그들에게는 유익하다고 확신시켜 주셨다. 보혜사 성령님의 임재는 한 사람의 몸에 제한되지 않는다. 예수님이 약속하신 성령님은 바람과 같이 그가 원하시는 곳은 어디든지 가실 수 있다. (요한복음 3:8)

무슬림을 섬기는 많은 기독교인들은 성령님이 이슬람 세계 전역에서

---

198 성경 구술은 구술과 비(非)문자를 사용하는 이들에게 성경의 진리를 전달하는 수단이다. 성경을 읽어 주기 보다는 성경을 이야기해주는 이들이 성경에서 취한 이야기들을 통해 성경의 중요한 주제들을 이야기해준다.

불고 있다는 사실에 기뻐하고 있다. 하나님이 꿈과 환상을 통해 무슬림들을 찾아가시고 예수 이름으로 기도한 이들에게 응답을 해주신다. 실제로 무슬림을 선교를 하는 모든 이들이 성령님의 광범위한 임재와 사역을 확증해 줄 수 있다.

아마도 기독교인들은 무함마드가 그의 삶에서 꿈의 가치를 언급한 사실에 감사해야 할 것이다. 무함마드로 인해 이 세상의 무슬림들은 꿈을 신빙성 있게 받아들이지만 세속화된 서양에서는 더 이상 그렇지 않다. 꿈에 대한 해몽이 무엇이든지 분명한 것은 하나님께서 수많은 무슬림들의 영혼을 흔들어 그들의 종교를 넘어 구원과 새 삶을 주시는 분을 보도록 하신다는 것이다.

무슬림 가운데서 오랫 동안 하나님을 섬긴 한 동료 사역자는 무슬림들로부터 "빛처럼 밝게 빛나는 분"이 나타나 자신에게 오라고 손짓하는 꿈에 대한 수많은 간증을 들었다. 이러한 꿈을 경험한 한 무슬림과의 최근 만남에서 필자의 동료 사역자는 성경을 펼쳐 마태복음 17장에 나오는 예수님의 변화에 대한 이야기를 찾아 그 무슬림에게 첫 두 구절을 읽어 달라고 요청했다.: "엿새 후에 예수께서 베드로와 야고보와 그 형제 요한을 데리시고 따로 높은 산에 올라가셨더니 그들 앞에서 변형되사 *그 얼굴이 해 같이 빛나며 옷이 빛과 같이 희어졌더라*"(마태복음 17:1-2) 이 구절을 발견하여 크게 놀란 이 무슬림은 반응했다. "이 사람입니다. 저의 꿈에 나타난 사람! 이 사람이 누구입니까?"

(5) 신실한 기독교인의 복음 전파

"이러므로 우리에게 구름 같이 둘러싼 허다한 증인들이 있으니 모든 무거운 것과 얽매이기 쉬운 죄를 벗어 버리고 인내로써 우리 앞에 당한 경주를 하며."(히브리서 12:1) 우리는 앞서 이 구절에 대해 언급했지만, 신실한 기독교인들이 최근 뿐만 아니라 세대를 통틀어 지금 일어나고 있는 일의 많은 기초를 놓았다는 사실에 대해 다시 언급할 필요가 있다. 기도, 복음 전파, 사역, 하나님 말씀에 대한 신실함 그리고 개인의 희생에 대해 말하자면 우리의 선조들은 위대한 이들이었다.

아주 종종 서양의 복음주의자들은 우리 전에 있었던 다른 기독교 교파에서 믿었던 이들의 영향을 인식하지 못하여 왔다. 로마 가톨릭, 앗시리아 정교회, 네스토리아교파, 아르메니아교파, 에티오피아교파, 콥틱파, 메노나이트파의 많은 신실한 그리스도의 제자들이 오늘날의 그리스도를 향한 무슬림 개종 운동의 간증들에서 나온다. 우리가 이 교파들에서 발견한 오류가 무엇이든지 간에 이 교파의 기독교인들이 긴 세월 동안 신실하게 붙잡고 있었고 또 그들 주변에 있는 무슬림 구도자들에게 전해주었던 그리스도의 임재 신앙과 거룩한 성경은 그 오류를 가리기에 충분할 것이다.

(6) 그리스도의 몸으로부터 배우기

"말씀하시되 나를 따라오라 내가 너희를 사람을 낚는 어부가 되게 하리라 하시니."(마태복음 4:19) 익숙하지 않은 어장에 간 능숙한 어부는 그곳에서 고기를 잘 잡았던 이들에게 물어본다. "고기들이 어떤 미끼를 물던가요? 얼마나 깊이 미끼를 드리웠나요? 하루 중 언제 물고기를 잡았나요? 해변에서 잡았나요, 깊은 물에서 잡았나요?"

우리가 과거 여러 세기 동안 보지 못했던 그리스도를 향한 무슬림 개종 운동을 오늘날 보게 되는 이유 중 하나는 이전 세대와 다른 방식으로 무슬림들을 향한 복음 전파 사역이 행해졌기 때문이다. 인간의 왕국을 확산하면서 그리스도의 왕국을 확산시키려 했던 십자군, 종교 재판, 식민 정복 시대는 지나갔다. 오늘날 많은 나라의 정교분리(국가와 종교의 분리) 원칙과 함께 복음은 통치 세력이 추구하는 국가적 결정 사항이 아니라 개인의 선택에 의해 자유롭게 받아들이거나 거부될 수 있게 됐다. 이 새로운 환경에서 복음의 "어부들"은 구어체 무슬림 말투로 된 성경 번역, 무슬림에 초점을 맞춘 복음 전파와 사역, 상황화된 복음 전도, 위성 텔레비전과 라디오 방송, 기도 걷기, 꾸란 구절 연결(Qur'anic bridging) 그리고 다른 혁신적인 방식을 도입하고 있다.[199] 우리가 살펴본 무슬림 개종 운동들에는 무슬림 선교 옹호자들에 의해 이슬람 세계의 한 권역에서 다른 권역으로 교훈들이 전달 및 공유되고 이행됐던 분명한 증거가 있었다.

지금도 많은 무슬림들이 처음으로 복음을 듣고 이해하거나 구원으로 이어지는 회개와 믿음의 첫 단계를 밟도록 격려 받고 있고, 이러한 결과를 만들어 내는 획기적인 진전이 이슬람 세계의 외딴 구석에서 일어나고 있다. 우리가 종종 보지 못하는 것은 이러한 획기적인 영혼 구원의 돌파구를 만들어 낸 것이 그리스도의 몸이라는 것이다. 우리가 세상의 한 구석에서 그리스도의 몸이 어떻게 일하시는지 배울 때 세상의 또 다른 곳에서 배운 내용을 잘 적용할 수 있다. 우리는 단순히 실용주의자가 되는 것이 아니다. 우리는 우리 세상에서 하나님이 일하시는 방식을 배우는 학생이다. 오직 하나님의 방법을 열심히 배우는 학생만이 하나님이 원하시는, 하나님의 부르심에 합당한 진정한 사람을 낚는 어부가 될 수 있다.

학생이 된다는 것은 예수님이 제자들에게 본보기로 칭찬하셨던 어린 아이들처럼 되는 것이다.[200] 이 겸손한 배움의 교훈은 특히 역사적으로 지식인과 스승의 역할을 해왔던 서양 출신의 우리에게 필요하다. 우리는 배울 것이 많다.

(7) 의사소통

"여호와께서 말씀하시되 오라 우리가 서로 변론하자."(이사야서 1:18) 의사

---

[199] *Any-3: Anyone, Anywhere, Any Time* 그리고 *The Camel: How Muslims Are Coming to Faith in Christ!* (이 두 권의 책은 www.ChurchPlantingMovements.com/bookstore 에서 구입할 수 있다) 그리고 Jerry Trousdale의 *Miraculous Movements: How Hundreds of Thousands of Muslims Are Falling in Love with Jesus* (Nashville: Thomas Nelson, 2012)에서 언급된 무슬림 세계관에 민감하게 만들어진 Discovery Bible Study등이 있다.

[200] "내가 진실로 너희에게 이르노니 누구든지 하나님의 나라를 어린 아이와 같이 받아들이지 않는 자는 결단코 거기 들어가지 못하리라 하시니라." 누가복음 18:17.

소통은 선언 그 이상으로 중요하다. 효과적인 의사소통은 항상 "함께"라는 요소를 가지고 있으며, 전달하는 자뿐만 아니라 듣는 자의 입장을 이해하는 것을 요구한다. 의사소통의 획기적인 진전을 보인 가장 인상적인 영역은 상황화이다. 상황화는 듣고자 하는 이들의 세계관과 문화관에서 명확하게 이해되는 방식으로 소통을 하는 것을 의미한다.

그리스도는 말씀하셨다. "내가 땅에서 들리면 모든 사람을 내게로 이끌겠노라."(요한복음 12:32) 이 말씀은 그가 십자가에서 곧 죽임을 당할 것이라는 예언이었지만 동시에 모든 사람을 위한 속죄의 구원이라는 선물이었다. 우리의 복음 전파 대상자들은 우리 의 문화에 정신이 팔려 우리의 메시지를 듣지 못하거나 예수 그리스도의 구원 사역을 보지 못하는 경우가 너무 많다.

오늘날의 그리스도를 향한 무슬림 개종 운동의 간증들에는 유사성, 즉 그들의 삶에서 나타나며 우리에게도 보이는 신앙의 공통된 울림이 있다. 하지만 우리의 삶에서 나타나는 것과는 다른 상당한 차이점도 존재한다. 우리 신앙의 문화적 표현 중 많은 것들은 우리에게 너무 친숙해서 마치 복음과 떨어질 수 없는 것들처럼 보이지만 무슬림 개종 운동에서는 이상하게도 이러한 것들이 없다. 우리는 문화적 표현들을 오해하여 기독교와 연관 지었지만 많은 무슬림 배경 그리스도의 제자들은 이것을 받아들이기를 거부해 왔다.

새롭게 등장한 무슬림 배경의 그리스도의 제자들은 그들이 복음에서 수용하거나 거절할 요소를 고르고 선택할 자격을 갖고 있지 않다. 그러나 우리와 우리의 새 무슬림 배경 형제와 자매들 모두는 "우리가 구원받는 것은 우리 주 예수의 은총에 의한 것"(사도행전 15:11)이라고 성경에 우선순위를 두고 있으며 문화적이거나 종교 문화적 행동을 통해서는 아니다.[201] 문화와 복음을 분리시키는 도전은 예루살렘의 첫 교회 공의회(사도

---

[201] 초대 교회 지도자들이 하나님이 정하신 유대교의 종교적 관습, 특히 할례와 같은 중요한 유대 관습

행전 15:1-21)를 야기시켰고, 이 도전은 수세기에 걸쳐 지속되어 왔다.

무슬림들을 향한 효과적인 복음의 소통자들은 "여러 사람에게 여러 모습이 된 것은 아무쪼록 몇 사람이라도 구원하고자 함이니"(고린도전서 9:22)라는 바울의 도발적인 모범을 이해하고 받아들였다. 그리고 그들은 이 이해를 사용하여 이전의 세대들은 결코 받아들이지 않았던 방식으로 무슬림들에게 효과적으로 복음을 전달했다.

하지만 복음을 전달하는 매체는 메시지가 아니다. 복음의 능력은 복음 자체에 있는 것이지 그것이 담긴 방식에 있지 않다. "성도에게 단번에 주신" 이 같은 복음이 오늘날 이슬람 세계 전역에서 삶을 변화시키며 무슬림 개종 운동을 선도하고 있다. 세대가 지나도 복음은 변하지 않지만 변했던 것은 복음이 전달되는 방식이다. 의사소통 기술의 획기적인 발전이 외부인에게 실제적으로 닫혀 있었던 사회 속을 뚫고 들어가는 것을 가능하게 했으며, 생명을 주는 메시지가 확산되는데 엄청난 역할을 감당했다. 《예수 영화》와 복음의 내용이 중심인 다른 전도 영상들이 무슬림 세계에 헤아릴 수 없는 영향을 주었다. 복음의 메시지를 전하는 방송들은 처음에는 라디오, 지금은 위성 텔레비전과 인터넷을 통해 세계 모든 지역에 있는 사람들에게 구원의 복음을 전할 수 있는 능력을 폭발적으로 향상시켰다. 그렇게 복음을 접한 이들 중에는 기독교인을 개인적으로 만나본 적이 전혀 없는 이들이 많다.

을 새 이방인 신자들에게 의무라고 요구하는 것은 논리적이고 자연스러웠을 것이다. 하지만 그들은 그렇게 하지 않았다-초대 교회 지도자들은 유대인들였다. 무슬림들에게 복음을 전하기 원하는 우리는 성경의 이정표적인 이 첫 예루살렘 공의회를 기억해야 한다.

(8) 깨닫기

"너희는 여호와의 선하심을 맛보아 알지어다"(시편 34:8). 오늘날 무슬림들이 신앙으로 나아오는 놀랍고 예상치 못한 방법은 '개인적인 깨달음'이다.

침례교 신자로 자란 필자는 다음의 말의 의미를 안다. "당신은 언제든지 침례교인과 이야기할 수 있지만 많은 이야기를 나누지는 못한다." 이 말이 칭찬은 아니지만 필자가 생각하기에는 쉽게 흔들리지 않는 침례교인들의 진리에 대한 열정 그리고 헌신을 적절히 묘사한 말이다.

무슬림도 이와 같다. 그들의 문화적, 종교적 헌신은 깊다. 그들은 자신들이 잘못됐다거나 자신들이 항상 믿어 왔던 것이 진리가 아니라는 말을 듣는 것을 몹시 싫어한다. 그러나 그들이 스스로 진리를 깨달았을 때 그 진리는 그들의 일부가 되며 그들은 진리를 위해 자신을 목숨을 내려놓는다.

그리스도를 향한 무슬림 개종 운동은 누군가가 무슬림에게 진리를 우격다짐으로 믿게 하려 했을 때에는 그것을 거부하지만 스스로 깨달았을 때에는 열정적으로 받아들이는 개인의 이야기로 가득 차 있다. 어떤 경우에는 꿈으로 시작하고 다른 경우에는 무함마드가 거룩한 사람이라고 하기에는 성품과 행실이 부족하다는 것을 깨닫게 되거나 꾸란이 사실은 구원의 확신을 주지 못한다는 것을 깨닫는 것으로부터 시작한다.

그리스도를 향한 다수의 무슬림 개종 운동은 Discovery Bible Study와 같은 성경 공부 방식을 통해 시작됐는데, 이러한 성경 공부는 성경의 구원 이야기와 같은 친숙한 내용을 담고 있다. 이 성경 공부를 통해 무슬림들은 창조에서 시작하여 예수 그리스도의 삶과 가르침과 구원 사역을 공부하기 전에 예언자들을 통해 계속되는 하나님의 계획을 발견했다. 이러한 "깨달음"을 얻는 자들이 신약 성경의 예수님과 만날 때 무슬림들은 예수님의 진위를 확신했고 겸손하게 복종하며 자신의 삶을 예수님께 드렸다.

(9) 이슬람 그 자체

우리가 그리스도를 향한 무슬림 개종 운동들에서 살펴본 가장 놀라운 것들 중 하나는 이슬람에는 자멸의 씨앗이 되는 최악의 적이 내부에 있다는 사실이다.

문어체 꾸란 - 우리가 수집한 많은 무슬림들의 간증을 보면, 그리스도를 향한 그들의 순례는 그들의 언어로 된 꾸란을 처음으로 정확히 이해하면서 시작됐다. 수백 년 동안 무슬림들은 알라의 언어인 아랍어로 된 꾸란을 받아들여야 했고 종종 그런 꾸란을 암송했다. 그들이 꾸란을 이해하지 못했다는 사실은 꾸란의 신비스러움과 무슬림들의 소유 욕구만 강화시켰다. 이제 많은 무슬림들이 자신들의 언어로 꾸란을 읽을 수 있게 되자 그러한 환상은 무너지고 있다.

꾸란을 경쟁자로 생각하여 온 기독교인들은 이러한 단순한 사실을 인식하지 못했다. 꾸란은 구원의 확신을 제공하지 못한다. 구원의 확신을 얻기 위해서는 예수 그리스도의 성품과 사역으로 나아와야 한다. 그러한 이유로 꾸란의 한계를 깨닫는 것은 상당한 잠재력을 가진다. 많은 무슬림 배경 그리스도의 제자는 복음 전파의 서막이 될 문어체 꾸란 번역의 확산을 촉진해 왔다. 한 무슬림 배경 복음 전도자는 다음과 같이 말했다. "저의 모국어로 된 꾸란을 읽은 후에야 비로소 저는 제가 길을 잃었다는 것을 알게 됐습니다."

무함마드의 생애 - 무함마드의 의심스러운 도덕성은 기독교인들 사이에서 잘 알려진 주제이지만 이슬람 세계에서는 알고는 있지만 공개적으로 언급되지 않는 금기 같은 비밀로 남아 있다. 기독교 변증가들은 무함마드의 빈번한 폭력성과 호색적 취향을 담대하게 지적하지만 무슬림들은 이러한 사실은 거의 받아들이지 않는다. 하지만 무슬림 공동체 내부에서 누군가 이런 사실을 깨닫고 다른 무슬림에게 질문하면 그 결과는 상당히 달라진다. 우리가 조사한 무슬림 개종 운동들에서 가장 좋았던 경우는 무슬림 배경 신자들이 이것에 대해 문제를 제기했던 경우였다. 동아프리

카의 20명의 무슬림 배경 지도자들이 다음의 결론에 이르도록 만든 많은 원인은 그들의 신성한 경전에 있었다.: "우리는 무함마드가 하나님의 선지자가 될 자격이 없다는 결론에 이르렀습니다."

이슬람의 억압 - 지하드와 샤리아 법은 확실히 무슬림의 영역을 확산시키는 도구가 됐지만, 오늘날의 무슬림들은 힘으로 강요하는 종교를 점점 더 거부하고 있다. 북아프리카, 아랍 세계, 남아시아 그리고 인도-말레이시아에서 무슬림이 동료 무슬림에게 잔악한 행위를 저질렀는데, 이는 수백만 명의 무슬림이 이슬람의 신적 기원에 의문을 제기하고 예수 그리스도로 전향하는데 중요한 자극제가 됐다.

(10) 현지화(Indigenization)

"그러므로 너희는 가서 모든 민족을 제자로… 내가 너희에게 분부한 모든 것을 가르쳐 지키게 하라."(마태복음 28:19-20) 예수님은 자신이 지시한 모든 것을 열방에게 가르치라고 하지 않았고, 우리에게 지시한 모든 것을 *순종하도록*(한글 성경에는 '지키게'라고 되어 있지만 영문 성경에는 "순종하도록"으로 번역되어 있다, 역주) 가르치라고 명령하셨다. 이 둘 사이의 차이점은 중요하다.

현지화의 문자적 의미는 "내부 안에서 발생하는"이다. 그리스도를 향한 무슬림 개종 운동의 시작은 외부의 자극에서 출발했는지 모르겠지만 새 신자들이 그리스도의 주 되심을 인정하고 그것을 갖고 앞으로 나아갈 때에만 운동이 될 수 있다.

상황화는 외부인이 효과적으로 무슬림과 소통을 하는 것을 허용하지만, 현지화는 상황화가 남기고 간 것을 떠 맡는다. 이는 우리가 복음을 전하려는 그들이 자진하여 그리스도에게 순종하는 것이다. 이런 일이 일어날 때 새 신자들은 "믿음의 주요 또 온전하게 하시는 이인 예수를 바라보며"(히브리서 12:2) 외부인들이 기대했던 것보다 더 깊은 제자도에 들어간다.

무슬림 개종 운동을 자극하고 격려하려는 자들에게 현지화는 외부 기독교인이 전에 상상했던 것과는 다른 역할을 하게 되는 것을 의미한다. 선교사와 같은 외부 기독교인들은 복음을 소개하는 데 주도적이어야 하지만, 무슬림 개종 운동이 뿌리를 내리면 이들의 역할은 변화해야 할 것이다. 현지화는 외부인들에게 지도자로 남아 있기보다는 격려하는 사람, 비전을 주는 사람, 드러내지 않는 목회자, 섬기는 지도자 그리고 외부인이 결코 상상하지 못할 정도로 무슬림 개종 운동을 현지화하여 무슬림들의 숨겨진 문제들에 개입할 수 있는 현지 지도자들을 훈련시키는 사람이 되기를 요구한다.

현지화를 격려하는 데 주저하는 기독교인들은 종종 제자도가 필요하다는 주장을 펼친다. 제자화 과정에 중요한 외부인의 역할은 우리가 소중히 붙잡고 있는 모든 교리와 관습을 주입하기보다는 무슬림들에게 하나님 말씀에 순종하는 것이 중요하고 가치 있는 일이며 우리의 삶의 모든 영역에서 그리스도의 주되심의 인정하는 모범을 보여주는 것이다.

문화적 죄악의 가장 깊은 핵심을 보게 하는 제자도가 진정한 제자도이며, 이 진정한 제자도를 이루기 위해서는 현지화가 필요하다. 남자가 아내를 때려도 되는지에 대한 질문이 외부의 지식인이 아닌 현지인 새 신자에게서 나왔던 서남아시아보다 이러한 사실을 더 생생하게 보여준 장소는 없다. 선교사가 조언을 하기보다 하나님 말씀에 순종하는 본을 보였을 때 새 신자들은 앞으로 나가는 길을 발견하게 된다.

우리는 다음과 같은 그리스도의 약속을 기반으로 현지화를 인정해야 한다. 성령의 능력은 새신자들을 모든 진리 가운데로 인도하시며 (요한복음 16:13) 하나님의 말씀은 무슬림 배경의 새신자들이 모든 선한 일을 행할 능력을 갖추게 하신다는 것이다. (디모데후서 3:16-17)

무슬림 개종 운동의 5가지 장애물

한 지혜로운 선교사가 전에 이렇게 말했다. "종종 무엇을 하느냐가 아니라 무엇을 멈추느냐가 하나님의 나라의 획기적인 진전으로 이어집니다." 무슬림들이 신앙으로 나오는 데에 큰 장애물들이 오늘날 무슬림 세계 안에 여전히 존재한다. 무슬림 세계 안의 샤리아, 지하드, 테러주의, 무지 그리고 불의에 의한 도전은 수억 명의 무슬림들이 복음의 지식과 구원의 능력에 이르지 못하도록 제한하고 있다. 그러나 그리스도를 향한 무슬림 개종 운동의 가장 큰 장애물은 무슬림 세계 내부가 아닌 우리 안에서 찾을 수 있을 듯하다.

(1) 논쟁적 기독교인

수천 개의 교단이 있는 지금의 기독교는 치유될 수 없을 정도로 분열됐으나 그것은 오늘날의 기독교가 논쟁적이라는 말은 아니다. 한 평화주의적 기독교인이 전에 이런 말을 했다. "나란히 걷기 위해서 눈과 눈을 쳐다볼 필요는 없다."

우리 인간은 옳고자 하는 본성을 갖고 있지만 그렇다고 다른 모든 사람이 잘못됐다는 것을 암시할 필요는 없다. 예수님은 "나와 함께 아니하는 자는 나를 반대하는 자요"(마태복음 12:30)라고 하시고 또한 "우리를 반대하지 않는 자는 우리를 위하는 자니라"(마가복음 9:40)라고 말씀하셨다. 이 대비가 되는 예수님의 말씀을 놓쳐서는 안 된다. 예수님(마태복음에서는 "나")에게 반대하는 것은 결코 용납될 수 없다. 하지만 "우리"(그리스도의 공동체)에 대해서는 우리 주님처럼 관대해져야 한다. 우리는 그리스도의 지체 안에 있는 다른 사람을 공격하기 전에 예수님께서 말씀하신 포함과 배제의 역설을 상기하며 겸손과 은혜 속에 머물러 있어야 한다.

7세기 이슬람의 초기 시절, 무슬림 군대는 기독교 내부의 분열을 이용하여 이슬람의 대의를 전진시켰다. 아랍 장군 아무르 이븐 알아스(Amr ibn al-'As)가 640년 4,000명의 군사를 이끌고 이집트로 진격했다. 그때 그의 앞에는 자신의 사막의 전사들을 무찌르고도 남을 육중한 요새와 압도적인 군대가 있었다. 하지만 기독교 국가인 이집트는 치유될 수 없을 정도로 치열한 교리 논쟁으로 가망이 없을 정도로 나라가 분열되어 있었다. 가톨릭을 믿는 비잔틴 통치자들은 칼케돈(Chalcedon) 공의회의 교리를 이용하여 국가가 공인한 정통 기독교를 받아들이지 않는 이집트의 기독교인들을 가두었다. 같은 기독교를 믿는 비잔틴 제국에 의해 오랫동안 억압을 받아온 많은 이집트의 비(非)칼케돈주의 콥트 기독교인들은 비잔틴 제국의 차별보다 인정 많은 무슬림 통치자의 약속을 더 선호했다.

이와 유사한 분열이 1453년 오스만 제국의 당시 기독교 세계의 중심지였던 콘스탄티노플 점령도 이끌어 냈다. 무슬림 군대는 800년 동안 여러 차례 기독교 세계의 위대한 도시의 벽을 허물기 위해 노력했다. 하지만 1204년 유럽의 기독교인들은 무슬림 군대가 하지 않은 일을 했는데, 4차 십자군 원정대는 무슬림이 장악한 성지로 진격하는 대신 길을 틀어 콘스탄티노플을 약탈했다. 이 자기 파괴적인 서쪽 기독교인들의 동쪽 기독교인 공격은 결국 이슬람이 비잔틴 제국 전체를 몰락시키는 길을 닦아준 것이다. 기독교 최고의 도시를 처음으로 약탈하고, 이 도시에 있는 도서관을 파괴하고, 역사적 기념물을 훔치고 또 교회들을 모독한 이들은 무슬림이 아니라 기독교인들이었다.

우리가 현명하다면 이 역사의 교훈을 경고로 삼아 오늘날의 기독교 분열이 우리 앞에 놓여 있는 하나님의 높으신 부르심으로부터 우리를 어긋나게 하지 못하도록 하여야 한다.

(2) 두려움과 증오

무슬림 세계에서 여러 해 동안 사역한 선교사 부부가 수개월 동안 고국인 미국에 머물렀다. 그들은 여러 교회를 다니며 무슬림을 향한 하나님의 사랑에 대해 말할 기회를 가졌다. 선교사 부부는 한 지역 교회에서 설교한 후 그 교회의 집사님으로부터 점심 식사 초대를 받았다. 식당으로 가는 도중 그 집사는 솔직하게 말했다. "하나님이 무슬림을 얼마나 사랑하시는지에 대해 선교사님에게 말씀을 들었지만 무슬림들을 모두 죽여야 한다는 것이 저의 솔직한 마음입니다."

이 집사만 이런 생각을 하지 않는다. 많은 미국인과 미국의 많은 기독교인은 분노와 두려움을 갖고 있다. 911사태는 물론 보스턴, 런던, 스페인 그리고 다른 지역에서 일어난 폭탄 테러 사건으로 인한 아물지 않는 상처는 반격해야 한다는 정서를 불러왔다.

합리적으로 본다면 무슬림들의 공격을 두려워하지 않을 사람이 있겠는가? "무슬림들"이 행한 일들을 본다면 말이다. 이슬람이 승리한 곳마다 반대자들은 침묵을 강요당했다. 기독교 신앙 또는 다른 신앙으로 개종한 자에게는 죽음의 형벌이 따라왔다. 이슬람이라는 종교와 사상은 실재하는 위협이다. 그러나 무슬림은 종교도 아니고 사상도 아니다.; 그들은 구세주가 필요한 개인이며, 그들을 위해 그리스도께서 죽으셨다.

우리가 따라야 하고 우리에게 도전을 주는 훌륭한 본을 예수님 자신이 보여주셨다. 예수님은 다른 쪽 뺨도 대며 십 리를 동행하고 멸시하는 자를 위해 기도하고 당신에게 죄지은 자를 용서하라고 지시하셨다. 이것은 오늘날의 그리스도의 신실한 제자들에게도 타협할 수 없는 가르침이다.[202] 예수님을 따르기는 결코 쉽지 않으며 원수를 위하여 십자가를 져야 할 수도 있지만 승리와 부활은 반드시 따라온다.

(3) 이슬람 따라하기

이슬람은 그 존재를 위협하는 적들에게 둘러쌓여 있는 환경에서 태동했다. 이슬람은 그 탄생의 배경이 된 7세기 아랍의 문화를 성스러운 것으로 만들었다. 군사력을 동원하여 이슬람이 세계를 향한 신의 이상이라는 주장을 밀어붙였다. 이슬람의 창시자들은 이슬람을 인간의 삶과 행동의 모

---

[202] 마태복음 5:38-48을 참조하라.

든 측면을 율법주의적으로 규제하여 추종자들을 군사적 성전(jihad)으로 내보내는 종교로 만들며 불확실성을 제거했다.

기독교는 다른 추진력으로 시작됐다. 자신을 "길이요, 진리요, 생명"(요한복음 14:6)이라고 선포한 살아있는 구세주이자 주님을 따르라는 부르심을 받은 기독교인들은 '항상 그리고 끝날까지 함께 하겠다.'고 약속하신 살아있는 그리스도에게 순종하는 신앙의 모험을 시작했다. 우리가 위협을 당했을 때 우리는 무함마드의 행적을 따르려는 유혹에 빠진다. 그 행적은 삶의 모든 측면에 대한 율법주의적 해결책으로서 적으로 간주된 이들에게 폭력적으로 대하라는 것이다. 우리가 이런 성향에 압도되면, 우리에게 자기 능력과 임재를 약속한 그리스도처럼 되는 것이 아니라 우리가 두려워하는 무슬림처럼 될 것이다.

수백 년 동안 그리고 세계의 수많은 사회에서 기독교인들은 기독교의 규범적 표현들과 연계되는 그 시대의 문화적 방식들을 포용하여 왔다. 10세기 콥트교의 의례, 16세기 메노나이트파 의복, 또는 19세기 미국의 부흥주의에 나타난 문화적 각색은 그 시대의 복음의 상황화에 중요했다. 하지만 이러한 적응들이 규범적인 것이 되고 복음과 동의어가 되면 문제가 발생했다. 우리의 문화, 심지어 우리 문화의 기독교적 표현을 복음과 같은 것으로 여기게 되면 우리는 우리와 다른 방식으로 기독교 신앙을 표현하는 사람들을 이방인 그리고 적으로 간주하게 된다.

복음은 세계의 모든 사회를 초월하여, 자신들의 방식으로 구원에 이르는 길을 만든 이들에게 회개를 촉구하고 하나님께서 예수 그리스도 안에서 우리를 위해 만드신 생명의 길과 구원에 참여하도록 신자들을 초대한다. 그러나 우리가 십자군, 종교 재판, 그리고 식민시대에 했던 것처럼 기독교 문화의 특정 표현을 모든 그리스도의 제자의 규범으로 간주하고 그 문화적 표현을 강요하기 위해 억압하거나 심지어 폭력을 사용한다면, 우리는 그리스도의 길이 아니라 이슬람의 길을 모방하는 것이다. 그렇게 되면 우리는 그리스도의 이름으로 그리고 그리스도의 방식으로 나가는 사람들로부터 그리스도의 권능과 축복과 약속을 빼앗는 결과를 만들게 될 것이다.

7세기가 시작될 때부터 이슬람은 전쟁으로 세월을 보내왔으며 기독교인들도 동참하도록 끌어들였다. 막강한 힘과 부 그리고 군사적 우위를 가진 많은 서양인, 심지어 서양 기독교인들은 이슬람과의 피 말리는 싸움에 자신들의 미래를 걸려 하고 있다.

이는 어리석은 내기이며 기독교인들이 피해야 하는 일이다. 기독교와 이슬람 사이의 역사가 전쟁으로 가득 차 있는 것은 우연의 일치가 아니다. 7세기 아라비아의 사막에서 뛰쳐나온 무슬림 전사에 대항한 비잔티움의 기독교 군대이든, 성지를 탈환하려는 십자군이든, 오스만 제국의 진격을 막으려는 중세의 기사들이든, 또는 19세기 서구 식민주의자들이든, 무슬림을 그리스도에게 인도하지 못한 기독교의 역사적 사건들은 무슬림을 품지 못한 기독교인들이 만들어 낸 실패와 함께 발생해 왔다.

그리스도를 향한 무슬림 개종 운동의 부흥의 물결이 서양이 무슬림 세상의 주도권을 잡고 있던 시대가 아니라, 식민 통치와 군사적 지배가 물러간 시대에 발생했다는 것은 우연의 일치가 아니다. 식민 시대가 지나가고 무역, 상업, 그리고 상호의존의 시대가 도래했다. 그리스도 안에서 구원이라는 영원한 축복 외에는 무슬림을 향해 제안할 것이 거의 없는 이 시대에 무슬림들은 서양인 또는 서양의 편이 아닌 주님께 나오는 것을 선택하고 있다.

(4) 무시된 불의

기독교인들이 불의를 무시하고 불의의 피해자들을 개의치 않으면 이슬람에게 기회를 주는 것이다. 이는 기독교인들이 무슬림과 기독교인 사이의 상호작용 역사로부터 배울 수 있는 가장 중요한 교훈 중의 하나이다.

아랍의 군대가 처음으로 중동과 북아프리카를 휩쓸었을 때, 그들은 기독교인들이 오랫 동안 무시해왔던 부당함으로 가득찬 지역을 발견했다.

반(反)유대주의 기독교인들에 의해 수백 년 동안 예루살렘에서 추방되어 있었던 팔레스타인 지역의 유대인들은 무슬림 군대에게 성지로 향하는 비밀 통로를 자진해서 알려 주었다. 이를 통해 무슬림 군대는 팔레스타인 지역을 정복할 수 있었다.[203] 무슬림 칼리프 우마르(Umar)가 예루살렘에 도착한 후 예루살렘의 기독교 대주교 소프로니우스(Sophronius)에게 유대교의 성전(Temple Mount)으로 안내해 달라고 요청했다. 유대교의 성스러운 장소를 보게 될 것으로 기대했던 우마르 칼리프는 기독교인들이 유대교의 성지를 쓰레기 더미로 만들어 버린 것을 보고 매우 놀랐다. 기독교인들은 그러한 행동을 통해 유대인들에게 그들의 성지가 더 이상 중요하지 않다는 것을 보여주려 했다. 우마르 칼리프는 쓰레기를 치우고 그곳에, 후에 역사적 건축물이 된 바위의 돔(Dome of the Rock)과 알아크사(al-Aqsa) 이슬람 사원을 건설하도록 명령했다.[204]

가톨릭 교회의 교리적 권위에 반대했기 때문에 자신들의 수장이 감옥에 갇힌 역사를 갖고 있던 7세기 이집트 콥트 기독교인들도 예배의 자유를 약속한 아랍의 침략자들에게 알렉산드리아의 성문을 열어 주었다.[205]

무슬림 군대가 북아프리카를 행군하며 여러 세대 동안 기독교인 귀족들의 소유로 남아 있던 수천 명의 노예를 발견했다. 무슬림들도 노예 제도를 부인하지 않았고 후에는 세계적 노예 무역 상인이 되기도 했지만, 이 무슬림 군인들은 기독교인의 노예들이 부당한 상황에 처해 있었고 착취를 당하기 쉬운 상태에 놓여 있다는 것을 금세 알아볼 수 있었다. 무슬림 정복자들은 이 노예들에게 무슬림은 기독교인의 노예가 될 수 없다는 것을 알렸다. 그 후 수천 명의 기독교인 노예들은 이슬람으로 개종하여

---

203 David Levering Lewis, *God's Crucible*, p. 76.
204 위의 책, p. 78.
205 위의 책, p. 81.

자유를 얻었다.[206]

기독교인들에 의해 자행됐거나 기독교인들의 묵인 아래 행해진 불의는 지금도 지속되고 있다. 무슬림은 이러한 상황을 재빨리 인식하여 이슬람이 해결책이라고 제시한다. 반면 기독교인이 자국과 외국의 사회적 불의에 솔선하여 싸울 때 우리의 기독교 공동체는 이슬람의 침입에 대항하는 것이다. 더욱 중요한 것은, 그렇게 함으로써 우리는 그리스도가 오신 목적을 받들게 된다는 것이다. 동일하게도, 오늘날 우리가 목격하고 있는 여러 그리스도를 향한 무슬림 개종 운동들은, 이슬람 세계 안에서 무시되어 온 해결되지 못한 불의로 인해 일어났다. 이로 인해 무슬림들은 그리스도 안에서 피난처와 공의를 찾게 되었다.

(5) 무지와 무관심

대부분의 기독교인은 이슬람이나 이슬람 세계에서 무슬림에게 복음이 전파되는 하나님의 사역 방법에 대해 거의 알지 못하고 있다는 것을 인정한다. 너무나 많은 사람들이 아예 관심이 없다. 천 년 이상 유럽에 있는 기독교인들을 포위한 무슬림들과의 오래된 전쟁과는 거리가 먼 지구 반대편에 있는 미국인들은 수백 년 동안 호사스러운 생활을 누려왔다. 그러나 이 모든 것이 2001년 9월 11일에 끝났다.

911사태 후 미국인들은 자신들이 이슬람 국가들과의 두 개의 전쟁에 참여하고 있다는 사실을 발견했다. 하나는 자국에서 벌이고 있는 이슬람 무장단체와의 지루한 세계적 테러와의 전쟁이며 다른 하나는 국외에서 일어나는 전쟁이다. 미국인들은 더 이상 무지와 무관심의 사치를 즐길 수 없게 됐다.

---

[206] Bernard Lewis, *Race and Slavery in the Middle East, An Historical Enquiry* (New York: Oxford University Press, 1990), p. 8.

충만한 때

위 다섯 가지의 장벽은 앞으로도 계속하여 그리스도를 향한 무슬림 개종 운동에 도전을 줄 것이다. 기독교인들이 이런 장벽을 넘어 예수 그리스도의 복음을 무슬림 세계에 전할 수 있을지 지켜볼 일이다. 동시에 우리가 열거한 하나님의 10가지 다리는 역사에서 전례가 없는 방법으로 오늘날의 무슬림 개종 운동들이 집중적으로 발생하는 상황을 우리에게 보여 준다.

10가지 다리가 모두 새로운 것은 아니다. 믿음, 하나님 백성의 기도, 성령님의 사역, 영웅적인 기독교인의 복음 전도, 그리고 이슬람 내부의 균열과 같은 개종 운동의 촉매들은 1,400년 전 이슬람이 처음 등장했을 때부터 변하지 않았을 가능성이 많다. 심지어 널리 나타나고 있는 예수님이 나오는 꿈도 새로운 것이 아닐 것이다. "해처럼 빛나는 존재"가 나오는 꿈도 무슬림들이 수백 년 동안 꾸어 왔던 꿈일 가능성이 많다. 그러나 다른 점은 과거의 무슬림들은 자신들을 괴롭혔던 그 불가사의의 꿈에 대한 해결책이 없었다는 점이다.

오늘날 이러한 걱정에 싸여 있는 무슬림들은 전과는 다른 가능성을 맞이하고 있다. 인터넷, 위성 방송, 세계로 흩어진 무슬림 이주, 지역 언어로 된 성경 번역, 구술과 영상으로 된 복음 전파 수단, 문화적으로 현지화된 복음 증거 등이 상황을 변화시켰다. 오늘날 이슬람 세계에서 왜 그리스도를 향한 무슬림 개종 운동이 일어나고 있는지 단 하나로 대답할 수는 없다. 그 대신 성령님께서 이 모든 요소를 지휘하여 무슬림을 위한 전례 없는 *구원의 날*을 인도하기에 충만한 때를 만들고 있는 것일지도 모른다.

무슬림 세계에서 역사하시는 하나님의 방법으로부터 배울 것이 아주 많다. 사실 우리는 이 한 권의 책에서 겨우 이 주제를 소개하기 시작했다. 독자들이 여러 권역에서 일어난 사건들을 다시 보게 되기를 바란다. 하나님이 무엇을 행하셨고 어떻게 행하시고 계시는지 독자들이 발견하기를 바란다. 그리고 자신에게 이렇게 물어보기를 바란다, 하나님의 이 사역에

나는 어떻게 동참할 수 있을까? 나의 역할은 무엇일까? 어떻게 기여할 수 있을까?

좋은 소식은 하나님께서 무슬림들을 모르는 척하지 않으시며, 그들을 돌보시기를 멈추지 않으신다는 것이다. 하나님의 영은 꾸준히 이슬람 세계에 불고 있으며 그 바람은 거세지고 있다. 이제 지금은 우리가 잠에서, 무지에서, 그리고 무관심에서 깨어나 그 바람을 따라잡을 때이다.

소규모 모임에서의 깨달음을 위한 질문

1. 저자의 열 가지 다리에 대해 동의하는가? 왜 그런가 또는 왜 그렇지 않은가?
2. 당신이 추가할 다리는 무엇인가?
3. 저자의 다섯 가지 장애물에 동의하는가? 왜 그런가 또는 왜 그렇지 않은가?
4. 당신이 추가할 장애물은 무엇인가?

15장
우리의 반응

이슬람 율법학자 아부 하니파(Abu Hanifa)(699-767)는 이슬람 세계에 대비되는 비(非)무슬림 세계를 묘사하기 위해 처음으로 전쟁의 세계(다르 알하르브(Dar al-Harb))라는 용어를 만들었다. 그는 무슬림들이 이슬람에 정복되지 않은 나라들을 상대할 때 가져야 하는 마음가짐을 알려 주려고 의도적으로 이러한 차별적인 용어를 고안했다.

오늘날 기독교인들은 유럽, 아시아, 아프리카, 아메리카 대륙으로 이주해 온 수천 명의 무슬림에게 반응하려 하고 있다. 이 무슬림들은 우리의 이웃이며, 학교 친구이며, 직장 동료이며, 우리의 친구들이다. 무슬림 세계에 가리라고 상상도 못한 기독교인들은 무슬림 세계가 자신에게 오고 있다는 것을 깨닫고 있다.

이슬람처럼 기독교도 전쟁의 상황에서 태동됐다. 기독교가 시작될 때부터 적대적인 반대자들은 한 갈릴리 출신 목수가 시작한 운동을 부수려고 했다. 하지만 무함마드와는 달리 예수님은 무기를 들기를 거부하고 다른 길을 선택하셨다.[207] 예수님은 제자들을 전쟁으로 부르셨지만 그 전쟁

---

[207] 아놀드 토인비(Arnold Toynbee)는 그의 글 "Islam's Place in History"에서 "이슬람을 출범시킨 후 13년째 되는 해에 무함마드는, 복음서에 나오듯이 예수님이 자신의 사역 초기부터 거부해온 그 유혹에 굴복했다"고 명시했다. 13년째 되는 해 무함마드는 야스립(Yathrib, 메디나(Medina))으로 철수하면서 실패한 종교적 선지자에서 정치적, 군사적으로 성공한 지도자로 자신을 탈바꿈시켰다.

은 하나님의 나라가 세상의 나라에 대항하는 영적인 전쟁이었다.

오늘날 어떤 기독교인들은 무슬림들과 주먹 대 주먹으로, 논쟁 대 논쟁으로, 눈에는 눈으로, 이에는 이로 한판 맞붙으려 한다. 1세기에 핍박에 시달렸던 기독교인들과는 달리 21세기의 교회는 강하다. 오늘날 기독교는 세계에서 가장 큰 종교이며 기독교인들은 역사상 가장 큰 부를 소유하고 있고 가장 강력한 군대를 이끌고 있다. 기독교가 처음 시작됐을 때 기독교인은 "세상의 더러운 것과 만물의 찌꺼기"(고린도전서 4:13)였지만 이제는 더 이상 그렇지 않다. 그래서 우리는 이슬람의 도전에 힘으로 대응하려는 유혹을 받는다. 하지만 그렇게 하는 것은 "종의 형체를 가지사… 자기를 낮추시고 죽기까지 복종하셨으니 곧 십자가에 죽으신"(빌립보서 2:7-8) 분에 의해 우리에게 주어진, 누구도 당할 수 없는 능력을 빼앗기는 것이다. 그리스도의 제자들은 앞으로 나아가야 한다.: "너희 안에 이 마음을 품으라 곧 그리스도 예수의 마음이니."(빌립보서 2:5)

그리스도의 마음을 품는 것은 전쟁에 나가자마자 뒷걸음질을 치라는 의미가 아니다. 대신 우리는 "그 힘의 능력으로 강건하여지고…하나님의 전신 갑주를 입어야"(에베소서 6:10-11) 한다. 하나님의 전신 갑주는 1세기에 핍박받던 교회가 압도적인 반대를 극복하는 것을 가능하게 했으며, 이 약속은 오늘날 우리에게도 동일하다. 그러나 우리는 우리의 싸움이 "혈과 육에 대한" 것이 아니라는 사실을 잊지 말아야 한다. 다시 말하면 우리의 싸움은 무슬림 남성, 여성, 어린이에 대한 것이 아니라 그리스도의 왕국에 계속해서 도전하는 "악한 영적 세력"에 대한 것이다.

이 책에서 우리는 무슬림과 이슬람 세계에서 역사하시는 하나님의 방법에 대해 많은 것을 배웠다. 이는 통찰력을 주는 여정이었지만, 배움과 관찰 이상의 것이 없이 이 여정을 끝낸다면 우리는 이 정보들이 함축하는

Arnold Toynbee, *A Study of History, Reconsiderations*, Vol. 12 (New York: Oxford University Press, 1964), p. 461.

제자도(discipleship)에 이르지 못하게 될것이다. 그리스도의 초대는 사실 그리스도의 명령이며 이는 우리가 그의 위대한 사역의 일부가 되는 것이다. 그리스도는 우리에게 우리의 영적 돛을 올려 세계 전역에 불고 있는 그의 영의 바람을 타라고 부르신다.

우리는 어떻게 이것을 할 것인가? 여기, 무슬림들 사이에서 일어나고 있는 하나님의 구속의 사역에 우리가 당장 참여할 수 있는 다섯 개의 실제적 단계를 소개한다.

(1) 무슬림들을 위해 기도하기

기도는 변화시키는 힘이 있기 때문에 모든 기독교인은 무슬림들을 위해 기도할 수 있다. 기도는 하나님을 알지 못하는 사람들을 위해 하나님에 의해 시작되고 다시 하나님께 돌아간다. 우리가 무슬림을 위해 기도할 때 우리는 하나님이 무슬림을 보시는 방식으로 보기 시작하게 된다. 만약 당신에게 무슬림을 향한 사랑이 부족하다면 무슬림들을 위해 기도하라. 그러면 당신의 마음이 변하는 것을 볼 수 있다.

만약 무슬림들을 위해 기도하는 방법을 모른다면 오늘 보거나 들은 뉴스를 갖고 시작하라. 무슬림들과 연관된 비극이나 전쟁, 잔인한 행위에 대한 뉴스가 없는 날이 거의 없다. 하나님이 이 고난을 통해 무슬림을 그리스도와 그의 구원을 아는 지식으로 인도하도록 기도하라. 우리가 이슬람의 집을 거닐면서 보았듯이 하나님은 십자가에 나타난 악과 불의를 사용하여 인류의 구원을 이루신 것처럼 무슬림 세계를 괴롭히는 폭력과 불의를 가져다가 선으로 바꾸실 수 있다.

(2) 무슬림을 향한 복음 전파와 무슬림 사역을 후원하기

이제 독자들은 이슬람 세계에서 하나님이 어떻게 역사하시는지 보았고, 하나님이 무엇을 사용하시는지 깨달았다. 독자들은 선교사와 현지 기독교인들의 복음 전파, 성경 번역, 복음 영상, 위성 방송, 라디오 방송, 구제 사역, 종교 자유 옹호, 난민 사역 등의 중요성을 보았다.

이 사역들은 돈이 드는 사역이다. 무슬림 복음화를 위해 무슬림들이 자금을 내거나 그렇게 해야 한다고 기대할 수 없다. 그것은 기독교인의 일이다. 무슬림 배경의 기독교인들과 기독교 환경을 가진 기독교인들이 해야 할 일이다. 하나님은 역사상 그 어느 때보다 많은 부를 오늘날의 기독교인들의 손에 맡기셨다. 지상명령 성취를 위해 투자하는 것은 영원한 상금에 투자하는 것이다. 우리가 무슬림들을 향한 하나님 나라의 확장에 투자하면 하나님은 그것을 크게 사용하시는데, 이 책에 있는 21세기의 그리스도를 향한 무슬림 개종 운동들이 그 풍성한 증거들이다.

(3) 무슬림들에게 다가가기

성경은 분명하게 말했다. "그런즉 그들이 믿지 아니하는 이를 어찌 부르리요 듣지도 못한 이를 어찌 믿으리요 전파하는 자가 없이 어찌 들으리요. 보내심을 받지 아니했으면 어찌 전파하리요. 기록된 바 아름답도다 좋은 소식을 전하는 자들의 발이여 함과 같으니라."(로마서 10:14-15)

그리스도를 향한 무슬림 개종 운동은 자연적으로 발생하지 않는다. 누군가 하나님의 부르심에 자신을 희생하여 반응하고 무슬림들에게 복음을 전할 때 발생한다. 독자들은 이 책에서 82개의 그리스도를 향한 무슬림 개종 운동에 대해 배웠고 33개의 무슬림 종족들에게서 발생한 45개의 무슬림 개종 운동에 대한 증언을 들었다. 독자들은 또한 세계 전역에 2,157개의 무슬림 종족이 있다는 것을 알게 됐다. 이것은 전세계 모든 무슬림 종족의 1.5%에 불과한 무슬림 종족들에게서 무슬림 개종 운동이 일어났다는 의미이다. 아직 해야 할 일이 많이 남아 있다.

(4) 우리 지역 안에 있는 무슬림들에게 사역하기

예수님께서 말씀하시길 가장 큰 계명은 온 마음을 다하여 하나님을 사랑하는 것이고, 두 번째 큰 계명은 우리의 이웃을 우리 몸과 같이 사랑하는 것이라고 하셨다(마태복음 22:36-40). 오늘날 우리의 이웃에는 무슬림도 포함된다. 세계 전역에 있는 그리스도를 향한 무슬림 개종 운동을 통해 목회 사역의 의미가 더욱 풍성해졌다. 이 개종 운동들에 참여하는 기독교인들은 목회를 "잃어버린 사람들을 위한 기도의 응답"으로 정의한다. 목회에 대한 이 개념은 우리가 무슬림을 알고, 그들의 이야기를 듣고, 그들의 친구가 되기를 요구한다.

수천 명의 무슬림들이 그들의 고향을 떠나 기독교인들이 상당히 많은 나라에 이민자와 난민으로 왔다. 이 무슬림 남성, 여성, 어린이들 중 많은 이들이 전쟁으로 폐허가 된 나라에서 모든 것을 잃고 폭력을 피해 피신해 온 것이다. 이러한 기회를 붙잡아 무슬림들에게 친구가 되어 주고 무슬림들에게 사역을 하는 기독교인들은 무슬림들이 전혀 알지 못했던 그리스도를 그들에게 보여주고, 그리스도를 향한 무슬림 개종 운동의 큰 진보를 만들어 가는 이들이다.

(5) 무슬림들에게 복음 전하기

기도와 사역은 복음 증거를 위한 완벽한 전주곡이 된다. 독자들이 누군가를 위해 기도를 한 후 사역을 통해 그에게 그리스도의 사랑을 보여주면 그것은 "너희 속에 있는 소망에 관한 이유를" 자연스럽게 알려 주는 것이다. 그러나 사도 베드로는 말을 이어 나간다. 우리는 항상 이것을 "온유와 두려움으로" 해야 한다(베드로전서 3:15).

이 책에서 살펴본 무슬림 개종 운동 사역에 기여한 선구자들 덕분에, 우리는 지금 무슬림들에게 복음을 효과적으로 전하는 여러 방법을 갖게 됐다.: 무슬림 언어로 된 성경 배포, 《예수 영화》 상영, Discovery Bible Study 시작하기, Any-3 실행하기, 꾸란으로 다리잇기, 그리고 무슬림들의 꿈과 기도 제목에 대해 이야기하기.[208] 그리스도를 향한 무슬림 개종 운

---

[208] 무슬림들에게 복음을 전하기 위한 가장 좋은 방법들에 대한 새로운 정보들을 다음의 인터넷 사이

동의 현재의 물결을 촉진하기 위해 기독교인들이 행한 가장 중요한 단 하나의 방법은 그리스도의 사랑과 복음을 갖고 기도와 순종의 마음으로 무슬림들에게 다가가는 것이다. 이것은 여전히 오늘날 우리 각자가 취할 수 있는 가장 중요한 단계로 남아있다.

앞으로 여러 해 동안 이 책에 나온 간증들은 이슬람 세계 전역에서 회자될 것이다. 이미 무슬림 배경 신자들은 하나님의 영의 바람이 그들의 여러 공동체 안에 불고 있는 것을 느끼고 있다. 그들은 하나님이 그들 가운데 아주 놀라운 일을 하신다는 것을 깨닫고 있다. 하나님이 마음 속에 무슬림을 품고 있다는 이 단순한 지식은 새 무슬림 배경 신자들이 그들의 믿음을 그들의 가족과 친구와 이웃에게 담대하게 전할 수 있게 하였다.

우리가 두려움과 분노와 증오를 물리치는 것은 하나님이 우리 앞에 펼쳐 놓으신 영적 모험을 하기 위해 우리를 붙잡아 놓았던 닻을 걷어 올리는 것이다. 신약 성경에서처럼 모든 무거운 것과 얽매이기 쉬운 죄를 벗어 버리고 인내로써 우리 앞에 당한 경주를 하며 믿음의 주요 또 온전하게 하시는 이인 예수를 바라보자(히브리서 12:1-2).

그런 후 우리가 무슬림을 위해 기도하고, 무슬림을 향한 복음 사역을 후원하고, 무슬림들에게 사역하고, 무슬림들을 이웃으로 여겨 사랑하고, 우리의 신앙을 전하고, 그들과 함께 산다면, 우리는 무슬림들을 세상의 관점으로 옭아매는 갈등과 폭력의 소용돌이를 뛰어넘게 될 것이다. 곧 우리는 우리의 사역이 다른 차원으로 격상하게 되는 것을 보게 될 것이다. 우리의 빈약한 재능과 능력이 더 이상 우리를 제한하지 못하게 될 것이다.: 우리는 성령의 바람을 탔으며, 임의로 불며 우리를 실어 데려가는 그 성령의 바람에 붙잡혀 있다.

트에서 살펴볼 수 있다. www.WindintheHouse.org.

소규모 모임에서의 깨달음을 위한 질문

1. 전쟁의 세계에서 살고 있다는 것은 무슨 의미인가?
2. 우리의 전쟁의 방식은 무슬림의 방식과 어떻게 다른가?
3. 무슬림들 사이에서 복음의 진보를 이루기 위해 하나님은 당신에게 어떤 단계들을 택하도록 하셨는가?

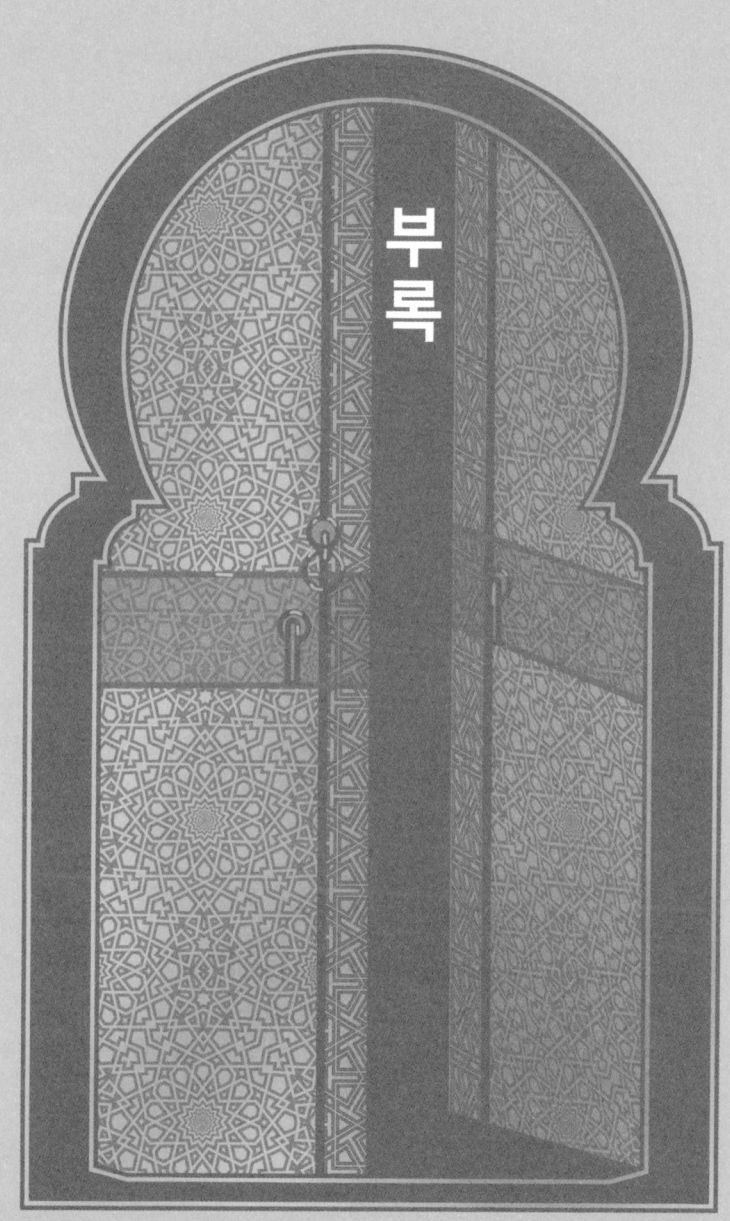

용어

- **가지**(ghazi) – 전사, 특별히 죽음을 무릅쓰고 이교도에 대항하여 싸우는 전사. 오랜 전투 경험이 있는 용사로 간주되며, 살아있는 순교자로 높은 존경을 받는다.
- **나마즈**(namaz) – 5번의 이슬람의 매일 기도 중 하나를 지칭하는 용어.
- **다르 알이슬람**(Dar al-Islam) – 아랍어이며 문자적으로 "이슬람의 집"이라는 의미이다. 모든 무슬림들을 지칭한다(이 책에서는 "이슬람의 세계"로 번역했다, 역주).
- **다르 알하르브**(Dar al-Harb) – 아랍어이며 문자적으로 "전쟁의 집"이라는 의미이다. 이슬람이 아직 지배하지 않는 지역의 땅과 주민들을 지칭한다.
- **드루즈**(Druze) – 11세기 시아파에서 분리된 지파로 정통 무슬림들은 이단으로 간주한다. 신자는 100-300만 명에 이르며, 신자 대부분은 시리아, 이스라엘, 요르단에 살고 있다.
- **랍**(rab) – 아랍어 단어로 "주인"를 의미한다.
- **마드라사**(madrasa) – 꾸란과 하디스를 가르치는 이슬람 학교. 다른 과목도 가르치지만 반드시 그렇지는 않다.
- **마스지드/메스지드**(masjid/masjid) – 이슬람 사원을 지칭하는 아랍어에서 파생된 단어이다. 모임 또는 공동체를 의미한다.
- **마우라나**(mawlana) – 문자적으로 "우리의 스승"이라는 의미이며, 일반적으로 종교 학자, 권위자를 지칭하고 특히 남아시아에서 사용된다.
- **마자르**(mazar) – 수피 사당(shrine)으로 종종 옛 수피 설교자 또는 성인이 묻혀 있는 곳을 지칭한다. 수피 순례자들이 숭배하는 장소가 됐다.
- **무에진**(muezzin) – 기도 시간을 알리는 자("아잔"을 참조하라).
- **무자히드**(mujahid) (복수형 무자헤딘(mujahedeen)) – 지하드에 참여한 이슬람

전사.
- **무프티**(mufti) – 공동체를 위해 판결을 하고 공식적 법률 의견을 공표할 역량이 있는 이슬람 학자와 지도자.
- **물라/물비**(mullah/mulvi) – 중앙아시아와 서남아시아에서의 이슬람 학자
- **미나렛**(minaret) – 아랍어이며 문자적으로 "등대"를 의미한다. 무에진이 기도를 알리는 소리를 내는 이슬람 사원의 높은 탑을 지칭한다.
- **사르다르**(sardar) – 서남아시아에서의 촌장.
- **사이드나**(saidna) – 문자적으로 "우리의 스승"이라는 의미이며, 무슬림 세계의 여러 지역에서 예수에게 사용되는 존경의 용어.
- **사히흐**(sahih) – 아랍어이며 문자적으로 "믿을 수 있는" 또는 "바르고 적절한"을 의미한다.
- **살라피**(salafi) – 문자적으로 "조상들"을 의미하며, 이슬람 내부의 근본주의자들의 개혁 운동.
- **살람 알레이쿰**(salam aleikum) – 문자적으로 "평화가 당신에게 임하기를"의미한다. 무슬림 세계에서의 일반적 인사.
- **살랏**(salat) – 5번의 이슬람의 매일 기도 중 하나를 지칭하지만 단지 "기도"를 의미할 수도 있다.
- **샤리아**(sharia) – 아랍어이며 문자적으로 "길"이라는 의미이다. 이슬람 법 또는 이슬람식 행동 양식을 지칭하는데 사용된다.
- **샤하다**(shahada) – 무슬림의 신앙 고백: "알라 외에는 다른 신은 없으며, 무함마드는 알라의 선지자이다." 모든 무슬림들이 이 신앙 고백을 한다.
- **샬와르 카미즈**(shalwar kameez) – 서남아시아에서 일반적으로 입는 헐거운 옷.
- **셰이크**(sheikh) – 존경을 나타내는 아랍어 단어로 "연장자, 장로, 촌장"을 의미한다.
- **수니(순니)**(Sunni) – 문자적으로 "곧은, 직통"이라는 의미를 갖고 있다. 전 세계 무슬림의 90%를 차지하며 이슬람의 직계 또는 정통 가르침을 따르는 무슬림들이다.
- **수피**(Sufi) – 이슬람의 주요 신비주의적 분파이며, 신비한 연합을 통해 알라를 체

험하려는 목표를 갖고 있다. 수니(순니)파 보수주의 무슬림들로부터 소수파 또는 비(非)정통파로 간주되고 있다.

- **시아**(Shi'a) - 문자적으로 "알리의 지지자들, 일당"이라는 의미이다. 전 세계 무슬림의 10%에 해당하며, 대부분이 이란에 있다. 무함마드의 사촌 동생이자 사위이며 순교한 알리의 지도자 자격에 대한 논쟁으로 수니(순니)파 무슬림과 갈라진 이슬람 분파이다.
- **아야톨라**(ayatollah) - 문자적으로 "알라의 표시"이며, 특히 이란의 시아파 전통에서 이슬람 전문가와 지도자를 지칭한다.
- **아잔**(azan) - 기도 시간을 뜻하는 아랍어 단어 아단(adan)에서 유래했다.
- **알마시흐**(al-Masih) - 문자적으로 "메시아"를 의미한다. 꾸란에서 예수를 나타내는 호칭으로 사용됐다.
- **알라**(Allah) - 아랍어로 신을 지칭하는 유일한 단어로 기독교인들과 무슬림들이 함께 사용했다. 아브라함, 모세 그리고 성경의 다른 인물에게 자신을 계시한 만물의 창조주를 지칭한다.
- **아흘 알바잇**(Ahl Al-Bayt) - 아랍어이며 문자적으로 "집의 가족"이라는 의미이다. 시아파 무슬림을 지칭한다. 즉 무슬림 공동체의 지도자는 무함마드의 가계(무함마드의 사위 알리)에서 배출되어야 한다고 믿는 이들이다.
- **울라마**(ulama) - 이슬람 학자들의 공동체. 단수형은 알림(alim)이며, 알림은 한 명의 이슬람 학자를 의미한다.
- **와하비**(Wahhabi) - 18세기 지금의 사우디아라비아에서 기인한 이슬람 내부의 근본주의자들의 개혁 운동.
- **이맘**(imam) - 아랍어이며 문자적으로 "앞에 있는 자"라는 의미이다. 이슬람 사원의 설교자 또는 기도 인도자를 지칭한다.
- **이사**(Isa) - 예수의 아랍어 이름. 아이사(Aisa)로도 표기된다.
- **이사이**(Isai) - 예수를 따르는 자. 문자적으로는 "예수에게 속한 자"를 의미한다.
- **인질**(Injil) - 복음서 또는 일반적으로 신약 성경을 지칭하지만 특별히 예수에 대한 책을 말한다.
- **자마앗**(jamaat) - 아랍어이며 문자적으로 "무리 또는 모임"을 의미한다. 모든 유

형의 신자들의 공동체 또는 교회와 같은 종교 모임을 지칭하기도 한다.
- **지하드**(jihad) – 아랍어이며 문자적으로 "투쟁"을 의미한다. 종종 이슬람의 진보를 위한 투쟁을 지칭한다.
- **지하디**(jihadi) – 지하드를 실행하는 자. 무자히드(mujahid) 또는 무자헤딘(muja-hedeen, 복수형)을 참조하라.
- **카피르**(kafir) – 이슬람에서 비신자에 대한 명칭이며, 일반적으로 기독교인과 유대인이 아닌 이교도인에 대한 명칭이다. 하지만 정통 무슬림이 아닌 모든 자를 비하하는 용어로 널리 쓰인다.
- **카람**(Kalam) – 아랍어이며 문자적으로 "단어"를 의미한다. 무슬림 세계의 일부 지역에서 성경을 지칭하는 용어로 사용된다.
- **코다**(Khoda) – 페르시아의 조로아스터교에 기원을 두고 있으며, 대부분의 투르크 지역과 페르시아 지역 그리고 남아시아 지역에 있는 기독교인들과 무슬림들 모두가 신(하나님)을 지칭하는 용어로 사용하고 있다.
- **키탑 알무카디스**(Kitab al-Moqadis) – 아랍어이며 문자적으로 "거룩한 책"을 의미한다. 아랍인과 기독교인들이 성경을 지칭하는 용어로 사용한다.
- **타브리기**(Tablighi) – 여러 지역을 여행하며 이슬람 신자들을 격려하고 훈계하는 이슬람 설교자의 무리
- **파트와**(fatwa) – 이슬람 율법학자(mufti)가 공표한 공식 법률 의견.
- **팍**(pak) – 남아시아에서 일반적으로 "진실된 또는 좋은"을 의미하는 용어.
- **피르**(pir) – 페르시아어에서 파생된 호칭으로 수피 전통에서 살아 있는 성인을 지칭한다.
- **하디스**(Hadith) – 무함마드의 생애에서 비롯된 언행과 전통.
- **하즈**(hajj) – 메카로 가는 순례, 무슬림은 일생에 최소 한번 이상 행해야 한다.
- **하즈랏**(Hazrat) – 아랍어에서 기원됐으며, 문자적으로 "실재, 임재"를 의미한다. 존경을 표시하는 용어로 "성하" 또는 "존경하는~"와 동등한 표현이다.
- **하페즈**(hafez) – 아랍어이며 문자적으로 "지키는 자"를 의미한다. 하페즈는 꾸란을 암송하는(즉, 마음속에 담아두는) 자이다.

참고문헌

1부: 역사의 주요 사건들

- Barrett, David., ed. *World Christian Encyclopedia, Second Edition, Two Volumes*. New York: Oxford Press, 2002.
- George, Timothy. *Is the Father of Jesus the God of Muhammad?* Grand Rapids: Zondervan, 2002.
- Greenham, Ant. *Muslim Conversions to Christ, An Investigation of Palestinian Converts Living in the Holy Land*. Pasadena, CA: WCIU Press, 2004.
- Greenlee, David, ed. *Longing for Community: Church, Umma or Somewhere in Between*. Pasadena: WCIU Press, 2013.
- Hinnebesch, J.F. "William of Tripoli," in New *Catholic Encyclopedia, 2nd edition, Vol. 14*. Detroit: Gale, 2003.
- Humphreys, R. Stephen. *Islamic History: A Framework for Inquiry*. London: Princeton University Press, 1991.
- Jenkins, Philip. *The Lost History of Christianity, The Thousand-Year Golden Age of the Church in the Middle East, Africa and Asia—and How It Died*. New York: Harper One, 2008.
- Latourette, Kenneth Scott. *A History of the Expansion of Christianity, Seven Volumes*. London: Eyre & Spottiswoode, 1939.
- Moreau, Scott. *Contextualization in World Missions, Mapping and Assessing Evangelical Models*. Grand Rapids: Kregel Publications, 2012.

- O'Kane, M. "Raymond of Peñafort" in *The Catholic Encyclopedia.* New York: Robert Appleton Company, 1911. Accessed on the Internet 28 November 2012. 출처 사이트: http://www.newadvent.org/cathen/12671c.htm.
- O'Meara, Thomas F. "The Theology and Times of William of Tripoli, O.P.: A Different View of Islam" in *Theological Studies*, Vol. 69, No. 1.
- Parshall, Phil. "Danger! New Directions in Contextualization" in *Evangelical Missions Quarterly*, October 1998. Cited on the Internet 7 August 2013. 출처 사이트: http://www.emisdirect.com/emq/issue-230/1243.
- Pew Forum on Religion & Public Life. *The Future of the Global Muslim Population, Projections for 2010-2030.* Washington, D.C.: Pew Research Center, 2011.
- Schmidlin, Joseph. *Catholic Mission History.* Techny, IL: Mission Press S.V.D., 1933.
- Travis, John. "The C1-C6 Spectrum" in *Evangelical Missions Quarterly*, October 1998. Cited on the Internet 7 August 2013. 출처 사이트: http://www.emisdirect.com/emq/issue-230/2488.
- Volf, Miroslav. *Allah, A Christian Response.* New York: HarperCollins, 2011.
- Vose, Robin. *Dominicans, Muslims and Jews in the Medieval Crown of Aragon.* New York: Cambridge University Press, 2009.
- Woodberry, Dudley, Shubin, Russell G., and G. Marks. "Why Muslims Follow Jesus" in *Christianity Today,* October 2011. Cited on the Internet at 7 August 2013. 출처 사이트: http://www.christianitytoday.com/ct/2007/october/42.80.html.

2부: 이슬람의 세계

4장. 인도-말레이시아 권역

- Cooley, Frank. *Indonesia: Church and Society.* New York: Friendship Press, 1968.

- _____. New York: National Council of Churches, 1982.
- Dixon, Roger L. "The Major Model of Muslim Ministry" in *Missiology: An International Review,* Vol. XXX, No. 4, October 2002.
- Geertz, Clifford. *The Religion of Java.* Chicago: University of Chicago Press, 1976.
- Hefner, Robert W. *Conversion to Christianity: Historical and Anthropological Perspectives on a Great Transformation.* Berkeley: University of California Press, 1993.
- Partonadi, Sutarman. *Sadrach's Community and its Contextual Roots, A Nineteenth Century Javanese Expression of Christianity.* Amsterdam: Rodopi, 1990.
- Rutgers, Jacqueline C. *Islam en Christendom.* The Hague: Boekhandel van den Zendingsstudie Raad, 1912.
- Shipman, Mike. *Any-3: Anyone, Anywhere, Any Time.* Richmond, VA: WIGTake Resources, 2012.
- Willis, Avery T. *Indonesian Revival: Why Two Million Came to Christ.* Pasadena: William Carey Library, 1977.

5장. 동아프리카 권역

- Baker, Heidi and Rolland. *Learning to Love: Passion, Compassion and the Essence of the Gospel.* Minneapolis: Chosen, 2013.
- Balisky, Paul. "Dictionary of African Christian Biography, Shaikh Zakaryas 1845 to 1920 Independent Prophet Ethiopia." Accessed on the Internet 8 August 2013 at www.dacb.org/stories/ethiopia/zakaryas2.html.
- Isichei, Elizabeth. *A History of Christianity in Africa, From Antiquity to the Present.* Grand Rapids, MI: William B. Eerdmans, 1995.
- Moorehead, Alan. *The Blue Nile.* New York, NY: Harper & Row, 1962.
- Ripken, Nik. *The Insanity of God: A True Story of Faith Resurrected.* Nashville: B&H Publishing, 2013.

- Yesehaq, Archbishop. *The Ethiopian Tewahedo Church, An Integrally African Church*. Nashville, TN: James C. Winston Publishing Co., 1997.

6장. 북아프리카 권역

- Brett, Michael and Fentress, Elizabeth. *The Berbers*. Oxford: Blackwell Publishers, 1996.
- Daniel, Robin. *This Holy Seed: Faith, Hope and Love in the Early Churches of North Africa*. Chester, UK: Tamarisk Publications, 1993.
- Davis Robert C. *Christian Slaves, Muslim Masters, White Slavery in the Mediterranean, the Barbary Coast, and Italy, 1500-1800*. New York: Palgrave MacMillan, 2003.
- Direche-Slimani, Karima. *Chretiens De Kabylie, 1873-1954, une action missionnaire dans l'Algerie coloniale*. A dissertation published by EDIF 2000, 2004.
- Slack, James and Shehane, Robert, eds. "Public Edition of the Church Planting Movement Assessment of an Indigenous People Group on the Mediterranean Rim." Richmond, VA: Global Research Department of the International Mission Board, SBC, 2003.

7장. 동남아시아 권역

- Bass, Gary J. *The Blood Telegram: Nixon, Kissinger, and a Forgotten Genocide*. New York: Alfred A. Knopf, 2013.
- Bose, Sarmila. *Dead Reckoning: Memories of the 1971 Bangladesh War*. New York: Columbia University Press, 2011.
- Carey, S. Pearce. *William Carey, The Father of Modern Missions*. London: The Wakeman Trust, 1923.
- Greeson, Kevin. *The Camel, How Muslims Are Coming to Faith in Christ! Revised Edition*, Richmond, VA: WIGTake Resources, 2007.
- Novak, James K. *Bangladesh: Reflections on the Water*. Bloomington: Indiana

University Press, 1993.

8장. 페르시아 권역

- Bradley, Mark. *Iran and Christianity, Historical Identity and Present Relevance*. London: Continuum International Publishing Group, 2008.
- Buck, Christopher. "The Universality of the Church in the East" in *Journal of the Assyrian Academic Society*, X, 1, 1996.
- Bulliet, Richard. *Conversion to Islam in the Medieval Period: An Essay in Quantitative History*, 1979.
- Carrington, William J. and Detragiache, Enrica. "How Extensive Is the Brain Drain?" Accessed on the Internet 1 April 2013. 출처 사이트: www.imf.org/external/pubs/ft/fandd/1999/06/carringt.htm#chart.
- Chisholm, Hugh, ed. *Encyclopedia Britannica, 11th ed.*, New York: Cambridge University Press, 1911.
- Jenkins, Philip. *Jesus Wars, How Four Patriarchs, Three Queens, and Two Emperors Decided What Christians Would Believe for the Next 1,500 Years*. New York: Harper Collins, 2010.
- Moffett, Samuel. *A History of Christianity in Asia, Volume 1: Beginnings to 1500*. Maryknoll, NY: Orbis Press, 1998.
- Pew Forum. "Mapping the Global Muslim Population," Accessed from the Internet 29 April 2013 at www.pewforum.org/Muslim/Mapping-the-Global-Muslim-Population(6).aspx.
- Tavassoli, Sasan. *Christian Encounters with Iran, Engaging Muslim Thinkers After the Revolution*. London: I.B. Tauris and Co., Ltd., 2011.
- "United Presbyterian Church in the U.S.A. Commission on Ecumenical Mission and Relations." Accessed on the Internt 16 March 2012. 출처 사이트: http://www.history.pcusa.org/collections/findingaids/fa.cfm?record_id=91.

9장. 투르키스탄 권역

- Benningsen, Alexander and Wimbush, S. Enders. *Muslims of the Soviet Empire: A Guide.* Bloomington: Indiana University Press, 1986.
- Dalrymple, William. *From the Holy Mountain, A Journey in the Shadow of Byzantium.* New Delhi, India: Penguin Books, 2004.
- Groussett, Rene. *The Empire of the Steppes: A History of Central Asia.* Translated by Naomi Walford. Rutgers, NJ: The State University of New Jersey, 2002.
- Hopkirk, Peter. *The Great Game: The Struggle for Empire in Central Asia.* New York: Kodansha International, 1990.
- Hostler, Charles Warren. *The Turks of Central Asia.* Westport, CT: Praeger Publishers, 1993.
- Kinross, Lord. *The Ottoman Centuries, The Rise and Fall of the Turkish Empire.* New York, NY: Morrow Quill Paperbacks, 1979.
- Kipling, Rudyard. *Kim.* London: MacMillan and Co., Ltd., 1901.
- White, Matthew. *Atrocitology: Humanity's 100 Deadliest Achievements.* Edinburgh: Canangate Books, 2011.

10장. 서아프리카 권역

- Autry, Richard. *Sustaining Development in Mineral Economies: The Resource Curse Thesis.* London: Routledge, 1993.
- Faulconbridge, Guy and Holden, Michael. "British police ponder conspiracy after soldier murder," *Reuters U.S. Edition 23 May 2013.* Accessed on the Internet 1 July 2013. 출처 사이트: http://www.reuters.com/article/2013/05/23/us-britain-killing-cameron-idUSBRE94L0WU20130523.
- Griswold, Eliza. *The Tenth Parallel: Dispatches from the Fault Line Between Christianity and Islam.* New York: Farrar, Straus and Giroux, 2010.
- Law, Bill. "Meeting the hard man of Liberia" in *BBC News-Africa,* 4 November 2006. Accessed on the Internet 24 June 2013. 출처 사이트: news.bbc.co.uk/2/

hi/programmes/from_our_own_correspondent/6113682.stm.

- Levitzion, Nehemiah and Hopkins, John, eds. *Corpus of Early Arabic Sources for West Africa*. Princeton: Marcus Wiener Press, 2000.
- Mogensen, Mogens Stensbaek. *Contextual Communication of the Gospel to Pastoral Fulbe in Northern Nigeria*. A Dissertation presented to the School of World Missions, Fuller Theological Seminary, January 2000.
- Oladipo, Tomi. "Nigeria's growing 'prosperity' churches" in *BBC News-Africa*. Accessed on the Internet 25 June 2013. 출처 사이트: www.bbc.co.uk/news/world-africa-14713151.
- Pakenham, Thomas. *The Scramble for Africa: White Man's Conquest of the Dark Continent, 1876-1912*. New York: Avon Books, 1991.
- Perry, Alex. "Global Justice: A Step Forward with the Conviction of Charles Taylor and Blood Diamonds" in *Time* magazine, 26 April 2012. Accessed on the Internet 24 June 2013. 출처 사이트: world.time.com/2012/04/26/global-justice-a-step-forward-with-theconviction-of-charles-taylor-and-blood-diamonds/.
- Samura, Sorious. "Cry Freetown." Accessed on the Internet 23 June 2013. 출처 사이트: www.youtube.com/watch?v=8WHl2UmJXYU.
- Sanneh, Lamin. *Translating the Message: The Missionary Impact on Culture*. American Society of Missiology, Second Revised and Expanded Edition. Maryknoll, NY: Orbis Books, 2009.
- Stride, G.T. and Ifeka, C., eds. *Peoples and Empires of West Africa: West Africa in History 1000-1800*. Edinburgh: Nelson, 1971.
- "The Trans-Atlantic Slave Trade Database." Accessed from the Internet 21 June 2013. 출처 사이트: www.slavevoyages.org/tast/index.faces.
- Trousdale, Jerry. *Miraculous Movements: How Hundreds of Thousands of Muslims Are Falling in Love With Jesus*. Nashville, TN: Thomas Nelson, 2012.

11장. 서남아시아 권역

- Coll, Steve. Ghost Wars, *The Secret History of the CIA, Afghanistan and Bin Laden, From the Soviet Invasion to September 10, 2001.* London: Penguin Books, 2004.
- Dehart, Joel. *The Upper Hand, God's Sovereignty in Afghan Captivity.* Self-published, 1994.
- Hosseini, Khaled. *The Kite Runner.* New York, NY: Riverhead Books, 2004.
- _____. *A Thousand Splendid Suns.* New York, NY: Riverhead Books, 2007.
- LaPierre, Dominique and Collins, Larry. *Freedom at Midnight.* New Delhi: Vikas Publishing, 1997.
- Rashid, Ahmed. *Descent into Chaos: The U.S. and the Disaster in Pakistan, Afghanistan, and Central Asia.* New York: Penguin Group, 2009.
- Ripken, Nik. *The Insanity of God: A True Story of Faith Resurrected.* Nashville: B&H Publishing, 2013.
- Salzman, Philip Carl. *Black Tents of Baluchistan.* Washington: Smithsonian Institution Press, 2000.

12장. 아랍 권역

- "Arab Americans" at The *Arab American Institute*. Accessed on the Internet 5 August 2013. 출처 사이트: www.AAIUSA.org.
- Belz, Mindy. "2008 Daniel of the Year" in *World Magazine*, Dec. 13, 2008. Accessed from the Internet 7 August 2013. 출처 사이트: http://www.worldmag.com/2008/12/broadcast_news.
- Chandler, Paul-Gordon. *Pilgrims of Christ on the Muslim Road: Exploring a New Path Between Faiths.* Plymouth, U.K.: Cowley Publications, 2007.
- Cragg, Kenneth. *The Arab Christian, A History in the Middle East.* Louisville, KY: Westminster/John Knox Press, 1991.

- Davies, Wyre. "Tunisia one year on: New trends of self-immolations" on *BBC World-Africa* cited on the Internet 5 August 2013 at http://www.bbc.co.uk/news/world-africa-16526462. 2012-01-12.
- Hitti, Philip. *History of the Arabs, 10th edition*. London: MacMillan Education Ltd., 14th reprint, 1991.
- Ibrahim, Raymond. "Islam's Public Enemy # 1" in *National Review Online*. Accessed from the Internet 7 August 2013 at www.NationalReview.com/articles/223965/islams-public-enemy-1/raymond-ibrahim.
- Jenkins, Philip. *The Lost History of Christianity: The Thousand-Year Golden Age of the Church in the Middle East, Africa, and Asia -- and How It Died*. New York: HarperCollins, 2008.
- Kalyani, Chitra. "Gospel joins *ansheed* (Islamic chanting) at Sufi Fest," Daily News Egypt, 17 August 2011.
- "Literacy and Adult Education in the Arab World" UNESCO-Beirut Regional Report 2003. Accessed from the Internet 5 August 2013. 출처 사이트: http://www.unesco.org/education/uie/pdf/country/arab_world.pdf., p. 11.
- Yapp, M.E. *The Making of the Modern Near East, 1792-1923*. New York: Longman House, 1987.
- _____ *The Near East Since the First World War*. New York: Longman House, 1991.

3부: 전쟁의 세계

- Abdelhady, Dalia. *The Lebanese Diaspora, The Arab Immigrant Experience in Montreal, New York, and Paris*. New York: New York University Press, 2011.
- Haddad, Yvonne Yazbeck. *The Muslims of America*. New York: Oxford University Press, 1991.
- Jenkins, Philip. *God's Continent, Christianity, Islam, and Europe's Religious Crisis*. New York, NY: Oxford University Press, 2007.

추가 이슬람 참고 문헌

- Ali, Abdullah Yusuf. *The Holy Qur'an, English Translation of the Meanings of the Qur'an with Notes.* Indianapolis, IN: H&C International, 1992.
- Brown, Jonathan A.C. *Hadith, Muhammad's Legacy in the Medieval and Modern World.* Oxford, UK: OneWorld Publications, 2009.
- Farah, Caesar E. *Islam, Fifth Edition.* Hauppauge, NY: Barron's Educational Series, 1994.
- George, Timothy. *Is the Father of Jesus the God of Muhammad?* Grand Rapids, MI: Zondervan, 2002.
- Glasse, Cyril. *The Concise Encyclopedia of Islam.* San Francisco: HarperCollins, 1989.
- Goddard, Hugh. *A History of Christian-Muslim Relations.* Chicago, IL: New Amsterdam Books, 2000.
- Grim, Brian, ed. *The Future of the Global Muslim Population, Projections for 2010-2030.* Washington, D.C.: Pew Research Center, 2011.
- Humphreys, R. Stephen. *Islamic History, A Framework for Inquiry, revised edition.* Cairo, EG: AUC Press, 1992.
- Lings, Martin. *Muhammed, His Life Based on the Earliest Sources.* Rochester, VT: Inner Traditions, 2006.
- Lippman, Thomas W. *Understanding Islam, An Introduction to the Muslim World, Revised Edition.* New York: Mentor Book, 1990.
- Moffett, Samuel H. *A History of Christianity in Asia, Vol. 1: Beginnings to 1500.* Maryknoll, NY: Orbis Books, 1998.
- _____. *A History of Christianity in Asia, Vol. 2: 1500 - 1900.* Maryknoll, NY: Orbis Books, 2005.
- Netton, Ian Richard. *A Popular Dictionary of Islam.* London: Curzon Press, 1992.
- Rahman, Fazlur. *Islam, Second Edition.* Chicago: University of Chicago Press,

1979.

- Sivan, Emmanuel. Radical Islam, *Medieval Theology and Modern Politics*. Binghamton, NY: Yale University Press, 1985.
- Weekes, Richard V. ed. *Muslim Peoples, A World Ethnographic Survey, 2 Volumes, Second Edition*. Westport, CT: Greenwood Press, 1984.

무슬림 사역

- Brown, Brian Arthur. *Noah's Other Son, Bridging the Gap Between the Bible and the Qur'an*. New York: Continuum, 2007.
- El Schafi, Abd. Behind the Veil, *Unmasking Islam*. No publication information, 1996.
- Garrison, David. *The Camel Rider's Journal*. Arkadelphia, AR: WIGTake Resources, 2009.
- Greeson, Kevin. *The Camel, How Muslims Are Coming to Faith in Christ! Revised Edition*. Monument, CO: WIGTake Resources, 2011.
- Jabbour, Nabeel T. *The Crescent Through the Eyes of the Cross, Insights from an Arab Christian*. Colorado Springs, CO: NavPress, 2008.
- _____. *Unshackled & Growing, Muslims and Christians on the Journey to Freedom*. Colorado Springs, CO: Dawsonmedia, 2006.
- Kronk, Rick. *Dreams and Visions, Muslims' Miraculous Journeys to Jesus*. Pescara, Italy: Destiny Image Europe, Ltd., 2010.
- Livingstone, Greg. *Planting Churches in Muslim Cities*. Grand Rapids, MI: Baker Books, 1993.
- McCurry, Don. *Healing the Broken Family of Abraham: New Life for Muslims*. Colorado Springs, CO: Ministry to Muslims, 2001.
- Medearis, Carl. *Muslims, Christians, and Jesus, Gaining Understanding and Building Relationships*. Bloomington, MN: Bethany House Publishers, 2008.
- Martin, E. J., ed. *Where There Was No Church, Postcards from Followers of*

- *Jesus in the Muslim World*. San Francisco, CA: Learning Together Press, 2010.
- Musk, Bill. *The Unseen Face of Islam, Sharing the Gospel with Ordinary Muslims*. Monrovia, CA: MARC, 1989.
- _____. *Touching the Soul of Islam, Sharing the Gospel in Muslim Cultures*. Monrovia, CA: MARC, 1995.
- Parshall, Phil. *Muslim Evangelism, Contemporary Approaches to Contextualization, second edition*. Colorado Springs, CO: 2003.
- Register, Ray. *Back to Jerusalem, Church Planting Movements in the Holy Land*. Enumclaw, WA: Winepress Publishing, 2000.
- Swartley, Keith E., ed. *Encountering the World of Islam*. Littleton, CO: Biblica, 2005.
- Tanagho, Samy. *Glad News! God Loves You My Muslim Friend*. Littleton, CO: Biblica, 2004.
- Woodberry, J. Dudley. *From Seed to Fruit, Global Trends, Fruitful Practices, and Emerging Issues Among Muslims*. Pasadena, CA: William Carey Library, 2008.
- _____, ed., *Muslims & Christians on the Emmaus Road*. Monrovia: MARC, 1989.

무슬림과 기독교인 사이의 논쟁, 변증, 관계

- Chandler, Paul-Gordon. *Pilgrims of Christ on the Muslim Road, Exploring a New Path Between Two Faiths*. Lanham, MD: Cowley Publications, 2007.
- Darwish, Nonie. *Cruel and Usual Punishment, The terrifying global implications of Islamic Law*. Nashville: Thomas Nelson, 2008.
- Fletcher, Richard. *The Cross and the Crescent, The Dramatic Story of the Earliest Encounters Between Christians and Muslims*. London, UK: Penguin Books, 2005.
- Geisler, Norman L. and Saleeb, Abdul. *Answering Islam, The Crescent in Light*

of the Cross. Grand Rapids, MI: Baker Books, 2002.
- Griswold, Eliza. *The Tenth Parallel, Dispatches From the Fault Line Between Christianity and Islam*. New York, NY: Farrar, Straus & Giroux, 2010.
- Jamieson, Alan G. *Faith and Sword, A Short History of Christian-Muslim Conflicts*. London: Reaktion Books, 2006.
- Khalidi, Tarif, ed. *The Muslim Jesus, Sayings and Stories in Islamic Literature*. Cambridge, MA: Harvard Univ. Press, 2001.
- Lewis, David Levering Lewis. *God's Crucible, Islam and the Making of Europe, 570-1215*. New York: Norton, 2008.
- Lingel, Joshua, Morton, Jeff, and Nikides, Bill, eds. *Chrislam, How Missionaries are Promoting an Islamized Gospel*. Garden Grove, CA: i2 Ministries, 2011.
- Parrinder, Geoffrey. *Jesus in the Qur'an* reprinted. Oxford, UK: OneWorld Publications, 1996.
- Spencer, Robert. *Islam Unveiled, Disturbing Questions About the World's Fastest-Growing Faith*. New York, NY: Encounter Books, 2002.
- Warraq, Ibn. *Why I Am Not a Muslim*. Amherst, NY: Prometheus Books, 1995.

사진 출처

1장. 새로운 현상

- 치미스케스(John Tzimisces), ca. 925-976 (public domain). Painting by Klavdly Lebedev (c. 1880). Cited on the Internet 28 September 2013. 출처 사이트: http://en.wikipedia.org/wiki/File:Lebedev_Svyatoslavs_meeting_with_Emperor_John.jpg.

- 루제르(Roger) 2세, (Creative Commons Attribution). Author: Matthias S?ssen; Uploaded 21 May 2007 as "Roger II, wird von Christus gekr?nt, Mosaik in La Martorana." Cited on the Internet 29 September 2013. 출처 사이트: http://en.wikipedia.org/wiki/File:Martorana_RogerII2008.jpg.

- 아시시의 프란치스코(St. Francis of Assisi) (public domain). Painting by Jos? de Ribera (c. 1642). Cited on the Internet 29 September 2013. 출처 사이트: http://en.wikipedia.org/wiki/File:Saint_Francis_of_Assisi_by_Jusepe_de_Ribera.jpg.

- 성 도미니코(St. Dominic) (public domain). Painting by Fra Angelico, 1437. Cited on the Internet 29 September 2013. 출처 사이트: http://en.wikipedia.org/wiki/File:The_Perugia_Altarpiece,_Side_Panel_Depicting_St._Dominic.jpg.

- 페나포르트의 레이몬드(Raymond of Pe?afort) (public domain, permission: PD-ART0. Painting by Tommaso da Modena (1352). Cited on the Internet 29 September 2013. 출처 사이트: http://en.wikipedia.org/wiki/File:Raymon_de_Pe?aforte.jpg.

- 레이몬 룰(Ramon Llull) (public domain US-PD). Source: Scientific Identity, (26 March 1315. Cited on the Internet 29 September 2013. 출처 사이트: http://en.wikipedia.org/wiki/

File:Ramon_Llull.jpg.
- 샤를르 마르샬 라비제리(Charles Martial Lavigerie) (public domain, PD-US). Source: NYPL; author: Albert Capelle, Paris; dated 1882. Cited on the Internet 29 September 2013. 출처 사이트: http://en.wikipedia.org/wiki/File:Charles_Lavigerie.jpg.

4장. 인도-말레이시아 권역

- 사드락 라딘 수라프라나타(Sadrach Radin Surapranata) - Cited on the Internet website: "Guru Sadrach" by Pendopo Deso. Cited the Internet on 25 September 2013. 출처 사이트: http://karangyoso.blogspot.com/2008/12/kyai-sadrach.html.
- 사드락의 삼위일체 메스지드(Sadrach's Trinity Mesjid) - Posted on the Internet website "Guru Sadrach" by Pendopo Deso. Cited on the Internet 25 September 2013. 출처 사이트: http://www.blogger.com/profile/00848009008984057574.
- 네덜란드의 동인도 회사(Dutch East India Company) 로고 (public domain) Posted on the Internet by Golradir. 출처 사이트: http://en.wikipedia.org/wiki/File:VOC.svg.
- 수카르노 대통령(President Sukarno) (public domain) Posted on the Internet by Government of Indonesia. 출처 사이트: http://en.wikipedia.org/wiki/File:Presiden_Sukarno.jpg.
- 수하르토 대통령(President Suharto) (public domain) Posted on the Internet by State Secretariat of the Republic of Indonesia. 출처 사이트: http://en.wikipedia.org/wiki/File:President_Suharto,_1993.jpg.
- Any-3 책 표지 Used by permission of WIGTake Resources. Available on the Internet. 출처 사이트: www.ChurchPlantingMovements.com/bookstore.

5장. 동아프리카 권역

- 산 부족민(San Tribesman) (creative commons attribution) Posted on the Internet by the author Ian Beatty. Cited on the Internet 25 September 2013. 출처 사이트: http://en.wikipedia.org/wiki/File:San_tribesman.jpg.

- 상아 무역(Ivory Trade) (public domain) Posted on the Internet by Frank G. and Frances Carpenter. Cited on the Internet 25 September 2013. 출처 사이트: http://en.wikipedia.org/wiki/File:Ivory_trade.jpg.

- 포트 지저스(Fort Jesus; Description: Hrvatski: Vlasnistvo (Wikimedia Commons; Creative Commons Attribution-Share Alike 3.0 Unported license) Uploaded by Zeljko 11 August 2007. Cited on the Internet 26 August 2013. 출처 사이트: http://en.wikipedia.org/wiki/File:Fort_JesusMombasa.jpg.

- 꾸란(Open Qur'an) (creative commons attribution). Posted on the Internet by el7bara. Cited on the Internet 25 September 2013. 출처 사이트: http://commons.wikimedia.org/wiki/File:Opened_Qur%27an.jpg.

6장. 북아프리카 권역

- 선한 목자 그림(Good Shepherd) - Author's photo of a painting by Del Parson (b.1948).

- 바르바로사(Barbarossa) (public domain) Lithograph by Charles Motte (1785-1836). Source unknown. Cited on the Internet 25 September 2013. 출처 사이트: http://en.wikipedia.org/wiki/File:Arudsch-barbarossa.jpg.

- 성 어거스틴(St. Augustine) (public domain). Painting by Carlo Crivelli (1487/88?). Cited on the Internet 25 September 2013. 출처 사이트: http://en.wikipedia.org/wiki/File:Carlo_Crivelli_-_St._Augustine_-_Google_Art_Project.jpg.

7장. 동남아시아 권역

- 윌리엄 캐리(William Carey) (public domain). William Carey: The Shoemaker Who Became the Founder of Modern Missions. Author unknown. Cited on the Internet 26 September 2013. 출처 사이트: http://en.wikipedia.org/wiki/File:CareyEngraving.jpg.

- 서파키스탄과 동파키스탄(West and East Pakistan) (1947-1971) (public domain). Adapted from a map authored by Green Giant. Cited on the Internet 26 September 2013. 출처 사이트: http://commons.wikimedia.org/wiki/File:Historical_Pakistan.gif.
- 타브리기 자마앗(Tablighi Jamaat; Description: Malaysia Jamaat Tablighee Ijtima' (Wikimedia Commons) Author: Aswami Yusuf 8 September 2009. Original uploader was Muhammad Hamza. Cited on the Internet 26 September 2013. 출처 사이트: http://en.wikipedia.org/wiki/File:2009_Malaysian_Tablighi_Ijtema.jpg.

8장. 페르시아 권역

- 하익 호브세피안 메흐르(Haik Hovsepian Mehr). Cited on the Internet 26 September 2013. 출처 사이트: http://www.elam.com/articles/Remember-Their-Sacrifice/.
- 메흐디 디바즈(Mehdi Dibaj). Cited on the Internet 26 September 2013. 출처 사이트: http://www.elam.com/articles/Remember-Their-Sacrifice/.
- 헨리 마틴(Henry Martyn) (Wikimedia Commons). From "A memoir of the Rev. Henry Martyn"; Sargent, John; London: Printed for R. B. Seeley and W. Burnside : and sold by L. and G. Seeley; 1837. Cited on the Internet 26 September 2013. 출처 사이트: http://en.wikipedia.org/wiki/File:Henry_Martyn.jpg.

9장. 투르키스탄 권역

- 티무르 랑/타메를란(Timur Lang/Tamerlane) (public domain). Author: Nezivesten. Source: Pugachenkova GA, LI Rempel History of Arts of Uzbekistan from the earliest times to the middle of the XIX century. M., 1965. Cited on the Internet 26 September 2013. 출처 사이트: http://en.wikipedia.org/wiki/File:Tamerlan.jpg.
- 술레이만 대제(Suleiman the Magnificent) (public domain). Painting by Hans Eworth (1520-1574?). Cited on the Internet 26 September 2013. 출처 사이트: http://

en.wikipedia.org/wiki/File:Hans_Eworth_Osmanischer_Wurdentrager_zu_Pferd.jpg.

- 예카테리나 2세(Catherine the Great, 캐서린 여제) (public domain). Painting "Portrait of Catherine II of Russia (1729-1796)" by Johann Baptist von Lampi the Elder (1751-1830). Cited on the Internet. 출처 사이트: http://en.wikipedia.org/wiki/File:Johann-Baptist_Lampi_d._?._007.jpg.

- 조세프 스탈린(Joseph Stalin) (public domain). Source: U.S. Signal Corps photo. Cited on the Internet 26 September 2013. 출처 사이트: http://en.wikipedia.org/wiki/File:CroppedStalin1943.jpg.

- 구르에 아미르(Gur-e Amir, 티무르 무덤) Gur-e Emir Tomb (Creative Commons Attribution). Uploaded by Faqsci 15 April 2012. Cited on the Internet. 출처 사이트: http://commons.wikimedia.org/wiki/File:Gur-e_Amir_-_Inside_views_995_Tombs.jpg.

10장. 서아프리카 권역

- 노예 무역의 인신 매매(Human Trafficking; Description: Am I Not A Man? (public domain). Source: British Abolition Movement, 1795. Cited on the Internet 26 September 2013. 출처 사이트: http://en.wikipedia.org/wiki/File:BLAKE10.jpg.

- 사무엘 도(Samuel Doe) (public domain). Uploaded by Frank Hall 18 August 1982. Cited on the Internet 26 September 2013. 출처 사이트: http://en.wikipedia.org/wiki/File:Samuel_Kanyon_Doe.jpg.

- 아흐마드 테잔 캄바(Ahmed Tejan Kabbah) (public domain). Uploaded by Kari Barber, VOA 18 September 2007. Cited on the Internet 26 September 2013. 출처 사이트: http://en.wikipedia.org/wiki/File:Ahmed_Tejan_Kabbah.jpg.

11장. 서남아시아 권역

- 모르티커 두란드(Mortimer Durand), 1903 (public domain). Permission PD-US. Cited on the Internet 27 September 2013. 출처 사이트: http://en.wikipedia.org/

wiki/File:Mortimer_Durand.jpg.
- 초우다리 알리(Choudary Ali) (1895-1951) (public domain). Permission PD-Pakistan. Source: Rahmat Ali, a biography, by K.K. Aziz. Cited on the Internet 27 September 2013. 출처 사이트: http://en.wikipedia.org/wiki/File:Chrahmat.jpg.
- 나렌드라 모디(Narendra Modi) (Creative Commons Attribution). Cited on the Internet 27 September 2013. 출처 사이트: http://en.wikipedia.org/wiki/File:Narendra_Damodardas_Modi.jpg.

12장. 아랍 권역

- 알아즈하르 이슬람 사원(Al-Azhar Mosque) (public domain). Uploaded by Tentoila June 2006. Cited on the Internet 27 September 2013. 출처 사이트: http://en.wikipedia.org/wiki/File:Al-Azhar_(inside)_2006.jpg.
- 하갈과 이스마엘(Hagar and Ishmael) (public domain). Painting by Grigoriy Ugryumov, 1785. Cited on the Internet 17 September 2013. 출처 사이트: http://en.wikipedia.org/wiki/File:Hagar_and_Ishmael_in_desert_(Grigoriy_Ugryumov).jpg.
- 바스코 다 가마(Vasco da Gama) (c. 1469-1524), (public domain). Portrait of Vasco da Gama c. 1565. Cited on the Internet 27 September 2013. http://en.wikipedia.org/wiki/File:Vasco_da_Gama_(Livro_de_Lisuarte_de_Abreu).jpg.
- 모하마드 부아지지(Mohamed Bouazizi) (public domain). Cited on the Internet 27 September 2013. 출처 사이트: http://en.wikipedia.org/wiki/File:Mohamed_Bouazizi.jpg.
- 보트로스 자카리아 신부(Father Botros Zakaria). Cited on the Internet 27 September 2013. 출처 사이트: https://www.facebook.com/photo.php?fbid=121620193403&set=a.436063683403.238209.121618628403&type=1&theater.

색인

- 가나_ 232, 234, 236.
- 가톨릭(~교인)_ 38, 39, 40, 42, 43, 46-48, 92, 94, 95, 97, 98, 134, 135, 149, 192, 230, 289, 319, 320, 333, 342, 346.
- 개종_ 33, 35, 36, 43-49, 51, 52, 55, 56, 62, 65, 67-72, 76-81, 315-320, 327-328.
- 공산주의(~자)_ 48, 96, 97, 216, 217, 224.
- 구어체_ 168, 333.
- 구자랏(Gujarat)_ 261.
- 금식_ 150, 193.
- 기도(~하다)_ 129, 146, 149, 204, 247, 249, 329, 333, 334, 348.
- 깨닫기_ 246, 337.
- 꾸란(~의)_ 34, 77, 90, 99, 105, 108, 124-126, 130, 153, 167, 176, 178, 189, 191, 287, 288, 296, 334, 338, 364.
- 나렌드라 모디(Narendra Modi)_ 모디를 참조하라.
- 나디아(Nadia)_ 183-186, 192, 196, 198, 200, 201, 204, 206-208.
- 나빌라(Nabila)_ 298-301, 307.
- 나시르(Nasir)_ 253-256, 269, 270.
- 나이지리아_ 81, 232, 236, 239, 249.
- 내부자_ 157, 158, 166, 168, 170-175, 177, 180, 297.
- 네덜란드_ 43, 44, 87-91, 95, 96, 108, 116.
- 네스토리안(Nestorian)_ 217, 333.
- 노예(~제도)_ 116, 117, 140, 232, 234, 235, 346.
- 다마스쿠스_ 209, 288.
- 다르 알이슬람(Dar al-Islam)_ 33, 261.
- 다르 알하르브(Dar al-Harb)_ 351, 361.
- 다리우스(Darius)_ 188.

- 다이(da'i)_ 118, 128.
- 도미니크(도미니코)_ 39, 40, 42, 378.
- 도, 사무엘(Doe, Samuel)_ 236.
- 동기_ 42, 78, 100, 222, 232, 328.
- 동남아시아_ 56, 59, 69, 157, 161, 163-165, 169, 368.
- 동아프리카_ 56, 58, 69, 111, 113, 115, 119, 130, 139, 367.
- 동파키스탄_ 158, 164, 165, 169, 260, 381.
- 두려움_ 79, 114, 121, 242, 303, 342, 356.
- 디바즈, 메흐디(Dibaj, Mehdi)_ 194-196, 381.
- 라마단_ 146, 180, 269.
- 라비제리(Charles Martial Lavigerie)_ 46, 379.
- 라쉬카르 에타이바(Lashkar e-Taiba)_ 261.
- 라투렛(Kenneth Scott Latourette)_ 36, 38, 39, 41, 42, 47, 48, 216, 317, 365.
- 라피크(Rapiq)_ 133-137, 154.
- 러시아(~인)_ 212, 214, 215, 218, 220, 224.
- 러커(B.T. Rucker)_ 159, 173.
- 레다(Reddah)_ 146, 150, 151.
- 레바논(~인)_ 40, 54, 287.
- 레이몬드(Raymond of Pe?afort)_ 40, 366.
- 레이몬 룰(Ramon Llull)_ 41.
- 로저 베이컨(Roger Bacon)_ 38, 39.
- 루브루크의 윌리암(William of Rubruck)_ 윌리암(루브루크의)을 참조하라.
- 루제르(Roger) 2세_ 37.
- 마그렙(Maghreb)_ 137, 141.
- 마드라사(madrasa)_ 94, 124, 158, 253, 255, 265, 361.
- 마라붓(marabout)_ 243.
- 마틴,헨리(Martin, Henry)_ 203, 381.
- 마하드(Mahad)_ 308, 310.
- 마흐무드(Mahmoud)_ 142, 143.
- 말레이시아_ 59, 69, 87, 88, 92, 93, 95, 96, 101, 104, 108, 379.
- 매디 그랜저(Maddie Granger)_ 229, 231.
- 메노니아트(Mennonite)_ 217, 218, 333, 344.
- 메스지드(mesjid)_ 89, 361.
- 메흐디 디바즈(Mehdi Dibaj)_ 디바즈를 참조하라.

- 메흐멧 칼리드(Mehmet Khaleed)_ 175.
- 모디,나렌드라(Modi, Narendrai)_ 261.
- 모로코_ 137, 138, 141, 293.
- 모리, 토마스(Mori, Thomas)_ 158, 173, 180.
- 모리스코(Mosisco)_ 42, 138.
- 모리타니아(모리타니)_ 137, 138, 234, 288, 293.
- 목자_ 135, 151.
- 무관심_ 347, 349.
- 무바라크(Mubarak, Hosni)_ 286, 290.
- 무술마니(Musulmani) 성경_ 160, 168, 169, 331.
- 무자헤딘(mujahedeen)_ 118, 267, 361, 364.
- 무자히드(mujahid)_ 118, 120, 146, 255, 361, 364.
- 무지_ 341, 347.
- 무함마드_ 34, 66, 108, 117, 121, 124–126, 176, 178, 180, 246, 247, 275, 277, 299, 304, 332, 337–339, 344, 351, 364.
- 미국_ 53, 54, 160, 173, 191, 223, 319.
- 바트주의자(Baathist) 정당_ 290.
- 바루치스타니족(Baluchistani) / 발루치스탄(Baluchistan)_ 260, 372.
- 방글라데시_ 50, 51, 54, 161, 162, 164, 165, 173, 331.
- 방글라데시인_ 164.
- 백의의 신부들(Peres Blancs, White Fathers)_ 46.
- 번역_ 45, 124, 144, 164, 168, 169, 203, 204, 246, 250, 263, 288, 330, 331, 333, 338, 348, 353.
- 베르베르족_ 49, 138, 143, 146–148, 151, 234.
- 베트남 전쟁_ 97, 142, 229.
- 벡(Bek)_ 225.
- 벵갈인(Bengali)_ 158, 162, 168, 169, 172.
- 보안_ 65, 66, 315.
- 보코 하람(Boko Haram)_ 239, 240, 248.
- 부족(~주의)_ 117, 121, 159, 162, 164, 170, 174, 241, 242, 262, 279.
- 북아프리카_ 56, 58, 69, 133, 138, 141, 144, 145, 294, 339, 368.
- 불의_ 243, 245, 292, 341, 345, 347, 353.
- 사드락(Sadrach)_ 45, 87–91, 103, 108, 317, 330.
- 사라(Sara)_ 186.

- 사무엘 도(Samuel Doe)_ 도(Doe)를 참조하라.
- 사브리(Sabri)_ 301.
- 사우디아라비아_ 53, 54, 290, 292, 363.
- 사하라_ 34, 54, 80, 137-140, 231, 232, 235, 239.
- 살라피(salafi)_ 120, 121, 298, 362.
- 상황화_ 101, 160, 166, 167, 169, 173, 221, 297, 241, 242, 333.
- 서남아시아_ 59, 69, 253, 257, 258, 262, 264, 277, 362, 372.
- 서벵갈_ 161, 162, 165.
- 서아프리카_ 51, 54, 56, 58, 69, 229, 233, 235, 236, 240, 241, 370.
- 서파키스탄_ 164, 169, 260.
- 설문 조사_ 68.
- 성공회(~교인). 191, 192, 196, 203.
- 성경_ 95, 104, 151, 159, 167, 179, 186, 193, 202-204, 247, 263, 281, 306, 330, 331, 337, 355.
- 세례(~받은)_ 34, 36, 36, 41, 42, 46-48, 51, 77, 78, 81,87, 88, 94, 98, 102, 108, 113, 130,147, 150, 159, 172, 179, 182, 227, 243, 301.
- 세쓰 예그나바르(Seth Yeghnazar)_ 예그나바르를 참조하라.
- 셰이크(sheikh)_ 촌장을 참조하라.
- 소말리아_ 81, 115, 117, 131.
- 소비에트(~연방)_ 50, 54, 165, 210, 215, 217, 219, 220, 224, 259.
- 수니(순니)(~파)_ 72, 166, 177, 188, 189, 292, 299, 362.
- 슈미들린, 조셉(Schmidlin, Joseph)_ 43, 44, 317.
- 스탈린, 조세프(Stalin, Joseph)_ 218, 220.
- 시리아_ 36, 290, 292, 361.
- 시아(~파) (~무슬림)_ 49, 72, 183, 189, 190, 192, 205, 267, 299, 363.
- 신의 부족_ 270, 275.
- 실크 로드_ 212.
- 십자군_ 36, 37, 40-42, 289, 333, 342, 344.
- 아랍_ 34, 35, 37, 56, 69, 138, 169, 285-296, 372.
- 아랍 국가의 세계(al-Watan al-Arabi)_ 286, 287.
- 아랍어_ 41, 42, 115, 146, 287-289.
- 아랍의 봄_ 293.
- 아랍 세계_ 54, 285, 286, 287, 289-293.
- 아랍화(Arabization)_ 101, 138, 141, 149, 153.

- 아말(Amal)_ 302, 304.
- 아부 하니파(Abu Hanifa)_ 351.
- 아미드 하산(Amid Hasan)_ 177.
- 아프가니스탄(~인)_ 81, 200, 259.
- 아흐메드(Ahmed)_ 144, 253-258, 265-268, 270, 278-283.
- 아르메니아(~인)_ 183, 192, 193, 196, 201, 203, 206.
- 아제르바이잔_ 50, 216.
- 아제리족(Azeri)_ 211.
- 안사루(Ansaru)_ 239, 240.
- 아편(opium)_ 89, 200, 216.
- 알라_ 66, 90, 125, 168, 169, 176, 178, 179, 338, 362, 363.
- 알리 아크바(Ali Akbar)_ 205, 206.
- 알바니아_ 50, 51.
- 알와탄 알아라비(al-Watan al-Arabi)_ 286, 287.
- 알제리_ 44, 46, 49, 51, 54, 137, 138, 141,142, 234, 293, 331.
- 알카에다_ 118, 290, 307.
- 알하얏(al-Hayat)_ 147, 294, 295.
- 알하지 아흐마드 테잔 캅바(Alhaji Ahmad Tejan Kabbah)_ 238.
- 압둘아하드(Abdul-Ahad)_ 131.
- 앗시리아(Assyrian)_ 201, 203, 205, 206.
- 엘리아스(Elias)_ 130, 131.
- 여성(여자)_ 123, 129, 151, 184, 191, 192, 231, 234, 280, 281, 283, 288.
- 예그나바르, 세쓰 (Yeghnazar, Seth)_ 193, 194.
- 예멘(~인)_ 68, 139, 288, 293.
- 예수회(Jesuits)_ 94.
- 예카테리나 2세(Catherine the Great, 캐서린 여제)_ 217, 218.
- 오순절(~주의)_ 49, 193, 196, 205, 217, 221, 227, 241.
- 오스만_ 42, 139, 141, 214-216, 289, 342, 345.
- 와하비(Wahhabi)_ 289, 292. 363.
- 요르단_ 290, 292, 293.
- 우즈베키스탄(우즈벡인)_ 210, 216, 218.
- 운동, 운동의 정의_ 51, 65, 77, 129, 166, 217, 240, 321.
- 웰스,피터와 페이스(Peter & Faith Wells)_ 229, 231, 250, 251.
- 위성(방송, 텔레비전, Sat-7, 알하얏(Al-Hayat))_ 147, 149, 152, 196, 197, 206, 294, 295,

305, 333, 336, 348, 353.
- 윌리암, 루브루크의(William of Rubruck)_ 38.
- 윌리암 캐리(William Carey)_ 캐리를 참조하라.
- 윌리암, 트리폴리의(William of Tripoli)_ 40.
- 이란_ 49, 51, 53, 54, 183, 185, 186, 188, 189, 190-196, 198-200, 201, 203, 204, 206, 207, 331.
- 이라크_ 54, 288, 293.
- 이맘(imam)_ 90, 121, 122, 129, 190, 363.
- 이사(Isa)_ 51, 90, 105, 106, 121-123, 171, 179, 181, 276, 363.
- 이사이(Isai)_ 158, 167, 170-172, 180-182, 363.
- 이스라엘_ 290, 292.
- 이슬람 사원(mosque)_ 89, 90, 112, 123, 180, 274, 283, 285, 292, 346, 361.
- 이슬람(의) 세계(Watan al-Arab)_ 46, 52, 55, 56, 58, 133, 152, 315, 316, 320, 325, 329, 331, 336, 347, 351, 356.
- 이집트_ 292, 293, 286, 290, 342, 341.
- 인도_ 54, 82, 161, 162, 165, 258, 260, 261.
- 인도네시아(Dutch East Indies)_ 33, 34, 44, 45, 48, 49, 51, 54, 87-92, 96-100, 318.
- 인디세 게르크(Indische Kerk, 인도네시아 교회)_ 87, 88, 90, 91, 108.
- 인질(Injil)_ 112, 126, 127, 177, 181, 303, 308, 363.
- 자카르야스(Shaikh Zakaryas)_ 47, 51, 318.
- 자카리아(Abouna Zakaria Botros)_ 294-299, 303.
- 자랄(Jalal)_ 270, 277.
- 자마앗(Jamaat)_ 157, 166, 181, 182, 193, 194, 277, 283, 363.
- 장로교(~인)_ 159, 160, 191, 192, 196, 221.
- 재정복(Reconquista)_ 38, 138.
- 저자의 편견_ 66, 81, 324.
- 정령숭배(~자)_ 94, 95, 98, 164, 166, 170, 230, 231, 232, 242.
- 정통_ 72, 99, 100, 122, 166, 188, 342.
- 제이슨 핸슨(Jason Hanson)_ 255, 256, 258, 265, 269, 270.
- 조세프 스탈린(Joseph Stalin)_ 스탈린을 참조하라.
- 종교 재판_ 36, 40, 42, 79, 333, 344.
- 종족_ 49, 56, 60, 67-69, 78, 114, 278, 325.
- 중국(~인)_ 92, 95, 97-99, 211, 263.
- 중앙아시아_ 45, 50, 54, 210, 211, 212, 214-218, 220-222.

- 증오_ 83, 260, 263, 325, 342, 356.
- 지하드(jihad)_ 36, 141, 239, 292, 341, 364.
- 찰스 테일러(Charles Taylor)_ 237.
- 천주교_ 가톨릭을 참조하라.
- 촌장(sheikh)_ 111-113, 122-131, 179, 236, 317, 331, 362.
- 치미스케스(John Tzimisces)_ 36.
- 침례교(~인)_ 144, 159, 171, 173, 203, 217, 218, 236, 237, 244, 337.
- 카바일(Kabyle)_ 46, 47, 49, 331.
- 카와지리파(Kharijite)_ 189.
- 카쉬미르(Kashmir)_ 260, 261, 266.
- 카피르(kafir)_ 105, 106, 112, 254, 255, 267, 364.
- 캐리, 윌리엄(William Carey)_ 164, 165, 168, 169, 203.
- 캐서린 여제_ 예카테리나 2세를 참조하라.
- 케비라바드(Kebirabad)_ 253, 265, 266, 268.
- 콘라드(아스콜리의 콘라드, Conrad of Ascoli)_ 39.
- 콘스탄티노플(이스탄불, 비잔티움)_ 35, 214-216, 342.
- 콥트_ 294, 342, 344, 346.
- 크리스텐 자와(Kristen Jawa)_ 45, 89-91, 108.
- 키르기즈(~스)(~스탄)_ 50, 212, 216, 218.
- 키탑 알무카디스(Kitab al-Moqadis)_ 171, 179, 364.
- 타메를란(Tamerlane)_ 티무르(Timur)를 참조하라.
- 탈레반_ 266, 268, 292.
- 터키_ 36, 42, 192, 211, 215, 216, 293.
- 테드 무어(Ted Moore)_ 253, 265, 266, 269, 270.
- 테헤란_ 53, 193-195, 199.
- 토마스 모리(Thomas Mori)_ 모리를 참조하라.
- 투르크(~계)_ 36, 50, 140, 209, 211, 212, 214-216, 220-222, 226, 228, 259, 289.
- 투르키스탄_ 52, 54, 56, 59, 69, 209, 212, 213, 220-224, 226, 227, 370.
- 튀니지_ 40, 42, 137, 138, 140, 141, 290, 293.
- 트리폴리의 윌리엄(William of Tripoli)_ 윌리엄(트리폴리의)을 참조하라.
- 티무르 랑(Timur Lang)_ 209, 210, 211.
- 파키스탄_ 50, 53, 164, 165, 258, 259, 260, 261, 262, 292.
- 페르난데즈(Fernandez)_ 177, 178, 181.
- 페르시아 세계(권역)_ 58, 183, 186, 187, 224, 369.

- 페이스 슬레이트(Faith Slate)_ 웰스를 참조하라.
- 포르투갈(~인)_ 43, 94, 95, 114, 116, 117, 231.
- 펀자브(Punjab)_ 258, 260.
- 프란치스코(아시시의 프란치스코, Francis of Assisi)_ 38, 39.
- 프랑스(~인)_ 43, 46, 47, 53, 114, 116, 117, 134, 141, 144, 149, 152, 215, 235.
- 하나님의 성회(Assembly of God)_ 192-194, 196.
- 하디스(Hadith)_ 66, 77, 125, 301, 319, 364.
- 하익 호브세피안(Haik Hovesepian)_ 193-196.
- 하즈(Hajj)_ 166, 180, 364.
- 하킴(Hakim, 촌장)_ 111-113, 122.
- 하페즈(hafez)_ 111, 113, 254, 297, 308, 364.
- 한국(~인)_ 50, 218, 219-221, 226, 263.
- 해적_ 139-141.
- 헨리 마틴(Henry Martin)_ 마틴을 참조하라.
- 현상학 / 현상학적_ 65, 70, 82, 318.
- 현지화(Indigenization)_ 242, 339, 348.
- 호메이니(Ayatollah Ruhollah Khomeini)_ 53, 54, 191, 194, 198.
- 후세인(Hessein)(알리의 아들)_ 189, 190, 205.
- 후세인(촌장)_ 123, 124.
- 힌두교(~인)_ 48, 92, 94, 97, 164, 165, 168, 170, 172, 209, 260-262.
- C-척도_ 73, 157, 319.
- Discovery Bible Study_ 334, 337, 355.
- Sat-7_ 295.

이슬람 세계에 부는 바람
A Wind in the House of Islam

초판 1쇄 인쇄 | 2022년 4월 25일
초판 1쇄 발행 | 2022년 4월 30일

지 은 이 | 데이비드 개리슨(David Garrison)
옮 긴 이 | 이천
펴 낸 이 | 김경래
펴 낸 곳 | 도서출판 앗쌀람
총   괄 | 강상우
감   수 | 김정은
디 자 인 | 이룸디자인(내지편집)
표지캘리 | 짱돌 서민경

출판등록 | 2021년 6월 18일 제 2021-25호
주   소 | (우) 02209 서울시 중랑구 용마산로81길 81 (면목동)
대표전화 | 02-496-8253
홈페이지 | www.alsalam.co.kr
전자우편 | jesus92@daum.net
I S B N | 979-11-976962-0-6 (03000)

* 이 책은 저작권법의 보호를 받는 저작물이므로 무단 전재와 복제를 금합니다.
* 잘못 만들어진 책은 구입하신 서점에서 교환해드립니다.

> 도서출판 앗쌀람은 여러분의 소중한 의견을 받고 있습니다.
> 원고 투고, 오탈자 제보, 출판 제안은 jesus92@daum.net으로 보내 주세요.